Le livre de l'éveil

ÉLOGES DU *LIVRE DE L'ÉVEIL*

« Mark Nepo est un poète et un enseignant étonnant. Avec grande générosité, il vient nous réconforter tout en nous guidant vers la profonde et paisible rivière de sagesse qui coule en nous à tout instant. »

WAYNE MULLER, fondateur et président de Bread for the Journey et auteur de *How, Then, Shall We Live* et de *Sabbath.*

« Un véritable coffre aux trésors ! Pour son aspect pratique, la réflexion et la poésie, et pour se rappeler la splendeur, la beauté et la grandeur de l'esprit humain. »

ANGELES ARRIEN, anthropologue et auteure de *The Four-Fold Way* et de *Signs of Life.*

« Le travail de Mark Nepo est aussi délicat et fiable que celui des marées. Cet auteur est aussi courageux que tous ceux que j'ai connus qui ont plongé à fond dans les mystères du moi. »

MICHAEL J. MAHONEY, professeur de psychologie clinique à l'université North Texas, membre distingué du corps enseignant de Saybrook Graduate School and Research Center, et auteur de *Human Change Processes* et de *Constructive Psychotherapy.*

« Mark Nepo est l'un des plus fins enseignants spirituels de notre époque et son ouvrage, *Le livre de l'éveil*, le plus fin des fruits de son esprit. Son talent de poète transparaît à chaque page et le courage qui l'a conduit d'une mort imminente à une nouvelle vie transparaît dans chacun de ses mots. Ce livre est un cadeau d'amour. Ouvrez-le et ouvrez-vous-y. Tout comme moi, vous serez empli de gratitude et de renouveau. »

PARKER J. PALMER, auteur de *Let Your Life Speak* et de *The Courage to Teach.*

guy - Bonnet

Le livre de l'éveil

Avoir la vie que l'on désire en étant présent à celle que l'on a

MARK NEPO

ARIANE

Titre original anglais : The book of awakening
Conari Press
Distributed by Red Wheel/Weiser, LLC
York Beach, ME

Le livre de l'éveil

Ariane Éditions inc.
1209, av. Bernard O., bureau 110, Outremont, Qc,
Canada H2V 1V7
Téléphone : (514) 276-2949, télécopieur : (514) 276-4121
Courrier électronique : info@ariane.qc.ca
Site Internet : www.ariane.qc.ca

Traduction : Annie J. Ollivier
Révision linguistique : Monique Riendeau et Michelle Bachand
Révision : Martine Vallée
Graphisme et mise en page : Carl Lemyre
Photo page couverture : © François Gilson / Photononstop / Alphapresse

Première impression : février 2006

ISBN : 2-89626-009-9
Dépôt légal :1er trimestre
Bibliothèque nationale du Québec
Bibliothèque nationale du Canada
Bibliothèque nationale de Paris

Diffusion
Québec : ADA Diffusion – (450) 929-0296
www.ada-inc.com
France et Belgique : D.G. Diffusion – 05.61.000.999
www.dgdiffusion.com
Suisse : Transat – 23.42.77.40

Participation de la SODEC
Gouvernement du Québec – Programme de crédit d'impôt pour l'édition de livres – Gestion SODEC

Imprimé au Canada

La sagesse est un fleuve vivant,
pas un objet de musée.
C'est seulement quand nous trouvons la source
de la sagesse dans notre vie
que cette sagesse peut passer à la génération suivante.

– THICH NHAT HANH

Invitation

Le but de cet ouvrage est de servir, d'être un compagnon, un ami de l'âme. C'est le livre des éveils. Pour l'écrire, il a d'abord fallu que je le vive. Il m'a donné l'occasion de regrouper et de mettre à votre disposition tous les maîtres silencieux que j'ai rencontrés au cours de ma vie. Le périple au cours duquel j'ai dégagé et donné forme à ces apprentissages m'a aidé à harmoniser davantage vie intérieure et vie extérieure. Il m'a aussi aidé à connaître mon cœur et à m'en servir. Il m'a rendu plus entier. J'espère qu'il jouera le même rôle pour vous.

Rassembler ces divers apprentissages pour en faire cet ouvrage a été comme trouver des morceaux de pierre brillante sur le chemin. Je me suis d'abord arrêté pour y réfléchir et apprendre d'eux. Puis je les ai mis de côté et j'ai poursuivi ma route. Deux ans plus tard, je suis étonné de déposer mon sac de pierres cassées pour regarder ce que j'ai découvert. Les morceaux qui ont brillé sur mon chemin sont ceux qui constituent cet ouvrage.

Pour l'essentiel, ils parlent tous d'esprit et d'amitié, du besoin constant de chacun de rester alerte et amoureux de la vie, peu importe les épreuves rencontrées. Provenant de diverses traditions, de nombreuses expériences et de belles et honnêtes voix, les chansons chantées ici évoquent toutes la souffrance, l'émerveillement et le mystère de l'amour.

Cette forme de présentation, par jour, m'a attiré plus qu'une autre, car, en tant que poète, j'aspirais à une forme d'expression qui puisse rassasier le lecteur. En outre, ayant survécu au cancer, je trouve que les ouvrages de type calendrier nourrissent chacune de nos journées. En vérité, depuis plus de vingt-cinq ans, ce genre littéraire répond à un besoin collectif et est devenu le sonnet spirituel de notre époque, fournissant au lecteur les petites doses de ce qui importe.

Je ne peux espérer qu'une chose : que cet ouvrage s'empare de vous comme la mer s'empare du rivage, qu'il vous surprenne et vous rafraîchisse, qu'il vous fasse briller et vous lave afin de vous rendre plus tendre et plus net devant le moment présent.

J'espère de tout mon cœur que quelque chose dans ces pages saura vous surprendre et vous rafraîchir, vous amener à scintiller, que quelque chose vous aidera à vivre et à trouver votre chemin vers la joie.

– Mark

PRÉFACE

de Wayne Muller, auteur de *How Then Shall We Live*

L'un des plus grands plaisirs dans ma vie consiste à entendre Mark Nepo lire sa poésie, toujours emplie d'un air tangible d'aventure. Je suis constamment surpris par la manière dont cet homme, lorsqu'il déballe un trésor caché et nous initie délicatement à un moment tout simple, nous révèle les plus extraordinaires miracles. Au cours de ses lectures en public, vous entendez les gens retenir leur respiration lorsqu'ils reconnaissent quelque chose de profond et de vrai, quelque chose de connu mais d'oublié. Mark voit ce quelque chose et nous le restitue. S'ensuit un sentiment de gratitude.

Notre vie est faite de journées ponctuées de mille infimes miracles, et c'est uniquement dans ces journées que nous trouvons la paix, la joie et la guérison. Érudit du miraculeux, Mark Nepo est un alchimiste de l'ordinaire. Il nous invite à voir, à goûter, à toucher, à danser et à sentir le chemin qui nous conduit au cœur de la vie.

Et tout comme la vie est faite de jours, les jours sont faits de moments. Pour qu'une vie soit bien vécue, elle doit être fermement enracinée dans la terre de tous nos moments. En ce sens, Mark Nepo est un jardinier qui sème des graines de grâce qui germeront seulement dans la terre de l'attention aimante et du temps complice. La vie nous gratifie de ses plus grands bienfaits quand nous tombons amoureux de tels moments. Mark nous montre justement comment tomber profondément amoureux en lâchant prise.

Cet homme a eu le cancer, ce qui l'a ébranlé et éveillé. L'enfer de sa maladie a fait naître chez lui une étonnante vigilance. Maintenant, il nous invite à utiliser ses yeux et son cœur pour voir et sentir jusqu'à quel point notre être peut être vivant. Étant donné qu'il a survécu à ce cancer, Mark a ramené avec lui les yeux d'une personne aux portes de la mort qui ressent de la gratitude, ne serait-ce que pour le fait de respirer. Il a aussi ramené sagesse, clarté, bienveillance et grand enthousiasme pour aller soutirer l'essence de tous les moments, la moelle de tous les os du temps.

Si vous aspirez à vivre ainsi, alors Mark saura être votre guide.

Après avoir terminé la dernière série de séances de chimiothérapie qui l'ont aidé à vaincre le cancer, il s'est levé tôt ce jour-là, puis il s'est préparé un jus d'orange frais et a posé le verre plein devant lui, sur la table. Il a ensuite attendu, tout en pensant à ce que cette nouvelle journée lui apporterait jusqu'au lever du soleil, au-dessus des arbres. À cet instant, m'a-t-il dit, la lumière du soleil a traversé le jus d'orange pour diffuser partout une lumière orangée et cristallisée. Alors, il a pris le verre de jus et l'a porté à ses lèvres.

La plupart des sacrements sont en soi des gestes d'une simplicité à couper le souffle : une simple prière, une gorgée de vin et un morceau de pain, une seule respiration dans une méditation, quelques gouttes d'eau sur le front, l'échange d'anneaux, une parole bienveillante, une bénédiction. Posés avec une grande présence, tous ces gestes peuvent nous ouvrir les portes de la perception spirituelle, nous sustenter et nous ravir.

Ce livre en est un de sacrements. C'est le généreux cadeau que nous offre Mark Nepo. C'est un banquet de miracles composés des petites choses de la vie, des richesses ordinaires des humains. Prenez le temps de savourer chaque page de cet ouvrage. Et, pardessus tout, attendez-vous à être surpris. La vie est peut-être déjà plus miraculeuse que ce que vous avez jamais imaginé.

1er JANVIER

Précieuse vie humaine

Chantons tout ce qui existe,
en respirant, en nous éveillant.

Un certain précepte bouddhiste nous invite à prendre conscience de la rare chance que nous avons de vivre sous forme humaine sur terre. Cette vision nous permet d'apprécier à sa juste valeur le fait que nous sommes chacun des esprits incarnés et dotés de conscience pouvant boire de l'eau et couper du bois.

Ce précepte nous invite aussi à observer la fourmi et l'antilope, le ver et le papillon, le chien et le taureau, l'épervier et le tigre solitaire, le vieux chêne centenaire et l'océan millénaire. À comprendre qu'aucune autre forme de vie ne possède la conscience d'être, ce privilège que nous avons. À reconnaître que, de toutes les innombrables espèces de plantes, d'animaux et de minéraux qui peuplent la Terre, une très infime portion de vie jouit de l'éveil d'esprit propre à l'être humain.

Le fait que j'exprime ceci du fond de ma conscience et que vous le receviez à cet instant même est ce que j'entends par « précieuse vie humaine ». Vous auriez pu être une fourmi et moi, un fourmilier. Vous auriez pu être la pluie. J'aurais pu être un grain de sel. Mais non ! À la place, nous avons eu la chance d'être des humains gratifiés de vies uniques que nous tenons souvent pour acquises.

Tout ceci pour dire que cette précieuse vie humaine ne nous sera pas donnée une seconde fois. Alors, que ferez-vous aujourd'hui, sachant que vous êtes une des plus rares formes de vie que la Terre ait jamais connue ? Comment vous tiendrez-vous ? Que ferez-vous de vos mains ? Que demanderez-vous, et à qui ?

Vous pourriez mourir demain et devenir une fourmi que quelqu'un essaiera de détruire. Mais aujourd'hui, vous êtes précieux, unique, éveillé. Ceci pousse à vivre dans la gratitude et rend l'hésitation inutile. Fort de cette reconnaissance et de cet éveil, demandez-vous ce que vous avez besoin de savoir dans l'instant. Dites ce que vous sentez maintenant. Aimez ce que vous aimez maintenant.

- *Assis dehors, si c'est possible, ou bien près d'une fenêtre, observez les autres formes de vie tout autour de vous.*
- *Respirez lentement tout en pensant à la fourmi, au brin d'herbe, au geai bleu et à tout ce que ces formes de vie peuvent accomplir, contrairement à vous.*
- *Pensez au galet, à l'écorce, au banc de pierre et centrez votre respiration sur les choses qu'il vous est possible d'accomplir intérieurement mais qui leur est impossible.*
- *Levez-vous lentement, sentez toute votre beauté humaine et entamez votre journée avec l'intention consciente d'accomplir une chose que seuls les humains peuvent accomplir.*
- *Le moment venu, accomplissez cette chose avec beaucoup de révérence et de gratitude.*

2 JANVIER

Tout tombe

Prions pour être conduits de l'irréel au réel.

– INVOCATION HINDOUE

Il neigeait la nuit où Robert me remémora le moment où il avait pris la ferme décision de repeindre le salon. C'était deux printemps plus tôt. Ce jour-là, il s'était levé de bonne heure pour aller chercher chez le quincaillier des litres de peinture rouge, des bâtons de bois pour la mélanger, des bâches de protection et les fameux pinceaux à usage unique qui durcissent toujours, peu importe ce dans quoi vous les trempez. Puis il avait mélangé la peinture dehors et s'en était allé vers la porte en se dandinant, un seau de peinture dans chaque main, la bâche de protection sous un bras et un pinceau large entre les dents.

Il commença à glousser en me racontant ce qui s'était alors passé. « J'étais là à vaciller devant la porte et à essayer de l'ouvrir sans vouloir déposer quoi que ce soit par terre. J'étais si entêté ! J'avais presque réussi à ouvrir la porte. D'un coup, j'ai perdu l'équilibre, basculé en arrière et je me suis retrouvé sur le sol, couvert de litres de peinture rouge. »

En me relatant son histoire, il se mit à rire de lui-même, comme il avait déjà su le faire à de nombreuses reprises. Puis, nous avons regardé la neige tomber en silence. Son histoire m'est revenue sans cesse à l'esprit pendant que je rentrais chez moi. C'est surprenant, mais nous faisons tous comme lui, qu'il s'agisse des provisions, de la peinture ou des histoires que nous voulons absolument raconter aux autres. Nous agissons ainsi avec l'amour, avec le sens de la vérité, et même avec la souffrance. C'est si simple pourtant ! Mais à cet instant-là, l'ego entre en jeu et nous refusons de nous délester pour ouvrir la porte. Et la vie nous amène sans cesse des expériences pour nous enseigner une chose importante : nous ne pouvons nous agripper à tout et passer la porte en même temps. Nous devons nous délester, ouvrir la porte et prendre ensuite seulement ce dont nous avons besoin pour entrer.

Cet enchaînement est humain et fondamental : rassembler, préparer, déposer, entrer. Mais comme nous ne l'observons pas, nous avons une deuxième chance : apprendre à tomber, à nous relever et à en rire.

- *Pensez à une limite qu'il vous est difficile de dépasser pour accéder à une plus grande paix. Cela peut être au travail, à la maison, dans une relation, ou en vous.*
- *Respirez normalement tout en observant si vous transportez trop de choses pour pouvoir ouvrir la porte.*
- *Respirez lentement et, à chaque expiration, déposez ce que vous transportez.*
- *Maintenant, respirez librement et ouvrez la porte.*

3 JANVIER

Désapprendre pour retrouver Dieu

Devenir conscient, ce n'est pas découvrir
quelque chose de nouveau. C'est un long et
pénible retour à ce qui a toujours été.

– HELEN LUKE

Chacun de nous est né doté d'un espace intérieur vierge, un espace libre de toute attente et de tout regret, libre d'ambitions et de tracas, libre de peur et d'inquiétude, un espace de grâce où il a été touché par Dieu à l'origine. C'est cet espace de grâce qui confère la paix. Les psychologues l'appellent la psyché, les théologiens parlent plutôt de l'âme. Jung réfère au siège de l'inconscience, les maîtres hindous, à l'atman, les bouddhistes, au dharma. Rilke l'appelle l'intériorité, les soufis, qalb, et Jésus, le centre de l'amour.

Connaître cet espace intérieur, c'est savoir qui nous sommes. Non pas par notre identité courante, notre travail, notre tenue vestimentaire, ni par la façon dont nous voulons être appelés, mais en ressentant notre place en ce monde par rapport à l'infini et en la prenant totalement. C'est le travail de toute une vie, car la nature du devenir est une incessante reprise filmée du début, alors que la nature de l'être est une constante érosion de ce qui n'est pas essentiel. Chacun de nous évolue dans cette tension continue, terni ou étouffé pour finalement se retrouver sans cesse dans cet espace de grâce incorruptible situé au centre de lui-même.

Quand le film est usé à la corde, nous connaissons des moments d'illumination, de totalité, de satori, selon les sages zen, des moments de grande clarté où l'intérieur et l'extérieur se rencontrent, des moments d'intégrité totale de l'être, d'unité complète. Et que le film en soit un de culture, de mémoire, de formation intellectuelle ou religieuse, de traumatisme ou de raffinement, son élimination et la restitution de l'espace intemporel de grâce constituent le but ultime de toute thérapie, de toute éducation.

Peu importe le thème du film, la seule chose qui vaille la peine d'être enseignée, c'est comment retrouver ce centre original et y rester ensuite, une fois qu'il a été restitué. Repasser le film sans arrêt, c'est faire taire le cœur. Raviver le cœur, que ce soit par la souffrance ou l'amour, c'est désapprendre afin de retrouver le chemin vers Dieu.

- *Fermez d'abord les yeux puis respirez. Retrouvez cet espace intérieur vierge qui existe en dehors de vos problèmes, à la façon dont le plongeur glisse vers les profondeurs paisibles qui l'attendent toujours sous les vagues tumultueuses.*
- *Maintenant, pensez à deux choses que vous aimez beaucoup faire – vous adonner à la course à pied, dessiner, chanter, observer les oiseaux, jardiner ou lire – et méditez quelques instants sur ce qui fait que ces activités vous font sentir vivant.*

- *Mentalement, tenez ce que ces deux activités ont de commun devant vous et, tout en respirant lentement, sentez l'espace de grâce que ces deux précieuses choses reflètent en vous.*

4 JANVIER

Entre la paix et la joie

> Nous n'aurions jamais pu deviner
> que la grâce est déjà avec nous
> là où nous sommes...
>
> – JAMES TAYLOR

Cet extrait me rappelle l'histoire d'une femme qui, ayant trouvé une éponge de mer toute sèche et recroquevillée, y avait lu le message qu'elle cherchait depuis longtemps. Elle s'était rendue au bord de la mer, l'éponge en main, puis, s'avançant au point d'avoir de l'eau jusqu'à la taille, elle avait regardé l'éponge absorber l'eau et revenir à la vie. Comme par magie, le secret de la vie se révélait à elle dans les petites bulles que l'éponge laissait échapper. Et à sa très grande surprise, un tout petit poisson, emprisonné dans l'éponge durcie, était lui aussi revenu à la vie et s'était échappé pour retrouver la mer. Dès ce jour, et peu importe où qu'elle aille, cette femme s'est toujours sentie comme le petit poisson nageant dans la mer. Et ce petit poisson si longtemps endormi mais revenu à la mer lui apportait désormais une satisfaction située quelque part entre la paix et la joie.

Peu importe notre chemin, la couleur de nos journées, les énigmes que nous devons chacun solutionner pour rester vivant, le secret de la vie a toujours quelque chose à voir avec l'éveil et la libération de ce qui était endormi. Notre cœur nous supplie de nous ouvrir, telle l'éponge, dans les eaux de notre expérience. Et comme le petit poisson, l'âme est une minuscule chose qui nous amène paix et joie quand nous la laissons nager.

Mais tout reste dur, recroquevillé et hermétique jusqu'à ce que, comme cette femme, avec de l'eau jusqu'à la taille, nous prenions notre cœur endormi entre nos mains et le plongions tendrement dans la vie que nous vivons.

- *Les yeux fermés, imaginez une éponge desséchée et durcie qui se déploie comme une fleur sous l'eau.*
- *Tout en respirant, exercez-vous à associer votre cœur à cette éponge.*
- *La prochaine fois que vous ferez la vaisselle, prenez le temps de mettre l'éponge durcie dans l'eau, et sentez votre cœur se déployer.*

5 JANVIER

Montrez vos cheveux

Ma grand-mère me disait toujours :
« Ne cache jamais tes cheveux verts.
On les voit de toute façon. »
– ANGELES ARRIEN

Depuis les supplices du jardin d'enfance, où on nous a pour la première fois taquinés ou ridiculisés alors que nous étions pure innocence, nous nous sommes tous efforcés d'une manière ou d'une autre de cacher ce qui est évident chez nous.

Ce n'est la faute de personne ni une conspiration. C'est seulement l'inévitable et douloureux passage qui nous amène de la connaissance de soi à la connaissance du monde. Le drame, c'est que beaucoup d'entre nous n'en parlent jamais ou n'ont jamais entendu dire que leurs cheveux verts sont beaux, qu'ils n'ont pas à les cacher, peu importe les propos des autres. Ainsi, nous en concluons souvent que, pour connaître le monde, nous devons nous cacher.

Rien n'est plus faux. Le chantage n'est possible que si nous croyons avoir quelque chose à cacher. Cette vieille façon d'être a un corollaire en nous : le sentiment de dévalorisation vient de la croyance, si éphémère soit-elle, que nous ne sommes pas assez tels que nous sommes.

- *Restez tranquillement assis, les yeux fermés. À chaque inspiration, sentez que vous êtes effectivement assez tel que vous êtes.*

Les rayons de la roue

Ce vers quoi nous tendons diffère peut-être pour chacun, mais ce qui nous fait tendre vers ce quelque chose est pareil chez tous.

Imaginez que chacun de nous est un des rayons d'une roue infinie. Chaque rayon est essentiel à la roue mais différent de tous les autres. Le bord de la roue correspond à notre vie dans la collectivité, la famille et dans les relations. Mais l'endroit où tous les rayons convergent, est le moyeu où toutes les âmes convergent. Alors, quand je vis mon existence en ce monde, je vis mon unicité. Mais quand j'ose regarder dans mon centre, je trouve un centre unique commun à tous, où toutes les vies commencent. Dans cet endroit, nous ne faisons qu'un. Ainsi, nous vivons un paradoxe : celui d'être tous uniques et pareils en même temps. Et, de façon mystérieuse et puissante, quand je regarde assez profondément en vous, je me trouve. Et quand vous osez entendre mes peurs dans les replis de votre cœur, vous les reconnaissez comme le secret que vous pensiez être les seuls à détenir. Et cette totalité inattendue – ou ce moment d'unité – qui est plus que chacun de nous pris séparément, mais commune à tous, c'est l'atome de Dieu.

Il n'est pas surprenant que j'aie eu à travailler dur dans la première moitié de ma vie pour comprendre et renforcer mon unicité. C'est le cas de la plupart des gens. J'ai travaillé dur pour m'assurer une place au bord de la roue. Je me suis défini et valorisé en fonction de mes différences. Mais, dans la seconde moitié de ma vie, je reviens humblement au centre de la roue et je m'émerveille de la mystérieuse unicité de notre esprit.

Depuis le cancer, le chagrin, la déception et les déboires professionnels inattendus, depuis l'effondrement et la refonte des choses que j'ai aimées, j'en suis venu à réaliser qu'à l'image de l'eau qui arrondit la pierre et pénètre dans le sable, nous devenons les uns les autres. Comment ai-je pu être si lent à comprendre ? Ce qui me distinguait des autres, du moins l'ai-je toujours pensé, est en fait ce qui me lie à eux.

Jamais cette vérité ne m'est apparue aussi clairement que le jour où j'attendais dans la salle d'attente de l'hôpital presbytérien

Columbia, de New York, les yeux plongés dans ceux d'une femme hispano-américaine, laquelle me fixait à son tour. À cet instant, j'ai commencé à accepter que nous voyons tous les mêmes merveilles, que nous ressentons tous la même angoisse, et ce, même si nous nous exprimons différemment. Je sais maintenant que tout être venu au monde, aussi inconcevable cela soit-il, est un autre Adam ou une autre Ève.

- *Asseyez-vous en compagnie d'une personne que vous aimez et en qui vous avez confiance.*
- *À tour de rôle, nommez un trait vous définissant et vous distinguant des autres.*
- *Nommez un trait qui vous définit mais que vous avez cette fois en commun avec d'autres.*
- *Discutez de la façon dont vous composez avec le sentiment de solitude qui accompagne votre différence et avec le sentiment d'être pareil aux autres.*

7 JANVIER

Chacun son tour

Chacun à notre tour,
nous devons plonger dans tout ce qui est,
puis compter le temps.

Pour qu'une relation soit réussie, chacun doit à son tour faire la vaisselle ou installer les doubles-fenêtres pour donner à l'autre la chance de plonger vers Dieu sans avoir à se préoccuper du repas ou du froid. Pendant que l'un explore le monde intérieur, l'autre s'occupe du monde extérieur.

Un très bon exemple de cet équilibre est la manière dont les pêcheurs de perles fouillent les profondeurs de la mer en couple. Sans bouteille de plongée ni détendeur, l'un explore le sable au fond de l'eau avec le plus grand soin en quête de petits trésors qu'il espère pouvoir reconnaître, tandis que l'autre attend à la surface, dans la barque, s'occupant de la corde rattachée à son conjoint sous l'eau.

Le plongeur marche dans le fond de l'eau tout en regardant la végétation onduler et en se laissant lui-même onduler jusqu'à ce que sa femme tire la corde. En remontant, il utilise le peu d'air qui lui reste. Dans la barque, tous deux parlent ensuite pendant des heures, racontant ce qu'ils ont vu, frottant les perles brutes et naturelles. Le lendemain matin, c'est elle qui plonge et remplit les paniers, pendant que lui compte les secondes, les mains enroulées autour de la corde nouée autour de sa femme.

De façon toute simple, ces pêcheurs de perles nous montrent ce que signifie « être ensemble ». Ils incarnent le miracle de la confiance. À tour de rôle, celui qui est à la surface doit évaluer l'air dont dispose encore l'autre afin que ce dernier puisse plonger en toute liberté.

- *Assis tranquillement, méditez sur une relation significative que vous entretenez avec un ami, un amoureux ou un membre de votre famille.*
- *Respirez normalement et demandez-vous si tantôt vous plongez et tantôt vous comptez le temps, à tour de rôle.*
- *Quand vous vous sentez prêt, parlez-en avec la personne en question.*

8 JANVIER

Nourrir son cœur

Même dans l'obscurité la plus totale,
les mains savent toujours se rendre à la bouche.

– PROVERBE NIGÉRIEN

Même quand nous ne pouvons voir, nous savons comment nous nourrir. Même quand le chemin est embrouillé, le cœur continue de battre. Même quand nous avons peur, l'air entre et sort de nos poumons. Même caché derrière d'épais nuages, le soleil continue d'envoyer sa lumière vers la Terre.

Ce proverbe africain nous rappelle que les choses ne sont jamais aussi graves que nous le percevons lorsque nous sommes aux prises avec un problème. Nous sommes dotés de réflexes internes qui nous maintiennent en vie et de pulsions profondes de vitalité qui sont à l'œuvre malgré les épreuves que nous affrontons.

Ne l'oublions pas, la main ne peut éliminer l'obscurité ; elle peut seulement trouver son chemin vers la bouche. De même, notre croyance en la vie ne peut éliminer notre souffrance ; elle peut seulement trouver le chemin pour nourrir notre cœur.

- *Assis en toute tranquillité, les yeux fermés, amenez vos mains ouvertes vers votre bouche.*
- *Tout en faisant ce mouvement, inspirez et remarquez à quel point celles-ci connaissent le chemin sans être guidées.*
- *Respirez lentement et portez vos mains ouvertes à votre cœur.*
- *Remarquez à quel point elles connaissent le chemin sans même être guidées.*

9 JANVIER

La vie dans l'aquarium

Aimez, et faites selon votre volonté.

– SAINT AUGUSTIN

Une chose curieuse s'était produite. Robert avait rempli la baignoire pour y mettre les poissons pendant qu'il nettoyait leur aquarium. Après en avoir frotté les parois pour éliminer le film verdâtre qui s'était déposé sur ce semblant de mer, il alla repêcher les poissons dans la baignoire.

Quelle ne fut pas sa surprise de découvrir que même s'ils avaient la baignoire entière pour nager, ils s'étaient tous regroupés dans un coin de la même taille que leur aquarium ! Pourtant, rien ne les contraignait, rien ne les limitait. Ils auraient pu folâtrer librement. Comment leur vie dans l'aquarium avait-elle pu affecter leur habileté naturelle à nager ?

Cette révélation simple, mais déterminante, resta longtemps dans notre esprit. Nous ne pouvions nous empêcher de revoir ces poissons se rentrer les uns dans les autres. Nous regardions dorénavant le monde avec la lentille de l'aquarium, nous demandant chaque jour en quoi nous étions semblables à eux. De quelle façon n'arrivons-nous qu'à nous rentrer dedans ? De quelle manière rétrécissons-nous notre monde pour éviter de sentir la pression infligée par la captivité que nous nous imposons nous-mêmes ?

La vie dans l'aquarium me faisait penser à notre éducation familiale et scolaire. À la façon dont on m'a dit que certains emplois n'étaient pas convenables, que d'autres étaient hors de ma portée. À la façon dont on m'a appris à vivre d'une certaine manière et à penser que seules les choses pratiques sont possibles. À la façon dont on m'a prévenu sans arrêt que la vie en dehors de l'aquarium était risquée et dangereuse.

Depuis l'histoire de l'aquarium, j'ai réalisé à quel point on nous a enseigné, petits, à avoir peur de vivre en dehors de l'aquarium. Quand il eut des enfants, Robert se mit à s'interroger : préparait-il ces êtres à vivre dans un aquarium, ou dans le vaste océan ?

Je me demande aujourd'hui, au mitan de ma vie, si la spontanéité, la bienveillance et la curiosité font partie de notre aptitude naturelle à nager. Chaque fois que j'hésite à faire quelque chose d'imprévu ou d'inattendu, à tendre la main vers quelqu'un ou à m'enquérir de quelque chose dont je ne sais rien, chaque fois que j'ignore la pulsion d'aller courir sous la pluie ou de t'appeler simplement pour te dire que je t'aime, je me questionne : suis-je en train de faire tranquillement du surplace au milieu de la baignoire ?

- *Restez tranquillement assis jusqu'à ce que vous sentiez que vous êtes totalement centré.*
- *Puis, levez-vous et déambulez lentement dans la pièce où vous êtes.*
- *Marchez le long des murs tout en pensant à la vie dans votre aquarium.*
- *Respirez à fond et dirigez-vous vers la porte en méditant sur ce qui est vraiment possible dans la vie.*
- *Passez finalement le seuil de la porte et entamez votre journée. Entrez-y, ainsi que dans le monde. Accueillez pleinement ce jour et accédez au monde entier.*

Akiba

> Alors qu'Akiba était sur son lit de mort, il se lamenta auprès de son rabbin qu'il avait le sentiment d'avoir raté sa vie. Le rabbin se rapprocha et lui demanda pourquoi. Akiba confessa qu'il n'avait pas vécu une vie comme celle de Moïse et il se mit à pleurer, disant qu'il craignait le jugement de Dieu. En entendant cela, le rabbin se rapprocha encore et lui murmura doucement à l'oreille : « Dieu ne jugera pas Akiba parce qu'il n'a pas été comme Moïse. Il le jugera pour n'avoir pas été Akiba. »
>
> – EXTRAIT DU TALMUD

Nous naissons en ayant une seule obligation, celle d'être totalement qui nous sommes. Pourtant, combien de temps passons-nous à nous comparer aux autres, qu'ils soient vivants ou morts ? C'est une chose à laquelle on nous encourage pour atteindre l'excellence. Pourtant, une fleur, parfaite en soi, ne cherche pas à devenir un poisson, et ce dernier, dans son élégance absolue, n'aspire pas à devenir un tigre. Mais nous, les humains, nous rêvons toujours d'une autre vie. Nous envions secrètement la richesse ou la célébrité de gens que nous ne connaissons pas. Lorsque nous ne nous aimons pas, nous essayons souvent d'enfiler d'autres peaux plutôt que de comprendre la nôtre et d'en prendre soin.

Et quand nous nous comparons, nous ne voyons ni nous-mêmes ni les autres. Nous sentons uniquement le poids de la comparaison, comme si quelques grammes de plus pouvaient apaiser toutes nos faims. Pourtant, l'univers nous révèle son abondance très clairement quand nous pouvons être qui nous sommes. Mystérieusement, chaque brin d'herbe, chaque fourmi, chaque lapin blessé, chaque créature vivante a sa façon d'être unique qui, une fois reconnue, est plus que suffisante.

Notre part d'humanité fait cependant en sorte que nous sommes souvent troublés et bloqués par l'insécurité, par ce serrement de cœur qui nous fait nous sentir indignes. Cela étant, nous

nous sentons parfois obligés de nous « gonfler » un peu. Dans notre douleur, cela semble avoir du sens de croire que si nous prenons plus de place, nous nous éloignerons de notre douleur, il sera plus difficile de nous manquer, nous aurons plus de chance d'être aimés. Alors, il faut faire paraître les autres plus petits pour maintenir l'illusion que nous sommes plus grands que notre souffrance.

Bien entendu, l'histoire de l'humanité est l'humble récit de nos « gonflements » biscornus, et la vérité est le correctif nous ramenant exactement à ce que nous sommes. Et la compassion, la douce compassion, est l'histoire sans fin nous permettant de nous étreindre les uns les autres et de nous pardonner nous-mêmes de ne pas accepter cette place particulièrement belle qui est la nôtre dans le grand univers.

- *Remplissez un grand récipient d'eau. Après vous être vidé l'esprit en méditant, regardez de près le reflet de votre visage dans l'eau.*
- *Ce faisant, accordez-vous le droit de sentir le poids suscité par une comparaison que vous portez en vous. Sentez la douleur éprouvée à cause de cette comparaison.*
- *Fermez les yeux et laissez cette douleur sortir.*
- *De nouveau, regardez de près votre reflet dans l'eau et essayez de vous voir sans vous comparer à quiconque.*
- *Voyez votre reflet et permettez-vous de sentir votre unicité. Laissez cette sensation vous envahir.*

11 JANVIER

Ted Shawn

Appréhender Dieu
sans avoir la qualité divine en soi,
c'est comme tenter de nager
sans entrer dans l'eau.

– Orest Bedrij

Au-delà de tout ce que l'on nous a appris, une petite voix nous interpelle et nous amène à la guérison quand nous l'écoutons.

C'est la voix qui nous invite à vivre notre existence comme une partition de musique et qui s'adresse à nous brièvement dans les moments de grande crise. Parfois, cette voix est si faible que nous la confondons avec le souffle du vent dans les feuilles. Mais si nous l'entendons dans le cœur de notre souffrance, elle peut souvent faire fondre la rigidité de notre vie.

Ceci me rappelle l'histoire d'un jeune étudiant en théologie atteint de poliomyélite. Une voix lui était parvenue d'un espace profondément enfoui en lui qui l'incitait à danser. Alors, avec grande difficulté, il abandonna ses études de théologie et commença à danser. Lentement et miraculeusement, non seulement retrouva-t-il l'usage de ses jambes, mais il devint l'un des plus grands précurseurs de la danse moderne. Cette histoire est celle de Ted Shawn.

Il est fascinant de constater que ce n'est pas l'étude de Dieu qui l'a guéri, mais l'incarnation de Dieu. Le miracle de Ted Shawn nous montre que la danse, sous toutes ses formes, est de la théologie appliquée. Et ceci nous mène à l'inévitable fait que nous devons vivre ce qui est en nous. Nous devons sans cesse oser respirer dans nos muscles et nos os ce que nous savons, sentons et croyons.

Peu importe la crise que nous traversons, cette petite voix nous parle toujours à travers la souffrance. Si nous pouvons l'entendre et la croire, elle nous indiquera comment renaître. Le courage d'entendre et de manifester nous donne accès à un secret renversant : la meilleure chance que nous ayons chacun d'être entier consiste à aimer tout ce qui se présente sur notre route jusqu'à ce que ce ne soit plus un obstacle.

- *Avant d'aller au travail, ou au cours de la journée, restez assis tranquillement dehors pendant quelques instants.*
- *Fermez les yeux et demeurez immobile. Sentez l'air sur vos paupières closes.*
- *Laissez l'amour monter de votre cœur à votre poitrine.*
- *Laissez l'amour venir rafraîchir votre gorge et l'arrière de vos yeux.*
- *Puis ouvrez les yeux, étirez-vous et fixez la première chose que vous voyez.*
- *Si c'est un banc, dites : « Je crois en ce banc. » Si c'est un arbre, dites : « Je crois en cet arbre. » Si c'est une fleur cassée, dites : « Je crois en cette fleur cassée. »*

- *Levez-vous ensuite en croyant simplement ce que vous voyez, sentez et touchez, en aimant ce qui est là.*

12 JANVIER

Voir dans l'obscurité

> Voir dans l'obscurité, c'est la clarté...
> C'est ce qu'on appelle la pratique de l'éternité...
>
> – LAO-TSEU

La peur tire sa force du fait que nous fermons les yeux, que nous ne regardons ni la peur ni ce dont nous avons peur. Vous rappelez-vous la porte du grenier ou du placard derrière laquelle quelque chose de terrifiant vous attendait ? Et plus longtemps vous attendiez pour regarder ce qui s'y cachait, plus il devenait difficile de l'ouvrir.

Quand j'étais petit, cela m'obsédait à un point tel que j'évitais complètement le grenier. Puis finalement, un jour, alors que j'étais seul à la maison, je me suis senti poussé à faire face à l'inconnu. Je suis resté une éternité devant la porte de ce grenier, le cœur battant à tout rompre. Il m'a fallu tout le courage du petit garçon que j'étais pour l'ouvrir.

Une fois la porte ouverte, je suis resté sur le seuil. Il ne s'est rien passé. Je me suis avancé dans le noir un centimètre à la fois et j'y suis resté jusqu'à ce que ma respiration se calme. À ma grande surprise, mes yeux se sont habitués à l'obscurité et j'ai pu fouiller dans les vieilles boîtes qui sentaient le renfermé. J'y ai trouvé des photos de mon grand-père paternel, le seul de la famille à qui je ressemble. Ces photos m'ont ouvert à certains aspects de mon esprit.

Peu importe la porte, peu importe la peur, qu'elle ait trait à l'amour, à la vérité ou à la mort, nous avons tous toujours un choix à faire : éviter cette partie de la maison ou bien ouvrir la porte et découvrir davantage sur nous-mêmes en attendant dans le noir jusqu'à ce que l'obscur devienne visible.

- *Assis en toute tranquillité, pensez à une porte que vous craignez d'ouvrir.*

- *Pour l'instant, contentez-vous de respirer et, dans votre esprit, habituez-vous à vous trouver sur le seuil de cette porte.*
- *Respirez profondément et contentez-vous cette fois de vous sentir en sécurité près de la porte fermée tout en vous disant que vous y reviendrez quand vous vous sentirez plus fort.*

13 JANVIER

Pourquoi nous avons besoin les uns des autres

> Un enfant aveugle guidé par sa mère
> admire les cerisiers en fleurs...
>
> – KIKAKOU

Qui sait ce qu'un enfant aveugle voit des fleurs ou des oiseaux ? Ce que chacun de nous voit à partir de sa propre cécité ? Ne vous y trompez pas, chacun de nous est aveugle d'une certaine manière, mais il est aussi doté d'une vision particulière.

Chacun de nous est aveuglé par ce dont il a peur. Celui qui craint les hauteurs reste aveugle à l'humilité que les vastes perspectives suscitent. Celui qui craint les araignées reste aveugle à la splendeur et au danger de leur toile. Celui qui craint les espaces restreints reste aveugle aux secrets de la solitude. Celui qui craint la passion reste aveugle au bien-être de la fusion. Celui qui craint le changement reste aveugle à l'abondance de la vie. Celui qui craint la mort reste aveugle au mystère de l'inconnu. Et puisqu'il est foncièrement humain d'avoir peur de quelque chose, la cécité est inévitable. Voilà ce que nous devons tous nous efforcer de dépasser.

En gardant cela à l'esprit, nous pouvons voir le petit poème de Kikakou comme une parabole. Bien sûr, dans la vie, chacun de nous s'empêtre et se bat à répétition dans ses relations, chacun connaît la complétude cachée de la vie et la perd ensuite. C'est en partie la raison pour laquelle nous avons besoin les uns des autres, car ce sont souvent les relations qui nous aident à connaître l'Unité. Au cours de notre vie, nous passons tour à tour de l'enfant aveugle au guide bienveillant et aux fleurs innocentes, ne sachant jamais ce que nous sommes appelés à être, à moins d'apprendre ce que nous devons apprendre.

- *Fermez les yeux et répétez trois fois le poème de Kikakou en vous identifiant chaque fois à un personnage différent.*
- *La première fois, respirez lentement et devenez l'enfant aveugle qui admire les fleurs sans pouvoir les voir.*
- *La deuxième fois, respirez lentement et devenez le guide bienveillant qui amène l'enfant aveugle vers une beauté qu'ils peuvent tous deux partager mais ne jamais connaître de la même façon.*
- *La troisième fois, respirez sans penser et devenez les fleurs du cerisier qui interpellent aussi bien ceux qui peuvent voir que ceux qui ne le peuvent pas.*

14 JANVIER

Les expériences de la vie

Le fait d'apercevoir Dieu de temps en temps
n'élimine pas les coupures, les échardes
ni les brûlures.

Très souvent, en révélant une vérité, nous nous attendons à une gratification. Quand nous fournissons des efforts, nous nous attendons à de l'argent et de la reconnaissance. Lorsque nous faisons preuve de sacrifice et de bienveillance, nous nous attendons secrètement à recevoir acceptation et amour. Pourtant, ainsi que nous le savons tous, les expériences de la vie se présentent selon une logique qui leur est propre. Et maintes fois, l'effort est vu, la bienveillance est appréciée et le risque de dire la vérité est considéré comme le fondement des relations entre humains. Cependant, la gratification à respirer, c'est l'air, pas les applaudissements, et la récompense pour avoir escaladé une montagne, c'est une nouvelle vue d'ensemble, et non l'avancement. La gratification pour avoir été bienveillant, ce n'est pas d'être vu en tant que personne bienveillante, mais de rester vivant grâce à la vitalité qui nous parcourt quand nous le sommes.

Apparemment, plus on se rapproche du centre de tout être, plus l'effort est synonyme de gratification. Qui l'eût cru ? La récompense dans la découverte de la vérité est l'expérience de l'honnêteté. La récompense de comprendre les choses est le sentiment de paix qui vient avec le savoir. La récompense d'aimer est d'être le porteur de l'amour. Et tout devient simple comme bonjour ! L'unique raison d'être de la rivière, c'est de transporter de l'eau et, alors que la force de l'eau approfondit et élargit son lit, la rivière accomplit encore plus sa mission. Il en va de même pour le cœur des humains : son lit s'est ouvert graduellement pour porter ce qui vit en lui.

Tout ceci pour rappeler qu'aucune pensée ne peut éliminer les merveilles et les souffrances de la vie. Aucun mur, aucune échappatoire, aucun déni, aucune cause ni aucune excuse ne peuvent empêcher la rudesse de la vie de nous traverser. Même si cela nous semble parfois dévastateur, ce fait est en réalité rassurant. Pourquoi ? Parce que si l'on fait une fixation sur l'impermanence de la vie et que la mort nous préoccupe, la terreur peut s'emparer de nous. Toutefois, si on apprécie l'aspect infini de cette même impermanence, l'apaisement s'installe en nous, car nous comprenons que même les plus grandes souffrances finissent par passer.

- *Remémorez-vous un récent moment de déception.*
- *Espériez-vous secrètement une tournure particulière des événements ?*
- *Plutôt que de mettre l'accent sur le fait que ce que vous espériez n'est pas arrivé, essayez de comprendre ce qui est au cœur de ce que vous espériez : s'agissait-il d'être entendu, accepté, aimé, étreint ou d'être valorisé ?*
- *Tout en acceptant cette déception, essayez de comprendre l'expérience que la vie a mise sur votre chemin.*

Quel goût cela a-t-il ?

Plus notre nature fondamentale
est spacieuse et grande,
plus les souffrances de la vie
deviennent supportables.

– WAYNE MULLER

Un vieux maître hindou en avait assez d'entendre son disciple se plaindre. Un matin, il l'envoya quérir du sel. Au retour du disciple, le maître demanda au jeune homme mal dans sa peau de mettre une poignée de sel dans un verre d'eau et de le boire.

« Quel goût cela a-t-il ? » demanda le maître.

« C'est amer », répondit le disciple en crachant l'eau.

Le maître lâcha un petit rire et demanda ensuite au jeune homme d'aller jeter une même poignée de sel dans le lac. Tous les deux s'y rendirent en silence. Après que le disciple eut jeté sa poignée de sel dans le lac, le maître lui dit : « Maintenant, bois l'eau du lac. »

Alors que l'eau dégoulinait sur le menton du jeune homme, le maître demanda de nouveau : « Quel goût cela a-t-il ? »

« C'est doux », fit remarquer le disciple.

« Goûtes-tu le sel ? » s'enquit le maître.

« Non », répondit le jeune homme.

Le maître s'assit à côté du jeune homme sérieux qui lui rappelait tant qui il avait été lui-même. Il prit sa main et lui déclara : « La souffrance dans la vie n'est que pur sel. Ni plus ni moins. La quantité de souffrance est toujours exactement la même. Par contre, la quantité d'amertume dépend du contenant dans lequel nous mettons la souffrance. Ainsi, quand tu souffres, la seule chose à faire consiste à élargir ton sens des choses. Cesse d'être un verre et deviens un lac. »

- *Centrez-vous et focalisez sur une souffrance en vous.*
- *Au lieu d'essayer de l'éliminer, essayez de respirer dedans.*
- *À chaque inspiration, remarquez combien vous tentez de coller à cette souffrance.*
- *À chaque expiration, essayez d'élargir votre moi et laissez la souffrance flotter dans les profondeurs de tout ce que nous ne saurons jamais.*

Je dis oui quand je pense non.

Je dis oui quand je pense non
et les rides s'agrandissent.
– NAOMI SHIHAB NYE

Il m'est souvent arrivé de dire oui quand je pensais non, car j'avais peur de déplaire ou d'être considéré comme un égoïste. Je pense que la première fois où j'ai pris la décision de me marier, cela a été le cas. Jeune et inapte à être moi-même, j'acceptais d'être un poisson hors de l'eau aussi longtemps que je le pouvais afin de ne pas blesser, décevoir ou déplaire. Il va de soi que tout cela s'est mal terminé.

Et une fois que nous avons appris à nous sacrifier, combien de fois entretenons-nous une conversation avec nous-même ? D'un côté, notre passion pour la vie dit « Oui, oui » ; de l'autre, notre circonspection dit « Ne fais pas l'imbécile, soit réaliste et protège-toi ». Quand nous avons avancé longtemps ainsi, nous nous rendons compte qu'il y a derrière tout cela quelque chose de beaucoup plus profond. Ceux qui nous aiment vraiment ne nous demanderaient jamais sciemment d'être autre chose que ce que nous sommes.

La vérité, c'est que chaque fois que nous acquiesçons à une demande, une requête ou une condition contraire à la nature de notre âme, nous payons le prix fort sur le plan de l'énergie vitale. Même si l'acquiescement semble nous apporter quelque récompense, notre âme se lasse à force de s'engager dans des activités qui sont intrinsèquement contraires à sa nature.

Loin de la foule, quand nous observons la nature agir, que cela soit un arbre, un orignal, un serpent ou la foudre, il devient clair que l'énergie vitale est effectivement l'esprit qui émane de ces choses quand elles sont ce qu'elles sont. Et ceux d'entre nous qui sont voués à l'amour doivent accepter que la bienveillance soit la rivière intérieure qui en inonde les rives. Cependant, si l'âme de la rivière ne peut être alimentée par sa source, il n'y aura pas de bienveillance.

- *Assis tranquillement en silence, méditez sur la dernière fois que vous avez dit oui alors que vous pensiez non.*

- *Respirez normalement et essayez de voir la raison pour laquelle vous n'avez pas dit non.*
- *Respirez profondément et cernez le prix que vous avez payé pour n'avoir pas exprimé votre pensée.*
- *Inspirez lentement et invitez votre esprit à parler franchement la prochaine fois qu'on vous demandera d'être autre que ce que vous êtes.*

17 JANVIER

La visibilité dérange

C'est uniquement en nous risquant
d'un moment à l'autre que nous
vivons réellement.

– WILLIAM JAMES

Toutes les expériences par lesquelles nous passons nous amènent à comprendre, même si c'est difficile à accepter, que peu importe la voie que nous empruntons dans la vie, il y a toujours des conflits à affronter et à résoudre. Si nous cherchons à éviter tout conflit avec autrui, c'est en nous que nous générerons à un moment donné un conflit toxique. Par ailleurs, si nous réussissons à nous occuper de notre vie intérieure, ce que nous sommes viendra tôt ou tard contrarier ceux qui aimeraient nous voir autrement.

Quand on est vraiment soi-même, on ne peut répondre aux attentes de tout le monde. Il y aura donc inévitablement des conflits à gérer puisque la visibilité dérange. Cependant, il y a un prix à payer quand on n'est pas ce que l'on est. Si on s'affaire à plaire à tout le monde, une précieuse partie intérieure de soi meurt. Le conflit ne sera plus extérieur, mais intérieur : l'invisibilité dérangera.

En ce qui me concerne, il m'a fallu trente de mes quarante-neuf années pour réaliser que ne pas être moi-même est plus « mortel » que l'inverse, et dix-neuf autres années pour essayer de mettre cela en pratique. En d'autres mots, je dois chaque jour essayer consciencieusement d'être authentique et résister à la pulsion de glisser ma vérité sous le tapis. Autrement dit, ce que je suis en réalité ne doit pas être interdit ni caché juste parce que les autres se sentent mal à l'aise ou ne veulent rien en savoir.

Nelson Mandela, Gandhi, Sir Thomas More et Rosa Parks sont des exemples légendaires de ce dont je parle ici. Mais point besoin d'être connu pour se mettre à la tâche. Il suffit de dire ce que nous désirons réellement manger au repas, ou quel film nous voulons vraiment voir.

- *Centrez-vous et méditez sur une décision susceptible d'engendrer un conflit, que ce soit en vous si vous vous retenez d'être qui vous êtes, ou avec autrui si vous êtes qui vous êtes.*
- *Respirez normalement et sentez à quel point l'invisibilité aussi bien que la visibilité dérangent.*
- *Respirez lentement et sachez que vous êtes bien plus que tout conflit momentané.*
- *Respirez profondément et sachez que ce que vous êtes peut supporter les conflits qui viennent obligatoirement avec la vie.*

18 JANVIER

L'araignée et le sage

Je préférerais être dupé que de ne pas croire.

En Inde, on raconte l'histoire d'un homme bienveillant et paisible qui allait prier chaque matin dans le Gange. Un jour, une fois sa prière terminée, il remarqua une araignée venimeuse en train de se débattre dans l'eau et la recueillit dans le creux de sa main pour la transporter vers la rive. Alors qu'il la déposait par terre, celle-ci le piqua. Sans qu'il le sache, toutes ses prières diluèrent cependant le poison.

Le jour suivant, la même chose se produisit. Le troisième jour, le bienveillant homme était de nouveau dans l'eau jusqu'aux genoux. Et bien entendu, l'araignée était là aussi, nageant frénétiquement. Alors que l'homme s'apprêtait de nouveau à la sortir de l'eau, l'araignée lui dit : « Pourquoi t'obstines-tu à vouloir me sauver ? Tu ne vois pas que je te pique chaque fois ? Je suis ainsi faite. » L'homme recueillit tout de même l'araignée dans sa main en lui répondant : « Parce que c'est ainsi que je suis fait. »

Il y a bien des raisons à la bienveillance, mais celle qui nous y pousse naturellement le plus est peut-être le fait spirituel que c'est ainsi que nous sommes faits. C'est comme ça que le cœur de l'être humain continue de battre. Les araignées piquent. Les loups hurlent. Les fourmis construisent des fourmilières que personne ne voit. Et les humains s'entraident, peu importe les conséquences. Même lorsque les autres piquent.

Certains prétendent que nous sommes des imbéciles qui n'apprennent jamais. Pour moi, il y a là une beauté que l'on retrouve au moment où les baies sauvages percent à travers la neige et la glace au printemps venu. C'est ce qui nourrit en silence le monde. Après tout, les baies sauvages n'éprouvent aucun sentiment de raison d'être ou de charité. Elles ne sont ni altruistes ni suicidaires. Elles poussent simplement et sont délicieuses, car c'est ainsi qu'elles sont faites.

En ce qui nous concerne, si les choses tombent, nous les ramassons. Si elles se cassent, nous tentons de les recoller. Si des êtres chers pleurent, nous essayons de les réconforter. Pourquoi ? Parce que c'est ainsi que nous sommes faits. Souvent, je me suis élancé vers les autres, mais parfois j'ai eu l'impression de faire erreur. Quelquefois, comme l'homme qui recueille l'araignée, je me suis fait piquer. Mais cela importe peu, puisque c'est comme ça que je suis fait, que nous sommes faits. S'élancer vers les autres compte plus que de se faire piquer. La vérité, c'est que je préférerais être dupé que de ne pas croire.

- *Souvenez-vous d'une fois où, sans raison, vous avez été bienveillant. Cela peut être aussi simple que d'avoir ramassé un objet qu'un étranger a échappé. Ou d'avoir laissé une pomme aux oiseaux affamés.*
- *Songez à ce qu'un tel geste a eu comme répercussion en vous. Après ce geste de bienveillance, vous êtes-vous senti plus léger, plus énergisé, plus jeune, le cœur plus ouvert ?*
- *Commencez votre journée non pas en essayant d'être consciemment bienveillant, mais plutôt en ayant une attitude bienveillante qui vous permet d'être naturellement qui vous êtes et comment vous êtes fait.*

Oublier et se rappeler

Que puis-je faire pour toujours me rappeler
qui je suis vraiment ?

– JUAN RAMÓN JIMÉNEZ

Notre quête est en grande partie axée sur les façons de redécouvrir ce que nous sommes déjà. En ce sens, disons que notre espèce oublie facilement. Ce qu'Adam et Ève ont peut-être perdu en se faisant expulser du paradis, c'est leur capacité à se souvenir de ce qui est sacré.

Pour nous secouer et nous souvenir, nous devons par conséquent gravir des montagnes, passer des rivières, traverser des mers lointaines et nous précipiter dans les bras d'étrangers. Certains d'entre nous vivent simplement, espérant trouver le moyen de ne pas oublier. Mais oublier, et se rappeler, fait partie du cheminement et constitue notre part d'humanité.

Alors, que faire ? Ce n'est un secret pour personne que la lenteur se rappelle et que la célérité oublie. Que la douceur se rappelle et que la dureté oublie. Que le lâcher-prise se rappelle et que la peur oublie.

Il est beau, mais difficile, de se rappeler qui l'on est vraiment. Néanmoins, chaque fois que nous remplissons la coupe de la vérité et que nous nous soutenons les uns les autres après y avoir bu, nous nous entraidons.

- *Assis en toute tranquillité, laissez un espace engourdi et oublié en vous remonter à la surface.*
- *Respirez lentement dans cet espace. Là où il y a de l'engourdissement, il y a aussi de l'oubli. Retrouvez lentement la mémoire.*
- *Soufflez doucement sur cet espace en imaginant que votre souffle est une eau purificatrice.*
- *Après quelques instants, essayez de vous souvenir de la dernière fois que vous avez ressenti quelque chose dans cet espace.*

Ne pas être trop difficile

> Le secret pour connaître la joie,
> c'est de ne pas être trop difficile.

Nous sommes nombreux à avoir appris à penser qu'être très pointilleux est signe de bon goût et que ne pas se sentir satisfaits tant que nos préférences ne sont pas comblées est signe de mondanité et de raffinement. Je me rappelle être allé à une soirée au cours de laquelle une femme refusait tout apéritif, au point de s'en offusquer, à moins qu'il ne s'agisse d'une certaine marque de Vermouth. Je me souviens aussi d'avoir soupé avec un collègue désireux que l'on apprête son steak de manière complexe et spéciale, comme si ce besoin d'être différent était sa marque publique particulière. Ou encore d'avoir observé des femmes et des hommes très intelligents agrandir le cercle de leur solitude par des critères que personne ne pouvait satisfaire. J'avais quant à moi l'habitude d'entretenir de tels critères au sujet de l'art.

Cette forme de discrimination est souvent considérée comme un standard élevé. En réalité, c'est souvent une façon de nous isoler et de nous empêcher d'être émus par la vie. Nous rationalisons en disant être plus spéciaux que ceux qui ne peuvent répondre à nos standards très exigeants.

La vérité accablante, c'est que l'excellence ne peut vous réconforter la nuit et que, comme je l'ai appris quand j'étais malade, les exigences et la sophistication n'aident pas à survivre. Une personne qui meurt de soif ne demandera pas si l'eau qu'on lui offre contient du chlore ou si on l'a recueillie dans les Alpes françaises.

Cependant, accepter ce que la vie met sur notre chemin ne signifie pas qu'il faille nier les difficultés et les déceptions. Cela veut plutôt dire que l'on peut trouver de la joie même dans les épreuves. Non pas en exigeant d'être traité chacun de manière spéciale à tout bout de champ, mais en acceptant que le sacré exige que nous traitions tout ce qui croise notre route comme quelque chose de spécial.

Pourtant, on nous enseigne que les préférences sont signe d'importance et de statut. En fait, ceux qui n'ont aucune préférence et qui acceptent tout ce qui se présente à eux sont souvent perçus comme des nigauds ou des rustres. Il y a cependant une profonde innocence dans le fait que les sages comme les enfants s'accommodent facilement de ce que chaque jour leur apporte.

Plus j'ouvre les yeux sur la vie, plus j'ai conscience que Dieu est partout et que l'extraordinaire m'attend en secret sous le couvert de tout ce qui est ordinaire. La lumière passe aussi bien à travers le verre que le diamant. Et la musique émane aussi bien du violon que de l'eau qui dégoutte d'un tuyau d'écoulement. Oui, Dieu est sur notre véranda aussi bien qu'au sommet des montagnes. Et la joie est aussi bien aux premières loges qu'au poulailler, pour peu que nous acceptions d'être où nous sommes.

- *Centrez-vous et remémorez-vous un moment où vous avez été exigeant au point de ne pas bien prendre soin de vous.*
- *Méditez sur ce que vous demandiez réellement en étant ainsi.*
- *Si vous aviez besoin d'attention, acceptez ce besoin dès maintenant en respirant et accordez votre attention à tout ce qui peut se présenter.*
- *Si vous aviez besoin qu'on vous considère comme quelqu'un de spécial, expirez ce besoin et considérez ce qui est dans votre vie comme spécial.*
- *Si vous aviez besoin d'être aimé, laissez aller ce besoin et aimez tout ce qui se trouve sur votre route.*
- *Entamez votre journée en donnant ce dont vous avez besoin. Avec le temps, ce quelque chose de spécial vous reviendra.*

21 JANVIER

Voir avec les yeux de l'amour

L'illumination, c'est être intime
avec tout ce qui est.
– JACK KORNFIELD

Chacun de nous passe sans cesse de la cécité au rayonnement, de la division à la complétude. Notre pulsion est de rester en contact avec tout ce qui est vivant et qui nous empêche de nous perdre. C'est la pulsion de l'intimité.

Ceci me rappelle Jacques Lusseyran, ce jeune garçon français aveugle qui, en ayant appris à naviguer parmi les autres formes dans l'obscurité, tomba sur le secret de la complétude. « C'est plus que les voir, c'est se syntoniser sur elles et permettre à leur courant de se relier à son propre courant, comme l'électricité. Autrement dit, on cesse de vivre devant les choses et on commence à vivre avec elles. Il ne faut pas craindre de l'affirmer, c'est de l'amour. »

Vivre avec les choses et non devant elles, ne plus regarder mais réaliser que nous faisons partie de tout ce que nous voyons, c'est là de l'amour. C'est l'amour qui nous ramène vers la complétude quand nous sommes divisés. Aimer en admettant que nous sommes liés à tout ce qui existe, c'est la façon d'être bien. Laisser le courant d'une autre intériorité se relier à la nôtre représente le début de l'intimité et de l'illumination.

- *Fermez les yeux et restez immobile jusqu'à ce que vous puissiez ressentir la présence des choses autour de vous.*
- *Respirez doucement et sentez le courant de leur silence.*
- *Respirez normalement et ouvrez votre cœur à tout ce que vous sentez.*
- *Sentez l'électricité d'être celui qui infuse le monde entier.*

22 JANVIER

Pas deux !

Pour atteindre la complétude,
dites simplement « Pas deux ! ».

– SENG-TS'AN

Il y a presque mille quatre cents ans, un des premiers sages chinois proposa le koan « Pas deux ! » à ceux qui le taraudaient dans le but d'avoir des conseils.

Ce conseil est aussi pertinent que mystérieux. Pour bien en saisir le sens, il nous faut comprendre ce qui n'est pas dit, à savoir que tout ce qui divise nous éloigne de ce qui est sacré et diminue ainsi nos chances de trouver la joie.

Comment cela est-il possible ? Pour le comprendre, il nous faut nous ouvrir à une vérité encore plus profonde : tout – y compris vous, moi, les gens dont nous nous méfions et même les choses qui nous font peur – vibre fondamentalement au même rythme de vie, même sous toutes les distractions et préférences que nous pouvons créer.

Une fois dissociés de ce même rythme de vie, nous sommes coupés de l'abondance et de la force propres à la vie, comme l'est un organe vital retranché de notre corps. Ainsi, pour trouver la paix et la vivre, il nous faut retrouver notre complétude d'origine, ce rythme central et vieux comme le monde que nous avons en commun avec tout ce qui existe. Et quand nous le sentons, nous retrouvons peu à peu cette force qui est commune à tout ce qui est vivant.

Nous avons cependant tendance à nous égarer quand nous devons effectuer des choix. La tension monte devant les décisions à prendre, car nous cataloguons les choses comme bonnes ou mauvaises. Une façon de faire est bonne, l'autre, mauvaise. En faisant grand cas de nos préférences, nous aspirons fortement à quelque chose de particulier que nous qualifions de « réussite » lorsque nous l'obtenons et d'« échec » dans le cas contraire. Dès lors, nous subissons une pression, celle d'éviter de commettre une terrible erreur. Par conséquent, nous nous sentons souvent contrecarrés et confus à force d'oublier que derrière notre acharnement à vouloir tout catégoriser en bon ou mauvais, en mal ou bien, en réussite ou en échec, toutes les possibilités sont dotées de vérité et de force de vie, peu importe nos préférences.

Le fait de partager un rythme de vie commun ne veut pas dire que nous sommes tous pareils, car les différences sont infinies. Devant la richesse de la vie, nous ne pouvons accorder la même valeur à tout. Cependant, lorsque nous croyons que seul l'objet de notre désir a de la valeur, nous déprimons facilement à cause de ce qui nous manque. Ainsi, nous souffrons parce que nous percevons la différence entre l'ici et le là, entre ce que nous avons et ce dont nous avons besoin.

Bien entendu, il nous faut savoir établir la distinction parmi les dix mille choses trouvées sur notre route. En les éclairant de la lumière de notre cœur, nous pouvons dire « Pas deux ! Seulement une ! » et réaliser qu'il n'y a pas de mauvaises tournures de choses, que seules des voies inattendues existent.

- *Méditez sur un choix que vous devez faire.*
- *Cernez les diverses options qui se présentent à vous.*
- *N'essayez pas de considérer ces options avec l'urgence de la préférence. Focalisez plutôt sur l'expérience que chacune pourrait vous apporter.*
- *N'essayez pas de vous identifier à l'une de ces options.*
- *À défaut d'obtenir ce que vous désirez, tentez de voir cela comme une ouverture inattendue au lieu d'un échec.*

23 JANVIER

Arriver à l'important

> Si vous voulez vraiment être compris, vous devez
> tout répéter trois fois, de trois façons différentes.
> Une fois pour chaque oreille…
> et une autre pour le cœur.
>
> – PAULA UNDERWOOD SPENCER

Pendant des années, je me suis senti si peu entendu que, chaque fois que l'on me posait une question après que je m'étais exprimé ouvertement, je prenais cela pour du rejet ou une critique. Souvent, la personne tentait simplement de mieux comprendre. Ce qui m'était demandé, c'était de cerner l'indicible et d'essayer de nouveau.

Depuis, j'ai appris que le véritable dialogue demande que celui qui parle, aussi bien que celui qui écoute, revienne à plusieurs reprises sur ce qui est dit pour arriver à l'important. Car, parfois, la vérité est révélée juste au moment où me vient l'envie de tousser. Ou bien votre cœur s'ouvre, puis se ferme, pendant que j'essaie d'aboutir à l'essentiel.

Tellement de choses dépendent de la synchronisation ! J'ai donc appris non pas à me répéter mais à jouer et rejouer telle une mélodie ce qui importe vraiment si la personne devant moi est honnête et sincère.

- *Cette méditation est un dialogue. D'abord, asseyez-vous avec une personne chère et, chacun à votre tour, exprimez l'indicible.*

- *Puis expliquez à cette personne comment vous vous sentez envers elle.*
- *Ensuite, gardez le silence pendant quelques instants et dites de nouveau comment vous vous sentez.*
- *Après quelques instants de silence encore, prenez-vous par la main et répétez une troisième fois comment vous vous sentez.*

24 JANVIER

Le miracle de la pensée

Il y a deux façons de vivre votre vie.
L'une, comme si rien n'était un miracle.
L'autre, comme si tout était un miracle.

– ALBERT EINSTEIN

Il n'y a pas de fin à l'inquiétude, car il n'y a pas de fin à ce qui existe en dehors de ce que nous voyons, au-delà de nos très petits yeux. L'inquiétude est donc une manière de jouer avec ce qui pourrait arriver ou non.

Ça me rappelle l'histoire d'un ami qui avait eu une crevaison sur une route de campagne. Ayant découvert qu'il n'avait pas de cric dans son automobile, il s'était mis à marcher, espérant rencontrer un agriculteur qui l'aiderait. La nuit commençait à tomber et le son des criquets s'intensifiait. Tout en marchant le long d'une route envahie par de mauvaises herbes, il laissa l'inquiétude lui ronger peu à peu l'esprit : « Et si le fermier n'était pas chez lui ? Et s'il était chez lui mais ne voulait pas me laisser utiliser son cric ? Et s'il refusait de me laisser téléphoner ? Et s'il avait peur de moi ? Mais je ne lui ai rien fait ! Pourquoi ne me laisse-t-il pas utiliser son téléphone ? »

Lorsqu'il frappa à la porte du fermier, cet ami était si préoccupé par ce qui pouvait aller mal qu'au moment où le vieux fermier lui ouvrit aimablement la porte, il lui lança : « Vous pouvez vous le garder votre foutu cric ! »

Parce que nous sommes humains, nous nous débattons constamment pour rester en contact avec le miracle de ce qui est et ne pas tomber dans le trou noir de ce qui n'est pas. Il s'agit d'un très vieux défi humain. Ainsi que le poète soufi Ghālib l'a dit il y a des siècles, « chaque particule de la création chante sa propre chanson de ce qui est et n'est pas. Entendre ce qui est vous rend sage. Entendre ce qui n'est pas vous rend fou. »

- *Assis en toute tranquillité, trouvez une situation qui vous cause de l'inquiétude.*
- *Respirez lentement. Pendant que vous inspirez, concentrez-vous à accepter ce qui est. Essayez d'accueillir aussi bien les bienfaits que les épreuves associés à cette réalité.*
- *Respirez normalement. En expirant, concentrez-vous sur l'idée de laisser aller ce qui n'est pas. Tentez de laisser aller toutes les problématiques imaginées et non encore réelles.*
- *Laissez-vous glisser dans le miracle de ce qui est.*

25 JANVIER

S'aimer soi-même

Je commence à réaliser qu'en m'enquérant de
mes origines et de ma raison d'être, je fixe mon
attention sur autre chose que sur moi-même...
Et par cette prise de conscience même, je
reconnais petit à petit l'origine
et la raison d'être du monde.

– MARTIN BUBER

En nous aimant nous-mêmes, nous aimons le monde. Tout comme le feu, la pierre et l'eau sont constitués de molécules, tout, y compris vous et moi, est relié par le même point d'origine.

Mais comment s'aimer ? C'est parfois aussi difficile que de voir l'arrière de sa tête. Et c'est aussi intangible que nécessaire. Je peux seulement affirmer que s'aimer, c'est comme nourrir un oiseau transparent que personne d'autre que soi ne peut voir. Il vous faut rester immobile et distribuer les secrets que vous tenez dans la paume de vos mains comme s'ils étaient de délicates graines. Pendant que l'oiseau picore vos secrets, qui n'en sont plus, il rayonne et vous devenez léger. Sa voix, que vous seul pouvez entendre, est une voix dénuée de tout programme. Et la lumière qui traverse son corps vous inonde jusqu'à ce que vous vous demandiez pourquoi ces gemmes étaient emprisonnées dans votre poing. D'autres penseront que vous étiez fou d'attendre quelque chose que personne ne voit. Mais l'oiseau transparent veut seulement se nourrir, voler et chanter. Il désire uniquement sentir la lumière dans son ventre. Et de temps en temps, si une personne vous aime assez, il se peut qu'elle voie l'oiseau partir du nid de dessous votre peur.

Voilà comment j'ai appris que s'aimer soi-même requiert un courage exceptionnel. Cela demande que l'on croie, et que l'on reste loyal, à quelque chose que personne d'autre ne peut voir et qui nous maintient en ce monde. Et ce quelque chose, c'est la valeur personnelle.

Tous les grands moments de conception – la naissance des montagnes, des arbres, des poissons, des prophètes et des relations qui durent – commencent là où personne ne peut voir. Et nous avons la responsabilité de ne pas anéantir ce qui a si merveilleusement débuté. Car une fois qu'une chose est remplie de lumière, elle est bien en route. Peut-être pas sans souffrances, mais du moins sans entraves. Et l'air sous vos ailes est le même que celui qui vibre dans ma gorge. Et les bancs vides recouverts de neige font autant partie de nous que les silhouettes vides qui s'y vautrent au printemps.

Quand nous croyons en quelque chose que personne d'autre ne peut voir, nous découvrons que nous sommes l'un l'autre. Et tous les instants de vie, peu importe leur difficulté, reviennent en un point central ou le soi et le monde ne font qu'un, où la lumière entre et sort à flots en même temps. Et une fois là, je réalise pleinement que ce moment, quel qu'il soit, est un bon moment pour vivre et pour mourir.

- *Pendant que vous êtes tranquillement assis, laissez chacune de vos respirations vous amener toujours plus profondément dans votre centre. Et sans classer ni choisir, devenez conscient d'une vieille partie de vous. Il pourrait s'agir de votre rire, de votre entêtement ou de votre amour pour les fleurs ou la pluie.*
- *Respirez dedans tout en entamant votre journée.*
- *Restez ouvert et attendez-vous à découvrir cette partie profonde chez les autres, car le même vent touche bien des feuilles.*

La bienveillance, I

> Vous répétez souvent : « Je donnerais bien,
> mais seulement à ceux qui le méritent. »
> Les arbres de votre verger et les animaux dans les
> prés ne disent pas de telles choses.
> Ils donnent pour vivre, car retenir, c'est périr.
>
> – KHALIL GIBRAN

Le grand et ardent mystique William Blake a déclaré qu'il n'y a pas plus grand geste que de faire passer quelqu'un avant soi. Il réfère ici à un altruisme qui semble être le fondement de l'amour significatif. Comme j'ai passé ma vie à laisser les besoins des autres me définir, j'en suis venu à la conclusion que sans la forme la plus saine d'amour de soi – sans honorer l'essence de vie que cette chose appelée « soi » porte à la manière d'une gousse portant des graines –, faire passer un autre avant soi peut se traduire en un sacrifice personnel préjudiciable et en une éternelle codépendance.

Au fil des années et de bien des façons, j'ai fait fi de mes propres besoins et intuitions pour ne pas décevoir les autres, même quand personne ne me le demandait. Et je ne suis pas le seul dans ce cas. D'une manière ou d'une autre, en apprenant à être gentils, nous avons tous appris à nous battre contre un faux dilemme : être bienveillant envers soi ou l'être envers les autres. Se faire honneur est en fait le seul moyen durable de faire preuve de bienveillance vraie et altruiste envers les autres.

Comme Mencius, le petit-fils de Confucius, le disait, à l'instar de l'eau qui coule vers le bas quand on ne l'arrête pas, notre bienveillance personnelle coule vers les autres quand nous avons la chance d'être qui nous sommes. Ainsi, le véritable engagement à long terme que chacun de nous doit prendre consiste à éliminer ce qui nous entrave afin d'être qui nous sommes, sans retenue. Si nous pouvons nous acheminer vers ce genre d'authenticité, la bienveillance coulera d'elle-même, comme l'eau de la compassion. Point besoin de discipline pour être bienveillant. Il suffit d'avoir le cœur ouvert.

- *Centrez-vous et méditez sur l'eau de la compassion qui baigne votre cœur.*
- *Tout en respirant, et sans intention, laissez-la simplement couler dans l'air autour de vous.*

27 JANVIER

La bienveillance, II

Nous aimons ce à quoi nous sommes présents.

– MWALIMU IMARA

C'est l'histoire de deux frères qui n'avaient rien en commun. L'un était toujours à l'affût partout où il allait, en quête d'un nouveau trésor alors qu'il en tenait déjà un dans la main. Il arborait son bouclier et pestait contre tout ce qu'il touchait. L'autre déambulait sans protection ou presque, faisant cas de tout ce qu'il trouvait sur son chemin. Il s'attardait devant la moindre feuille, la moindre branche et la moindre pierre fendue. Il chérissait tout ce qu'il ramassait.

Cette petite histoire laisse entendre que lorsque nous osons sortir de notre cachette, une grande loi émerge. Quand nous nous mettons totalement à nu, quand nous exposons nos faiblesses autant que nos forces, nous découvrons une filiation avec tout ce qui vit. Et c'est à partir de cette filiation que la bienveillance circule en nous et entre nous. Le mystère, c'est qu'être authentique est l'unique chose qui peut nous révéler notre filiation à la vie.

De cette façon, nous pouvons inverser l'énoncé de William Blake et affirmer que rien n'est plus grand que de se mettre en avant de quelqu'un. Pas au sens de se faire passer avant lui, mais plutôt de s'ouvrir devant quelqu'un, d'exposer son essence devant lui. C'est seulement avec ce degré d'authenticité que la véritable filiation est connue et la véritable bienveillance, accordée.

Voilà pourquoi nous sommes touchés, même si nous ne l'admettons pas, quand des étrangers s'ouvrent et se montrent à nous. Voilà pourquoi nous nous arrêtons pour aider les gens blessés par la vie et les personnes vraies. Et quand nous nous mettons totalement à nu devant quelqu'un, l'amour est possible, telle la terre opiniâtre qui cède devant la mer.

- *Devant vous, placez un objet que vous aimez beaucoup. Respirez et soyez totalement devant lui. Sentez en quoi cet objet revêt quelque chose de spécial pour vous.*
- *Tout en respirant, méditez sur l'espace en vous d'où émane ce sentiment spécial.*
- *Continuez de respirer normalement et voyez cette qualité spéciale comme une filiation entre vous et cet objet.*
- *Durant la journée, prenez le temps de vous positionner totalement devant quelque chose de nouveau pour vous. Pendant que vous respirez, essayez de sentir la filiation entre vous et ce quelque chose.*

28 JANVIER

À la rencontre du monde

Vous devez faire rencontrer monde intérieur
et monde extérieur,
sinon l'existence vous pulvérisera.

Un vent souffle depuis la nuit des temps qui continue de murmurer, dans toutes les langues jamais parlées : « Vous devez faire rencontrer monde intérieur et monde extérieur, sinon l'existence vous pulvérisera. » Si l'intérieur ne rencontre pas l'extérieur, nos vies s'effondrent et cessent. Même si nous pensons souvent nous protéger en cachant notre intériorité, c'est le contraire qui se produit. Le cœur ressemble à un ballon miraculeux. Sa légèreté provient du fait qu'il reste plein. En amorçant nos journées avec le cœur, nous prévenons l'effondrement.

C'est ce qui fait que les veufs et les veuves de quatre-vingt-dix-neuf ans continuent de prendre soin de fleurs au printemps, que les enfants de dix ans souffrant de famine s'occupent de chatons abandonnés et les serrent contre leur poitrine décharnée, que les artistes peintres devenus aveugles peignent davantage, que les compositeurs devenus sourds écrivent de grandes symphonies. C'est ce qui fait que même si nous pensons qu'il est impossible de recommencer, nous poussons un grand soupir qui remonte à la nuit des temps et que, malgré toutes nos expériences, nous prenons une grande inspiration et recommençons de nouveau.

- *Centrez-vous tout en respirant lentement et profondément.*
- *Pendant que vous respirez, sentez vos poumons se remplir et se vider comme un ballon.*
- *En même temps, prenez conscience que votre cœur se remplit et se vide d'un air intérieur.*
- *Dans la journée, laissez cet air intérieur rencontrer le monde extérieur chaque fois que vous vous sentez dépassé.*

29 JANVIER

La clairière vierge

Je suis à la fois trop seul
et pas assez seul en ce monde
pour rendre chaque instant sacré.

– RAINER MARIA RILKE

Il semble y avoir deux façons fondamentales de ressentir la plénitude de la vie. Toutes deux émanent de l'authenticité de nos rapports. L'une est le rapport d'amour que nous entretenons avec la vie et l'autre, le rapport d'amour que nous entretenons avec les autres.

Souvent, dans notre solitude, nous découvrons les miracles de la vie si nous prenons le temps et le risque d'être seul jusqu'à ce que la vie rayonne en nous. Telle est la récompense de la méditation. C'est comme emprunter le sentier de notre solitude assez loin dans les bois en vue d'atteindre cette clairière vierge.

Nous pouvons également atteindre cette clairière vierge en prenant le temps et le risque d'être totalement les uns avec les autres. C'est la récompense de l'amour.

Mais l'obstacle qui nous empêche le plus souvent de connaître la plénitude de la vie – obstacle sur lequel j'ai buté bien des fois – est l'hésitation à être soit totalement seul avec la vie, soit totalement seul avec quelqu'un.

Faire les choses à moitié, peu importe où, est la véritable source de l'isolement.

- *Assis en toute tranquillité, laissez une pointe de solitude présente en vous remonter à votre conscience.*
- *Respirez lentement et sentez, si vous le pouvez, de quel côté vous devez aller : plus en vous ou plus dans le monde.*
- *Respirez profondément et essayez de diriger votre cœur dans cette direction.*

30 JANVIER

Être un pèlerin

Faire un périple sans être transformé,
c'est n'être qu'un nomade.
Changer sans faire de périple,
c'est n'être qu'un caméléon.
Faire un périple et être transformé,
c'est être un pèlerin.

Nous commençons tous notre vie comme des pèlerins, désireux d'accomplir notre périple et dans l'espoir d'être transformés par celui-ci. Mais, tout autant qu'il est impossible d'entendre la totalité de l'orchestre pendant trop longtemps et que nous entendons seulement le piano ou le violon, notre attention à la vie dérape et nous faisons l'expérience des gens et des lieux sans être touchés par leur totalité. Et parfois, dans notre isolement et notre insécurité, nous changeons ou cachons ce qui vit en nous, de manière à plaire aux autres ou à les éviter.

Il ne s'agit pas de se juger ni de se réprimander, mais de nous aider les uns les autres pour que cette intégrité soit un éternel processus assurant à nos expériences intérieure et extérieure de se compléter, et ce, malgré nos erreurs très humaines.

Je comprends très bien ces choses, puisque j'y déroge à tour de bras. Et pourtant, tout comme vous, je me considère comme un grand pèlerin qui s'achemine, au-delà de toute croyance ou tradition unique, vers le lieu qui l'attire toujours irrésistiblement et dans lequel il saisit le moment et y est changé. Mystérieusement, aussi insaisissable qu'il soit, ce moment – où l'œil est ce qu'il voit et où le cœur est ce qu'il sent – nous montre que ce qui est réel est sacré.

- *Centrez-vous et, sans aucun jugement, remémorez-vous une fois où vous avez refusé de laisser votre expérience vous changer. Sentez simplement la présence de ce moment.*
- *Pendant que vous respirez, rappelez-vous une fois où vous avez changé pour plaire à quelqu'un ou pour l'éviter. De nouveau, sentez simplement la présence de ce moment.*
- *À mesure que vous vous adoucissez, remémorez-vous une fois où vous avez avancé dans votre périple et avez été transformé par ce dernier. Sentez la présence de ce moment.*
- *Sans jugement, exprimez votre gratitude en acceptant tout cela. Exprimez votre gratitude d'être humain.*

31 JANVIER

C'est en forgeant que l'on devient forgeron

Comme l'homme qui dans son dernier souffle
abandonne tout ce qu'il transporte, chaque
souffle est une petite mort qui peut nous libérer.

Respirer est le risque fondamental, l'atome du courage intérieur qui nous amène à vivre dans l'authenticité. Avec chaque respiration, nous pratiquons l'ouverture, nous prenons et laissons aller. Le professeur est littéralement sous notre nez. Quand l'anxiété s'empare de nous, nous devons simplement nous rappeler de respirer.

Il nous arrive fréquemment de nous engager à changer nos façons de faire, puis de retomber dans nos vieux réflexes dès qu'une nouvelle situation se présente. Quand la peur, ou l'anxiété, nous étreint, le réflexe de chacun est de s'accrocher, alors que c'est le moment de lâcher prise. Quand nous sentons l'urgence d'accélérer le pas, c'est typiquement le moment où nous avons plutôt besoin de ralentir. Et maintes fois, quand nous ressentons le besoin de fuir, c'est le moment idéal pour faire face. Le fait de prendre une profonde inspiration méditative, exactement à ce moment-là, permet souvent de rompre le cercle vicieux de l'anxiété et de remettre notre psyché au neutre. Dès lors, il devient possible de suivre une autre direction.

Je ne parle pas ici de moments extérieurs d'anxiété, mais de moments intérieurs de vérité. Bien entendu, si quelque chose de grave survient, nous devons bouger. Quand un être cher trébuche, nous essayons de le soutenir. Non, je réfère plutôt à la peur de l'amour, de la vérité, de Dieu, à la peur du changement et de l'inconnu. Je parle de notre grand attachement à ce que nous connaissons, au risque de nous blesser dans le processus.

Quand nous laissons tomber tous nos bagages – nos idées préconçues, nos listes intérieures des façons dont nous avons échoué et dont les autres ont été injustes envers nous, les fardeaux secrets que nous nous efforçons de garder –, quand nous laissons tomber tous nos regrets et toutes nos attentes, le mental meurt. Quand nous laissons tomber tout ce qui est présumément impératif, nous renaissons à la simplicité d'esprit qui est le propre d'un esprit innocent.

Il est souvent bouleversant d'imaginer de changer totalement de manière de vivre. Par où commencer ? Comment détruire un mur que nous avons mis vingt-cinq ou cinquante ans à ériger ? Par une respiration après l'autre, une petite mort après l'autre. En laissant tomber, instant après instant, tous nos bagages. En ayant confiance que ce qui portait tout nous portera aussi si nous nous libérons.

- *Allez vous asseoir seul dans un lieu sécuritaire et repensez à la dernière situation qui vous a rendu anxieux.*
- *Demandez-vous ce qui vous a particulièrement mis mal à l'aise. Avec la tension, à quoi vous êtes-vous accroché dans votre esprit ?*
- *Mettez votre malaise et cet attachement devant vous maintenant.*
- *Dans ce lieu sécuritaire, allez toucher ce qui vous a fait peur. Cela ne pourra plus vous blesser.*
- *Dans ce lieu sécuritaire, laissez tomber ce à quoi votre mental s'accroche. Cela ne peut plus vous aider désormais.*
- *Répétez l'exercice plusieurs fois tout en respirant lentement et profondément.*
- *Respirez. Sentez avec force détails ce qui monte en vous, sans le malaise ni l'attachement.*
- *Respirez. C'est Dieu en vous. Rendez grâce.*

1er FÉVRIER

Vivre lentement

Vivez lentement
pour que tout ne soit que le début du temps.

Suivez tout ce qui existe dans le moment. Un flocon de neige qui tombe, de la glace qui fond, un être cher qui s'éveille. Vous aurez ainsi accès au moment où tout commence, à l'instant d'immobilité à partir duquel naît chaque soupir. Ce qui rend ce moment si crucial, c'est qu'il laisse continuellement émaner de lui la fraîcheur de la vie. La clé pour trouver ce moment et toute sa fraîcheur, toujours et encore, c'est de ralentir.

Souvent, quand nous sommes troublés, c'est qu'il nous faut ralentir. Quand notre voyage est retardé ou que nous attendons l'addition dans un restaurant, il nous est demandé de nous ouvrir et de regarder autour de nous. Quand nous nous retrouvons au point mort dans nos projets ambitieux et sérieux, c'est que nous devons retrouver le début du temps. Malheureusement, nous sommes tous si pressés et occupés à courir pour nous rendre là où nous voulons, que nombre d'entre nous sont à un moment donné forcés de ralentir parce qu'ils tombent malades ou sont épuisés. En ce sens, nous sommes de drôles de créatures. Si nous pouvions nous voir suffisamment de loin, nous verrions une colonie d'insectes déterminés qui, par milliers, butent sans cesse contre des obstacles, secouent leurs petits corps, leurs petites têtes, puis se remettent à courir et à buter contre d'autres obstacles.

À l'instar du sol de la Terre qui nous porte, le sol de notre être bouge si lentement que nous le tenons pour acquis. Alors, si vous vous sentez en perte de vitesse, paralysé ou épuisé par toutes les épreuves de la vie, ralentissez simplement le rythme de vos pensées et syntonisez-le sur celui des fissures en train de s'ouvrir, ralentissez le rythme de votre cœur et syntonisez-le sur celui de la terre en train d'absorber la pluie. Et attendez que la fraîcheur du début vienne vous saluer.

- *Mettez une éponge sèche et un verre d'eau devant vous. Oubliez-les pour quelques instants.*
- *Centrez-vous en laissant l'énergie de tout ce qui vous semble urgent passer à travers vous. Expirez et essayez de lâcher prise.*
- *Maintenant, laissez couler une petite quantité d'eau sur l'éponge et, tout en respirant lentement, observez comment celle-ci gonfle et s'ouvre.*
- *Continuez d'y verser de l'eau tout en respirant lentement et sentez votre cœur se gonfler et s'ouvrir.*

2 FÉVRIER

Le battement de deux cellules du cœur

Si vous mettez deux cellules de cœur vivantes
provenant de deux personnes différentes
dans une boîte de Petri, à un moment donné,
elles trouveront et garderont un troisième
et commun rythme cardiaque.

– MOLLY VASS

Ce fait biologique détient le secret de tout rapport et toute relation. C'est la preuve sur le plan cellulaire que derrière toute résistance et au-delà de toutes nos vaines tentatives existe une force essentielle d'union au cœur même de la vie. Cette capacité innée à trouver et à garder un rythme commun est le miracle de l'amour.

Cette force est ce qui rend la compassion possible, probable même. Car si deux cellules peuvent trouver la pulsation commune à tout ce qui existe, il est certain que deux cœurs entiers peuvent sentir beaucoup plus lorsque toutes les excuses tombent.

Cette propension à trouver une pulsation commune est la force qui sous-tend la curiosité et la passion. C'est ce qui pousse les étrangers à se parler, malgré un malaise. C'est ainsi que nous nous aventurons vers de nouvelles connaissances. Car en étant suffisamment paisible, pendant assez longtemps, près d'un autre être vivant, nous découvrons le moyen de chanter cette chanson silencieuse d'un seul allant.

Pourtant, nous nous fatiguons souvent à nous battre contre la volonté du cœur d'entrer dans sa danse, sans réaliser que la force aussi bien que la paix émanent du cœur qui bat à l'unisson avec tout ce qui vit. Il semble incroyablement inspirant que, même sans nous connaître les uns les autres, il existe un cœur commun entre tous les cœurs, un cœur qui n'attend qu'à être perçu.

Cela me rappelle la fois où le grand poète Pablo Neruda, alors proche de la fin, s'est arrêté à la mine de charbon de Lota, située dans une zone agricole du Chili. C'était au cours d'un voyage. Il resta là debout, figé, lorsqu'un mineur rustre et noirci par le charbon se dirigea sans hésiter vers lui, le prit dans ses bras et lui dit : « Je vous connais depuis longtemps, mon frère. »

Chaque fois que nous osons exprimer ce qui vibre en nous, nous invitons d'autres cellules du cœur à trouver ce qui vit et chante entre nous. C'est peut-être ça le secret.

- *Respirez profondément dans le silence et sentez les battements de votre cœur.*
- *Méditez sur le battement commun des cellules de votre cœur.*
- *Laissez ce battement rayonner comme un phare.*
- *En commençant votre journée, continuez d'émettre le rayonnement du battement de votre cœur vers tout ce qui se trouve autour de vous. Faites-le en respirant normalement.*
- *Soyez conscient des moments où vous vous sentez énergisé ou rempli d'émotion. C'est dans ces moments que vous êtes totalement en lien avec le monde.*

3 FÉVRIER

L'aspiration profonde

Avant même un battement de paupières,
nous nous connaissons déjà les uns les autres.

Nous parlons avant même de parler, avec les yeux, les lèvres, l'inflexion de notre tête, notre façon de nous pencher comme des arbres fatigués d'attendre le soleil. Nous racontons tous notre histoire avant même d'avoir ouvert la bouche. Pourtant, nous prétendons fréquemment que rien ne se passe. Nous soutenons être des étrangers et nions le fait que nous apprenons avant toute parole.

Nous sommes tous faits de lumière et d'aspiration profonde. Nous sommes tous en quête d'une trouée, effrayés d'être enfermés, coupés de tout ou repoussés vers le sol d'où nous tendons les bras. Il suffit de savoir, avant que tous les mots et toutes les histoires ne souillent notre être, que nous voulons être pris et laissés tranquilles jusqu'à ce que la danse de la survie et de la croissance nous soit révélée. Comme le printemps amène l'hiver, qui amène de nouveau le printemps.

- *Au cours de la journée, accueillez ce que vous apprenez des autres grâce à la façon dont leur être vous interpelle.*
- *Sans dire un mot, formulez une bénédiction pour chacun d'eux lorsqu'ils s'éloignent.*

4 FÉVRIER

Un ensemble de portes intérieures

> Ce ne sont pas les choses qui changent dans notre vie.
> C'est plutôt nous qui changeons par rapport à elles.
>
> – MOLLY VASS

Quels que soient les talents, les blessures ou la situation, que l'on ait été marié plusieurs fois ou que l'on n'ait jamais été amoureux, que l'on ait plein d'argent ou que l'on soit constamment dans le besoin, les problématiques de base de la vie restent les mêmes.

Pour chaque vie terrestre, il existe un ensemble de portes intérieures que personne d'autre que soi ne peut passer. On peut bien changer d'amoureux ou d'emploi, voyager de par le monde, devenir médecin ou avocat, un alpiniste chevronné ou, encore, mettre sa vie sur la touche pour prendre soin d'un père ou d'une mère malade, au bout du compte une fois que ces activités louables ayant pu durer des années tirent à leur fin, le dernier seuil de porte que l'on n'a pas franchi est encore là à nous attendre. Rien ne peut servir de substitut au risque véritable.

Mais, chose plus étrange encore, les problématiques fondamentales que nous évitons reviennent toujours, parfois sous différents aspects. Sans arrêt, nous revenons à elles. Nous avons beau essayer d'éviter par la bande ce qui doit être affronté, nous découvrons humblement que le seuil n'est franchissable qu'à condition de rassembler notre courage pour ouvrir la porte devant nous. Le plus vieux moyen éprouvé de découverte de soi semble être de traverser les choses pour en sortir. Le fait que nous soyons ramenés sans cesse vers les mêmes circonstances n'est pas toujours un signe d'évitement, mais bien certainement celui d'un travail personnel non terminé en ce qui concerne certaines problématiques.

Dans ma vie, ce n'est pas un hasard si j'ai été continuellement propulsé dans des situations faisant entrer en jeu des femmes et des hommes dominants dont je cherchais à tout prix l'approbation, craignant le rejet. J'étais allé à la bonne école avec une mère dominatrice et critique ! Pendant des années, j'ai essayé de mieux gérer les circonstances, ce qui revenait à poncer et vernir la porte sans jamais l'ouvrir. J'étais donc destiné à constamment retrouver la souffrance du rejet, même si je gérais cela de main de maître. Il m'a fallu ouvrir la porte de l'estime personnelle pour venir à bout de cette problématique.

Même le fait de me qualifier de poète devint une distraction qui dura de nombreuses années. Me sentant au fond de moi rejeté et anxieux, je m'étais assigné une mission, celle de devenir un écrivain célèbre. Mais la problématique du rejet et de l'approbation me revint alors au centuple par le biais de ma boîte aux lettres, où je trouvais les lettres d'innombrables critiques professionnels connus sous le nom d'éditeurs. Je fus à la fois consterné et soulagé de me retrouver finalement sur le seuil de la porte de l'amour de soi devant laquelle j'avais fui pendant des années.

Les seuils que nous devons franchir ne bronchent pas. Nous seuls y revenons, plus ou moins prêts à les franchir. Pourquoi ? Parce que l'âme ne connaît qu'une façon de s'accomplir : accepter ce qui est vrai.

- *Méditez sur une problématique qui fait sans relâche surface dans votre vie.*
- *Voyez-la comme un messager à qui vous demandez quelle porte il essaie d'ouvrir pour vous.*
- *En quoi votre vie changera-t-elle si vous passez cette porte ?*
- *En quoi votre vie sera-t-elle affectée dans le cas contraire ?*

Ce que cache la résolution de problèmes

Derrière tout maux de tête
il y a toujours des maux de cœur.

Nous avons souvent plus de facilité à contourner les problèmes qu'à les traverser et à sentir ce qui est là. Que faire pour nous sortir d'une mauvaise humeur ? Que pouvons-nous acheter, éliminer ou réparer pour réduire ou faire disparaître la colère ou la tristesse d'une personne chère ?

Avec le recul, je réalise que j'ai passé bien des heures à solutionner des émotions que j'avais simplement besoin de sentir. Je sais aujourd'hui que mes fréquents efforts pour comprendre ce qui avait mal tourné, bien qu'utiles d'une certaine manière, n'étaient souvent qu'une distraction pour m'empêcher de sentir la tristesse et la déception qu'il me fallait justement sentir pour guérir et avancer de nouveau.

Tout cela n'est que très humain. Personne ne veut ressentir de souffrance, surtout s'il ne peut la rattacher à aucune blessure particulière. Il en va ainsi du cœur.

Il n'y a rien à voir ni à raccommoder, pourtant tout est affecté.

La vérité, c'est que pendant que nous analysons, élaborons des stratégies et nous préparons, notre esprit est occupé. Il se peut aussi que cela nous empêche de nous faire blesser de la même manière plus tard. Mais il n'y a rien de mieux que d'aérer la blessure, ce qui, dans le cas du cœur, signifie lancer un « Ouille ! » du plus profond du cœur, sans aversion ni apitoiements.

- *Assis en toute tranquillité, laissez monter une blessure récente du cœur dans le réconfort de votre respiration.*
- *Respirez lentement et permettez-vous de vous mouvoir dans l'inconfort de cette blessure en la sentant.*
- *Respirez profondément et ayez confiance que votre cœur est doté de la sagesse lui permettant de filtrer et de traiter cette blessure. Donnez-lui cette chance !*

En chemin

C'est en avançant que j'apprends où je dois aller.
– THEODORE ROETHKE

Un jour, nous sommes allés à un lac dont l'un de nous deux avait entendu parler. Un sentier en faisait le tour. Nous avons acheté quelques victuailles simples – du pain, de l'eau et des bananes – puis nous avons fait le tour de ce lac, nous arrêtant à certains endroits plus lumineux. D'énormes glands tombaient de la voûte verte et de petits corbeaux lissaient leurs plumes, perchés sur des branches qui retombaient dans l'eau.

En chemin, Christine s'arrêta, attirée par une clairière en dehors du sentier. Marchant plus lentement et respirant plus profondément, nous avons suivi hors du sentier les vieux arbres qui poussaient. L'envie de partir nous a complètement quittés. Avec rien de plus que l'autre et notre respiration, nous avons entendu le mince filet du ruisseau imiter le chant des oiseaux.

Nous n'en avons pas parlé, mais c'est le chemin hors du sentier qui nous mène à Dieu. Car nos cœurs sont simplement de petits oiseaux qui attendent.

- *Centrez-vous et imaginez votre vie comme un sentier près d'un beau lac.*
- *Respirez lentement et suivez le sentier qui vous a conduit jusqu'à aujourd'hui.*
- *Respirez profondément et imaginez le bout de sentier qui apparaît pour le lendemain. Humez ce sentier non foulé.*
- *Dès le début de la journée, restez ouvert à la clairière inattendue qui vous interpelle.*

La tristesse en héritage

On n'a pas forcé Atlas à porter le monde.
Il était convaincu que s'il ne le faisait pas,
le monde s'écroulerait.

Nous sommes nombreux à avoir été élevés par des parents bien intentionnés qui nous ont cependant appris à porter leur tristesse. Il arrive souvent que l'enfant plus doux que les autres et plus sensible que le reste de la famille soit choisi pour composer avec tout ce dont personne d'autre ne veut composer. C'est là un étrange destin.

Ce fut mon cas. On me disait trop sensible, trop émotionnel, trop rêveur. Mais quand j'ai grandi, quand la vie a gratifié notre famille des épreuves qui sont inévitablement le lot de toutes les autres, c'est moi qui ai porté le fardeau de l'incapacité de ma famille à sentir. Ma propre capacité à sentir n'ayant jamais été valorisée ni reconnue, c'est moi qui ai ravalé toute la tristesse familiale dans mon cœur.

J'en suis venu à comprendre qu'il y a une immense différence entre sympathiser avec la douleur de quelqu'un et la porter. Bien trop souvent, ceux qui souffrent se servent de l'empathie de leurs proches pour détourner ce qu'ils ne veulent pas eux-mêmes sentir. Comme la foudre qui court le long d'un paratonnerre et se faufile vers la terre, ces gens se servent à tort des autres pour détourner leur tristesse et leur souffrance vers la terre des personnes bienveillantes. Bien trop souvent, nous voulons que les autres prennent soin de notre tristesse ou de notre souffrance parce que nous ne voulons pas courir le risque de leur demander de nous prendre dans leurs bras quand nous souffrons.

En tant qu'adulte essayant d'être qui il est, je peux affirmer qu'il est parfois confondant de distinguer mes sentiments de ceux hérités des autres. Les gens comme moi, et peut-être comme vous et beaucoup d'autres, se sentent souvent responsables de l'état émotionnel des autres.

Trier ce qui nous appartient et ne nous appartient pas s'avère un travail délicat et sans fin. Confrontés à notre incapacité à nous habiter nous-mêmes, nous devenons codépendants et ne sommes jamais en paix, à moins que les émotions de tout un chacun ne soient prises en charge, et ce, pas tellement par compassion, mais pour alléger le fardeau d'anxiété qui fait de nous des porteurs de tristesse. Et si nous allons dans la direction opposée, nous nous isolons, nous coupant non seulement des autres mais également de nous-mêmes.

Que faire alors ? Protéger notre cœur sans nous fermer aux sentiments des autres ni à la profondeur des choses qui nous appartiennent. Bien que certains d'entre nous aient été éduqués en vue de porter la tristesse et la souffrance des autres, la fibre du cœur qui nous a été donnée est suffisamment forte et légère pour nous transmettre la brise qui nous murmure : « Laisse tomber ! Lâche prise ! Le monde te portera. »

- *Si vous êtes parent, pensez à la façon dont vous partagez vos sentiments avec votre enfant. Si vous avez un amoureux ou un ami proche, pensez à la façon dont vous partagez vos sentiments avec lui.*
- *Méditez sur la dernière fois que vous avez fait part de votre tristesse ou de votre souffrance à cette personne.*
- *À partir de cet exemple, observez honnêtement comment vous partagez de telles émotions et voyez si vous essayez de les transférer ou de les décharger sur quelqu'un, ou si vous exprimez simplement ce qui vous trouble.*
- *Si vous le pouvez, remémorez-vous un tel partage. Vouliez-vous seulement exprimer ce qui vous habitait pour vous soulager, ou désiriez-vous que l'autre fasse en sorte que vous vous sentiez mieux ? Et par après, vous sentiez-vous plus proche de vous, ou plus éloigné ?*
- *Si vous estimez que vous avez donné aux autres le poids de porter ce qui vous appartient, tournez-vous vers eux et remerciez-les d'avoir, entre autres, porté votre tristesse. Enlevez-leur cette tristesse du cœur et reprenez-la. À la place, demandez-leur de vous serrer dans leurs bras.*

La cupidité

Celui qui était cupide rassembla toutes les cerises,
alors que celui qui était humble
les goûta toutes en une seule.

Sans le savoir, nous souffrons de vouloir être à deux endroits à la fois, de vouloir expérimenter plus que ne le peut une personne. Et cela est une forme de cupidité. Parce que nous avons le sentiment qu'il nous manque quelque chose ou que nous sommes des laissés-pour-compte, nous désirons tout. Mais en tant qu'humains, nous ne pouvons tout avoir. Cette tension peut se traduire par une quête infinie dans laquelle notre passion de la vie est activée mais jamais satisfaite. Quand nous sommes dans cet état d'esprit, tous les voyages du monde ne suffisent pas, tout l'amour du monde ne suffit pas, tout le succès du monde non plus.

Je ne dis pas que nous devrions nous priver d'explorer notre curiosité et de nous aventurer dans l'inconnu. En ce qui me concerne, je veux vraiment explorer le monde et j'aime rencontrer des gens nouveaux. Ce à quoi je réfère ici, c'est au manque qui nous amène à nous sentir insuffisants tels que nous sommes et, pour compenser ce manque, au fait de nous précipiter dans la vie en gardant un œil sur ce que nous avons et l'autre, sur ce que nous n'avons pas.

La cupidité n'est pas restreinte à l'argent. Elle se fait les dents sur bien d'autres choses. Par exemple, quand nous croyons traîner de la patte ou être moins qu'un autre, nous nous mettons à désirer plus que ce dont nous avons besoin. Comme si ce que nous n'avons pas comblera ce vide et nous rendra plus entier. Comme si la chose à laquelle nous n'avons pas goûté est celle qui nous ramènera à la vie. Mais en vérité, une simple expérience prise à cœur satisfera notre faim d'être aimé chacun par tout le monde.

- *Remémorez-vous quelque chose dont vous voulez faire l'expérience.*
- *Méditez sur ce que cette expérience peut vous apporter.*
- *Respirez profondément et méditez cette fois sur la façon dont ce cadeau est déjà à l'œuvre en vous.*

La chose en travers du chemin

Nous avons tendance à faire de la chose qui est
en travers du chemin, le chemin.

Ce jour-là, nous nous étions levés tôt Robert et moi pour nous rendre au Jardin botanique de Montréal. Nous avions hâte de visiter la plus grande collection de bonsaïs au monde, en dehors de l'Asie. Sur place, nous avons flâné jusqu'au Jardin de Chine, un lieu de retraite tout simple et luxuriant de plusieurs acres à l'abri des rues voisines, un lieu de renouveau originellement construit dans les années 1600 en Chine et transporté pierre par pierre à Montréal en 1990.

En nous approchant de la grosse grille de métal, nous avons constaté qu'elle était fermée. J'ai paniqué, prêt à demander qu'on me laisse entrer puisque j'avais fait plus de 600 kilomètres en provenance des États-Unis juste pour voir ce jardin. Calmement, tel un sage d'Orient, Robert traita la situation comme s'il s'agissait d'un koan, une énigme dans laquelle on plonge jusqu'à ce que la réponse soit dévoilée.

Il s'est mis à marcher le long du mur extérieur du jardin, qui semblait insurmontable. J'étais frustré. Lui continuait de marcher lentement le long du grand mur. Comme le jardin s'étendait sur des acres, je me suis demandé si nous allions en faire tout le tour. Cette pensée me mit de mauvaise humeur. Robert continuait de marcher.

Soudain, alors que nous étions rendus plus loin que ce qui était notre intention au départ, le mur s'arrêta. Il s'avéra que ce jardin n'avait pas de mur, sinon en façade où était située l'entrée. Nous avons simplement traversé la pelouse jusqu'à un sentier qui nous attendait.

Combien de seuils, de portes, de grilles apparemment fermés et verrouillés ne semblent l'être que la première fois qu'on les voit ? Comment d'occasions de vivre véritablement sont-elles libres d'entraves si nous pouvons seulement nous placer, nous et notre mental, en dehors de leurs points d'entrée habituels ?

- *Centrez-vous et pensez à une barrière ou à un seuil devant lesquels vous vous trouvez ?*

- *Respirez lentement et laissez aller toute insistance. Cessez de tambouriner sur la porte.*
- *Respirez normalement et faites mentalement le tour de cette barrière ou de ce seuil.*
- *Respirez patiemment et voyez s'il y a une autre entrée.*

10 FÉVRIER

Ce que la vie vous demande

Comment vous occupez-vous
de l'histoire de votre vie en train d'émerger ?
– Carol Hegedus et Frances Vaughan

À l'instar de bien des gens, il semblerait que la vie me mette continuellement au défi de ne pas cacher qui je suis. Sans arrêt, je me retrouve dans des situations exigeant de moi que je sois tout ce que je suis afin de m'en sortir.

Qu'il s'agisse de mettre fin à des rapports déséquilibrés entre un ami de longue date et moi, d'admettre mon impatience à écouter la personne aimée, de m'approprier l'envie que je ressens envers un collègue ou, encore, de faire face à l'égoïsme éhonté d'un inconnu qui me chipe une place de stationnement, je sens que je dois être présent, même si je ne dis rien. Je ne dois pas nier ma propre nature, sinon ma vie ne peut s'exprimer.

Mis à part le sentiment d'intégrité et de satisfaction qui m'envahit quand je peux être totalement moi-même, je découvre qu'être qui je suis, sans rien cacher de moi, est un seuil que je dois nécessairement passer, sinon mon existence ne peut évoluer. C'est là une ouverture à emprunter comme étant ma direction, sinon rien ne se passe et ma vie stagne.

S'occuper de l'histoire de notre vie, c'est s'assurer de révéler nos mensonges pour pouvoir vivre hors du mystère, de révéler nos façons de nous cacher les plus subtiles si nous voulons être.

- *Centrez-vous et méditez sur l'histoire qui fait surface en ce moment dans votre vie.*

- *Respirez lentement et déterminez ce que la vie vous demande afin que cette histoire puisse se manifester.*
- *Respirez à fond et déterminez comment vous pouvez le mieux répondre à cette exigence intérieure.*

11 FÉVRIER

La simplicité

> J'ai juste trois choses à enseigner :
> la simplicité, la patience et la compassion.
> Ces trois choses sont les plus grands trésors qui
> puissent exister. Simple dans vos actes et vos
> pensées, vous revenez à la source de votre être.
>
> – LAO-TSEU

C'est au VIe siècle avant J.-C. que le légendaire sage chinois Lao-tseu transmit ces instructions. Je ne parlerai ici que de la simplicité ; je m'attarderai plus loin sur la patience et la compassion.

Toutefois, quand je considère ces trois éléments comme un tout, laissez-moi vous dire une chose : sur la voie cahoteuse où je trébuche souvent, j'ai découvert que je dois continuellement apprendre et réapprendre tout cela. Pas une fois, mais des centaines de fois, et de plus en plus profondément. J'ai l'impression de descendre un escalier en spirale dont chacune des marches me rapproche toujours plus de mon âme vivante.

Que veut dire être simple ? Dans un monde compliqué, on nous induit souvent en erreur en nous laissant croire que c'est être simplet. En réalité, la simplicité nous permet de vivre directement, ce qui signifie que les choses sont vraiment telles qu'elles paraissent.

Combien de fois ai-je observé les gestes d'une personne chère ou d'un collègue de travail pour ensuite devoir en débattre en privé et découvrir ce que cela cachait ? Combien de fois ai-je tout fait ce qui était en mon pouvoir... sauf demander franchement et directement ? Combien de fois ai-je refusé d'être direct en ne m'exprimant pas franchement, en ne montrant pas ce que je ressentais, en ne laissant pas la vie autour de moi me toucher vraiment ?

Rien d'autre dans la nature n'est indirect comme l'homme. Le léopard qui essaie d'escalader la montagne se fatigue et ne cache pas ses efforts. L'écureuil apeuré dans l'arbre hésite et tremble, laissant voir sa frayeur. La vague déferlant sur la rive ne s'économise pas quand elle se brise des millions de fois sur ce rivage fragmenté à force d'être tant aimé. Il n'y a que l'humain pour aller dans une direction et en souhaiter une autre.

Comme bien d'autres tâches qui nous attendent, la récompense est rarement celle que l'on imagine. Il semblerait que Lao-tseu nous révèle un outil secret pour vivre, un outil que nous gardons pourtant secret par manque de disposition à en accepter la vérité. Ce sage ancien nous dit tout à fait ouvertement que le geste de simplicité – vivre directement – est la porte qui ouvre sur la source de tout être.

Alors, je vous en supplie chacun, imaginez que cela est vrai. Quand vous vous sentirez perdu ou égaré, essayez d'être direct, simple, et l'univers, sans un mot, s'animera tout d'un coup.

- *Respirez lentement et remémorez-vous une fois où les choses étaient directes et simples.*
- *Continuez de respirer lentement et remémorez-vous une fois où les choses étaient indirectes et lourdes.*
- *En inspirant, sentez la lourdeur.*
- *En expirant, sentez la simplicité.*
- *Qu'est-ce que la lourdeur vous a enlevé ?*
- *Qu'est-ce que la simplicité a éveillé en vous ?*

12 FÉVRIER

La préparation du thé

Avec la sincérité, l'illumination advient.

– *THE DOCTRINE OF THE MEAN* (200 AV. J.-C.)

Si nous nous arrêtons pour y penser vraiment, la préparation du thé est en soi un processus miraculeux. Tout d'abord, on ramasse de petites feuilles sur des plantes dont les racines sont invisibles. Puis, on verse de l'eau bouillante sur les feuilles séchées.

Enfin, on laisse infuser en vue d'obtenir un élixir qui, une fois ingéré, peut guérir.

Tout ce processus peut nous servir de modèle pour bien utiliser intérieurement nos expériences quotidiennes. Car verser le thé par une passoire n'est-il pas l'équivalent de filtrer les événements de notre vie pour mieux les ingérer ? L'effort de sincérité ne viendra-t-il pas déverser notre attention la plus profonde sur les miettes desséchées de nos journées ? La patience n'est-elle pas le besoin de laisser le mélange de l'intérieur et de l'extérieur macérer jusqu'à ce que les leçons soient parfumées et agréables au gosier ? N'est-ce pas de la chaleur de notre sincérité qu'émergent les leçons de la vie ? N'est-ce pas la chaleur de ces leçons qui nous amène à les boire à petites lampées ?

Pourtant, la plus grande révélation dans tout cela, c'est qu'aucun de ces éléments isolés ne peut à lui seul produire du thé. C'est seulement en les utilisant ensemble que l'on peut faire du thé de nos journées, de notre sincérité, de notre patience. Et rien de tout cela n'est curatif si l'on n'est pas disposé à boire le thé de la vie.

- *Lentement, et avec un soin symbolique, préparez une tasse de thé.*
- *Pendant que le thé infuse, pensez à votre vie et à la façon dont vous intégrez sincérité et patience dans vos journées.*
- *Sirotez lentement votre thé et sentez la gratitude emplir votre gorge.*

13 FÉVRIER

Ce que l'on n'exprime pas

Ce que l'on n'*ex*prime pas est *ré*primé.

Il semblerait que plus nous nous exprimons, plus nous devenons vivants. Plus nous verbalisons notre souffrance, moins il y a accumulation entre notre âme et le monde extérieur. Par contre, plus nous réprimons, plus nous ravalons et gardons à l'intérieur, plus nous rapetissons. Plus nous accumulons de choses entre notre cœur et nos expériences quotidiennes, plus nous devons fournir des efforts pour sentir la vie. Non exprimée, la vie peut devenir un durillon. Même si nous le manucurons, nous ne l'enlevons jamais. L'expérience peut en effet perdre sa fraîcheur et sa force quand nous concluons par erreur que la vie est en train de perdre son sens. Pour l'homme inconscient des cataractes qui recouvrent ses yeux, c'est le monde qui est plus sombre, non sa vue affaiblie. Combien de fois nous arrive-t-il de trouver le monde moins stimulant parce que nous sommes inconscients qu'un étau enserre notre cœur et lui enlève sa vitalité ?

Laissez-moi vous donner un exemple personnel. Pour bien des raisons, y compris des problématiques créées par moi-même, je me suis toujours senti invisible dans ma famille ou dans les groupes. Cela remonte à mon désir de plaire à tout prix à une mère très égoïste. En conséquence, pendant des années je n'ai pas su exprimer mes souffrances, et les rejets ont intensifié le durillon qui a emprisonné le cœur dans mon cœur. Je suis et j'ai toujours été une personne très ouverte et très accessible sur le plan émotionnel. Mais au plus profond de moi, le centre n'a jamais été touché. Bien que tout ait commencé avec ma mère, cela s'est répercuté dans mes rapports avec les autres.

Mais ce n'est pas tout. J'ai réalisé que le monde ne perdait pas ses couleurs, que c'était moi qui les filtrais. Le fait d'énoncer tout cela si calmement et clairement en une phrase reflète bien peu avec quelles difficulté et lenteur cette conscience s'est graduellement immiscée dans mon esprit. Elle est venue progressivement en moi quand j'ai commencé à reconnaître et à exprimer le sentiment d'invisibilité que j'avais porté ma vie durant.

Quoi qu'il en soit pour vous, il semblerait que l'authenticité soit liée à ce qui est *ré*primé et *ex*primé. Tout comme les fleurs ont besoin d'être bien enracinées pour fleurir, les sentiments et les émotions ne peuvent révéler leur beauté que lorsqu'ils ont un fondement solide en nous. C'est ce délicat et paradoxal petit deux centimètres entre la surface et le fond, entre la fleur et la racine, entre ce qui est autorisé à sortir et ce qui est autorisé à entrer, qui détermine en permanence si nous vivons notre existence ou pas.

- *Remémorez-vous la dernière fois que vous vous êtes senti déprimé.*
- *Assis tranquillement, voyez si quelque chose en vous est bloqué ou fait pression sur votre cœur ou votre esprit.*

- *Il pourrait s'agir d'une déception ou d'une blessure que vous ne voulez pas accepter.*
- *Traitez ce que vous trouverez comme si c'était une écharde et atténuez-le par la lenteur de votre respiration afin que cette écharde puisse sortir.*
- *Tout en respirant, rappelez-vous que vous êtes bien plus grand que cette blessure.*

14 FÉVRIER

Coup de foudre

Quand il y a trop de réflexion, l'amour est mince.
Qui a jamais aimé sans aimer au premier regard ?
– CHRISTOPHER MARLOWE

Le véritable pouvoir du coup de foudre est souvent incompris, car on s'entête à limiter son sens à l'emballement ressenti lors d'une première rencontre. Pour en apprécier le sens plus profond, il faut démystifier la notion du premier regard, qui concerne davantage l'essence que le physique.

Engourdis par nos habitudes et notre routine, nous déambulons tous si souvent dans la brume que nous tenons les merveilles de la vie pour acquises. C'est le premier regard qui donne accès à la fraîcheur de chaque moment, libre de ces habitudes et de cette routine. Le premier regard est le moment où nous apercevons Dieu, où nous apercevons le cœur, l'âme. C'est le regard de la révélation, la sensation d'unité qui nous envahit brièvement quand il n'y a rien d'autre sur le chemin.

Sur son plan le plus profond et le plus réel, l'amour au premier regard, le coup de foudre, est considéré par toutes les traditions spirituelles comme la récompense attribuée à l'être totalement éveillé. Ce regard complètement nouveau redonne la sensation d'être totalement vivant. Paradoxalement, ce premier regard se répète. Tout comme nous nous réveillons chaque jour, nous revenons régulièrement au premier regard au rythme de l'éveil de l'esprit. Chaque fois qu'il nous est possible de voir avec cette vision pure – sans rien entre nous et la vie autour –, nous ne pouvons faire autrement que d'aimer ce que nous voyons. Voir de façon si fondamentale nous ouvre à l'amour. Aimer de cette façon, c'est voir le monde dont nous faisons partie comme la création vibrante et constante qu'il est. Cela se manifeste ainsi : au premier regard, nous trouvons l'amour; et la première fois que nous regardons véritablement, l'amour qui est déjà là nous touche.

À cet égard, le premier regard est un seuil constamment présent qui nous convie à la majesté de ce qui est. Et ceci se produit avec d'autres gens quand, la première fois que nous les voyons vraiment, nous tombons dans le miracle de leur présence. Mais ceci est également possible sur une base quotidienne quand nous nous regardons réellement pour la première fois, quand nous voyons le monde pour la première fois, quand nous voyons Dieu pour la première fois. Toujours et encore.

Je peux côtoyer la même personne pendant des années et, un jour, parce que ma propre souffrance m'a ouvert plus totalement que jamais et parce que la lumière envahit le visage de cette personne, je peux pour la première fois voir vraiment qui elle est et ressentir de l'amour pour elle. Saison après saison, je peux passer devant le même saule puis, un jour, en raison du reflet laissé par la pluie et de la douceur du vent, le voir vraiment comme jamais auparavant et sentir de l'amour pour lui en nous tous. Je peux, dans le miroir tard le soir, après m'être regardé des centaines de fois, voir le saule, la lumière et l'autre dans mon visage fatigué et y reconnaître ce dont Dieu est fait.

En vérité, il ne s'est jamais agi de première rencontre, mais bien de première vision. Comme la brise qui s'est calmée laisse l'eau se clarifier, nous finissons par nous taire, par arrêter de jouer la comédie, par cesser de prétendre et, épuisés, nous devenons transparents. Et alors, le cœur présent en tout bat en nous.

- *Fermez les yeux et expirez votre vision de l'esprit, votre vision du passé, du futur, votre vision de la blessure.*
- *À chaque respiration lente, sentez l'air frais de votre vision de la naissance, de votre première vision.*
- *Respirez lentement et imaginez que le battement de votre cœur vous apporte la vision du début des temps.*
- *Au moment où vous vous sentez pur, même un bref instant, ouvrez les yeux et inclinez-vous avec amour devant la première chose que vous voyez.*

Être un guerrier spirituel

Le cœur ne peut être libre
à moins de devenir un réceptacle.

C'est vrai. Il y a beaucoup de tristesse en ce monde. Néanmoins, il y a une différence entre la douleur causée par les cassures, les fins, les éloignements et celle plus aiguë qui survient quand on compare les inévitables événements de la vie à un idéal selon lequel les choses devraient être. Quand on fait l'expérience de ces épreuves dans une perspective semblable, la vie est toujours un moins. La vie est assez dure telle qu'elle est. N'ajoutons pas à cela la vision selon laquelle toute notre souffrance est la preuve d'une insuffisance fondamentale que nous devons subir.

Un magnifique mythe tibétain peut nous aider à accepter notre tristesse comme une porte ouverte sur le changement et la durabilité. D'après ce mythe, tous les guerriers spirituels ont le cœur brisé. Ils doivent, hélas, avoir le cœur brisé, car seule la cassure permet aux merveilles et aux mystères de ce monde de nous être révélés.

Que signifie alors « être un guerrier spirituel » ? Cela n'a rien à voir avec le fait d'être un soldat. C'est plutôt démontrer la sincérité grâce à laquelle l'âme se fait face au quotidien. C'est avoir le courage d'être authentique afin de rester fort et de traverser la grande épreuve par laquelle l'illumination peut arriver. Et c'est en honorant la manière dont la vie se présente à nous que nous tirons le maximum de celle-ci, pas en nous cachant dans un coin. Le but consiste à mettre la main à la pâte, non à rester propre.

Je me souviens de l'intimité grandissante entre un ami que j'apprenais à connaître et moi-même lorsque nous nous racontions nos histoires. Comme mon tour revenait souvent, je lui relatai l'histoire d'êtres chers qui étaient décédés, de ma bataille contre le cancer, d'un mariage qui n'avait pas duré malgré un engagement très profond, d'années de rejet en tant qu'artiste, de la perte d'un poste d'enseignant que j'aimais beaucoup, de la souffrance d'avoir été brutalement séparé de mes parents. Alors que je sentais la force revenir pour affronter la vie et être authentique, je le vis s'essuyer la bouche et me dire : « Quelle vie triste tu as eue ! »

Il me fallut quelques instants pour encaisser son jugement et sa pitié, mais je le regardai tout en continuant à respirer profondément, le cœur brisé. Chaque jour, on nous juge, sans tenir compte de qui nous sommes, on nous prend même en pitié pour des triomphes personnels dont nous sommes les seuls à comprendre la portée. Finalement, la vie est un périple bien trop beau et difficile pour que nous renoncions à notre place.

- *Debout près de l'évier, laissez l'eau couler.*
- *Fermez les yeux et observez comment la vie, à l'instar de l'eau qui coule, coule par nos cœurs brisés et lave nos blessures.*
- *Respirez profondément et sentez le mystère laver la cassure de votre cœur.*
- *Ouvrez les yeux et amorcez votre journée.*

16 FÉVRIER

La misère

Si la paix vient quand on a une vue d'ensemble,
la misère survient quand on perd
la perspective des choses.

Nous commençons notre périple en étant tout à fait présents et pleins de reconnaissance. Le soleil est accroché quelque part dans le ciel. Les petits oiseaux chantent. Le miracle de la vie se produit tout simplement. Puis, nous nous heurtons un orteil. À ce moment-là, le monde entier est réduit à notre pauvre petit orteil. Et pendant un jour ou deux, nous marchons avec difficulté. À chaque pas, ce pauvre petit orteil nous revient à l'esprit.

Notre vigilance doit alors décider de ce qui déterminera notre journée : la douleur ressentie à l'orteil blessé quand nous marchons ou le miracle de la vie toujours en action.

Et c'est quand nous nous attardons trop aux petites choses que la misère entre en jeu. En réalité, nous commençons toujours par ne rien tenir pour acquis, par être reconnaissant d'avoir assez à manger et d'être suffisamment en santé pour pouvoir le faire. Mais, d'une manière ou d'une autre, au fil des jours, notre attention rapetisse, comme l'objectif d'un appareil photo peut rapetisser un paysage. Et un soir, à l'heure du repas, nous voilà vexé parce que les œufs sont trop glaireux ou que la viande n'est pas assaisonnée à notre goût.

Quand notre horizon rétrécit, seul le problème reste. Nous oublions les moments où nous étions esseulé, où nous rêvions d'un conjoint. Nous oublions notre premier regard sur la beauté de l'autre. Nous oublions le réconfort éprouvé quand nous avons été vu, entendu et tenu pour la première fois. Quand nous n'avons plus de perspective, nous maugréons et restons éveillé parce que notre conjoint tire toutes les couvertures à lui ou laisse la vaisselle dans l'évier sans la faire tremper.

En fait, la misère est un petit moment de souffrance auquel on accorde toute la place. Alors, quand nous nous sentons misérable, nous devons porter notre regard au-delà de ce qui fait mal. Quand nous avons une écharde quelque part et que nous essayons de l'enlever, nous devons nous rappeler qu'il y a un corps, un esprit, un monde qui n'est pas écharde.

Respirez régulièrement tout en vous concentrant sur une chose qui vous dérange ou vous fait souffrir. Il pourrait s'agir du fonctionnement de votre voiture comme du déroulement d'une relation intime ou de l'interruption de votre sommeil par un bruit causé par des étrangers.

- *Respirez profondément et, tout en gardant à l'esprit ce qui vous dérange, élargissez votre champ de vision.*
- *Respirez consciemment et acceptez l'énergie de tout ce qui existe en dehors de votre préoccupation.*

17 FÉVRIER

La fin du jeu

Maintenant, il ne reste rien d'autre à faire
que de continuer à danser.

Je ne sais pas si cela fait partie de la nature humaine ou si c'est ainsi qu'est la vie sur terre, mais nous devenons rarement tout ce que nous sommes, à moins d'y être forcés. Certains affirment que quelque chose en nous se montre à la hauteur de la situation, une sorte de « grâce sous la pression » qui fait son apparition, comme le disait Hemingway. D'autres prétendent que cette histoire de grâce n'est qu'une façon de mettre en perspective les moments difficiles et les expériences douloureuses, qu'un moyen de faire bonne figure quand le malheur frappe.

Pourtant, derrière ce discours de malheur et de grâce, j'en suis venu à croire que nous sommes tous destinés à une ouverture par le vécu de nos journées et, que nous aimions cela ou non, que nous choisissions ou pas d'y prendre une part active, nous devrons, l'heure venue, revêtir la partie la plus profonde de ce que nous sommes comme une nouvelle peau.

Que ce soit le résultat de l'érosion extérieure ou intérieure, ou des deux, nous sommes tous forcés de vivre plus authentiquement. Et une fois passée la crise qui nous a ouverts, le véritable choix devient le suivant : Continuerons-nous à vivre de manière authentique ?

Je ne cache pas que le cancer aigu m'a pourfendu et contraint à vivre dans l'ouverture. Depuis, je m'efforce de faire honneur à cette ouverture sans la déclencher par une crise. Mais peut-on vraiment y arriver sans qu'une crise nous fasse basculer par-dessus bord ? C'est la question que je me pose encore, des années après un saut dans le vide. Comment continuer à sauter à partir du désir d'être vrai et non à partir d'une éventuelle crise ?

Pour moi, le plus grand moment d'érosion et de cassure s'est produit alors que j'étais allongé sur une civière que l'on poussait vers le bloc opératoire. La peur fusait en moi à travers les spirales causées par l'anesthésie, alors que je regardais le plafond défiler devant mes yeux. Je me suis surpris à répéter sans cesse les phrases suivantes pendant que j'attendais sur ma civière : « La mort m'a poussé jusqu'au bord. Je ne peux plus reculer. Et à la grande honte de mes peurs, j'ai dansé devant la mort en m'abandonnant. Je n'ai jamais dansé aussi librement. Et la Mort a fait marche arrière, comme l'obscurité s'estompe lorsqu'une flamme surgit soudainement. Maintenant, il n'y a rien d'autre à faire que de continuer à danser. C'est là ce que j'aurais choisi de faire si j'étais né trois fois plus courageux que je ne le suis. »

L'expérience nous amène souvent beaucoup plus loin que nous ne le voudrions. C'est néanmoins ce pas de plus qui nous fait rebondir dans le centre vibrant où la vie prend tout son sens.

- *Assoyez-vous avec un être cher dans un endroit tranquille et parlez d'une époque d'adversité que vous avez traversée et de l'ouverture que celle-ci a créée en vous.*
- *Maintenant que l'adversité est passée, de quelle façon votre vision intérieure de la vie a-t-elle changé ?*
- *Discutez de ce que représente pour vous le maintien de cette nouvelle vision intérieure.*

18 FÉVRIER

Quand on se sent en rade

Le courant de vie qui traverse le monde
est le même que celui qui court dans mes veines.

– RABINDRANATH TAGORE

Nous sommes tellement axés sur l'accomplissement que nous passons souvent à toute vitesse à côté de la véritable valeur qui consiste à entrer en relation avec ce qui est là. Pourquoi ? Parce que nous pensons qu'en accomplissant des choses, nous deviendrons complets. Toutefois, c'est l'expérience de la vie qui nous rend complets.

Et si nous pouvons aller au-delà du besoin pressant de juger tout ce qui croise notre chemin, un miracle a lieu par lequel la peinture, la musique, la poésie, l'eau des torrents, les fleurs, le vent dans les feuilles, les paysages trouvent et éveillent leurs contreparties secrètes en nous.

Le poète du XIXe siècle, Gerard Manley Hopkins, qualifia ce terrain intérieur de « paysage intérieur ». Et comme aucun paysage extérieur ne peut fleurir sans soleil ni eau, notre paysage intérieur a aussi besoin d'être irrigué par de nombreuses formes de vie.

Partant, quand vous vous sentez en rade ou débranché du miracle de la vie, comme cela arrive à tout le monde, efforcez-vous d'écouter, de voir, de sentir. Et absorbez ce qui est là. Essayez de laisser les énergies de la vie animer leurs contreparties en vous.

Pour pouvoir être entier, cessez de critiquer. La vie n'est pas une question de goût, mais d'éveil. Pas une question d'agrément ou de désagrément, mais de complétude. Pas une question d'appréciation ou de dépréciation, mais d'ouverture à la géographie de l'âme.

- *La méditation proposée ici doit être accompagnée d'une musique. Fermez les yeux et écoutez un morceau de musique que vous ne connaissez pas.*
- *Tout en respirant normalement, accordez-vous le droit de sentir ce que vous aimez ou non de cette musique. Puis, laissez aller cela.*
- *Tout en respirant, permettez-vous d'aller à la rencontre de la pure énergie de la musique avec la pure énergie de ce qui est nouveau en vous.*

19 FÉVRIER

Au lieu de casser

Le souffleur de verre sait bien que
dans la chaleur du début,
toute forme est possible.
Une fois la forme durcie,
la seule façon de la changer
consiste à la casser.

Les instruments extrêmement précis de la médecine moderne permettent d'opérer, *in utero*, des enfants malformés. Sur un plan profond, ces techniques à la fine pointe révèlent une vérité intemporelle sur la croissance et la guérison. Ces chirurgies, tout d'abord remarquables parce qu'elles peuvent être effectuées, le sont aussi parce qu'elles ne laissent aucune cicatrice à la naissance de l'enfant.

En ce qui nous concerne, si nous nous occupons des choses sur le plan le plus profond, ce qui a été réparé en nous fera tellement partie de nous qu'il n'en restera aucune cicatrice. Il est plus aisé de ployer sous la surface, dans les fluides profondeurs intemporelles des débuts, que de casser ce qui est déjà rendu à maturité.

Vous objecterez peut-être qu'il est trop tard pour vous, que vous êtes déjà rendu à maturité. Ce n'est pas le cas, car dans le monde de l'intériorité, nous sommes toujours en train de grandir et nous avons l'honneur de porter en nous ce fluide des débuts, qui n'est jamais vraiment hors de notre portée.

Nous pouvons tous y revenir et recommencer en nous faisant face. Ainsi, nous pouvons nous faufiler sous nos habitudes endurcies et pénétrer dans le centre mouvant qui leur donne naissance. Au lieu de casser l'os de notre entêtement, nous pouvons nourrir la moelle du sentiment de ne pas avoir été entendus. Au lieu de casser l'os de notre peur, nous pouvons nettoyer le sang de notre manque de sécurité. Au lieu de compter les cicatrices de nos blessures, nous pouvons retrouver et accueillir de nouveau l'endroit de notre âme où nous avons en premier lieu commencé à restreindre notre confiance.

- *Assis en toute tranquillité, remémorez-vous un aspect de votre personnalité qui a tendance à se mettre en travers de votre chemin. Il peut s'agir d'entêtement, de manque de confiance ou d'envie.*
- *Tout en respirant normalement, permettez-vous de remonter jusqu'à la source de ce trait de caractère.*
- *Sans essayer de nommer ou de changer ce point tendre, enveloppez-le simplement d'amour.*

20 FÉVRIER

Nicodème et la vérité

Comment peut-on renaître ?

– NICODÈME S'ADRESSANT À JÉSUS

Il m'arrive souvent de penser à Nicodème, le seul pharisien à avoir secrètement cru en Jésus, à l'avoir rencontré dans l'anonymat de la nuit venue pour avoir de profondes conversations spirituelles avec lui, mais à n'avoir jamais reconnu ouvertement ni son lien avec Jésus ni son propre questionnement spirituel. Bien entendu, Jésus n'en fut pas changé dans son essence, mais cela affecta Nicodème tout au long de sa vie, et ce, de manière traumatisante.

Cette histoire illustre bien qu'il y a souffrance silencieuse quand nous n'honorons pas ce que nous savons être vrai, même si tout ce que nous savons être vrai, ce sont nos questionnements. Il est encore plus utile de réaliser que nous portons tous en nous un Jésus et un Nicodème. Autrement dit, nous avons tous une petite voix divine intérieure qui nous ouvre à la vérité, et une voie sociale qui rechigne à laisser voir sa vérité aux autres.

D. W. Winnicott, le célèbre psychologue britannique d'enfants, a qualifié ces aspects de la personnalité de « vrai moi » et de « faux moi ». Selon lui, le vrai moi nous laisse savoir ce qui est authentique et ce qui est devenu artificiel. Quant au faux moi, c'est le diplomate chargé de la défiance, d'un style de vie armé de circonspection, de secrets, de récriminations.

Dans le quotidien, cela sous-entend qu'à chaque changement, nous devons choisir entre nommer ou cacher la vérité. Dans de tels moments, nous devons soit syntoniser notre mode de vie sur ce changement, soit résister au changement. Par conséquent, dans la vie de tous les jours notre volonté à rester vrai est ce qui détermine si nous vivons dans le faux moi ou dans le vrai moi. Ainsi, à la longue, rester vrai devient le travail constant qui fait que les gestes que nous posons dans le monde sont en harmonie avec la vérité de notre être intérieur. De la sorte, nous permettons à notre vrai moi de voir la lumière du jour.

Très souvent, par habitude ou par peur, nous perpétuons de vieux comportements même en sachant que le cours des choses a changé. À d'innombrables reprises je me suis vu à cette croisée des chemins, à admettre que ce qui était essentiel ne l'était plus et à avoir besoin de tout mon courage pour rendre l'acte de vivre de nouveau essentiel.

Je le sais désormais, chaque fois que j'entends la vérité ou que je la vois et que je m'en tiens quand même aux vieilles habitudes d'être, de penser ou de socialiser, je livre ma vie au Nicodème présent en moi. Et ce faisant, je vis une existence divisée dans laquelle j'entends la petite voix divine qui me parle en secret la nuit, mais que je nie jour après jour.

Toutefois, cet instant même d'embarras intérieur où nous nous surprenons à vivre dans la division est aussi une chance qui nous est donnée de faire de nouveau honneur à la vérité. Car n'importe qui, malgré la gravité de ses blessures ou l'ampleur de sa détresse, peut dans un moment de vérité laisser le Dieu qui est en lui émerger au grand jour. Malgré son caractère éphémère, cet acte peut se répéter et nous redonner chaque fois le sens de la vie.

- *Assis en toute tranquillité, rappelez-vous la dernière fois que vous avez ressenti un sentiment intérieur d'embarras en réalisant que ce que vous faisiez n'était pas authentique et en continuant à le faire malgré tout.*
- *Si vous le pouvez, méditez sur ce qui vous pousse à faire de nouveau ce que vous avez déjà su être faux. Que craigniez-vous qu'il se passe en honorant la vérité telle que vous la ressentiez ?*
- *Si une situation similaire devait se présenter demain, de quelle façon différente pourriez-vous agir ?*
- *Si vous le pouvez, ne vous reprochez pas de tergiverser comme Nicodème. Réconfortez plutôt ce Nicodème présent en vous en lui disant qu'il n'a rien à craindre du fait d'honorer ce qu'il sait à la lumière du jour.*

21 FÉVRIER

Nettoyer la plaie

Si j'avais fait l'expérience d'autres choses,
j'aurais eu d'autres choses à dire.

Maintes fois, je me suis senti inquiet et coupable d'être le témoin de ma souffrance, surtout quand je tente de ne pas empirer les choses. Entre autres en racontant ce que ma mère a fait dans son cruel besoin d'être le centre d'attention, ou ce que mon père ne pouvait faire par peur d'avoir à l'affronter. Voilà pourquoi dire la vérité telle que je la ressens me donne l'impression d'être quelqu'un de mauvais, comme si j'inventais ma souffrance, comme si je blessais les autres en les jugeant négativement.

Mais dans le fin fond, je n'invente rien. Si j'ai quelque chose de désagréable à dire, c'est que j'en ai fait l'expérience. C'est pourquoi, quand je suis l'observateur témoin, mes seuls guides sont la précision et l'honnêteté. Même si je ne suis pas une victime, je n'ai pas demandé que certaines expériences surviennent dans ma vie et la façonnent. Je n'ai pas demandé à être frappé ou ridiculisé quand j'étais un petit garçon, ni à être maltraité par des amis de longue date plus tard dans ma vie. En fait, si j'avais fait l'expérience d'autres choses, j'aurais eu d'autres choses à dire.

Ce qui guérit le plus quand on est le témoin des choses telles qu'elles sont, y compris de sa propre participation à créer la souffrance, c'est le fait qu'il ne reste pas de place pour la distorsion ou l'illusion lorsque la voix de la souffrance correspond exactement à cette souffrance. De cette façon, la vérité devient un pansement propre qui soigne et qui empêche la poussière d'entrer dans la blessure.

Dire les choses telles qu'elles sont, s'avère le meilleur des remèdes.

- *Centrez-vous et, dans la zone sécuritaire du cœur qui vous a porté jusqu'à ce moment-ci, laissez s'exprimer une blessure présente en vous.*
- *Respirez profondément et essayez d'être précis en nommant tous ceux qui en sont à l'origine, y compris vous-même si tel est le cas.*
- *Apaisez cette blessure en respirant très profondément en elle.*
- *Apaisez-vous avec la propreté de la vérité.*

22 FÉVRIER

Des voix contradictoires

Laissez s'exprimer les voix contradictoires dans
votre tête.
Elles essaient seulement de trouver leur partition
dans une chanson qui n'a pas encore été chantée.

Être en vie est un paradoxe, un mélange constant de choses qui, en surface, ne semblent pas toujours avoir un sens. Mais exprimer ce qui ne semble pas avoir beaucoup de sens aide beaucoup. Cela pourrait se comparer à un orchestre qui se réchauffe en vue de jouer ensuite en parfaite harmonie. Nous n'aurons aucune chance de découvrir la plénitude de notre musique intérieure si nous ne laissons pas les musiciens se mettre en harmonie dans notre cœur, notre intellect et notre esprit.

Souvent, la confusion provient de la tension créée lorsque nous essayons de donner un sens aux choses prématurément, avant que suffisamment de musiciens intérieurs aient appris leur partition. Souvent, l'expérience correspond à la façon dont le cœur, l'intellect et l'esprit répètent le morceau qu'ils ont besoin de jouer.

L'enfilade de toutes nos relations dans la vie ne constitue-t-elle pas le temps nécessaire au cœur pour répéter sa partition dans le mouvement que nous appelons Amour ? L'enfilade de toutes nos honnêtes questions ne constitue-t-elle pas le temps nécessaire à l'intellect pour répéter sa partition dans le mouvement que nous appelons Sagesse ? L'enfilade de toutes nos croyances changeantes ne constitue-t-elle pas le temps nécessaire à l'esprit pour répéter sa partition dans le mouvement que nous appelons Dieu ?

Et l'enfilade de tous nos moments d'unité avec le Tout, ces brefs moments où tout ne fait plus qu'un, ne constitue-t-elle pas le temps nécessaire à l'Amour, à la Sagesse et à Dieu pour que l'harmonie se fasse vive en nous ?

- *Cette méditation est guidée par la pensée. Centrez-vous et remémorez-vous une problématique marquée par l'indécision ou la confusion à ce moment-ci de votre vie.*
- *Même si vous avez au début une sensation de chaos, respirez lentement et laissez les voix contradictoires de cette problématique s'exprimer sans les censurer.*
- *Prenez votre temps, respirez profondément et laissez les énergies contradictoires jouer ensemble.*
- *Au lieu de vous battre pour comprendre comment ces énergies peuvent cohabiter, respirez normalement et, un peu comme si chacune d'elles était un instrument, laissez-les jouer les duos qu'elles veulent jouer. Et sentez.*
- *Entamez votre journée en chantonnant cet air.*

Ne rien retenir

Ne rien retenir dans chaque respiration
est une pratique spirituelle.

Pendant quarante-neuf ans, j'ai perçu que l'hésitation, plus que toute autre chose, était l'anicroche invisible qui me coupait de la joie. J'ai aussi perçu que le moment présent, et tout son sens, se perd dès que je pèse le pour et le contre pour y entrer ou non. Je n'affirme pas ici que chacun de nous devrait toujours être impulsif. J'ai remarqué que je sais habituellement ce que je dois faire, mais que je le nie. Et cette infime hésitation, cette infime résistance à entrer dans le réel, fait en sorte que je ressens la vie comme étant neutre ou hors de portée.

Ne rien retenir dans chaque respiration, c'est s'engager à laisser toute expérience faire son chemin et s'exprimer. Ne rien retenir, c'est maintenir son intention d'être un réceptacle quotidiennement ouvert.

Simplement et profondément, notre respiration peut même nous rappeler que la vie est uniquement possible quand l'échange entre l'intérieur et l'extérieur est harmonieux. Laisser les choses entrer, sentir leur impact, puis les laisser sortir et exprimer clairement notre ressenti est une pratique spirituelle qui nettoie le cœur et l'intellect.

- *Méditez sur un verre plein d'eau.*
- *Quand vous vous sentez centré, buvez cette eau, lentement, mais sans hésitation.*
- *Expirez profondément et dites-vous à voix basse : « Je ne retiendrai rien dans mes efforts à vivre mon existence. Je n'hésiterai pas à être. »*

Ce qui se cache derrière l'urgence

Quand vous sentez l'urgence vous assaillir,
vous devez ralentir.

J'ai appris cela à de multiples reprises au cours de bien des crises pendant que je souffrais du cancer. À moins que quelqu'un ne se vide de son sang ou ne puisse plus respirer, à moins qu'il n'y ait une exigence physique à agir rapidement, le sentiment d'urgence est une terrible illusion, une supercherie qui survient sans cesse parce que la vie à l'intérieur et celle à l'extérieur sont constamment en dichotomie.

C'est aussi difficile et demande beaucoup d'humilité à accomplir. Quand je sens que je n'arrive plus à rester tranquillement assis, je dois plus que jamais le rester. Quand je sens que je vais mourir si je n'ai pas votre approbation, je dois plus que jamais mourir à mon besoin de l'avoir. Ce dont nous avons besoin se trouve magnifiquement et brutalement sous notre nez, sous le couvert de notre urgence la plus immédiate. Mais nous refusons de l'accepter parce que nous sentons qu'il est très difficile d'y faire face.

La porte ouvrant sur l'étape de croissance suivante se trouve toujours derrière l'urgence du moment présent. Maintenant plus que jamais, alors que tout semble urgent, vous devez sectionner les fils qui vous rattachent aux événements. Maintenant plus que jamais, quand les poids que vous portez semblent arrimés à vos poignets, vous ne devez ni courir ni balancer vos bras violemment. Maintenant plus que jamais, quand chaque décision semble représenter la fin, vous devez croire que chaque question est un commencement. Maintenant plus que jamais, quand vous craignez que ce que vous êtes menace ceux que vous aimez, vous devez être fort à l'intérieur, là où personne ne vous a vu être fort, car c'est en aimant à partir de cet espace en vous que vous permettez à ceux que vous aimez d'évoluer. Maintenant plus que jamais, quand vous sentez que vous êtes la source et le réceptacle de toute la souffrance, vous devez vous incliner devant les faits et attendre que l'ancien canal qui a sa source au ciel se réactive en votre cœur. Vous devez attendre de vous rappeler que vous êtes un élément béni de poussière-esprit dans le vent-esprit. Maintenant plus que jamais, vous devez respirer jusqu'à ce que votre respiration devienne le ciel.

Ainsi, vous priez pour connaître votre place dans la famille humaine comme vous ne l'avez jamais connue. Ainsi, vous priez pour que votre véritable moi fasse son chemin dans la tourmente. Ainsi, vous vous aimez comme vous aimez le vide du temps. Vous vous aimez comme vous aimez vos enfants, votre plus cher ami, ou même votre chien, c'est-à-dire sans aucune retenue. Ainsi, l'aujourd'hui chargé de toutes les épreuves deviendra un lendemain où les décisions à prendre seront aussi claires qu'un torrent de montagne.

- *Centrez-vous et sentez les urgences qui vous sollicitent.*
- *Sentez la tension de chacune d'elles comme si c'était un fil très tendu.*
- *À chaque respiration, défaites-vous de ces attaches tendues, une urgence après l'autre.*
- *Respirez librement, même pour un court instant, et sentez-vous détaché de toute urgence.*

25 FÉVRIER

Se frayer un chemin

Peu importe où nous creusons ou grimpons,
nous retombons toujours sur le feu que nous
avons oublié de surveiller.

Un jour, Carl Jung fit un rêve où il se frayait un chemin dans les bois avec toute sa détermination sans néanmoins savoir avec certitude où celui-ci menait. Fatigué et en sueur, il arriva dans une clairière et aperçut une cabane. Il laissa aussitôt tomber ses outils et s'en approcha. Par la fenêtre, il vit un être en train de prier devant un autel modeste. Comme la porte était ouverte, Jung entra. En s'approchant, il se rendit compte que l'être en prière n'était autre que lui-même et que se frayer un chemin était le rêve de cet être.

Jung nous ramène ici à l'éternel dilemme : À qui devons-nous confier notre vie ? Au vrai moi ou au faux moi ? Malgré tout le sérieux avec lequel nous nous précipitons d'un côté et de l'autre dans le monde – en manipulant, en niant, en projetant et en sacrifiant –, malgré tous les plans et les positionnements, toutes les stratégies et les alliances en vue d'une gratification, un rêve presque irréel nous attend loin en dedans et au centre de notre être pendant que nous nous frayons un chemin à la force des poignets.

Sans le savoir, et à l'instar de Jung, chacun de nous travaille dur à se frayer un chemin vers le moi profond qui attend patiemment que nous arrivions, fatigué, essoufflé et endolori. Une fois que le chemin est tracé et que l'être dans notre centre a été découvert, nous pouvons retourner dans le monde en étant cette fois en harmonie avec notre âme, en ayant le sentiment plus profond d'être à la maison.

- *Soyez calme et fermez les yeux. Pendant que vous méditez, acheminez-vous intérieurement vers ce lieu où votre âme vous attend.*
- *Déposez tous vos effets devant la porte, tout ce qui attend d'être fait ou refait.*
- *En respirant, entrez dans « cette cabane » et, les bras ouverts, attendez que le centre de votre être réalise que vous êtes là.*
- *Toujours en respirant, sentez votre âme vous prendre dans ses bras. Faites de même avec elle. Savourez ce moment.*

26 FÉVRIER

Au rythme de ce qui est vrai

Cessez de parler, de penser
et vous comprendrez tout.

– SENG-TS'AN

À l'instar de la plupart des gens que je connais, je me débats parce que j'en prends trop, j'en fais trop, je bouge trop, je m'engage trop, je planifie trop. J'ai appris que je dois tout simplement bouger au rythme de ce qui est vrai. Même si ce rythme peut varier, la vie semble toujours vide et amoindrie quand j'accélère le rythme au-delà de ma capacité à sentir ce qui se trouve juste là.

J'ai l'impression que nous menons nos vies comme nous conduirions des trains, c'est-à-dire à toute vitesse sur des rails installés par d'autres gens, allant si vite que tout se brouille au passage. Et nous disons être allés là-bas, avoir fait ceci ou cela. Mais en vérité, effleurer n'est pas expérimenter.

Aussi, peu importe les merveilleuses occasions qui se présentent à moi, peu importe l'accent mis sur ces choses par ceux qui ont mes intérêts à cœur, je dois d'une manière ou d'une autre trouver un moyen de ralentir le train au point de réussir de nouveau à voir, à sentir et à toucher ce qui défile. Sinon, je filerai à côté de tout – que je consignerai sur mon curriculum vitae – et je n'aurai rien vécu ni fait l'expérience de rien.

- *Pensez à trois choses que vous devez faire aujourd'hui.*
- *Avec précaution et attention, mettez-en deux de côté.*
- *Puis plongez-vous dans la seule qui reste.*

27 FÉVRIER

Les rouages qui nous font avancer

La beauté est vérité, la vérité est beauté.
C'est tout ce que vous savez sur terre.
Et c'est tout ce qu'il y a à savoir !

– JOHN KEATS

Cette célèbre citation est faite des dernières lignes de *Ode sur une urne grecque*, écrite par le jeune poète anglais John Keats alors qu'il se mourait de tuberculose à l'âge de vingt-quatre ans. Ce poème est la complainte justifiée d'un jeune être sur la dureté de la vie. Mais en même temps, parce qu'il exprime sa souffrance de vivre, le jeune poète réalise quelque chose de très profond.

Lorsque Keats dit « la beauté est vérité, la vérité est beauté », nous sommes obligés de nous demander si la beauté et la vérité ne font qu'un. Profondément, je ne le pense pas. Je les comparerais plutôt aux chromosomes X et Y qui forment à eux deux les éléments fondamentaux de la vie dont personne ne peut se passer. La beauté et la vérité sont le yin et le yang de l'existence, l'une nettoyant la plaie pendant que l'autre la guérit.

C'est « tout ce qu'il y a à savoir ». Peu importe où nous la trouvons, la beauté est l'onguent qui assure notre vitalité et notre fraîcheur. Et la vérité, même parée de son histoire brute et sans compromis, possède en soi une vérité qui nettoie.

Voilà pourquoi nous devons nous souvenir de l'Holocauste et d'autres atrocités exactement telles qu'elles ont été. Voilà pourquoi il est essentiel que nous soyons les témoins honnêtes de nos histoires telles qu'elles sont.

Il n'en reste pas moins qu'en plus de la sagesse du message compris par le jeune Keats, il y a aussi la façon dont celui-ci a compris cette sagesse. Ce n'est qu'en exprimant nos tendres souffrances que nous pouvons découvrir le chemin vers les beautés et les vérités profondes, vers les rouages qui nous font avancer dans la vie.

- *Assis en toute tranquillité, sentez en vous ce qu'il y a de délicat à être en vie.*
- *Respirez lentement. En inspirant, laissez la vérité de cette délicatesse vous nettoyer.*
- *Expirez profondément et, à l'inspiration suivante, laissez la beauté autour de vous revitaliser l'espace en vous qui est à vif.*

28 FÉVRIER

Les pierres à Chimayo

Je préférerais apprendre à chanter avec un seul oiseau plutôt que d'enseigner à dix mille étoiles comment ne pas danser.

– E. E. CUMMINGS

Sur la route la conduisant à Chimayo, une femme vit deux fermiers espagnols replacer des pierres dans le lit d'une rivière afin d'en rediriger le cours ailleurs. Elle sentit aussitôt le besoin d'aller les aider. Elle eut le sentiment que cette tradition existait depuis des siècles, perpétuée par leurs mères et leurs pères, leurs grands-mères et leurs grands-pères. À leur façon et à leur époque, afin que l'eau puisse poursuivre sa course, ils avaient chacun soulevé et déplacé les mêmes pierres, que tempêtes et sécheresses avaient plus tard changé de place.

Selon moi, tout cela ressemble au travail sans fin des relations où, chacun à notre façon et à notre rythme, nous déplaçons les pierres qui se trouvent entre nous, ces lourds éléments qui se mettent en travers de notre route, afin que le senti puisse reprendre son cours.

Le simple fait de vivre crée des accumulations et, à l'exemple des générations précédentes, nous devons retrousser nos manches et nos pantalons, sauter dans la rivière, et ouvrir une brèche. Bien sûr, nous devons nous questionner sur la nature des pierres qui sont là, entre nous, sur la nature des lourdeurs qui continuent sans cesse à contrarier notre vie.

Ces lourdeurs sont certes infinies et particulières, mais elles sont souvent faites de « ne pas » : ne pas voir, ne pas entendre, ne pas sentir, ne pas être présent, ne pas risquer la vérité, ne pas risquer le besoin du cœur à vivre dans l'ouverture.

Le fait que chacun de nous se ferme, se coince, déborde dans ses émotions appartient à notre côté humain en ce temps de gravité. Le fait de me sentir poussé à m'arrêter pour aider même des étrangers à éliminer ce qui est dans le chemin est une pulsion connue sous le nom d'amour.

- *Identifiez quelque chose de lourd en vous qui semble être dans le chemin.*
- *Cela a-t-il à voir avec une habitude de « ne pas » ? Le cas échéant, essayez de nommer ce que vous ne laissez pas couler librement en vous.*
- *Si vous ne voyez pas, respirez lentement et émettez le souhait de voir. Si vous n'écoutez pas, respirez lentement et émettez le souhait d'écouter.*
- *Soyez honnête quant à la lourdeur de la pierre qui est en vous.*
- *Si vous avez besoin d'aide pour la déplacer, à qui et quand le demanderez-vous ?*

Qui peut dire... ?

Qui peut dire que les efforts pour être vrai
ne sont pas des ailes en attente de se déployer ?

Qui peut dire que la croissance des ailes des oisillons sur leurs côtes ne commence pas par leur pulsion intérieure de vie ? Qui peut affirmer que le papillon ne sort pas de sa chrysalide parce qu'il en a simplement assez de vivre dans son propre carcan ?

Qui peut dire que la migration des flamants roses de l'Amérique du Sud vers l'Afrique ne commence pas par l'inspiration du coucher de soleil qui ceint l'horizon ?

Et qui peut affirmer que la couleur de la passion ne vient pas animer notre visage dès l'instant où nous en avons assez de vivre dans le cocon étriqué de notre propre fabrication ? Qui peut déclarer que le périple de l'amour ne commence pas dès que nous laissons parler cette solitude dont personne ne veut entendre parler ? Qui peut dire que le périple vers la paix ne pousse pas comme une petite aile dès l'instant où nous laissons nos émotions trouver leur place dans le monde ?

En vérité, le moindre effort auquel on laisse trouver son rythme en nous se traduira par un avènement quelconque dans le monde.

- *Centrez-vous et respirez profondément.*
- *Au sommet de l'inspiration, imaginez le centre paisible comme le soleil intérieur de l'esprit.*
- *Laissez-le vous inonder de sa lumière à chaque expiration.*
- *Amorcez votre journée en invitant un sentiment profond à germer en vous et à s'exprimer.*

1er MARS

La seule direction possible

Quand vous vivez profondément,
il n'y a qu'une seule direction possible.

Peu importe à qui le disciple a parlé. S'il a réellement écouté, il constate que les paroles proviennent tous de la même source, comme si une seule grande voix parlait. Peu importe le nombre d'yeux dans lesquels il a plongé son regard, il s'aperçoit que le même éclat émane de chacun, comme s'il n'y avait qu'un seul grand regard. Peu importe le nombre de souffrances qu'il a allégées, il découvre que les pleurs semblaient tous provenir de la même souffrance humaine, comme s'il n'y avait qu'un seul grand ressenti.

Quand le disciple fit part de tout cela à son maître, ce dernier l'emmena en silence vers une clairière située dans un bois, où ils s'assirent sur un arbre tombé. Passant à travers les branches, la lumière inondait tout. Le maître déposa une pierre dans l'une de ses mains, prit une petite fleur dans l'autre et dit : « Sens la chaleur de la pierre et celle de la fleur. Vois comme elles sont toutes deux touchées par la même lumière, mais de façon différente. Et maintenant, remonte vers la source de la lumière, vers le soleil. »

Le disciple entendit la seule grande voix sortir de la bouche du maître, ne vit que le seul grand éclat dans son regard et ne sentit que la seule grande souffrance dans son doux silence. La lumière s'accrut et le maître dit : « Nous sommes tous des petites pierres et des petites fleurs cherchant notre soleil. Ce que tu as perçu dans les paroles, dans les yeux et dans les souffrances ne constitue qu'une seule et même direction. »

- *Méditez d'abord sur un récent moment de légèreté de cœur que vous avez ressenti. Respirez profondément et souriez.*
- *Méditez ensuite sur un récent moment de légèreté de cœur ressenti chez une personne chère ou un ami. Respirez profondément et souriez.*

- *Continuez à respirer profondément et laissez ces deux moments trouver leur similitude.*
- *Focalisez sur la légèreté de cœur comme vous focaliseriez sur un soleil hors de vue, et sentez la seule direction possible.*

2 MARS

Plus de pouvoir pour vous !

À l'origine, le mot *pouvoir* voulait dire
« avoir la faculté d'être ».
Avec le temps, ce terme s'est rétréci
jusqu'à vouloir dire « être capable ».
Et nous souffrons beaucoup
de cette différence de sens.

J'étais dans la salle d'attente d'un aéroport, quand je surpris par hasard une conversation entre deux hommes d'affaires. L'un faisait part à l'autre de la bonne nouvelle de sa promotion au travail. Ce à quoi l'autre répondit en le félicitant : « Plus de pouvoir pour vous ! »

J'avais déjà entendu cette expression, mais pour une raison ou une autre, je l'entendis cette fois d'une manière différente, me disant : « Quel sentiment curieux ! » Un tel souhait suppose en effet que le pouvoir est en soi un objectif. Bien sûr, il y a une différence énorme entre souhaiter aux autres un pouvoir mondain ou un pouvoir intérieur. Par *pouvoir mondain*, j'entends un pouvoir sur les choses, les gens et les situations, c'est-à-dire un pouvoir contrôlant. Par *pouvoir intérieur*, j'entends un pouvoir qui découle du fait que l'on est partie intégrante de quelque chose de plus grand, c'est-à-dire un pouvoir de connexion.

Je ne peux en être certain, mais je suis presque sûr que le souhait émis par cet homme d'affaires référait au pouvoir mondain contrôlant. C'est banal et dérangeant, puisque le souhait d'avoir plus émane toujours d'un sentiment de manque. En fait, le souhait d'avoir plus de pouvoir émane d'un sentiment de manque de pouvoir, d'impuissance.

Il est ironiquement douloureux de constater que dans les pays libres, on évolue souvent en ayant un sentiment débilitant et non exprimé de manque de liberté personnelle. Pourtant, le souhait d'avoir davantage de pouvoir contrôlant ne nous libérera pas, pas plus d'ailleurs qu'un autre verre n'étanchera le vide chez un alcoolique aux prises avec sa maladie.

Cela me rappelle un jeu auquel je jouais avec mes copains à l'âge de neuf ans, c'était le *Roi de la colline.* Sept ou huit d'entre nous dénichions un monticule de terre ; plus il était haut, mieux c'était. Le but consistait à se tenir seul, debout à son sommet. Là, tous les autres essayaient de vous déloger pour devenir à leur tour le roi de la colline. C'était en quelque sorte un terrain d'entraînement pour le pouvoir mondain.

De toute évidence, la pire position est celle du roi sur la colline. Vous êtes complètement seul et paranoïaque, dans l'impossibilité de faire confiance à quiconque, constamment forcé à tourner sur place pour vous protéger dans toutes les directions. Bien des choses peuvent jouer le rôle de la colline : un poste détenu par une femme, une maison très prisée sur le marché immobilier. Mais ceux qui se trouvent au sommet peuvent être tellement occupés à défendre leur position qu'ils profitent en général très rarement de la vue.

J'ai toujours détesté ce jeu. J'avais sans cesse les tripes tendues quand j'étais le roi, ou triste quand je ne l'étais pas, et frappé d'ostracisme si je ne voulais pas jouer. Ce schème émotionnel m'a suivi tout au long de ma vie. Mais aujourd'hui, en tant qu'adulte vivant une certaine lassitude, quand je me sens seul et impuissant au sommet de n'importe quelle petite colline sur laquelle j'ai réussi à me hisser, j'aspire secrètement à ce que quelqu'un vienne m'y rejoindre. Maintenant, je crois qu'il y a plus de pouvoir à y être ensemble que seul.

- *Assis tranquillement, remémorez-vous une situation récente au cours de laquelle vous avez exercé un contrôle.*
- *Quel effet a eu sur vous la sensation d'avoir le contrôle ?*
- *Qu'est-ce que cette sensation de contrôle a exigé de vous ?*
- *À quel degré avez-vous dû faire appel à votre besoin de contrôle ?*
- *Qu'est-ce qui se serait passé si vous aviez laissé d'autres personnes se joindre à vous sur la colline de votre contrôle ?*

Le fait de vivre

La condition de vie est une réponse hiéroglyphique aux questions que l'on se pose.
On vit la condition avant de pouvoir l'appréhender comme vérité.

– RALPH WALDO EMERSON

Chaque vie est un langage que personne ne connaît. À chaque blessure du cœur, à chaque découverte, à chaque moment inattendu de joie, à chaque morceau de musique qui nous touche là où nous ne pensions pas pouvoir l'être, à chaque expérience, une autre lettre de notre alphabet se décode. Faites un pas et apprenez un mot. Sentez une émotion et décodez un signe. Acceptez une vérité et transcrivez une partie du mystère inscrit dans votre cœur.

Avant de vivre la chose suivante, il semble qu'il y ait toujours une réponse à laquelle nous devions arriver. Quand nous osons, nous découvrons avec humilité, toujours et encore, que le fait de vivre nous dévoile aussi bien la réponse que la question. Quand nous observons, nous constatons que nous sommes des énigmes à solutionner. Quand nous osons, nous devenons des chansons à chanter.

Quand vous vous sentez coupé de la vie, rappelez-vous qu'avant d'en jouer, une flûte n'est qu'un objet dur percé de trous. Il en va de même pour le cœur. À l'instar des allumettes qui ne sont que de petits bouts de bois avant qu'on ne les allume, de la glace qui ne peut étancher la soif à moins de fondre, les questions et les problèmes restent des obstacles jusqu'à ce qu'on les vive. Comme une partition de musique, la vie de chaque âme attend d'être jouée. À quoi sommes-nous bons si nous ne jouons jamais de notre instrument ?

- *Fermez simplement les yeux et respirez tout en sentant que votre bouche est un trou dans votre être.*
- *Respirez simplement et régulièrement tout en sachant que les trous ne peuvent devenir des ouvertures que lorsque la vie y passe.*
- *Ouvrez les yeux et respirez avec votre cœur.*
- *Sentez la musique de la vie passer en vous sous la forme de silence.*

Pour quelle raison faisons-nous des économies ?

Si l'amour que j'ai ne fonctionne pas,
que dire de l'argent ?

Nous faisons souvent passer le matériel avant le reste. Par inquiétude, par peur et par obligation, nous pensons être de bons samaritains en résistant à ce qui nous travaille.

Dans les années 1960, le célèbre psychologue Abraham Maslow établit une hiérarchie des besoins dans laquelle il fit figurer les besoins physiques des êtres humains, tels la nourriture et l'abri, avant les besoins intérieurs, telles l'estime de soi et les bonnes relations.

Bien que cette hiérarchie soit partiellement avérée, la dimension de la vie intérieure est, à mon sens, aussi impérative que la nourriture et l'abri. À défaut de combler ces besoins intérieurs, nous sommes seulement des corps nourris et abrités vides de vie. Sans amour, vérité et compassion, tout le confort de la vie moderne ne compte pas, car nous sommes alors simplement réduits à l'état de machines biologiques, en deça même de l'état de présence que les animaux ont.

À moins d'avoir compris cela, nous reportons souvent le risque d'aimer. Nous avons d'abord besoin de nous établir avant de pouvoir nous engager. Nous avons d'abord besoin de beaux vêtements. Nous devons d'abord devenir physiquement désirables et nous débarrasser de tous nos problèmes. Et une fois que l'amour est devant nous, nous le remettons aussi à plus tard sous prétexte de prendre soin de notre avenir. Dans cet esprit, je ne ferai pas d'appels interurbains aujourd'hui, parce que j'aurai besoin d'argent à ma retraite. Je n'irai pas rencontrer mes amis à ce spectacle ce soir, parce que j'aurai besoin d'argent pour une nouvelle voiture dans six ans. Je ne peux me permettre de consulter un psychologue avec mon conjoint, parce que nous avons besoin de doubles-fenêtres. Il va sans dire que nous devons peser le pour et le contre de nos choix. Mais sans amour dans la maison, point besoin de doubles-fenêtres.

Quand j'ai eu le cancer et que j'ai dû faire face à l'éventualité réelle de la mort, le peu d'argent que j'avais économisé importait vraiment peu et était sans valeur. Il devint vite clair pour moi que la seule véritable raison d'être de l'argent était de faire en sorte que l'amour fonctionne. Quand j'ai été malade, je n'ai pas hésité à faire tous ces appels interurbains que j'avais toujours remis à plus tard. Je n'ai pas hésité à aller retrouver des amis à des spectacles et à acheter des disques et des fleurs aux autres au lieu d'attendre l'occasion parfaite. J'ai même acheté des billets d'avion pour ma femme, mes meilleurs amis et moi, à destination des Antilles.

Une fois la santé recouvrée, il m'a été impossible de revenir à mes vieilles habitudes de différer ma vie sous prétexte d'épargner. Bien sûr, j'économise encore un peu, mais je me sens dorénavant poussé à utiliser tout l'argent dont je peux disposer pour faire en sorte que l'amour fonctionne, pour faire naître la vérité et laisser fleurir la générosité et la compassion. Cette attitude est plus qu'altruiste. Elle correspond à la nécessité absolue d'être totalement vivant. C'est le bois qui permet au feu intérieur de continuer de brûler.

Je suis actuellement forcé de me poser la question suivante : « Mis à part le loyer et la santé, pour quoi d'autre faisons-nous des économies ? » Si l'amour présent en nous n'est pas manifesté dans la vie et dans le monde, nous risquons d'économiser pour un avenir qui ne viendra peut-être jamais ou fera de nous de vagues esprits incapables de vivre parce qu'ils auront gaspillé leurs chances d'aimer en chemin.

- *Assis en toute tranquillité, méditez sur l'amour que vous portez à une personne qui vous est chère.*
- *Respirez profondément et permettez-vous de sentir cet amour et la façon dont il veut s'exprimer maintenant.*
- *Sans vous nuire, sans emprunter à même votre loyer ou l'argent que vous n'avez pas, posez un geste en fonction de l'amour que vous ressentez présentement.*
- *N'en différez pas son expression. Téléphonez. Envoyez des fleurs. Faites le plein d'essence et prenez la route.*
- *Si vous n'avez vraiment pas d'argent, confiez votre amour à l'univers.*
- *Soyez l'amour que vous sentez à l'instant.*

L'égarement

Il est si difficile de sentir la pierre
et non la vague.

Dès que nous nous éloignons de ce que nous sommes, nous créons une tension entre deux endroits, celui où nous sommes et celui où nous pensons être. C'est cette tension qui nous empêche de nous sentir pleinement vivants. En effet, cette division de l'attention nous empêche d'être authentiques, même si nous considérons comme très intelligent le fait de s'occuper de plusieurs choses en même temps, de diriger son attention vers plusieurs choses.

Pour chacun de nous, l'égarement puis le retour à ce qu'il est demeure quelque chose qui ne finit jamais, comme le clignement des paupières ou la respiration. Quand nous intégrons toute cette attention à notre quotidien, nous le remarquons rarement. Mais si nous ne laissons pas couler notre être, nous perdrons l'équilibre aussi certainement que si l'on nous empêchait de voir ou de respirer.

Il n'est pas étonnant que nous nous égarions du moment présent. Mais le plus important, c'est d'y revenir.

- *Centrez-vous et entrez dans le moment présent.*
- *Respirez normalement et sentez que vous vous égarez vers un ailleurs, vers le passé ou le futur.*
- *Respirez dans cet égarement sans vous juger et revenez dans le présent.*

Le retour

Nous portons en nous un centre
qui revient toujours.

Nous nous dissocions tous du moment présent de manières particulières. Si nous rencontrons quelqu'un et que nous amorçons une nouvelle relation, très rapidement nous nous demandons quand nous allons faire l'amour avec l'autre alors que nous marchons main dans la main. Et quand, ou si, effectivement cela survient, nous nous demandons si nous allons vivre ensemble. Et quand, ou si, cela arrive, nous nous demandons si nous aurons des enfants. Et ainsi de suite.

Le même phénomène se produit d'ailleurs avec la peur et la souffrance. Quand l'étape du diagnostic s'est présentée pour moi, j'ai eu peur de la chirurgie. Au moment de la chirurgie, j'ai appréhendé le traitement. Au moment du traitement, j'ai craint des traitements encore plus forts. Au moment de la guérison, j'ai eu peur d'une rechute.

Personne ne peut échapper à cet égarement, mais la santé dépend de la capacité de chacun à cesser de s'égarer davantage. Peu importe jusqu'à quel point nous nous sommes égarés, seule la pratique du retour au présent fait en sorte de nous restituer à nous-mêmes. En effet, c'est seulement quand nous sommes pleinement dans chaque instant que nous pouvons soutirer de la force au Grand Tout.

- *Centrez-vous et sentez le moment présent.*
- *Remarquez la vitalité de l'énergie qui fait surface quand vous cessez de diriger l'attention sur vous.*
- *Respirez normalement et sentez-vous vous égarer. Remarquez à quel point votre vitalité diminue pendant ce temps.*
- *Respirez dans votre égarement et revenez au moment présent.*
- *Remarquez l'augmentation de votre vitalité.*

Renoncer au riz

Dans un monde qui vit les poings fermés,
nous avons de la chance de nous réveiller
les mains ouvertes.

Bien plus de choses peuvent survenir quand on a les mains ouvertes. En fait, fermer les poings pour s'agripper avec entêtement à quelque chose est souvent ce qui nous maintient sur place, bien que nous en fassions retomber la faute sur tous les gens et, surtout, en particulier, sur ce à quoi nous nous accrochons.

En Chine, une vieille histoire explique clairement ce fait. Elle a trait à la façon dont on piégeait autrefois les singes. On évidait une noix de coco par une ouverture de la taille de la main d'un singe, puis on mettait du riz dans la noix que l'on plaçait ensuite sur les sentiers empruntés par les singes. À un certain moment, un singe affamé sentait le riz et plongeait sa main dans la noix de coco pour le saisir. Une fois son poing refermé et plein de riz, celui-ci ne pouvait plus ressortir sa main. Les singes attrapés étaient ceux qui refusaient de lâcher leur prise.

Aussi longtemps qu'un singe maintenait sa poigne sur le riz, il était son propre prisonnier. Le piège fonctionnait parce que le singe était l'esclave de sa faim. La leçon à tirer de cette histoire est d'une grande portée pour nous. Nous devons toujours nous demander à quoi ce riz correspond pour nous et ce qui nous empêche de lâcher prise.

C'est en entendant cette histoire que j'ai finalement compris le rituel de rejet, cette tension, qui existe entre ma mère et moi. Comme tous les enfants, j'ai toujours désiré l'amour et l'approbation de ma mère. À un moment dans ma vie, j'ai pris conscience que cette soif d'amour avait été mon riz et que moins on l'assouvissait, plus je m'y accrochais. J'avais été l'esclave de cette soif d'amour de la part de ma mère et d'autres personnes. En refusant de lâcher prise, j'avais agi à l'exemple du singe.

Depuis, j'ai défait ce poing dans mon cœur et je peux maintenant affirmer en toute humilité que le véritable défi du lâcher-prise est pour nous tous non seulement un lâcher de la prise, mais un lâcher de ce à quoi nous aspirons.

En vérité, il y a de quoi se nourrir partout. Bien que le singe entêté croie, dans un moment de famine, qu'il n'y a rien d'autre à manger, il lui suffit de lâcher prise pour que sa vie fleurisse. Le périple qui nous conduit vers l'amour est identique pour tous. Même lorsque nous nous accrochons avec entêtement, convaincus dans un moment de famine qu'il n'y a aucune autre possibilité d'amour, il nous suffit de lâcher prise par rapport à ce que nous voulons si fort pour que notre vie puisse fleurir. Car l'amour est partout.

- *Assis tranquillement, méditez sur ce qu'est le riz dans votre poing.*
- *Respirez profondément et essayez de voir ce qui vous empêche de lâcher prise.*
- *Exercez-vous à ouvrir le poing de votre cœur en formant un poing avec votre main quand vous inspirez et en l'ouvrant quand vous expirez.*

8 MARS

La responsabilité

Je sentis de la colère envers mon ami.
Je lui dis ma rage, et celle-ci disparut.
Je sentis de la colère envers mon ennemi.
Je lui tus ma rage, et celle-ci crût.

– WILLIAM BLAKE

La véritable responsabilité intérieure tourne autour de la disposition de chacun à exprimer tout ce qui peut émerger en lui dans le cadre d'une relation. Ceci est important aussi bien pour vous que pour la personne avec qui vous êtes en relation. À défaut d'être présent, il n'y a rien à quoi réagir. Et l'amour ne peut devenir réel dans le monde que par notre capacité à réagir. Amener sa propre vérité dans une relation donne aux autres l'occasion de dépasser leurs limites par l'amour. Cela leur donne aussi l'occasion de se montrer.

Si vous restez muet, je peux alors inconsciemment continuer à vivre toute iniquité ou déséquilibre existant entre nous. Mais quand vous me montrez votre blessure, votre frustration, votre confusion ou votre questionnement, j'ai alors la chance d'arrêter de participer inconsciemment au scénario particulier dont notre relation est faite. La clé faisant en sorte que je réagirai ou pas à vous a souvent à voir avec l'amour, la seule chose qui puisse rompre l'inertie propre aux vieilles habitudes.

Il se peut que nous roulions sur l'infinie autoroute de l'été et que nous soyons pris dans un scénario devenu suffocant pour vous. Mais, à moins que vous ne soyez mû par un vent soudain qui révèle le tronc du saule pleureur pendant que nous roulons à toute vitesse, à moins que vous ne soyez touché au point de dire : « Je ne peux plus continuer comme ça ! », je ne peux quant à moi avoir l'occasion de répondre : « Moi non plus, je ne veux plus continuer comme ça ! » Si vous ne rompez pas le silence, je n'aurai pas l'occasion de vous demander : « Que pouvons-nous faire pour changer les choses ? »

Souvent, nous passons un temps incroyable à attendre que l'autre se réveille et constate notre souffrance. Entre-temps, nous devenons chacun de plus en plus frustré et blessé. Mais tout ceci exprime une limitation : notre incapacité à reconnaître l'évidence.

Ainsi, pendant que nous craignons d'exprimer nos peurs et nos blessures les uns aux autres, l'amour ne peut s'exprimer parce qu'il n'a rien de vrai vers quoi se refléter.

- *Centrez-vous et remémorez-vous une peur ou une blessure que vous portez en silence et qui concerne une relation significative pour vous.*
- *Respirez pleinement et, en sécurité dans votre espace intérieur, exprimez sans paroles ce que vous ressentez. Laissez l'émotion monter librement jusqu'à votre esprit et votre cœur.*
- *Continuez à respirer profondément et sentez-vous devenir de plus en plus à l'aise devant la vérité propre à cette émotion.*
- *Ce sera tout pour aujourd'hui. Ayez confiance que vous saurez si, quand et comment vous devez exprimer cette vérité à la personne dans votre vie qui a besoin de l'entendre.*

Ouvrir nos yeux les plus profonds

La vie intime de n'importe quelle grande chose
me restera incompréhensible
aussi longtemps que je ne créerai pas ni
n'approfondirai ma propre vie intime.

– PARKER J. PALMER

Tout le monde a une vie intérieure. La question, c'est de s'y ouvrir. Ce que Parker Palmer laisse entendre ici, c'est que nous ne pouvons sentir une chose qu'en fonction du degré à partir duquel nous sommes disposés à accepter sa profondeur. Tout comme nous devons ouvrir les yeux – c'est-à-dire relever nos paupières – pour voir, nous devons relever nos limites et ouvrir notre cœur et notre esprit pour voir et sentir l'essence de la vie autour de nous.

Développer sa propre vie intérieure équivaut à ouvrir profondément ses yeux. Il s'agit d'enlever les murs, de vivre à partir de notre profondeur. Ainsi, nous pourrons faire l'expérience de la profondeur autour de nous.

Trop souvent, alors que nous sommes coupés de notre propre intériorité, nous nous plaignons de la superficialité et de la platitude des choses, que nous trouvons indignes de notre attention. Mais c'est en fait nous-mêmes qui sommes hors circuit.

Pour voir en profondeur, nous devons nous ouvrir en profondeur.

- *Remémorez-vous quelque chose ou quelqu'un que vous avez écarté de votre vie. Ramenez cette chose ou cette personne dans l'œil grand ouvert de votre cœur.*
- *Enveloppez l'image de cette chose ou de cette personne de la plus profonde respiration.*
- *Après un certain temps, demandez-vous si cette chose ou cette personne semble un tant soit peu différente.*

Le cycle du Créateur

Nous survivons... puis nous mourons.

– UN VIEIL AMÉRINDIEN OJIBWÉ

Rien n'échappe au cycle du Créateur. Pas plus les plantes, les chevaux, les arbres, les oiseaux que les êtres humains. Pas la vie du mental, ni celle du cœur et de l'esprit. Tous les êtres vivants naissent, grandissent, donnent la vie, tombent malades, meurent et renaissent sous d'autres formes. Chaque âme est un souffle de Dieu qui se déploie dans la mer d'énergie dans laquelle nous baignons en permanence. Le but n'est pas de tromper la mort, mais de se laisser porter par le courant de la vie avec une humilité et une vitalité que seule l'acceptation de la mort peut conférer.

Quand nous nions la mort, nous pouvons tomber malades à force de poursuivre de manière effrénée des buts qui occupent notre esprit. En vivant à l'autre extrême, nous pouvons tomber malades à force de penser seulement à la mort. Nous faisons alors tristement profession de peur.

Au-delà de tout désir et de tout concept, nous survivons et, telles les pierres érodées par des forces impossibles à voir ou à arrêter, notre récompense est la souffrance et l'émerveillement que nous ressentons en acheminant notre beauté intérieure vers le ciel. Ce que nous portons au plus profond de nous, si nous vivons avec honnêteté, fera inévitablement surface. Vivre aussi pleinement ne veut pas dire se soustraire au cycle du Créateur. Trop souvent, nous nous débattons avec entêtement pour essayer de nous protéger de la difficulté qu'il y a à être vivants, alors que c'est cette difficulté même qui transforme notre esprit en un joyau visible. Nous sommes beaucoup plus malléables que nous ne le pensons, beaucoup plus endurants et transformables que nous ne l'espérons.

Fins et parfumés, les pétales de fleurs n'échappent pas au vent. Ils survivent pour mourir et renaître. Même dans une seule vie, nous dépérissons et revenons à la vie. Nous nous flétrissons, puis nous redevenons une autre belle fleur. Quand on oppose une résistance à ce processus, la souffrance redouble. Mais quand on chante, on y trouve sagesse et beauté.

- *Quelle est votre plus grande peur en ce qui concerne la mort ?*
- *Et en ce qui concerne la vie ?*
- *Ces deux peurs sont-elles apparentées ?*
- *Quelle forme donneriez-vous à votre vie si vous n'aviez pas ces peurs ?*
- *Et que se passerait-il si vous donniez tout de même cette forme à votre vie ?*

11 MARS

Le bienfait de la posture

Aussi longtemps que vous ne vivrez pas
totalement dans le corps,
vous ne vivrez pas totalement dans l'être.
– B. K. S. IYENGAR

Les professeurs de toutes les écoles de yoga enseignent toujours à leurs élèves la nécessité d'observer un moment de quiétude après certaines postures pour en ressentir les bienfaits. Cette pratique vaut également pour tout le reste dans la vie. D'innombrables façons, nous travaillons très dur pour arriver à quelque chose, mais nous oublions souvent de sentir la profonde gratification qui en découle quand nous y parvenons enfin. C'est particulièrement vrai en ce qui concerne la façon dont nous nous touchons les uns les autres. Nous sommes souvent tellement préoccupés par le prochain pas à faire – ou l'éventualité d'une telle démarche – que nous ressentons rarement la profonde gratification qu'il y a à nous tenir dans les bras l'un de l'autre.

En considérant chaque contact comme parfait en soi, nous nous exerçons à ressentir un sentiment d'éternité.

Méditez d'abord avec votre conjoint.

- *Assis tranquillement, respirez profondément tout en touchant les bras de l'autre.*
- *Sentez son être dans le corps qui le porte.*
- *Après quelques minutes, embrassez-vous lentement en gardant les yeux ouverts.*

- *De nouveau, touchez les bras de l'autre avec légèreté tout en vous cherchant des yeux.*

Méditez ensuite par vous-même.

- *Assis en toute tranquillité devant un miroir, concentrez-vous sur le corps que vous habitez.*
- *Respirez profondément et pénétrez le champ tout autour de vos yeux.*
- *Respirez lentement et sentez votre âme comme une mare d'eau claire se trouvant juste sous vos yeux.*
- *Respirez pleinement et sentez l'eau de votre esprit venir s'échouer en vagues sur le littoral de votre corps.*

12 MARS

Qui se ressemble s'assemble

Tout dans l'univers est relié.
Nous en sommes la preuve vivante.

– TERESA LOURDES PITA

Cette réflexion explique pourquoi nous sommes si attirés par certaines choses. Pourquoi, parmi toutes les branches cassées, je me dirige vers celle qui ressemble le plus à la façon dont j'ai courbé l'échine. Pourquoi, parmi tous les endroits où vous retournez, vous choisissez le bord d'une falaise usée par le vent parce qu'elle vous aide à ressentir ce bord usé de votre cœur que vous ne montrez à personne.

Il semble que nous, les humains, avons toujours cherché à nous retrouver dans ce qui existe autour de nous. Trop souvent, nous avons cependant tendance à tout « démonter » jusqu'à ce que tout nous ressemble. Trop souvent, même si telle n'est pas notre intention, nous absorbons la vie comme nous ingérons nos aliments, c'est-à-dire en la mâchant jusqu'à ce qu'elle soit méconnaissable mais que nous puissions l'avaler. Cependant, le genre de nourriture que la vie nous offre doit être gobée entière, telle quelle, sinon elle perd sagesse, pouvoir et grâce.

Le défi permanent qui nous attend, c'est justement de ne pas tout transformer à notre image. En vérité, la fonction fondamentale de l'humilité est de nous aider à accepter les expériences telles qu'elles sont, à ne pas modifier leur nature, afin que la vie nous nourrisse différemment de nous. Alors seulement, pourrons-nous trouver les éléments en nous qui correspondent à la vie, les éléments communs de grâce aptes à nous sustenter.

En vérité, nous portons tous notre propre programme inné, à l'image des chromosomes, ces aspects infimes de tout ce qui constitue l'univers. Ainsi, l'art de la liberté devient l'aventure qui nous pousse nécessairement à grappiller les secrets de partout et à les intégrer à nos aspects intérieurs, en vue de devenir vivants. Du poisson, nous apprenons à faire surface et à plonger. De la fleur, nous apprenons à nous ouvrir et à accepter. De la pierre, nous apprenons à nous fendre et à laisser passer la lumière. Et des oiseaux, nous apprenons que les ailes sont parfois plus utiles que le cerveau.

Au lieu de nous retrouver dans tout, nous devons tout retrouver en nous. Voilà le défi quotidien qui nous est lancé, et ce, jusqu'à ce que l'humain évolue intérieurement sous l'aspect de tout ce qui lui ressemble, en se moulant aux merveilles qu'il trouve. Jusqu'à ce que, à l'instar des oiseaux qui le font depuis toujours, l'humain chante aussi dès que la lumière apparaît.

- *Assis tranquillement, remémorez-vous un endroit dans la nature où vous aimez vous rendre : un grand champ, une cascade, un cours d'eau, un sentier dans les bois.*
- *Allez-y mentalement et sentez l'aspect particulier qui vous incite à y revenir. Cela peut être le vent qui souffle dans l'herbe, le son de l'eau, la lumière qui passe à travers les feuilles colorées.*
- *Mentalement, amplifiez cet aspect et plongez-y totalement. Devenez cette herbe, cette eau, cette feuille.*
- *Respirez lentement et laissez l'amour que vous portez à ce lieu vous enseigner dans quelle mesure vous ressemblez à l'herbe, à l'eau, à la feuille.*

S'ouvrir à la foi

Un jour, un homme s'apprêta à traverser la mer.
Un autre homme, avisé, attacha une feuille
dans un coin de sa robe et lui dit :
« N'aie pas peur. Aie foi et marche sur l'eau.
Mais dès l'instant où tu regarderas là,
tu perdras la foi et tu te noieras. »

– SRI RAMAKRISHNA

Nous nous éloignons souvent de la souffrance, chose utile à faire seulement avant d'être blessé. Une fois que l'on est blessé, il semble que la seule façon de s'en sortir soit de traverser cette souffrance. Celui qui tombe d'un bateau et se débat pour sortir de l'eau ne fait qu'empirer les choses. En réalité, nous devons accepter d'être là où nous sommes et nous calmer afin de nous laisser porter par la profondeur des choses. Cette disposition d'esprit est la genèse de la foi, la capacité à s'abandonner à un courant plus fort que soi. Même les feuilles flottent sur l'eau, montrant ainsi comment le lâcher-prise peut soutenir.

Nous pouvons apprendre des feuilles autour desquelles les canards barbotent. Dans la vie comme dans l'eau, quand nous nous recroquevillons ou battons l'air, nous coulons. Quand nous nous détendons, quand nous nous ouvrons et nous tranquillisons, nous sommes portés par la plus grande des mers, la mer de grâce qui coule en permanence sous la tourmente des événements. Et tout comme le poisson ne peut voir la mer dans laquelle il vit, nous ne pouvons non plus tout à fait voir l'esprit qui nous porte et nous sustente.

Sans arrêt, le déclenchement de la souffrance nous fait nous agripper et couler. Mais la vie m'a appris que notre manière de nous ouvrir quand nous culbutons est cruciale à notre guérison.

- *Quand vous le pourrez, allez marcher ou vous asseoir près d'un lac ou d'un étang. Observez les feuilles flotter à la surface.*
- *Respirez comme l'une de ces feuilles et ne pensez à rien.*
- *Respirez simplement et laissez votre cœur et votre mental être portés, même brièvement, par l'esprit qu'il vous est impossible de voir vraiment.*

De vieux amis

On grimpe, on voit.
On descend, on ne voit plus, mais on a vu.
C'est tout un art que de se comporter
dans les régions plus basses
en fonction de ce que l'on a vu
dans les régions plus élevées.
Ainsi, quand on ne voit plus,
on sait au moins qu'on a vu.

– RENÉ DAUMAL

Dans les années 700, sous la dynastie des Tang, en Chine, le poète Li Po [ou Li Bo, ou Li Bai, NDE] écrivit un poème devenu maintenant célèbre, *Lettre en exil*. Il s'agit d'une lettre écrite à son « vieil ami » So-Kin, de Rakuyo. Dans ce poème, nous apprenons que les deux hommes sont amis depuis toujours, même s'ils ne se sont rencontrés qu'à quelques reprises. À la fin dudit poème, Li Po est totalement imprégné de la présence de son vieil ami : « À quoi bon parler ? Cela n'a pas de fin. Les choses du cœur n'ont pas de fin non plus. »

Nous sommes forcés de nous demander comment cela est possible puisqu'ils ont passé plus de temps éloignés l'un de l'autre qu'ensemble. Pourtant, la présence d'un tel ami peut changer une vie entière. Avec de la chance, nous avons un ami comme ça. Avec beaucoup de chance, nous en avons peut-être deux pendant notre séjour sur terre. C'est un peu comme si Li Po et So-Kin étaient des étoiles dans la constellation de chacun, des sources de lumière brèves mais durables. La difficulté a toujours été d'établir le pont entre deux sources de lumière, par-delà l'obscurité. Ainsi, pour préserver la présence quand nous ne sommes pas allumés, il faut avoir la foi.

Cette amitié peut servir de métaphore à un autre genre d'amitié, au lien que nous entretenons avec la Vérité, avec l'Amour, avec l'Un, avec Dieu. Comme Li Po sans So-Kin, nous pouvons tous passer une grande partie de notre temps inconscients et non illuminés. Pourtant, la présence de la Vérité et de Dieu, à l'instar d'un vieil et grand ami, peut façonner toute notre existence. Intérieurement, nous devons apprendre à faire durer une relation d'amitié avec des éléments qui sont bien plus vastes que nous. Nous devons apprendre à garder la lumière dans notre cœur quand il n'y a aucune étoile en vue.

- *Respirez profondément et remémorez-vous, dans votre vie, un moment spécial de vérité qui vous a guidé au fil des années.*
- *Respirez avec bienveillance tout en amenant cette vérité devant vous.*
- *Souriez et inclinez-vous devant cette vérité comme s'il s'agissait d'un vieil ami que vous n'avez pas vu depuis des années.*
- *Émettez-lui une prière de gratitude.*

15 MARS

Le pouvoir des symboles

Si vous tenez vraiment une pierre en main, vous pourrez sentir la montagne dont elle provient.

Un homme des cavernes qui ramassait des baies se fit acculer dans un coin par une bête sauvage désormais disparue. Sauvé *in extremis* par le craquement soudain d'une branche qui fit peur à la bête, il ramassa un morceau de la branche cassée pour en faire un porte-bonheur. L'histoire des symboles venait de naître.

Les gens ont toujours conservé des reliques de leurs expériences afin de se souvenir des forces de vie qui ne sont pas toujours visibles. Emplis du sempiternel rythme de la mer, nous mettons dans notre poche un coquillage que nous transportons ensuite à des milliers de kilomètres pour connaître de nouveau la présence de la mer quand nous en serons éloignés. C'est aussi la raison pour laquelle nous attachons une grande valeur à certaines chansons, nous collectionnons les vieux billets d'avion et les fleurs séchées.

Les symboles sont les miroirs vivants de nos plus profonds entendements muets. Deux amis à moi sont sortis vivants du Viêtnam. Réintégrés dans la vie civile en Italie, et avant de revenir dans leur pays, ils coupèrent une petite pièce d'une lire en deux, chacun serrant dans la main la moitié de l'autre comme s'il s'agissait du cœur brisé laissé à jamais dans cette jungle désolée.

Nous demandons à la moindre petite chose du quotidien de porter pour nous une signification incroyable. Et les choses que nous affectionnons le plus fonctionnent à la façon des lampes d'Aladin. Il suffit de les frotter un peu pour que les sentiments et les moments depuis longtemps oubliés revivent. Ou alors, ce sont les vérités fondamentales difficiles à entretenir qui refont surface.

Je me rappelle avoir rendu visite à mon grand-père quand j'étais enfant. Il avait un bocal blanc rempli de petits bonbons M&M. Pour moi, ce bocal représentait un trésor magique. Peu importe le nombre de fois où j'y glissais ma main en me haussant sur la pointe des pieds, il ne se vidait jamais. Cela fait trente ans que mon grand-père est mort, mais quand je me sens un peu déprimé, je tiens ce bocal blanc sur mes genoux et je croque quelques M&M. Et je me sens mieux.

Ce n'est pas une illusion ni une fuite. Je me sers du bocal blanc rempli de M&M comme d'un symbole vivant pour, dans un moment de tristesse, me remémorer un sentiment plus profond de plénitude et de générosité qui est toujours là, mais pas toujours accessible.

C'est la bonne manière de se servir des symboles. Non pas dans le but de froidement représenter des idées, mais de ranimer tout ce qui vit en nous et au sujet de nous. Ces symboles aident chacun de nous à être le témoin du douloureux mystère de la vie. Qu'il s'agisse d'un crucifix, d'un petit bouddha qui pleure ou du coquillage cassé d'une mer oubliée depuis longtemps, ils nous aident à vivre notre journée.

- *Remémorez-vous un moment spécial de votre enfance.*
- *Méditez sur le sentiment éprouvé à ce moment, jusqu'à ce que la scène apparaisse devant vous.*
- *Sentez en quoi ce moment est spécial et concentrez-vous sur un détail – une certaine chaise, le parfum du lilas, une vitre mouillée.*
- *Avec révérence, faites de ce détail le symbole vivant de la signification de ce moment spécial.*
- *La prochaine fois que vous vous sentirez un peu déprimé, remettez-vous en contact avec ce symbole personnel.*
- *Laissez-le vous ouvrir à des bienfaits dont vous ne vous souvenez pas toujours.*

Les contrecoups de la nature

Une fois que le vent a cessé de souffler,
les arbres continuent de bouger,
tout comme mon cœur craque
longtemps après s'être fait malmener.

Je suis toujours surpris des contrecoups d'un moment où j'ai été profondément ému par quelque chose. Que je sois blessé ou déçu, que je sente la douceur d'être aimé ou le vide laissé par un départ, je suis toujours prêt à passer à autre chose, me permettant rarement de digérer complètement ce qui vient de se passer. En fait, j'en suis venu à réaliser qu'une grande partie de la confusion dans ma vie vient du fait que j'accorde trop rapidement mon attention à autre chose, à une nouvelle expérience que j'enveloppe alors de ce qui reste des sentiments non encore intégrés de la chose précédente.

Par exemple, l'autre jour, je me suis senti triste parce qu'un vieil ami était malade. Je me suis attardé sur cette tristesse pendant quelques instants, puis j'ai poursuivi ma journée. Le jour suivant, alors que je faisais face à l'habituelle frustration reliée à la circulation, aux courses à faire, à l'indifférence des serveuses et des commis, j'ai ressenti une grande tristesse. Je pensais au début qu'ils en étaient la cause. J'ai même gaspillé pas mal d'énergie à me demander si je ne devais pas modifier mon style de vie. En réalité, cette émotion n'était qu'une tristesse montant en moi par vagues et se rapportait à mon ami malade.

Il faut tirer une grande leçon des contrecoups, de leur approche, de leur impact et, en particulier, de leurs répercussions. Tout être vivant y goûte, spécialement nous les humains, dans les ondes invisibles de ce que nous pensons et ressentons. Être vivant prend du temps.

- *Assis en toute tranquillité, concentrez-vous sur une émotion récente qui a surgi fortement en vous.*
- *Pendant que vous respirez, occupez-vous des moindres traces de cette émotion pouvant encore vous affecter.*
- *Respirez lentement et laissez tout cela s'estomper par vagues.*

Une grande bataille fait rage

Une grande bataille fait rage
pour que ma bouche ne durcisse pas,
pour que mes mâchoires ne deviennent pas
comme les lourdes portes d'un coffre-fort
et que ma vie ne soit pas qualifiée
de mort prématurée.

– YEHUDA AMICHAI (POÈTE ISRAÉLIEN)

Un vieux mythe grec porte en lui, à l'instar d'une bouteille en mer porteuse d'un message, un des combats les plus cruciaux auquel nous sommes confrontés en tant qu'êtres vivants. C'est l'histoire d'un magicien doué, Orphée, dont l'amoureuse, Eurydice, est enlevée par Hadès, le dieu des ténèbres. Orphée est tellement rongé par le chagrin qu'il se rend dans la contrée des morts pour supplier Hadès de lui rendre Eurydice. Après avoir froidement et délibérément réfléchi, Hadès lui répond : « Tu peux la reprendre. Il te faudra trois jours pour la ramener dans le monde des vivants. Toutefois, je te la donne à une condition : Tu dois la porter et ne jamais regarder son visage avant d'avoir atteint la lumière. Autrement, elle me reviendra pour toujours. »

Malheureusement, à l'insu d'Orphée, Hadès dit le contraire à Eurydice : « Il te ramènera vers le monde des vivants, mais tu dois le regarder avant d'atteindre la lumière. Sinon, tu me reviendras pour toujours. » Évidemment, Orphée échoue et perd Eurydice à jamais.

Pour nous, le combat est permanent, car il y a en chacun un Orphée qui croit que s'il regarde, il mourra, et une Eurydice qui croit, au contraire, que si elle ne regarde pas, elle mourra. La grande question spirituelle qui se pose alors, « Être ou ne pas être ? », « Regarder ou ne pas regarder ? ». Notre équilibre personnel est le facteur déterminant à partir duquel nous sortons de l'enfer ou y restons.

Bien que, selon nos croyances, cette tendance oscille au cours de notre vie, je crois que chacun de nous vient au monde avec un penchant naturel pour à la fois « regarder » et « ne pas regarder ». Vous ne serez pas surpris d'apprendre que je suis de la descendance d'Eurydice, car, en effet, je crois que si je ne regarde pas, je mourrai. Cela a sans doute beaucoup à voir avec le fait que je me qualifie de poète. Alors, oui, j'admets mon approche. Car, comme il n'est pas bon de fixer trop longtemps le soleil, il y a des fois où nous ne devons pas regarder, et ce, pour préserver notre vue. Néanmoins, le plus souvent, pour rester vivants, nous devons regarder.

Comme tout le monde, je me bats avec ces deux aspects. Je suis soit le gardien des secrets, soit le découvreur de vérités. Bien que personne ne puisse nous indiquer comment nous y prendre, nous devons sans cesse reprendre le combat pour quitter les enfers, ne pas nous endurcir et retrouver notre chemin dans le monde des vivants.

- *Centrez-vous et respirez normalement. Remémorez-vous le flot de décisions qui vous ont conduit jusqu'à cet instant.*
- *Tout en ralentissant votre respiration, tentez de comprendre ce qui définit votre séjour sur terre. Votre besoin de regarder ou celui de ne pas regarder ?*
- *Tout en respirant normalement, essayez de sentir quel besoin est le vôtre en ce moment. Regarder ou ne pas regarder ? Et lequel vous ramènera le plus dans le monde des vivants ?*

18 MARS

La vie d'un aidant

Accepte ce don
pour que je puisse me voir en train de donner.

J'ai appris que la vie d'un aidant peut susciter autant de dépendance que celle d'un alcoolique. La dépendance provient du soulagement émotionnel occasionné temporairement par notre réponse au besoin d'une personne chère. Bien que cela ne dure jamais, au moment où nous répondons au besoin de quelqu'un, nous nous sentons aimés. Même si une telle interaction peut se traduire par un grand bien, surtout pour ceux qui reçoivent, le soin lui-même devient l'alcool grâce auquel nous engourdissons brièvement une dévalorisation personnelle qui ne partira pas à moins d'être constamment arrosée d'un autre petit coup de sacrifice personnel.

Tout ceci se resserre jusqu'à ce que l'on anticipe au-delà de toute réalité ce dont les autres ont besoin. Ainsi, même si aucun besoin réel n'a été exprimé, une anxiété à donner s'accumule et ne peut être dissipée à moins que quelque chose ne soit donné. Au cœur de tout cela réside l'inquiétude permanente de ne pas être aimé à moins de faire quelque chose pour quelqu'un d'autre. Ainsi, les besoins des autres s'alignent à portée de main, telles les bouteilles sur l'étagère derrière le bar, besoins auxquels l'aidant ne peut résister.

C'est là quelque chose qui m'arrive quand, loin de chez moi, je téléphone à une personne chère. Même si elle ne s'attend pas à recevoir un appel de ma part, je peux me torturer des heures durant en me demandant si je dois l'appeler ou pas. Souvent, incapable de supporter davantage le malaise de ne pas sentir que mon amour est reçu, je finis par faire des pirouettes pour téléphoner.

En vérité, même si le fait de prendre soin des autres peut au premier abord passer pour de la générosité, il s'agit en réalité d'une façon de prendre soin de soi. Cet égocentrisme au besoin pressant empêche la véritable compassion. En toute honnêteté, pour se guérir de ce genre de comportement, il faut entreprendre un programme aussi rigoureux que celui des alcooliques et se trouver des parrains qui nous aimeront tels que nous sommes vraiment.

Le remède de l'esprit qui permet de donner vraiment est fondé sur la foi et la croyance profondes que chacun de nous est digne d'être aimé tel qu'il est.

- *Centrez-vous et remémorez-vous une personne chère à qui vous donnez trop.*
- *Méditez sur la raison pour laquelle vous vous comportez ainsi.*
- *Imaginez que cette personne vous aime même si vous ne faites rien.*
- *Imaginez que vous vous aimez même si vous ne faites rien.*
- *Respirez et ne faites rien avant d'avoir ressenti de l'amour pour vous.*

La faiblesse

Notre force se perpétue si nous nous permettons
le courage d'avoir peur, d'être faible et vulnérable.

– MELODY BEATTIE

Cette perception nous aide à définir la faiblesse, en termes spirituels, comme une habitude du mental ou du cœur qui nous empêche de voir les choses telles qu'elles sont exactement et intégralement, ou avec toute notre capacité à sentir. Ce sont les aveuglements qui nous coupent sans cesse de la Vérité, du Grand Tout et de la Compassion.

Nous sommes tous fragiles et nous commettons tous des erreurs. Nous sommes tous les proies de mille émotions et exagérations. Mais ces choses nous renforcent, elles ne nous affaiblissent pas, pour peu que nous les affrontions directement. En vérité, ce n'est pas le tissu de notre part d'humanité qui fait défaut, mais plutôt notre refus d'accepter ce que nous sommes et de vivre en fonction de cela, limites y comprises.

Sous tout cela, sous cet aveuglement et ses diverses formes, se trouve la cause la plus cruelle. Car c'est pendant ces moments, où nous pensons voir très clairement, que nous brisons des choses irremplaçables sans même avoir conscience qu'elles étaient précieuses.

Après avoir brisé beaucoup de choses dans ma vie – des cœurs, des souvenirs –, j'admets humblement que la seule différence que je constate sur terre entre la force et la faiblesse, c'est l'honnêteté avec laquelle nous nous regardons en face, nous nous acceptons et nous sommes là les uns pour les autres, défauts et tout le reste inclus.

- *Pour cette méditation, tenez devant vous la photo de quelqu'un de significatif pour vous. Cela peut être une photo de vous.*
- *Fermez les yeux et centrez-vous. Puis ouvrez-les, concentrez-vous sur cette photo et permettez-vous de voir la relation que vous entretenez avec cette personne telle qu'elle est.*
- *Fermez les yeux de nouveau. Quand vous les ouvrirez, concentrez-vous encore sur cette photo et donnez-vous le droit d'accepter cet être intégralement, avec ses défauts et tout le reste.*

Remuer l'eau

Laisser la connaissance créer des problèmes
et utiliser celle-ci pour se protéger contre ceux-là,
c'est comme remuer l'eau dans l'espoir de la
rendre claire.

– LAO-TSEU

Le cycle selon lequel on crée des problèmes pour ensuite s'en défendre est comparable au fil d'un vêtement sur lequel on tire mais qu'on aurait eu avantage à laisser tranquille. En effet, plus nous tirons dessus, plus le tissu se défait et plus nous devrons le raccommoder par la suite. Cela peut aussi se comparer à prendre trop d'engagements à la fois ou à faire trop de choses en trop peu de temps. De la sorte, on finit par s'épuiser et par épuiser les autres en essayant de tout caser.

Nous avons tous fait ça. Mais une forme plus subtile de ce genre de comportement tourne autour de notre difficulté à nous accepter nous-mêmes. Comme nous manquons de confiance et que nous nous sentons dévalorisés, nous nous créons des objectifs dans l'espoir que leur accomplissement nous amènera à nous sentir bien. Nous voilà donc en quête de réussite, nous nous préparons pour éviter d'échouer, nous remuons l'eau dans l'espoir qu'elle devienne claire.

Pendant ce temps, les ressources profondes du cœur et de l'esprit sont utilisées à mauvais escient. N'est-ce pas ainsi que nous nous lançons dans des carrières qui ne nous interpellent pas vraiment ? N'est-ce pas ainsi que nous embarquons dans des relations qui ne nous conviennent pas vraiment ? N'est-ce pas ainsi que nous mettons parfois des enfants au monde dans l'espoir qu'ils nous aideront à rendre les choses plus claires ?

Le mental est une araignée qui, si on la laisse faire, emberlificotera tout pour ensuite venir blâmer les choses auxquelles elle s'accroche mais dont elle veut débarrasser sa toile. C'est ce que j'ai fait avec mes rêves de grandeur et mes espoirs d'amour, tant je voulais me voir clairement dans l'eau pendant que je la remuais sans arrêt. Pour moi, la chose la plus difficile que j'ai eu à apprendre – et avec laquelle j'ai encore de la difficulté –, c'est que je n'ai pas besoin d'être parfait pour être entier.

- *Assis tranquillement, remémorez-vous un fil dans votre cœur sur lequel vous avez récemment tiré.*
- *Respirez profondément et pensez à la façon dont vous avez raccommodé les choses.*
- *Respirez normalement et essayez de vous arrêter de raccommoder. Mettez tout de côté, tel quel, et laissez le fil tiré être.*

21 MARS

Retenir ou laisser aller

Comment pouvez-vous suivre
le cours de votre vie
si vous ne le laissez pas couler ?

– LAO-TSEU

Le pollen s'accumule jusqu'à ce que la pluie vienne laver ce qui n'a pas servi. La mousse se forme sur les souches et les rochers jusqu'à ce que les pattes des animaux l'usent. Les feuilles qui recouvrent le sentier se désagrègent à temps pour que ceux qui se perdent puissent retrouver leur chemin.

Il en va de même pour nous. Nos rêves s'accumulent comme le pollen jusqu'à ce que la sueur de notre front et les larmes de notre corps emmènent avec elles tout ce qui n'est pas devenu possible. Qu'il s'agisse de joie ou de chagrin, les grands nœuds d'attachement sont issus de notre cru jusqu'à ce qui peut nous sustenter le fasse et ce qui ne le peut pas s'élimine avec le temps. Comme les feuilles sur le sol, les souvenirs recouvrent notre chemin jusqu'à ce qu'ils soient oubliés, nous libérant ainsi.

Souvent, la souffrance qui découle de la résistance fait en sorte que nous rouillons comme le fer. Pour revenir au flot de la vie, nous devons être décapés afin de retrouver notre patine d'origine. S'ils ne sont pas relâchés, les sentiments viennent gravillonner notre cœur. Telles les fenêtres embuées, nous attendons qu'une main bienveillante vienne nous nettoyer. C'est inévitable. L'expérience est ce qui nous enveloppe, mais le parcours nous permet d'éclaircir le voyage vers la lumière.

Ce cycle involontaire est propre à tout ce qui existe dans l'univers. Nous, les humains, sommes constamment marqués par la vie. Les chagrins du cœur, les déceptions et la tâche ardue d'être justement des humains peuvent nous rendre malades si nous les retenons ou, au contraire, nous rendre complets si nous les laissons aller. Les humains, plus que toute autre forme de vie, ont ce majestueux, mais accablant pouvoir de retenir ou de laisser aller les retombées de leurs expériences.

Il nous est humblement demandé que le flot entre ce que nous absorbons et ce que nous rejetons demeure. Il nous suffit de respirer pour nous rappeler que nous sommes des réceptacles vivants. L'expérience entre dans notre vie, et les émotions sortent. Les surprises et les défis surviennent, et les chagrins du cœur et la joie sortent. À l'instar de l'infatigable marée, la vie monte et descend. Nous devons toujours laisser les choses repartir vers le large. C'est ainsi que la Terre fut rendue magnifique par la mer et que l'humanité s'est forgée... par l'océan-esprit libérateur.

- *Quand vous sortirez de la maison aujourd'hui, prenez une grande inspiration et posez-vous la question suivante : « Pour quel élément, dans ma part d'humanité, ai-je le plus de gratitude ? »*
- *Gardez cette question à l'esprit tout au long de la journée.*
- *Quand vous rentrerez le soir dans votre nid douillet, prenez de nouveau une grande inspiration et posez-vous la question suivante : « Pour quelle chose, dans ma part d'humanité, est-ce que je continue d'éprouver de la surprise ? »*
- *Durant la nuit, gardez cette question à l'esprit pendant que vous dormez et que vous vous reposez.*

Le temps du sabbat

Travaillez quand il y a du travail.
Reposez-vous quand vous êtes fatigué.
Une chose accomplie en paix vaut mieux
que dix choses réglées à la hâte.
Je ne suis pas un héros si je me refuse du repos.
Je suis seulement fatigué.

– SUSAN MCHENRY

Quand j'ai besoin de me ressourcer ou de me retrouver, je reviens aux portes du cœur qui m'ont déjà permis de m'ouvrir auparavant. Je marche ou je me tiens près du grand saule, dans l'attente que son mouvement bien connu me parle. Je fais rejouer ce morceau de piano spécial qui trouve son chemin dans le repli douloureux de mon cœur et laisse ses pans se déplier. Je me prépare du thé, puis je m'assois dans mon fauteuil préféré et je sors avec délicatesse le vieux livre en lambeaux dans lequel je peux relire la phrase « Je te remercie mon Dieu pour cette journée fantastique... ».

J'essaie d'entamer les heures en douceur et en silence – les deux fils qui s'effilochent en gratitude –, attendant que le miracle se produise. Pour moi, c'est l'essence du renouveau du sabbat. J'essaie de commencer chacune de mes journées par ce petit moment de tendresse, avant que les coups, les brèches et le bruit ne fassent irruption, avant que la confusion et le conflit ne viennent contracter ma sensation des choses.

Selon moi, le cœur se rétracte et se dilate au même titre que la pupille de l'œil. Quand il est rétracté, il ne trouve pas le repos ; le monde semble alors plus étriqué, plus méchant, plus menaçant. Le temps du sabbat devient donc une pratique cruciale, car il permet de dilater tout ce qui est comprimé. Ces moments de repos intime avec soi restaurent et défont les nœuds du monde en ralentissant le cœur.

Au repos, je me rappelle toujours que le lien qui me relie à la Terre est invisible. Il y a quelques jours, j'étais tout rétracté. Mon cœur battait comme les ailes d'un héron qu'on a dérangé dans un marais touffu de joncs, sans place pour bouger. Pris et surpris par le bruit de mon mental, j'ai voleté vers le centre du lac que les humains nomment silence. J'imagine que la paix n'est rien de plus que le dessous des ailes fatiguées reposant sur l'eau du lac pendant que le cœur emplumé bat de plus en plus doucement.

- *Exercez-vous à défaire les nœuds de votre cœur en posant les mains sur vos cuisses, paumes vers le ciel.*
- *À chaque inspiration, serrez les poings brièvement.*
- *À chaque expiration, desserrez les poings et laissez-les se reposer comme des ailes fatiguées.*

23 MARS

Ne jamais savoir où voler

Les oiseaux apprennent à voler sans jamais savoir
où leur vol les mènera.

Les oiseaux ont une grande leçon d'humilité à nous apprendre. Des ailes leur poussent, avec lesquelles ils battent gauchement l'air quand ils sont oisillons. Une fois prêts, d'abord avec hésitation puis avec assurance, ils s'élancent, battent des ailes, planent, atterrissent. Il semblerait que leur but soit de voler. Certes, ils migrent et cherchent leur nourriture. Mais quand ils volent, on a l'impression qu'être dans les airs est leur véritable nature.

À l'inverse des oiseaux, nous confondons sans relâche notre séjour sur terre avec l'obsession de la destination, souvent au point de limiter ou même d'éliminer notre capacité à voler. Nous domptons et taisons fréquemment notre besoin d'aimer, d'apprendre, de connaître la vérité de l'Esprit jusqu'à ce que nous soyons assurés que nos efforts nous mèneront quelque part. Toutes ces conditions, ces hésitations, tous ces « oui, mais... », « et si... » chamboulent le périple humain et ne laissent jamais les ailes du cœur se déployer magistralement.

Dénués de toutes ces considérations et retenues, les oiseaux sont quant à eux simplement amenés à chanter et à s'envoler par la seule présence de la lumière. Les concepts de la possession ou de l'investissement du genre « pourvu que ça rapporte » leur sont totalement inconnus. En ce sens, nous sommes les seules créatures à rechercher des garanties et, ce faisant, nous étouffons l'étincelle de la découverte.

Combien de fois nous estropions-nous en ne laissant pas l'amour et tous les risques qu'il comporte nous apprendre à voler ? Combien de fois nos cœurs calent-ils parce que nous ne laissons pas toute l'envergure de notre passion nous ouvrir à nos talents ? Combien de fois cherchons-nous à l'extérieur un chant pour nous guider qui ne peut venir que de l'intérieur ?

Je sais qu'au fil des années, à cause de la peur et des attentes, mon mental a accumulé des endroits où j'avais besoin d'aller, des choses que j'avais besoin d'avoir, des moi que j'avais besoin d'être. Cependant, me voici sans la plupart de ces buts, de ces besoins déjà usés, à force d'apprendre à aimer.

Malgré mes efforts à imaginer et à créer des objectifs, à planifier et à savoir ce que cette vie d'émotions signifie, c'est la pulsion même de ce que je ressens qui me donne accès à l'esprit. La vérité, c'est que les ailes ne poussent pas de manière différente, qu'on se dirige vers le sud ou vers le nord. Notre vie comporte quelque chose de plus essentiel que toute direction ou ambition mondaine, peu importe nos efforts. À l'instar des oiseaux, nous sommes censés voler et chanter. Un point, c'est tout. Et tous nos projets, toutes nos combines sont les brindilles du nid que nous laissons derrière nous quand nous sommes devenus trop gros.

- *Méditez sur un désir que vous avez hésité à manifester. Celui de danser ou de jouer du piano. De partir en voyage quelque part. Ou bien le besoin pressant d'apprendre à connaître quelqu'un… vous peut-être.*
- *Respirez tout en laissant l'émotion monter sans la bloquer.*
- *Respirez et focalisez sur votre hésitation. Celle-ci pourrait résulter de la peur de l'échec, du rejet ou de l'inconnu.*
- *Respirez dans l'hésitation en sachant que, tout comme les ailes ne peuvent voler que si elles battent, votre capacité à vivre des choses profondes – à être en rapport avec d'autres vies – ne pourra s'épanouir que si vous essayez.*

Même dans le noir

Se sentir brisé n'est pas une raison
de tout voir le reste comme brisé.

La rare anémone blanche, qui pousse au fond de l'océan, est une belle fleur d'eau. Ses dentelles blanches fleurissent sur un arrière-fond de noir, s'ouvrant comme si le soleil était là alors qu'il est si loin.

C'est donc le truc pour se sentir toujours bien ! Pour sentir le soleil même dans l'obscurité. Pour ne pas perdre de vue la vérité des choses quand celles-ci sont justement hors de notre vue. Pour continuer à grandir malgré tout. Pour savoir qu'il y a encore de l'eau même quand nous avons soif, qu'il y a encore de l'amour même quand nous sommes esseulés, qu'il y a encore de la paix même quand nous souffrons.

Rien de tout cela ne vient invalider nos souffrances. Cela renforce seulement notre retour vers la lumière.

- *Fermez les yeux et sentez la présence du soleil. Ce dernier sera encore là quand vous les ouvrirez.*
- *Inspirez profondément dans la partie fermée de votre cœur et sentez la présence de l'amour. Cet amour sera encore là quand vous pourrez sentir de nouveau.*
- *Respirez lentement dans la partie de vous qui doute et sentez la présence de la vie. Cette vie sera encore là quand vous pourrez ouvrir votre esprit comme vous l'avez fait à votre naissance.*

L'oreille est un pétale

L'oreille est seulement un pétale
qui pousse à partir du cœur.
Quand nous sommes à l'écoute les uns des autres,
tout devient un jardin.

Mais que signifie justement « écouter » ? Nous possédons tous la remarquable capacité mentale de compartimenter grâce à laquelle nous choisissons de ne pas porter attention à ce qui est dit ou, sur demande, de pouvoir répéter mot pour mot ce qui a été formulé.

L'écoute émane d'un lieu beaucoup plus profond. Il semble que nous pouvons entendre ce qui vit dans la seule mesure où nous avons vraiment vécu, que nous pouvons comprendre la souffrance et la joie dans la seule mesure où nous nous sommes permis d'être touchés par la vie. Si l'oreille pousse à partir du cœur, à l'exemple des racines qui absorbent la pluie et le soleil jusqu'à ce que la fleur s'ouvre, le cœur doit lui aussi absorber les larmes et la joie pour être apte à laisser pousser une oreille qui entende vraiment.

Je me rappelle, des années durant lorsque je m'usais les pieds à me chercher un sentier, m'être assis sur le lit d'hôpital de ma grand-mère immigrée et l'avoir regardée, sans comprendre, grimacer pendant qu'on mettait de la gaze sur ses escarres. Je me rappelle, des années avant de sauver mon golden retriever de la noyade, avoir vu un collègue de travail pleurer son chien mort et m'être demandé comment il pouvait aimer un animal plus qu'une personne. Je me rappelle, des années avant de recommencer ma vie à zéro, m'être précipité sur une route de campagne en pleine nuit et avoir vu le regard de mon beau-père juste au moment où la grange qu'il avait construite trente ans plus tôt avec fierté était complètement ravagée par un incendie.

Ce n'est que plus tard que j'ai ressenti la souffrance de ces gens, ainsi que la joie qu'ils avaient éprouvée envers ces êtres ou ces choses. À l'évidence, nous n'avons pas à vivre les mêmes expériences pour nous comprendre les uns les autres. Néanmoins, nous avons assurément besoin de vivre l'expérience qui nous appartient pour que la vie nous montre ses racines.

Que faut-il pour écouter vraiment ? Une rupture avec ce qui joue la comédie entre deux cœurs. Si j'ose vous écouter, je vous sentirai comme je sens le soleil et je pousserai dans votre direction, et vous dans la mienne. Car, lorsque nous nous écoutons, tout devient un jardin, tout devient comestible.

- *Assoyez-vous avec une personne chère et méditez sur une histoire de joie ou de souffrance que vous avez plus entendue que d'autres.*
- *Voyez pourquoi cette histoire vous est restée. Échangez sur ce point.*
- *Cernez comment votre compréhension de cette histoire s'est approfondie avec le temps ?*
- *Respirez lentement et ouvrez votre cœur plus grand à un moment de votre vie, durant la semaine précédente, où vous avez choisi de ne pas prêter attention.*

26 MARS

Sentir les émotions

Le chemin le plus rapide vers la liberté
consiste à sentir vos émotions.

– GITA BELLIN

Cela semble tout simple, n'est-ce pas ? Même s'il est facile d'accepter que vous avez des émotions et des sentiments, de reconnaître la lourdeur, l'agitation et la soudaineté des humeurs, c'est tout autre chose de les sentir, de les laisser pénétrer votre être tout comme le vent fait claquer un drapeau.

Et il faut le faire, car si nous ne sentons pas nos émotions en tout temps, elles nous collent à la peau et nous faisons toutes sortes de choses bizarres pour nous en débarrasser. Et c'est là la source de bien des dépendances.

Je me suis détourné bien des fois de ma peine et de ma souffrance en m'attachant à ce qui les entourait, en ne sentant donc jamais l'émotion elle-même. Ainsi, quand quelqu'un me demande comment je me sens, je rabâche encore les circonstances entourant ma souffrance, sans la sentir vraiment. Ou j'élabore des stratégies quant aux gestes à poser, mais sans rien sentir. Ou j'anticipe les réactions sans sentir ce qui m'appartient. Ou je nage dans la colère de l'injustice sans plonger dans ma blessure.

Bien que nous craignions de ressentir nos émotions, c'est l'unique moyen clair et direct de libérer notre cœur de la souffrance.

- *Comment vous y prenez-vous pour éviter les émotions ? Méditez là-dessus.*
- *En silence, cessez de les retenir par des paroles, de bonnes raisons ou des préoccupations.*
- *Soyez simplement le rivage sur lequel les lames de vos émotions viendront se briser.*

27 MARS

Nous naissons en chantant

Le chant n'est pas un luxe,
mais une façon nécessaire d'être dans le monde.

D'une manière ou d'une autre, on nous a tous trompés en nous amenant à penser que le chant est un divertissement, quelque chose dont nous pouvons nous passer, comme un dessert. Mais l'expression de ce qui vit en nous rend tout possible. En vérité, nous venons au monde en chantant, bien que nous pensons à tort que c'est en pleurant. Sans ce réflexe inné, les poumons ne pourraient pas fonctionner et l'échange constant entre l'extérieur et l'intérieur ne pourrait s'amorcer.

Je me souviens de ma première journée passée seul à la maison après une chirurgie où on m'a enlevé certaines côtes. Pour la première fois depuis des mois, tout était tranquille. Et maintenant, le soleil matinal emplissait désormais l'espace occupé préalablement par ces côtes. Soudain, je me mis à pleurer bruyamment, comme si des bulles de peur, de souffrance et d'épuisement s'envolaient enfin. Ce relâchement était en fait un chant et, chose que je n'avais pas réalisée alors, une fois ce relâchement passé, une fois que toute cette accumulation eut trouvé une échappatoire, la vie, ainsi que son énergie et ses douceurs, put de nouveau s'exprimer à travers moi.

Le secret est tout simple : en laissant les choses sortir, nous en laissons aussi entrer. Si vous êtes coupé, si vous souffrez, si vous êtes paralysé, chantez et exprimez tout ce qui est là. Le chant n'a pas besoin d'être beau. Avec simplicité et courage malgré les difficultés, laissez sortir ce qui est dedans et entrer ce qui est dehors. Chantez. Ainsi, votre vie pourra se poursuivre.

- *Centrez-vous et localisez en vous une bulle de souffrance, de peur ou d'épuisement.*
- *Respirez dans cette bulle. Expirez tout en laissant ce qui est là trouver son chemin vers le monde extérieur.*
- *Prenez conscience que votre respiration est le lien entre les contractions intérieures et l'air extérieur.*
- *Réalisez que le son de votre respiration est le plus doux des chants.*

28 MARS

La mue est un cadeau

Depuis le début,
la clé du renouveau
a toujours été la mue.

Il est intéressant d'observer que les premiers peuples croyaient en une chose que, dans la ruche moderne du faire, nous avons oubliée, à savoir que l'immortalité peut s'atteindre en muant. Les Dusuns du nord de Bornéo ont cru pendant des siècles que lorsque Dieu eut fini de créer le monde, il dit : « Celui qui saura se débarrasser de sa vieille peau ne mourra pas. »

Que signifie cette phrase ? Non pas que nous pouvons vivre éternellement, mais que pour rester le plus près de la pulsion de vie, en présence de cette divine réalité qui « informe tout », il faut être disposé à changer. Mais changer quoi ? Tout ce qui a cessé de fonctionner en nous. À nous débarrasser de ce que nous portons et qui est mort en nous. À jeter notre vieille peau morte, car elle ne peut plus sentir. Les yeux morts ne peuvent voir. Les oreilles mortes ne peuvent entendre. Et quand on ne sent pas, l'intégrité, qui représente pourtant notre meilleure chance de survivre à la souffrance de la cassure, est impossible.

Bien entendu, une peau morte peut prendre bien des formes pour les humains, dont la plus significative est suffocante même si elle est intangible. Il s'agit de la pensée éteinte, de la vision éteinte, des relations éteintes, des croyances éteintes, des expériences éteintes.

En définitive, la mue nous ouvre à la transformation. Paradoxalement, ceux qui la refusent seront tôt ou tard forcés d'en subir une puisqu'ils auront été brisés ou usés par la vie. Très souvent, nous muons de l'intérieur en même temps que la vie nous use de l'extérieur.

- *Centrez-vous et méditez sur ce que vous portez de mort en vous.*
- *Respirez profondément et demandez-vous ce que vous êtes appelé à mettre de côté pour avoir davantage accès à la totalité cachée de la vie.*

29 MARS

Ce qui nous empêche de muer

Nous renonçons souvent à notre droit
au renouveau pour épargner de l'anxiété
à nos proches.

Vivre n'est pas aisé, c'est certain. Et vivre ouvertement est merveilleux, mais dangereux. La mue comporte toujours une souffrance, qu'elle soit utile ou inévitable. Malheureusement, personne n'échappe à ce revers de la croissance. Il n'est donc pas surprenant que les humains arborent des sentiments qui les empêchent de se défaire de ce qui a cessé de fonctionner, entre autres la peur, l'orgueil, la nostalgie, le réconfort de ce qui est familier et le désir de plaire aux êtres chers. Souvent, nous renonçons à ce droit au renouveau pour épargner de l'anxiété à nos proches.

Les Mélanésiens des îles du Vanuatu prétendent que c'est ainsi que nous avons perdu notre immortalité. L'histoire qu'ils racontent à ce sujet a été recueillie par sir James Frazer. Au début, il semblait que les humains ne mouraient jamais, mais qu'ils muaient comme les serpents et les crabes. Un jour, une femme qui prenait de l'âge se rendit près d'un ruisseau pour muer. Selon certains, il s'agissait de Ul-ta-marama, celle qui change la peau du monde. Une fois chose faite, elle lança sa mue dans l'eau et la regarda flotter puis s'accrocher à une branche. Elle rentra ensuite chez elle, où elle avait laissé son enfant. En la voyant, ce dernier ne la reconnut pas et se mit à pleurer en hurlant que sa mère était une vieille femme, non cette jeune étrangère. Alors, pour calmer l'enfant, la mère alla récupérer sa vieille mue et la renfila. Depuis ce jour, les humains ont cessé de se débarrasser de leur mue et ils ont commencé à mourir.

Ainsi, quand nous cessons de nous départir de ce qui est mort en nous, et ce, pour apaiser la peur des autres, nous ne sommes plus entiers. Quand nous cessons de laisser place à notre grande sensibilité épidermique uniquement pour éviter d'être en conflit avec les autres, nous nous dissocions de la vérité. Quand nous maintenons des comportements que nous avons déjà rejetés, et ce, uniquement pour calmer l'ignorance de ceux que nous aimons, nous perdons notre accès à l'éternel.

- *Assis en toute tranquillité, demandez-vous quelles voix vous demandent de garder votre vieille peau, de ne pas changer.*
- *Centrez-vous et demandez-vous aussi quel sera le prix à payer si vous ne renouvelez pas le contact avec tout ce qui est éternel.*

L'énergie du vrai

Ne cherchez pas de règles ni de méthodes de dévotion. Exprimez plutôt ce que votre cœur endolori choisit de dire.

– RUMI

Le mot « mana » est traditionnellement employé par les Polynésiens et les Mélanésiens pour décrire le pouvoir extraordinaire habitant une personne ou un objet, l'électricité spirituelle qui charge tous ceux qui la touchent. Carl Jung a défini ce terme comme étant « l'influence inconsciente d'un être sur un autre ». Ce dont il parle ici, c'est de l'énergie dégagée quand on est vrai, une énergie qui a plus de pouvoir que la persuasion, le débat ou la volonté. Jung prétend qu'il émane toujours de notre être une extraordinaire force qui, sans intention ni dessein, affecte les gens qui entrent en contact avec une telle réalité.

Ceci nous est révélé quand nous regardons le soleil. Sans intention ni dessein, cet astre brille tout simplement avec une force constante. En étant lui-même, il nous réchauffe tous de manière égale. Il rayonne dans toutes les directions à la fois, et les choses poussent. Il en va de même pour nous. Quand nous sommes authentiques, quand nous exprimons notre chaleur et notre lumière dans toutes les directions, les choses autour de nous poussent. Quand, tels de petits soleils, nos âmes expriment chacune la lumière de notre être, il émane de nous ce que Jésus appelait de l'amour et Bouddha, de la compassion. Et nos racines à tous plongent encore plus profondément.

Ainsi, sans rien imposer aux autres, il nous suffit d'être authentique et il émanera de notre âme une lumière et une chaleur spirituelle, un mana qui fera grandir les autres, non pas vers nous mais vers la lumière qui passe par nous. En étant ce que nous sommes, non seulement nous connaissons la vie dans toute sa vitalité, mais nous aidons en outre les autres à être foncièrement eux-mêmes, et ce, sans le vouloir. En étant vrais, en restant fidèles à cette énergie du vrai, nous nous aidons les uns les autres à grandir vers cette lumière vitale et unique.

- *Centrez-vous et laissez le flot de vos sentiments et de vos émotions suivre son cours.*
- *Après quelques instants, laissez parler les émotions particulières à mesure qu'elles montent. À chaque expiration, dites simplement ce qui monte – tristesse, peur, confusion, paix, ennui, joie.*
- *Après un certain temps, laissez le flot des sentiments et des émotions continuer de monter pendant que vous respirez en silence.*
- *Maintenant, sentez les choses autour de vous – moquette, chaises, fenêtres, murs. Sentez-les tendre dans votre direction.*

31 MARS

S'exercer à être vrai

Tout comme le soleil
ne peut s'empêcher de rayonner,
nous ne pouvons repousser ce qui est vrai.

Pendant que la Terre continue de tourner autour du Soleil jour après jour, nous n'avons pas d'autre choix, malgré les convenances et le conditionnement, que de nous tourner vers ce qui est vrai. Autrement, nous devenons de petites planètes froides gravitant dans l'obscurité.

Très souvent, quand je suis confus ou déprimé pendant un grand bout de temps, c'est que j'ai cessé de me tourner vers ce qui est vrai. Dans de tels moments, je dois rompre mon mouvement de gravitation dans l'obscurité en effectuant un très petit et très simple pas, qui me semble toutefois énorme et difficile, car j'ai fini par tourner en rond. Je dois m'exercer à être vrai en exprimant mon ressenti, et ce, pas seulement une fois, mais tout le temps.

Cela m'a donné du fil à retordre toute ma vie. Comme la plupart des gens, j'ai appris à survivre en m'empêchant de me tourner vers le vrai. Quand quelqu'un dit ou fait quelque chose qui me blesse, j'ai appris à encaisser le coup et à prétendre que tout reste inchangé. Mais de la sorte, mon énergie sert à maintenir la prétention que rien ne n'est produit. Et c'est à ce moment-là que je commence à graviter dans la froide obscurité.

C'est si simple, et pourtant si courageux, de déclarer que nous nous sentons blessés quand nous le sommes, ou tristes quand c'est le cas, ou effrayés quand c'est notre sentiment. De multiples façons quotidiennes et directes, cette énergie du vrai – ce mana – change les situations, car de l'expression immédiate de notre vérité émane une lumière et une chaleur qui ont des répercussions sur la vie. Voilà comment notre esprit peut rayonner.

- *Centrez-vous et, une fois de plus, laissez le flot de vos sentiments et de vos émotions suivre son cours.*
- *Après un certain temps, laissez les émotions qui montent s'exprimer à haute voix. Assurez-vous cette fois de verbaliser personnellement ces émotions – je me sens triste, j'ai froid, je me sens léger, je me sens fatigué.*
- *Durant la journée, prêtez attention à comment le pouls de ce qui est vrai évolue.*
- *Essayez de rester tourné vers ce qui est vrai.*

1er AVRIL

Le travail du petit ver

Ce qui nourrit le ver nourrit la racine.

Un membre de la tribu Ojibwé raconte que le Créateur n'arrivait pas à maintenir l'harmonie dans le monde, lorsqu'un petit ver lui proposa son aide. Le Créateur prit le temps de réfléchir avant d'acquiescer, puis le petit ver tissa sa soie imperceptible, reliant tous les êtres de la Création en une toile invisible. En guise de récompense, le Créateur lui offrit la vie éternelle. Ainsi, dès que le petit ver se serait intégré à cette toile invisible, il en sortirait peu après paré d'ailes multicolores des plus fines, sous la forme d'un papillon.

Cette histoire nous révèle que tout est interrelié dans la Création et que ce qui maintient le tout ensemble est l'essence de la vie sur terre. Elle nous révèle aussi que l'expérience de l'éternité est possible si nous plongeons directement dans la toile invisible de la Vie. Que si nous faisons le calme assez longtemps au sein de cette toile qui inclut tout, nous en viendrons à connaître la légèreté de la transformation.

À l'instar du petit ver, nous avons la capacité de tisser notre expérience constituée de souffrance, de frustration, de confusion ou d'étonnement pour en faire des fils de soie. Et, en toute liberté, nous pouvons choisir de tout relier à notre expérience pour, à partir de ces liens, ourdir un cocon. Enfin, il nous est possible de rester dans ce cocon – à l'exemple de l'Amérindien dans sa tente de sudation, du yogi centré sur son troisième œil ou du moine fidèle à son vœu de silence – pour en ressortir rayonnant de nos plus magnifiques couleurs au plaisir de chacun.

Étonnamment, l'univers est maintenu en un tout par les fils invisibles de nos expériences. Et parce que nous avons gardé vivant ce réseau de connexions, notre esprit émerge au centre de Tout ce qui est, par le truchement de ce qui nous est personnel. Ainsi, en étant simplement nous-mêmes, nous nous retrouvons soudain animés, ne serait-ce qu'un bref instant, dans la toile de Toute la Création.

Quelle que soit l'importance que nous prêtons aux autres, ce qui retient le tout ensemble, c'est le fait que chacun de nous parcourt modestement son chemin quotidien avec tout ce qu'il possède. Le miracle silencieux consiste à tisser des connexions à même notre humanité. Cette humble pratique, que personne ne peut entraver, est le travail du petit ver.

- *Chaque fois que c'est possible, contemplez un être aimé respirant dans son sommeil.*
- *Regardez-le comme vous regarderiez une fleur. Soyez émerveillé et plein de gratitude du fait même de son existence.*
- *Contemplez-le tranquillement et, si vous le pouvez, respirez au rythme de sa respiration inconsciente.*
- *Ce faisant, sentez passer l'air entre vous deux et vivez ce moment d'humanité comme une soie commune qui unit tout.*

2 AVRIL

Nous partageons la même rivière

Maintenant, la rivière est en moi.

Un matin, au cours d'un voyage en Afrique du Sud, je me suis senti très fragile. Mon amie Kim, tombée sur moi par hasard alors que je pleurais, me demanda alors si j'allais bien. Je lui répondis que ce n'étaient là que les eaux de la vie éclaboussant mon rivage. Plus tard le même jour, ce fut à mon tour de la trouver au bord des larmes et je m'enquis de la raison. Elle me dit : « La rivière se trouve maintenant en moi. »

Nous nous regardâmes en réalisant que nous partageons tous la même rivière. Il coule au-dessous de nous et nous traverse, d'un cœur sec à un autre. Au même titre que nous partageons la même rivière, la Terre n'est qu'un seul être vivant.

La vie a le pouvoir de nous adoucir et de nous ouvrir malgré nous, et d'irriguer notre esprit. Dans ces moments-là, nous découvrons que les larmes, cette eau venue de l'intérieur, représentent un sang commun, mystérieux et clair. Même si nous parlons différentes langues et vivons de façons très diverses, nous sommes poussés vers les autres lorsque cette eau profonde surgit à la surface.

Nous partageons la même rivière, et lorsqu'il entre en nous, notre entêtement tombe, tout comme les poings se desserrent quand ils restent dans le courant de l'amour.

- *Si vous le pouvez, asseyez-vous pour contempler un torrent ou un ruisseau. Méditez sur la sensibilité qui nous unit tous.*
- *Sinon, contentez-vous de méditer ainsi en regardant la pluie ruisseler dans la rue.*
- *Remarquez que la même rivière touche tout et poursuit son chemin.*
- *En respirant, sentez la vie de toute chose vous traverser et vous emplir.*

3 AVRIL

Trop de paroles

Quand vous vivez assez fort en votre cœur,
point n'est besoin de parler.

Pendant mes années de collège, il fut un temps où j'étais si bavard que mes torrents de mots gardaient les gens à une distance salutaire de moi. Chose certaine, ces torrents de paroles les ont à la longue davantage éloignés de moi. Plus tard, j'ai compris que si je parlais de plus en plus vite et fort, c'était pour éviter d'entendre mon monde intérieur. Évidemment, plus je faisais de bruit, moins il y avait de chance que tout ce qui était réel n'entre en moi ni ne s'élève de moi. C'est vite devenu un cercle vicieux.

Ainsi, souvent confondons-nous le besoin d'entendre avec celui d'être entendu. Tous ces flots de paroles s'avéraient pour moi un moyen de tendre vers les autres avec mon cœur. En fin de compte, ce comportement était fondé sur une peur : si je n'exposais pas mon cœur à tous vents – dans un flot incessant de mots, de gestes et de questions –, je me retrouverais seul. J'ai mis des années à apprendre que le monde ne peut affluer en moi que si je reste ouvert.

Il est important de s'ouvrir aux autres et de s'exprimer, mais derrière cela se cache le besoin de demeurer perméable et réel. Une fois le cœur ouvert, le monde peut se précipiter en nous, tout comme l'océan remplit le moindre trou dans les rochers. En nous contentant d'être qui nous sommes, le monde vient sans cesse nous emplir, nous purifier, nous baptiser, et c'est là le miracle le plus rapide qui soit.

- *Centrez-vous en respirant normalement.*
- *Visualisez une chose vers laquelle vous tendez. À l'expiration, tendez vers elle sans bouger et permettez-lui d'ouvrir votre corps.*
- *Visualisez une chose que vous avez besoin d'exprimer. À l'inspiration, sentez sans parler et permettez-lui d'ouvrir votre cœur.*

4 AVRIL

S'amender

Il y a la peine, il y a l'amour.
Ils nous font dévaler les jours
comme une tortue déboule une pente.
Une fois sur le dos, que pouvons-nous faire ?
Encore une fois, rouler
et mettre le cap sur la mer !

Lors des tempêtes, les pierres libérées recouvrent les chemins et les arbres déracinés brisent les nids nouveaux. Inévitablement, toutes nos crises nous précipitent les uns contre les autres. Être vivant, cela veut dire être blessé et blesser autrui.

Les heurts involontaires sont aussi courants que les branches cassées par le vent. Néanmoins, c'est le heurt non reconnu qui devient une blessure. Quand on tombe, la seule chose à faire est de se relever. Lorsqu'on blesse quelqu'un, la seule chose à faire est de reconnaître ses torts et de « réparer les dégâts ». Cela s'appelle s'amender. Cet acte d'intégrité tout simple, mais combien prodigieux, rétablit la confiance. Or, celle-ci n'est-elle pas après tout l'élément qui maintient ensemble les fondements de l'humanité ? Sans cette confiance, la vie sur terre s'étiole.

Qu'est-ce qui nous pousse à nous heurter les uns les autres ? Difficile à dire ! Toutefois, il semble que nous soyons, en tant qu'humains, soumis à un grand nombre de forces opposées anciennes et puissantes qui font partie intégrante de la vie. Parmi ces forces constantes, il y a la lumière et l'obscurité, le oui et le non, et surtout la peur et la paix. C'est la peur qui nous incite à nous isoler ou à contrôler les autres. Et c'est souvent au moment où nous voulons nous élever que nous heurtons les autres et nous-mêmes. Dans les moments de quiétude, nous ressentons un tout autre besoin, soit l'urgence de nous relier aux autres et de sentir notre appartenance à tout ce qui vit. C'est dans cette étreinte véritable que nous nous aimons alors les uns les autres.

Pourtant, de même que dans le quotidien personne n'est exempt de sommeil ni de veille, nul ne peut échapper à la peur ni à la paix. Ainsi, personne ne peut s'empêcher d'être tantôt blessant, tantôt aimant. Cependant, le monde est préservé par les gens capables de surmonter leur peur, ne serait-ce qu'un bref instant. L'essence de la vie est conservée intacte par ceux qui peuvent maintes et maintes fois, avec simplicité et courage, réparer les dissensions.

Même si la prise de conscience d'avoir heurté quelqu'un a lieu des années après le fait, le plus petit mot ou geste par lequel nous reconnaissons notre erreur peut rouvrir le cœur.

- *Assis en toute tranquillité, amenez à votre esprit et à votre cœur un acte d'isolement ou de contrôle créé par vous et ayant heurté quelqu'un, dont vous-même.*
- *Respirez profondément et tentez de voir la peur à la source de ce besoin de vous isoler ou de contrôler.*
- *Respirez lentement et, en votre cœur, amendez-vous. Reconnaissez la peur qui vous a poussé à agir ainsi, l'acte d'isolement ou de contrôle qui en a résulté, et le mal que cela a causé.*
- *Juste pour vous, exprimez vos excuses dans une lettre ou une carte adressée à la personne blessée.*
- *Commencez votre journée et laissez votre cœur vous souffler si vous devez ou non envoyer ce message.*

Le courage de la graine

Toutes les graines enfouies
s'ouvrent dans l'obscurité
dès qu'elles s'abandonnent
au processus invisible.

Quelle leçon puissante en ce début de printemps ! La moindre petite chose en terre s'abandonne à un processus qu'aucune des parties enfouies ne peut voir. Et cet abandon inné permet à tout ce qui est comestible et parfumé d'éclore en une vie de lumière que nous qualifions de printemps.

La nature nous offre une quantité de modèles pour apprendre à nous abandonner à ce qui paraît sombre et sans espoir mais conduit en définitive à un éveil allant au-delà de tout ce qu'il nous est possible d'imaginer. Ce mouvement de l'obscurité vers l'épanouissement est le seuil qui conduit à Dieu.

Tout comme la graine enfouie dans le sol est incapable de s'imaginer en orchidée ou en jacinthe, un cœur plein de souffrance ne peut non plus s'imaginer être aimé ou en paix. Le courage de la graine réside en ceci que, une fois lézardée, cette graine se fend entièrement.

- *Au cours d'une promenade, trouvez et observez des bourgeons à peine éclos.*
- *Méditez sur leurs débuts invisibles sous terre.*
- *Respirez lentement en laissant votre respiration amener vers la surface de votre vie tout ce qui cherche à éclore en vous.*

Question posée au malade, I

Depuis combien de temps n'avez-vous pas chanté ?

– QUESTION POSÉE AU MALADE
PAR UN CHAMAN AMÉRINDIEN

J'étais allongé sur un lit à roulettes placé dans une grande chambre d'hôpital à la suite d'une de mes opérations. Je venais d'y être amené et de rejoindre ainsi quatre autres convalescents dans la grande pièce ouverte. Tandis que nous nous regardions, un profond silence régnait, interrompu seulement par la respiration légère des machines, le bruit des goutte-à-goutte et le bourdonnement des radiateurs. Soudain, un homme âgé s'est mis à rire et, sans un mot, nous avons échangé des regards. Puis, l'un après l'autre, nous sommes entrés dans ce qui est vite devenu une cascade de rires saccadés et entremêlés de petits gémissements, car, bien sûr, chaque éclat de rire réveillait brutalement cicatrices et escarres. Néanmoins, souffrances et rires alternaient. Nous étions telle une volée d'oiseaux blessés rêvant de leur prochain voyage.

Ces rires constituaient une sorte de chant primal à l'état brut, une manière fondamentale de prêter voix à notre souffrance. Ce fut là un remarquable outil de guérison. Ce chœur improvisé me fit découvrir une grande vérité. Même lorsque nous nous sentons impuissants, il nous est toujours possible d'exprimer notre souffrance, notre espoir ou le simple fait d'être en vie.

Souvent, nous sous-estimons le pouvoir de l'expression, pourtant bien réel et durable. C'est le pouvoir de toute chanson. Voilà pourquoi les prisonniers chantent. Voilà pourquoi on chante du *blues*, même quand personne n'écoute. Ce pouvoir est au cœur de tous les hymnes, de tous les mantras.

Et l'expression fait son travail de guérison. Pas tellement parce qu'elle est entendue, mais bien parce qu'en laissant s'exprimer ce qui monte de l'intérieur, même dans le plus doux murmure, nous permettons au monde de l'esprit d'alléger notre souffrance. Ainsi, le plus faible gémissement est en lui-même une berceuse. En exprimant ce que nous ressentons, le cri le plus sombre proféré avec honnêteté peut devenir le chant le plus sacré.

- *Assis tranquillement, respirez lentement jusqu'à ce que vous sentiez un frémissement dans la respiration.*
- *Concentrez-vous sur ce frémissement, car là, quelque chose fait pression sur votre cœur.*
- *Mettez une main sur votre cœur et inspirez profondément.*
- *À l'expiration, laissez s'exprimer ce qui veut l'être, même si vous ignorez de quoi il s'agit.*
- *Même si ce que vous exprimez n'est que le plus subtil des soupirs, c'est aussi le début d'un chant.*

7 AVRIL

Être modelé par les autres

Le monde entier pourrait bien faire l'éloge
de Sung Jung-tzu, cela ne le pousserait pas à se
donner plus de mal. Le monde entier pourrait
bien le condamner, cela ne lui donnerait pas le
cafard. Il a tracé une ligne claire
entre l'intérieur et l'extérieur.

– CHUANG TZU

Ces paroles furent prononcées par Chuang Tzu, au IVe siècle avant Jésus-Christ. Je les ai lues il y a quinze ans et les ai affichées sur mon armoire afin de me souvenir de ne pas laisser l'opinion des autres me façonner.

Depuis lors, tout a changé dans ma vie : ma façon d'agir, le lieu où j'habite, et moi-même. Beaucoup de choses sont passées, puis reparties. L'armoire portant les paroles de Chuang Tzu renferme les vêtements de quelqu'un d'autre. Mais ces paroles sont imprimées dans mon cœur, même si je dois encore lutter pour ne pas me laisser influencer par l'opinion d'autrui.

L'intention spirituelle la plus claire et la plus difficile à observer pour chacun vise à rester ouvert au ressenti des autres, pas à leurs pensées. Nous ne pouvons vivre sans être touchés par autrui, mais nous sommes vrais seulement lorsque nous laissons la vérité et l'amour nous façonner de l'intérieur. Notre désir d'être aimé, d'éviter tout conflit, d'être compris contribue à nous éloigner de l'écoute de notre voie intérieure.

Bien que la Terre soit touchée par tout ce qui vit, elle ne cesse de tourner autour du feu brûlant en son centre. De même, tout en étant touchés par les histoires d'étrangers ou les chants lointains d'oiseaux perdus dans le vent, nous trouvons notre chemin en suivant la voix de l'esprit qui monte de notre centre. Nous perdons trop à attendre que quelqu'un nous dise que ce qui nous anime est réel.

- *Tout en respirant, sentez que la Terre sous vos pieds vous aide à vous tenir debout, même si elle tourne autour de son centre.*
- *Respirez profondément et sentez que vous êtes comme la Terre.*
- *Inspirez et sentez toutes les choses que vous retenez.*
- *Expirez et continuez à tourner autour de votre propre centre.*

8 AVRIL

Le centre de l'œil

Si vous maintenez vide le centre du moi,
le miracle de la vie peut entrer et vous guérir.

Ce n'est pas un hasard si le centre obscur de l'œil humain, la pupille, est en fait un trou vide qui nous permet d'appréhender le monde. De la même manière, dans un sens spirituel, le moi [jeu de mots en anglais entre deux homophones : *eye*, en français « œil », et *I*, en français « je/moi »] est le centre vide à travers lequel nous appréhendons toutes choses. Il est révélateur qu'un tel seuil soit nommé pupille [jeu de mots fondé sur *pupil*, qui en anglais signifie « élève »], puisque c'est seulement lorsque nous nous sommes vidés de tout bruit, ou rêve de l'ego, que nous devenons vraiment de bons élèves.

Tant le bouddhisme que la tradition zen traitent du vide infrangible situé au cœur de toute vision et d'où émergent toutes choses vivantes. Selon les Upanishads hindous, il n'y a rien au centre de la graine du grand arbre nyagrodha, et c'est de ce rien que naît cet arbre vénéré. Ceci nous rappelle que lors de notre passage sur terre nous grandissons comme cet arbre, à partir de ce rien. De même que l'essence de l'arbre est le centre vide de sa graine, l'essence de notre vie est l'intangible présence au centre de notre âme.

Voilà pourquoi notre tâche principale en tant qu'êtres humains est de nous efforcer sincèrement à laisser cette présence centrale nous in-former. Voilà pourquoi toutes les formes de prière et de méditation ont pour but de garder vide le centre du moi. Ainsi, le miracle de la vie, dans toute sa grâce et son immensité, peut entrer en nous et nous guérir.

- *Fermez les yeux et effacez l'une après l'autre toutes les pensées et images à mesure qu'elles surgissent, comme si votre mental était un tableau que l'éponge de votre respiration lavait de toute inscription.*
- *Poursuivez jusqu'à ce que vous observiez un espacement entre les messages. Ouvrez alors les yeux comme si vous vous éveilliez pour la première fois.*
- *Continuez de respirer lentement et accueillez la première chose que vous voyez. Sentez ce qui se trouve devant vous. Voyez et sentez le bois dont est faite la chaise voisine et résistez à la tentation d'anticiper sa présence en l'appelant une chaise.*

9 AVRIL

Vivre et regarder

De combien de manières une statue peut-elle
rêver de devenir vivante ?
Chaque fois que je tends la main vers vous,
nous commençons. Nous commençons.

La ligne séparant la vie de la simple observation est très mince. Un moment de repos, ou une pause pour réfléchir, peut se transformer en hésitation. En un clin d'œil, il devient alors difficile de tendre la main, de dire quelque chose, de placer un appel ou de se présenter quelque part spontanément, comme si nous avions soudainement un énorme mur à escalader juste pour être entendus.

C'est ainsi que nous nous isolons, que des moments de solitude salutaire se transforment en d'énormes trous dans notre jardin. La saleté que nous en extrayons, s'accumulant, devient une petite montagne qui nous sépare de tous ceux que nous aimons. Nous savons tous comment le fait de ne pas avoir appelé un ami parce que nous étions trop affairés peut, si cela perdure, se transformer en un gouffre apparemment infranchissable. En réalité, le téléphone est toujours à portée de la main, comme avant ! Il suffit de nous le rappeler lorsque tout paraît trop éloigné.

Nous sentir isolés fait partie de notre périple d'humains. Mais lorsque nous nous soumettons plus à l'hésitation et à la séparation qu'à l'amour, l'engourdissement et la dépression nous gagnent. Et nous nous mettons à vivre telles des statues, convaincus que la seule chose que nous puissions faire, c'est regarder.

Aussi dur que cela puisse paraître, nous devons à ce moment nous ramener à la vie en tendant la main vers quelque chose. Si c'est l'automne, frottons une feuille contre notre visage. Si c'est l'hiver, brisons de la glace. Si c'est le printemps, touchons une petite fleur. Peu importe que le geste soit petit ou facilement à notre portée.

- *Entourez-vous de précieux menus objets : une pierre, une plume d'oiseau, un coquillage.*
- *Centrez-vous et méditez sur l'espace existant entre vous et ces menus objets.*
- *Devenez une statue qui prend vie à chaque inspiration.*
- *En expirant, sentez-vous tendre vers ces précieux menus objets devant vous.*

10 AVRIL

À l'aise dans sa peau

Vivre spirituellement, c'est devenir
plus à l'aise dans sa peau.

– PARKER J. PALMER

Tout ce qui élimine les ombres entre notre cœur et le jour est spirituel. Ce peut être le regard d'un proche remuant son café alors que la lumière du jour surprend ses yeux ensommeillés. Ce peut être de réaliser, en voyant un rouge-gorge construire son nid, que vous n'êtes que des êtres de passage en ce monde. Ou encore de chuter sur la glace et de vous rappeler aussitôt vos humbles limites.

Comme le suggère Parker Palmer, le but de tous les cheminements spirituels, quelle que soit leur origine ou la rigueur de leur pratique, est de nous aider à vivre plus pleinement notre existence. Ainsi, est spirituel tout ce qui, en un moment de grâce, nous unit à notre vie, ou l'un à l'autre. L'autre jour, par exemple, j'étais dans un bistro, en train de boire un café, quand j'ai entendu une vérité s'élever soudainement au-dessus du brouhaha. Cette parole était proférée par une inconnue dont je ne pouvais même pas voir le visage.

Je n'avais aucune idée du contexte ou de la situation, ni de la personne à qui cette femme se révélait. Je ne me suis même pas retourné pour découvrir son visage, car, à ce moment-là, il tenait de la beauté parfaite que nous restions anonymes. J'eus seulement la sensation simple et profonde qu'à l'insu de cette inconnue, son moment de vérité révélée et inattendue faisait en sorte que je me sentais plus à l'aise dans ma peau.

La vie de l'esprit est partout. Dans la poussière qui attend la lumière, dans la musique qui attend d'être entendue, dans les sensations du jour qui attendent d'être ressenties. Être spirituel est beaucoup plus utile et immédiat que ce que les livres aimeraient nous laisser croire.

- *Centrez-vous et, tout en respirant, prenez conscience que votre esprit emplit votre vie tout comme les os et le sang emplissent votre main.*
- *En respirant, prenez conscience que votre vie épouse le monde tout comme un gant épouse votre main chaude.*
- *En respirant, sentez votre esprit emplir votre peau et votre peau, épouser votre monde.*

Transformer la lumière en nourriture

Même si nous nourrissons cette chose sombre
qui nous éloigne de la lumière,
nous nous mettons mystérieusement
et contre toute attente
à fleurir dans la direction opposée.

Chaque printemps, en silence, les plantes croissent lentement vers la lumière, tandis que leurs racines se fraient un chemin sous terre. Quand ces plantes ont atteint la surface, sans bruit, la chose la plus incroyable se répète sans fin : la partie exposée poussant vers la lumière demeure vivante en transformant la lumière en nourriture. Tout le monde connaît la photosynthèse, ce processus par lequel les feuilles transforment la lumière du soleil en un sucre qui nourrira leurs racines. Une fois nourries, les racines créent les tiges et les feuilles grandissent.

Au printemps, la moindre vie végétale nous ramène à la fois au défi d'être un esprit sous forme humaine et au courage serein, deux éléments nécessaires à la croissance intérieure. En effet, transformer la lumière en nourriture, voilà notre vocation la plus profonde !

Combien de fois ne nous dit-on pas qu'il est impossible de vivre d'air ? Pourtant, si nous osons suivre notre chemin au grand jour, nous sommes irrémédiablement attirés vers la lumière et l'air. Le reste vient tout seul. À l'exemple des petites pousses qui percent la terre, nous poussons aussi. Quelque chose dans nos fibres sait où se trouve la lumière, même si nous ne pouvons la voir.

J'en fis la plus profonde expérience au moment de mon pire désespoir, alors que je venais d'apprendre qu'une tumeur comprimait mon cerveau. Malgré la peur, la terreur et la tristesse, en dépit des pires prédictions des médecins et des spécialistes – même si, en fait, ils ne savaient rien –, sans savoir pourquoi, et malgré mon obstination à creuser plus profond dans l'obscurité comme une racine têtue, quelque essentiel vaisseau de vie en moi était en train de s'élever vers la lumière.

Et je suis ici pour l'affirmer, vous *pouvez* vivre d'air. La lumière est notre bercail.

- *Au début du printemps, choisissez une brindille ou une tige et regardez-la pousser. Tous les deux jours, observez sa progression.*
- *En notant ses changements, soyez conscient de la complexité de sa relation autant avec la lumière au-dessus qu'avec l'obscurité en dessous.*
- *En contemplant la croissance de ce morceau de vie, imaginez que c'est le miroir de quelque chose qui est prêt à éclore en vous.*
- *Quelle chose ce petit bout de verdure vous apprend-il sur vous-même ?*

12 AVRIL

Le besoin de parler

Le seul fait de parler me permet de m'échapper
de la prison que je me suis construite.

– JUNE SINGER

Très souvent, nous nous positionnons en dehors de l'existence, imaginant que nous serons rejetés ou ignorés si nous nous exprimons.

Un jour, j'observai un homme en train d'appeler un ami, tout excité à l'idée de partager avec lui une profonde pensée qui venait de monter en lui. Mais pendant que le téléphone sonnait à l'autre bout, je le vis s'imaginer un accueil froid et anticiper sa peine de ne pas être entendu. Très vite, et dans un soupir de découragement, il raccrocha avant la quatrième sonnerie.

Pourtant, le fait de s'exprimer est important, que l'on soit incompris, bien reçu ou rejeté. Le prix à payer pour ne pas avoir appelé, c'est que quelque chose en soi meurt. Réfléchissez à la manière dont les poissons nagent et les oiseaux volent. Ils le font de la sorte, car c'est dans leur nature. En effet, c'est l'acte de nager ou de voler qui en fait justement des poissons et des oiseaux.

Ainsi, c'est l'expression du cœur qui rend humaine une personne. Même si nul ne nous entend, c'est l'acte de parler qui nous libère en permettant à l'esprit de nager et de voler dans le monde.

- *Assis tranquillement, permettez-vous d'être aussi calme que l'eau d'un lac par un jour sans vent.*
- *Respirez lentement et regardez en vous, tout au fond de vous.*
- *Inspirez lentement et ressentez tout ce qui monte de l'intérieur.*
- *Expirez bien et, même si vous êtes seul, exprimez votre ressenti à voix haute, pour vous-même.*

13 AVRIL

Une grande révérence

> Tous les cours d'eau coulent vers la mer
> parce qu'elle se trouve plus bas qu'eux.
> Son pouvoir lui vient de son humilité.
>
> – LAO-TSEU

En yoga, il existe une mudra, une posture de génuflexion dans laquelle, en amenant la tête vers la poitrine tout en étirant les bras vers le haut et l'arrière, vous pouvez placer la tête près du cœur. Dans cette position d'humilité, vous ne pouvez vous empêcher de vous fatiguer. Vous devez donc laisser tomber les bras. La tête près du cœur, vous devez cesser de faire.

Peu après avoir appris cela, je rencontrai une ex-religieuse qui pratiquait jour après jour des postures semblables de chant grégorien. Ces postures consistaient à s'incliner, à faire une petite révérence, puis une grande, chaque mouvement rapprochant un peu plus la tête de la terre.

La leçon est grande : la tête doit toujours s'approcher du cœur, sinon l'ego enfle. Si vous ne pliez pas, la vie s'en chargera. Faire preuve d'humilité, c'est accepter que la place de la tête est près du cœur, votre pensée étant subordonnée à vos sentiments, et votre volonté, à l'Ordre supérieur. Le secret pour recevoir la grâce, c'est d'accepter cela. Inclinez-vous et le monde de l'Être vous révélera ses joies.

- *Agenouillé, inclinez la tête devant vous tout en respirant.*

- *Après un certain temps, respirez profondément et, tandis que vous expirez régulièrement, amenez la tête au-dessous du cœur en étirant les bras derrière vous.*
- *Si vous le pouvez, essayez ensuite de toucher le sol avec la tête et exprimez la gratitude d'avoir connu l'humilité.*

14 AVRIL

La confiance en soi

Peut-être n'y suis-je pour rien, mais si un ami
ou un proche est triste ou fâché,
je peux, en mon for intérieur, me demander
ce que j'ai fait, ce que je pourrais faire, et même
pourquoi je n'ai pas fait mieux.

Souvent, je suis surpris et je me sens petit de voir à quelle vitesse, quand je perds confiance en moi, j'endosse les difficultés et les souffrances des autres. Quand je me décentre et que réapparaissent les vieilles habitudes, quand je me sens épuisé ou déprimé, je redeviens très vite la cause de tout ce qui ne tourne pas rond en ce monde !

Je sais que je ne suis pas le seul dans ce cas. Peut-être est-ce là une des lois de la météo des émotions où dépressions soudaines provoquent des tempêtes isolées. Cela est survenu tant de fois dans ma vie que je dois reconnaître le pouvoir de l'égocentrisme négatif. Règle générale, nous pensons de l'égocentrique qu'il est vaniteux, plutôt égoïste et prétentieux. En fait, le combat permanent contre l'excès de responsabilité m'a fait comprendre que, le plus souvent, nous sommes égocentriques quand nous nous sentons diminués ou éloignés de notre sentiment d'unité avec le reste du monde. Dans ces moments de dissociation, nous devenons sinistrement centrés sur nous-mêmes, nous reprochant de ne pas régler les difficultés ni de corriger les choses, ou encore de permettre que de mauvaises choses se produisent. Derrière ces récriminations, il y a la supposition pompeuse et implicite que nous sommes les premiers à pouvoir contrôler des événements vraiment tout à fait hors de l'influence de qui que ce soit.

Bien sûr, nous influons les uns sur les autres, et même souvent. Mais supposer que l'humeur des autres dépend de ma présence est une manière égocentrique de demeurer dans un cycle de sacrifice et de culpabilité. Supposer de plus que l'état d'esprit, ou la manière d'être d'un humain sur terre, dépend de ma personne constitue le début de l'oppression de soi et de la codépendance. Dans les moments d'extrême égocentrisme négatif, nous pouvons tous en arriver à endosser des quantités incroyables de fardeaux. Nous nous sentons alors terriblement responsables de la maladie ou du malheur d'un proche parce que nous n'étions pas assez bien, ni assez présents, ni assez parfaits pour l'aider quand il en avait besoin.

La définition de la *confiance en soi* donnée par le psychologue Michael Mahoney peut nous être utile ici. Remontant à l'origine latine du mot confiance, *confidere*, qui signifie « fidélité », celui-ci compare la confiance en soi à la fidélité à soi. En effet, seule la dévotion à l'origine sacrée de notre insécurité peut nous ramener vers le centre du cœur, ce centre de vie commun à tous les êtres vivants. C'est d'ailleurs ce que la tradition hindoue nomme *atman*, le Soi immortel commun à tous.

Aussi, lorsque mon estime personnelle baisse et que je suis certain d'être la cause de cette intempérie, j'essaye maintenant de sentir le mouvement de la Terre qui tourne sous mes pieds, le rythme des nuages au-dessus de moi et la vitesse à laquelle mon cœur s'ouvre malgré une vie de souffrance. Lorsque tous ces mouvements s'alignent, ma volonté habituelle est affaiblie et je m'éveille à un pouvoir plus grand que n'importe quel cœur, plus grand que le temps de n'importe quel jour ou du sens que prends n'importe quelle vie.

- *Assis dans le calme, centrez-vous et rappelez-vous la dernière fois que vous avez senti l'humeur d'un proche s'assombrir en votre présence. Essayez de ne pas détourner l'inconfort alors ressenti.*
- *Puis essayez d'abandonner tous vos questionnements intérieurs et de respirer dans le calme ressenti avant de vous rappeler cet événement.*
- *Respirez profondément et tentez d'amener à votre esprit l'intensité du cœur que vous voyez en cette personne et pour laquelle vous l'aimez. Essayez de ressentir l'amour présent derrière tous les états d'âme.*

Le prochain pas vers la santé

Plus profonds sont les pleurs,
Plus clair est le choix.

L'un de mes amis en vint un jour à se demander qui il devrait aimer. Tout un champ de complexité surgit alors et sa vie devint rapidement une préoccupation sans fin de possibilités et d'allégeances.

Mais sous ces incessants inventaires, son âme appelait du plus profond de lui-même et, dans sa souffrance, mon ami entendait ce cri venu de loin surgir aux moments les plus inattendus. Il comprit bientôt que ce cri correspondait en fait à quelque chose de bien plus profond que « Qui aimer ? ». Son âme même avait soif de sentir. Cela semblait plus sérieux, plus urgent, plus terrorisant que de choisir entre deux femmes.

S'efforçant de se regarder en face, mon ami comprit finalement que toutes les décisions à prendre quant à la personne, à l'endroit ou au moment n'étaient vraiment qu'une manière inconsciente de se détourner d'un cri plus profond. Sous tous les douloureux jugements et toutes les ambiguïtés, son âme en train de se noyer était de moins en moins apte à sentir la vie. Après avoir entendu ce cri profond, son choix devint beaucoup plus fondamental et s'exprima sans détours. Il se demanda comment retrouver l'émerveillement d'être en vie et empêcher son cœur de sombrer à nouveau.

Maintes fois, le courage tranquille des autres nous montre une chose : si nous pouvons laisser sortir ce cri qui vient du tréfonds de notre âme, l'étape suivante pour retrouver la santé viendra d'elle-même.

- *Centrez-vous et réfléchissez à une décision difficile que vous devez prendre.*
- *Respirez lentement et essayez de détendre votre esprit et d'aller au-delà de cette décision.*
- *Respirez bien et tentez de laisser sortir le cri profond.*
- *Ressentez profondément votre situation de vie et reconnaissez – acceptez et laissez entrer – ce qu'il vous faut pour être bien.*

Une goutte de vérité à la fois

C'est la plénitude de notre attention
à ce qui nous entoure
qui fait sortir les oiseaux de la bouche de Dieu.

Les mois sont au repos, la glace entourant une branche qu'elle faisait ployer fond, la neige tombe et la branche retrouve sa forme après un sommeil semblable à la mort. Puis l'arbre renaît au printemps et nous apprend à nous abandonner au renouveau. Voilà comment dégèle la glace autour d'un cœur brisé. Dans une autre partie du monde, la bouche de petits poissons brillants sillonne le sable des océans, aspirant les morceaux de nourriture et recrachant le reste ; elle nettoie ainsi le fond de l'océan. Ces minuscules créatures sans membres nous montrent à continuer notre chemin malgré la souffrance, à aspirer ce qui est nourrissant et à rendre le reste. Et tout là-haut, dans la montagne, loin des yeux, une petite grotte au singulier goutte-à-goutte recueille l'eau claire à l'origine du battement de cœur de la montagne. Ainsi, le centre de la Terre lui-même nous enseigne à être une goutte de clarté à la fois s'accumulant dans le cœur humide qui maintient l'âme en vie.

Ce ne sont là que quelques exemples démontrant le lien essentiel qui unit tout ce qui existe. En réalité, peu importe ce que nous examinons à fond – les plantes, les arbres, le cœur humain, le vide, un poisson ou les engrenages usés d'une montre –, le même ensemble d'enseignements se présentera dans un langage implicite. Il semble que le monde, naturel ou artificiel, soit un réseau infini de leçons particulières, chacune étant faite du même fil incontestable toujours caché, mais en même temps visible au grand jour, attendant simplement notre entière attention pour se révéler. En tirant sur ces fils, j'ai sans cesse découvert en tout la manière d'être ordinaire et profonde des choses.

Aussi, lorsque la confusion ou la souffrance semble rétrécir le possible, quand la tristesse ou la frustration amenuise le sentiment de bien-être, quand l'inquiétude ou la peur vient détrôner la paix, essayez de prêter attention à la chose la plus proche. Tentez de voir le mouvement de la poussière lorsque vous soufflez dessus. Observez les traces de pattes du retriever de votre voisin ; si vous les regardez assez longtemps, elles se transforment en symboles inattendus. Voyez comment ce coquillage du bord de mer rapporté il y a trois ans se révèle enfin tel un visage qui vous montre le chemin à suivre. Prêtez toute votre attention à la parcelle de vie la plus proche, ne serait-ce que la pelure et le jus d'une pomme. Après un certain temps, chaque chose bien observée vous indiquera un nouveau chemin pour vous rapprocher encore plus du centre.

- *Centrez-vous et respirez profondément pendant que vous marchez lentement.*
- *Une fois centré, regardez autour de vous et fixez votre regard sur ce qui correspond au rythme de votre ressenti. Ce pourrait être le léger balancement d'un buisson ou le roulement d'un gobelet entraîné par le vent dans la rue.*
- *En respirant lentement, accordez toute votre attention à ce léger rythme extérieur qui représente votre état d'âme.*
- *Tout en respirant, observez-le jusqu'à ce que le rythme que vous voyez et celui que vous ressentez révèlent leur commune vérité.*

17 AVRIL

Moment sage de confiance

Si vous ne pouvez traverser
quand vous êtes vivant,
comment pourrez-vous le faire
quand vous serez mort ?

– KABIR

Le film *Indiana Jones et la dernière croisade* nous montre dans une scène puissante le besoin que nous avons de faire face à ce qui nous fait peur et, ce faisant, de nous délivrer de son emprise sur nous. C'est le moment où, après avoir cherché le Saint-Graal partout où c'était possible, Jones se tient debout au bord d'un immense précipice, le Graal se trouvant de l'autre côté. Son père, blessé et ne pouvant être sauvé que par le Graal, crie à son fils les interprétations possibles des indices qui lui ont été donnés pour l'atteindre.

Après ce qui paraît être une éternité de lutte intérieure et de peur grandissante, et à l'encontre de tout ce qu'il a appris, il ose marcher dans le vide au-dessus du gouffre. Aussitôt, une énorme fondation en pierre, un pont *qui a toujours été là, se manifeste sous ses pieds.*

Ce moment de risque et de confiance, ce moment de sagesse se répète dans notre vie de différentes manières, moindres ou plus importantes. Sans arrêt, la coupe que nous devons boire, l'ancestrale coupe de la complétude, nous attend au-delà de quelque gouffre profond que nous craignons de traverser.

Souvent, nous sommes amenés au bord du précipice par les cris et les indices des Anciens ou de nos proches, pour nous apercevoir que rien n'a de sens et qu'il ne semble pas y avoir d'issue. C'est alors que la parcelle de risque recommence à jouer pour ceux qui sont au bord du gouffre.

Quand toutes les possibilités de voir ont échoué, nous prenons donc quelquefois le risque d'avancer dans le vide. Que ce vide soit un gouffre dans notre raison d'être ou notre estime personnelle, un ravin dans une relation ou un canyon de dépendance, ce pas de folle sagesse qui commence par un risque et se termine dans la confiance révèle une fondation qui avait toujours été là. Une fondation qui est mise cette fois en lumière, car nous prenons le risque de penser et de voir autrement, confiants d'aller vers ce qui nous fait peur.

- *Respirez profondément et sachez que le moindre moment de risque et de confiance est difficile.*
- *Centrez-vous et méditez sur un gouffre que vous avez créé. Ce pourrait être un fossé d'entêtement ou d'orgueil que personne ne peut franchir, l'écho de votre propre souffrance qui vous isole, le grand vide qui s'installe lorsque vous avez peur d'exprimer à quelqu'un la vérité de votre cœur, ou l'absence de certitude de mériter ce qui vous attend de l'autre côté.*
- *Penchez-vous doucement au-dessus de votre gouffre jusqu'à ce que la peur cède.*
- *Penchez-vous au-dessus de votre gouffre et offrez, par votre respiration, une compassion tacite à vous-même et à nous tous, pris que nous sommes dans notre combat humain à nous élancer dans le risque pour retomber dans la confiance.*

Le raison d'être de l'attention totale

L'attention totale sert constamment à
trouver un millier de manières d'être poussé
vers la complétude.

C'est lorsque je me battais contre la souffrance d'avoir subi l'ablation d'une côte que s'est présentée une leçon très utile et profonde. Pendant des semaines, chaque respiration réveillait un corset bien serré de douleur. Mais à force de regarder l'eau hivernale d'un ruisseau commencer à fondre et à couler, j'ai fini par comprendre que pour supporter la souffrance je devais être davantage comme l'eau, non comme la glace.

En effet, quand des arbres tombaient sur la glace, la rivière se brisait. Mais quand de grosses branches tombaient dans l'eau, la rivière embrassait leur poids et coulait autour d'elles. Les arbres et l'eau hivernale m'ont enseigné que la souffrance était plus aiguë et plus forte lorsque j'étais tendu et dur comme de la glace. Alors, chaque respiration me brisait. Mais si j'étais capable de faire fondre la peur et la tension qui m'habitaient, cette souffrance s'amortissait quelque peu et il m'était alors possible, à l'exemple du courant en train de fondre, de poursuivre mon chemin. Même si je n'étais pas complètement libéré de la douleur, du moins je n'étais plus brisé par celle-ci.

Il en est souvent ainsi dans la nature. En nous ouvrant totalement à notre propre expérience, nous sommes à même de sentir et de voir la résilience tout autour de nous. En ressentant notre blessure, nous pouvons apprendre de la souche vide comment donner racine à de nouvelles petites pousses. En ressentant notre tristesse, il est possible d'apprendre des feuilles trop fatiguées pour être emportées par le vent comment nous abandonner. En ressentant notre tendresse, nous pouvons apprendre de la chenille comment endurer le tremblement qui précède l'apparition des ailes. Toutefois, ce n'est qu'en étant visibles et en ne niant rien que les autres êtres vivants nous révèlent leurs secrets pour arriver à bien vivre. En contradiction absolue avec le vieil adage « œil pour œil, dent pour dent », une loi plus profonde existe qui nous guide vers la complétude : une vérité d'être pour une vérité d'être. La raison d'être de l'attention totale est d'inviter, par l'abandon personnel, la force vitale de tout ce qui nous entoure à se manifester.

Oui, dans la souffrance, soyez comme l'eau qui coule. Lorsque vous atteignez le fond de la douleur, nourrissez-vous de ce que vous pouvez, tel le petit poisson brillant de l'océan, et rejetez le reste. Alourdi par un fardeau, regardez tous les petits oiseaux pour savoir comment ils se mettent à voler. Quand vous pensez être fini, regardez les animaux nouveau-nés ouvrir leurs petits yeux humides, et imitez leur innocence. En accordant votre attention totale, vous reviendrez, une goutte à la fois, dans les marées de la vie.

- *En marchant, méditez sur une souffrance particulière qui vous étreint.*
- *Respirez normalement et regardez à travers le prisme de cette souffrance, non point pour tout transformer en souffrance, mais plutôt pour repérer quelque chose qui pourrait vous apprendre sur celle-ci.*
- *Cherchez, autour de vous, quelque chose qui ressemble à votre souffrance. Ce pourrait être une bouteille brisée et abandonnée, une petite branche en train de se casser, une clôture qui s'affaisse ou, encore, un arbuste ayant du mal à fleurir.*
- *Respirez normalement et, en sentant votre souffrance pendant que vous regardez, invitez ce morceau de vie à vous révéler son secret.*

19 AVRIL

Attendre la fin des nuages

Le bourgeon à demi éclos
attend la fin des nuages.

Certains jours, je me réveille avec un nuage autour du cœur qui assombrit tout, sauf le poids que je porte au plus profond de moi. Pourtant, le fait de ne pouvoir atteindre la lumière aujourd'hui ne signifie pas que cette lumière a disparu. En vérité, le cœur, tout comme la Terre, est constamment recouvert d'atmosphères changeantes qui vont et viennent entre ce que nous sommes et notre manière de vivre chaque jour.

Ainsi, la foi pourrait être définie comme l'effort de croire à la lumière lorsque nous sommes couverts de nuages. Bien que nous ayons l'impression que le soleil ne réapparaîtra plus jamais, en vérité il n'a jamais cessé de briller. En fait, il brille et chauffe encore, de l'autre côté de ces nuages qui flottent au-dessus de nous.

Si seulement nous pouvions suspendre nos jugements lorsque notre cœur est ennuagé ! En effet, de nombreux scepticismes naissent de conclusions tirées quand la vue est obscurcie, comme si toute forme de compréhension empêchait les nuages d'aller et venir encore et encore.

Mais aucun nuage n'est éternel. La Terre et tout ce qui y pousse le savent très bien. Il en est de même pour le cœur et tout ce qui en découle, malgré toutes nos souffrances tout à fait compréhensibles.

- *Assis à l'extérieur quand vous le pourrez, regardez les nuages passer.*
- *Respirez lentement. Sentez le ciel s'ouvrir et se refermer au-dessus de vous.*
- *Remarquez qu'arbres et fleurs ne s'effondrent pas au passage des nuages.*
- *Tirez-en de la force.*

20 AVRIL

Oiseaux et ornithologues

Les oiseaux n'ont pas besoin des ornithologues
pour voler.

Que de temps nous passons chacun à vouloir être vu et étiqueté « intelligent, bon, généreux, beau, plein de succès, apprécié de tous, pas tombé de la dernière pluie » ! Pourtant, pas plus que l'eau déferlante n'est consciente d'être un cours d'eau, l'esprit ne sait qu'il est spirituel. Pas plus que le faucon déployant ses ailes n'est conscient d'être un faucon, le cœur ne sait qu'il est en train de grandir par la compassion. De même, il arrive fréquemment qu'une personne agissant par amour ne soit pas consciente d'être gentille.

Dès notre plus jeune âge, on nous apprend que vivre pleinement signifie être accepté. Et pour être accepté, il faut être vu. C'est pourquoi notre réussite et même l'amour dépendent de nos efforts pour être remarqué, pour nous distinguer des autres.

Cependant, sur notre route nous découvrons souvent une vérité douloureuse : pour survivre intérieurement de façon significative, c'est-à-dire d'une manière qui nous relie constamment à tout ce qui est et a toujours été, nous avons grand besoin d'apprendre à accepter.

Je ne veux pas dire que chacun doit être passif, mais qu'il doit plutôt habiter la capacité à voir et à affirmer la pulsation de vie commune qu'il trouve chez les autres, aussi différents soient-ils de lui apparemment.

De la sorte, il n'a plus besoin d'être différent pour être apprécié, ni d'être accepté pour connaître l'amour. Bref, pour nous envoler, nous n'avons plus besoin d'un auditoire. La seule chose à faire consiste à vivre chaque jour qui passe avec sincérité. Ainsi seronsnous en harmonie avec tout ce qui est précieux.

Notre cœur attend l'amour tout comme les fleurs attendent la pluie. Bien que nous voulions tous être vus et connus, c'est l'attention accordée aux choses qui nous tient éveillés. Car accorder de l'attention, c'est s'ouvrir à l'amour. Et accepter le fait que, comme les semences, des choses profondes sont en attente entre nous, c'est finalement avoir confiance en ce monde. Donc, réveillez-moi en m'acceptant tel quel, et le monde me fera germer comme il fait germer l'herbe.

- *Immobile, fermez les yeux et calmez votre mental jusqu'à ce que vous sentiez le passage de l'air.*
- *À l'inspiration, ouvrez-vous à la sensation de recevoir de l'attention.*
- *À l'expiration, ouvrez-vous à la sensation de donner de l'attention.*
- *En respirant, permettez-vous de ressentir la fusion des deux, vers l'intérieur et vers l'extérieur, soit de recevoir et de donner.*
- *Durant cette fusion, observez ce que signifie pour vous être éveillé.*

Le cadeau de la surprise

Dieu a comme autre nom la surprise.
– Frère David Steindl-Rast

Dans votre précipitation à achever ces précieux plans que vous gardez secrets, vous pourriez vous cogner contre quelqu'un, vos provisions d'épicerie voleraient par terre et, en ramassant votre ketchup, vous pourriez tomber amoureux. Ou bien, en seconde année de collège, alors que vous étudiez pour faire plaisir à vos parents, vous pourriez par hasard ouvrir un livre sur Albert Schweitzer et découvrir que vous avez envie de partir en Afrique. Ou encore, en comprenant la géométrie, vous pourriez décider de devenir jardinier et avoir la joie de créer des paysages. Ou encore, la mort de votre grand-mère pourrait faire ressortir un aspect de vous qui a soif d'histoire. En ce qui me concerne, la perte d'une côte en raison du cancer m'a fait découvrir l'Adam en moi.

Il semble que n'importe quel moment d'intérêt, de souffrance ou d'adversité puisse nous amener de façon inattendue vers une plus grande totalité. Ainsi, nous dépassons nos limites habituelles et nous nous permettons de nous redéfinir par rapport à quelque chose de plus vaste. Nous ouvrir si soudainement permet à l'âme de se déployer sur terre.

Nous ne pouvons être prêts pour tout, et personne ne peut tout prévoir dans la vie. En fait, trop nous préparer serait même une manière de nous emmurer derrière la vie. Nous devons plutôt nous préparer à répondre au cadeau de la surprise qui nous tombe souvent dessus plus vite que notre réflexe de résister.

La vie est surprenante, Dieu merci. Et Dieu, la possibilité de connaître l'unicité, se cache dans la surprise. Dieu fait rarement partie de nos plans, mais toujours de l'inattendu.

- *Centrez-vous et priez pour que la force de l'esprit soit ouverte à la surprise.*
- *En expirant, essayez de diminuer votre résistance à l'inattendu.*
- *En inspirant, essayez de créer un passage pour tout ce qui est plus grand que vous.*
- *Entamez votre journée.*

C'est suffisant.

Si vous ne pouvez voir ce que vous cherchez,
voyez ce qui est là.

L'une des choses les plus difficiles à accepter est le fait que sans tous nos rêves et toutes nos déceptions, nous vivons et respirons dans l'abondance. Quand nous souffrons, il est difficile de croire que tout ce dont nous avons besoin se trouve devant nous, autour de nous, en nous. Et pourtant, c'est la vérité.

Comme les arbres effeuillés attendant le matin, quelque chose d'aussi immense et constant que la Terre nous tient et nous dirige lentement vers la lumière. Notre seule tâche à tous est d'être bien enracinés et patients.

Pour moi, cela n'a jamais été aussi terriblement vrai qu'à la suite de mon premier traitement de chimiothérapie. Je me trouvais à cinq heures du matin dans un Holiday Inn, vomissant toutes les vingt minutes depuis vingt-quatre heures. J'étais recroquevillé sur le sol, la main posée sur l'espace vide encore occupé par une côte trois semaines plus tôt. Ma femme, prise de colère, de panique et de désespoir, criait : « Où donc est Dieu ? » Et d'un lieu inconnu en moi, de ma pâle forme recroquevillée, je murmurai : « Ici... il est ici. »

La présence de Dieu n'a jamais fait disparaître la souffrance, elle l'a seulement rendue supportable. Maintenant, lorsque tout ne se passe pas comme je le voudrais, j'essaie d'accueillir ce qui est derrière tout désir. Quand ma voiture tombe en panne, même si je me fâche, je m'efforce d'entendre les mauvaises herbes du fossé qui me montrent le ciel. Quand le vase me tombe des mains et se brise, même si je me lamente, j'essaie de voir mon reflet dans l'eau renversée des fleurs. Maintenant, quand je souffre, je tente, à travers le fouillis de mes réactions bien normales, de sentir mon chemin vers le calme qui sous-tend toute expérience.

Aussi mystérieux cela soit-il, quels que soient notre souffrance, notre excitation, notre mélodrame ou notre situation, tout ce que nous pourrions souhaiter se trouve ici. Nous ne manquons de rien.

L'humble défi d'être humain ne consiste pas à être pour ou contre cette vérité. Ce serait aussi vain que de nier la pesanteur. Notre humble chemin, si nous pouvons l'ouvrir, vise à nous enraciner sous des milliers de rêves et d'excuses qui nous éloignent du sol que nous foulons. Maintes fois, il nous est demandé de survivre à ce que nous voulons et espérons, afin de voir ce qui se trouve là. Et c'est suffisant.

- *Choisissez un arbre, ou une plante, que vous aimez et, bien que vous ne puissiez rien voir, regardez-le pousser.*
- *Sachez que pendant que vous le regardez croître, la Terre le dirige vers le soleil.*
- *Imaginez-vous être cet arbre, ou cette plante.*
- *Fermez les yeux et sachez que même si vous ne pouvez rien voir, vous êtes en train de grandir et que quelque chose de plus grand que vous, vous transporte vers la lumière.*
- *Bien que rien de cela ne soit visible, sentez ce mystère et chuchotez : « Je grandis, je suis transporté vers la lumière... Je ne manque de rien... »*

23 AVRIL

Jouer petit

Il n'y aura jamais de « nous » si je joue petit.

– SHARON PREISS

Dans *La divine comédie*, de Dante, la seule différence entre les amoureux qui vivent l'Enfer et ceux qui touchent au Paradis, c'est que les premiers n'ont pas de centre individuel et qu'ils tournent sans fin en rond à essayer de s'identifier l'un à l'autre.

Aussi difficile que cela soit, nous ne devrions pas nous perdre à l'intérieur de nos relations, sinon nous nous réduisons à devenir un simple auditoire au conjoint ou ami dominant. Comme la plupart d'entre nous, j'ai lutté contre cela toute ma vie. J'ai vécu la peur de ce qui pourrait survenir si j'exprimais vraiment mes soucis et mes besoins, et la surprise quand, le faisant, je pouvais être plus moi-même, surtout si ce n'était pas toujours facile ni agréable.

Dans ce cas, et ce n'est pas un hasard, je sens et je vois toujours davantage le monde qui m'entoure. J'apporte davantage et je suis plus facilement vivifié par mon expérience quotidienne.

Le grand philosophe Martin Buber, pour qui les relations amoureuses offrent un accès plus profond à Dieu, parlait de l'essence de ce paradoxe. Selon lui, avant qu'une vraie relation ne puisse s'établir, il doit d'abord y avoir deux personnes bien distinctes prêtes à entrer en relation. Ceci est corroboré par presque toutes nos expériences. À moins de travailler chacun à être nous-même, nous ne pourrons jamais connaître autrui ni le monde sacré au sein duquel nous vivons.

- *Pendant que vous respirez, ne disparaissez pas.*
- *Assis dans le calme, inspirez en prenant conscience que l'expansion de votre esprit est ce qui connaît le monde.*
- *Durant la journée, chaque fois que vous vous sentez petit, inspirez lentement et présentez-vous à tout ce qui vous entoure.*

24 AVRIL

Aimer comme l'eau

Seul l'amour sans idée de retour
peut adoucir le degré de souffrance.

Dans sa claire douceur, l'eau emplit le moindre trou. Elle n'est ni sceptique ni méfiante. Elle ne dit pas que cette rigole est trop profonde ou ce champ, trop ouvert. À l'instar de l'eau, l'amour est un miracle, car il couvre tout ce qu'il touche et fait grandir ce qu'il touche sans pourtant laisser de traces de ses caresses. C'est vrai, côtes et falaises sont bien usées, mais ce n'est pas la faute de l'eau. C'est dû à la progression de la vie, dont l'eau n'est qu'un élément.

Au lieu de se transformer, la plupart des choses se brisent parce qu'elles résistent. Il y a un miracle inhérent à l'amour : sans notre intervention, et à l'exemple de l'eau, l'amour accepte tout ce qui est lancé, abandonné ou placé en lui. Il accueille tout complètement.

En tant qu'humains, nous sommes facilement blessés à défaut d'être aimés, ou mal aimés. Nous gaspillons beaucoup trop d'énergie à nous demander qui ou quoi sera digne de notre amour alors que, dans le sens le plus profond du terme, ces choix ne sont pas de notre ressort, pas plus que la pluie ne peut décider sur qui ou quoi elle va tomber.

Bien sûr, nous avons des décisions à prendre. Avec qui vais-je passer du temps ? De qui suis-je prêt à apprendre ? Avec qui vais-je vivre ? Qui vais-je épouser ? Mais au-delà de tout ce questionnement, l'élément amour ne cesse pas d'être essentiel, ni de recouvrir tout ce qui se présente à lui. Et la souffrance qu'il y a à retenir cette grande force tranquille est bien plus nuisible que celle d'être rejeté ou mal aimé. Car l'amour, comme l'eau, peut être endigué, mais dans quel but ?

En vérité, plus nous laissons l'amour nous envahir, plus nous avons à aimer. C'est ce qui produit l'éclat intérieur que sages et saints semblent avoir en commun : le coup de pinceau de leur amour colore tout, pas seulement les gens, mais aussi les oiseaux, les pierres, les fleurs et l'air.

Derrière les nombreux choix que nous devons faire, l'amour, comme l'eau, retourne dans le monde en passant par nous. Voilà le grand secret à la portée de chacun. Pourtant, une fausse perception s'est incrustée selon laquelle retenir l'amour peut mettre fin à la souffrance. En vérité, c'est tout le contraire. Tout comme l'eau apaise les cicatrices, l'amour apaise nos blessures, Et si on y est ouvert, l'amour acceptera la pierre jetée avec colère, nos petites larmes seront moins brûlantes quand elles se perdront dans le grand océan des larmes, et la flèche lâchée au fond de la rivière perdra de sa force.

- *Choisissez un endroit paisible et, dans un moment de méditation, ouvrez-vous à l'eau de l'esprit qui coule en dessous de toute chose.*
- *Laissez l'énergie d'amour émaner de vous vers les simples objets placés devant vous.*
- *Sentez l'énergie d'amour dans l'air autour de la chaise, de la tasse, du crayon ou d'un carreau brisé.*
- *Imaginez que vous êtes ce carreau brisé ou ce crayon. Sentez l'air caresser votre peau de verre ou de bois. Regardez cet objet comme vous regarderiez un amoureux.*
- *Sans la nommer, contentez-vous de sentir l'intensité d'attention émanant de vous sans but précis.*

Le courage de se joindre à l'univers

La véritable histoire vient d'une source d'amour
impossible à saisir avec l'intellect,
mais possible à connaître seulement
comme on connaît une personne.
– COLEMAN BARKS

La vie moderne nous a transformés en observateurs qui mettent une petite distance entre eux et tout ce qu'ils rencontrent. Cette observation démoralise nos journées, prive la terre de ses couleurs et rend monocordes les chansons du temps.

La vision des Amérindiens à ce sujet en est une de guérison. Selon cette vision, pour respecter tous les aspects de la Création, nous devons honorer tout ce que nous voyons – les pierres, la pluie, une clôture, un inconnu – et en faire un membre de notre famille.

Si nous rendons hommage à toute chose comme étant vivante, nous entrons avec courage dans la danse de l'univers, danse qui devient une manière d'être même quand nous sommes tranquillement assis. Si nous connaissons le monde de cette façon, une métaphore, ça n'existe plus. Le vent n'est pas *comme* la voix de Dieu ; il *est* la voix de Dieu. Les souvenirs ne sont pas des images de proches revenant nous voir ; ils *sont* les esprits de nos proches revenant nous voir.

Il faut du courage pour se débarrasser de la distance que l'on crée entre nous et le reste du monde. Toutefois, il y a une récompense à cela : un monde vivant, et non un monde mort. Et un tel courage laisse affluer les parfums du monde.

- *Assis tranquillement, centrez-vous.*
- *Après un certain temps, imaginez que tout ce qui vous entoure – fenêtre, arbre, tapis, lit, porte – est vivant à la manière des plantes.*
- *En respirant, sentez leur énergie respirer.*
- *Par vos battements de cœur, prenez le risque de les accueillir.*

Le chemin est difficile, mais clair

Même si le départ est plus dur,
le chemin est clair.

Le naturaliste et environnementaliste Kevin Scribner nous dit que les saumons remontent le courant en se heurtant à maintes reprises aux passages bloqués jusqu'à ce qu'ils trouvent l'endroit où le courant est le plus fort. On ne sait pour quelle raison, mais ils savent qu'un grand courant est synonyme de chemin libre. C'est pourquoi ils se ruent avec ferveur dans ce courant, car même si le départ est alors plus difficile, le chemin est clair.

Cette leçon est aussi troublante qu'utile. Si l'on fait face à la fois aux malheurs intérieurs et extérieurs, le passage vers la vérité se montre à nous avec puissance, car il est clair et sans entraves. Là où nous sentons le courant de vérité est le lieu où nous devons faire tout notre possible.

Les blocages de notre périple d'être humain peuvent revêtir différentes formes et, que ce soit en évitant tout conflit avec autrui, en ne prenant pas le risque d'aimer, en refusant l'appel de l'esprit qui nous aiderait à participer plus intensément à nos journées, il est souvent plus facile de continuer à buter sur ces sentiers que d'emprunter avec ferveur l'unique passage qui est d'une si puissante clarté.

À cet égard, les saumons développent de manière instinctive une persistance salutaire et nous montrent comment leur flair les amène à découvrir le chemin dénué d'obstacles. Une fois ce chemin trouvé, ils doivent cependant travailler encore plus fort pour en venir à bout.

Certains affirment que c'est plus facile pour les saumons, puisque la puissance de leur instinct de finir là où ils ont commencé n'est pas compromise par les incessantes considérations qui nous empêchent d'arriver à la vérité. Pourtant, c'est l'aptitude du cœur à se relever une fois de plus après être tombé, quels que soient les dommages, qui démontre que cet instinct vit également en nous. À l'instar des saumons, notre chemin ne consiste pas seulement à affronter directement les choses, mais aussi à déplacer tout notre être à travers la vie.

- *Centrez-vous et remémorez-vous quelque chose que vous évitez. Il pourrait s'agir de prendre une décision ou de demander à l'autre ce dont vous avez besoin dans votre relation avec lui.*
- *Respirez normalement et réfléchissez à l'énergie de l'évitement. Sur quoi butez-vous ? Identifiez la résistance. Quelle partie vient de vous ? Quelle partie vient des autres ?*
- *Continuez de respirer et cherchez le courant de vérité dans tout cela. Sentez le chemin clair et énergique s'ouvrir à vous.*
- *Pour aujourd'hui, contentez-vous de sentir le pouvoir du chemin qui est clair, et gardez-le devant vous.*

27 AVRIL

Que la lumière soit !

Faites-vous confiance,
et vous saurez comment vivre.
– GOETHE

En travaillant à la découverte de l'ampoule électrique, la première chose que fit Thomas Edison, c'est d'essayer d'imaginer de quelle manière un courant d'énergie invisible pouvait être canalisé et transformé en lumière. Comme pour la plupart d'entre nous, l'étape initiale fut la vision. Lorsqu'il eut compris, il mit un certain temps à trouver le matériau devant servir de filament dans l'ampoule.

Quelque temps plus tard, quand on lui demanda s'il s'était jamais senti découragé ou s'il avait pensé qu'il perdait son temps, il répondit par la négative : chaque essai lui avait au contraire appris quelque chose d'important, entre autres qu'il existait un autre matériau ne devant pas être utilisé.

En soi, ces leçons sont révélatrices et transférables, surtout lorsqu'il s'agit de notre manière de trouver notre vocation ou de chercher l'amour. Il est réel et puissant d'imaginer ce dont nous avons besoin. Tout aussi importante est la confiance de l'esprit en notre succès, même si nous n'avons pas encore découvert où est notre place ni qui aimer. Tout aussi importante également est la persévérance à déceler exactement ce qui marchera.

La part la plus inspirante du périple d'Edison est peut-être le fait qu'il n'ait jamais pris ses nombreux essais pour des échecs, mais bien plutôt pour une partie incontournable du processus de découverte.

En somme, nous tous, savants comme amoureux, sommes au défi de mettre à profit nos découvertes et de vivre dans la lumière.

- *Centrez-vous et, en respirant, visualisez ce dont vous avez besoin pour vivre plus pleinement.*
- *En inspirant, engagez-vous à trouver cela dès aujourd'hui sans juger ce qui se produit.*
- *En expirant, engagez-vous à faire bon emploi de tout ce que vous découvrirez.*

28 AVRIL

Wu Feng

En fin de compte, point ne suffit
de penser ce que nous savons.
Il faut le vivre. C'est seulement en le vivant
que l'amour peut se manifester
comme LE principe essentiel.

À l'instar de la chaleur qui permet à la glace de fondre et d'irriguer la terre, notre capacité à incarner ce que nous savons et notre besoin tranquille de mettre en harmonie avec notre quotidien ce qui vit à l'intérieur, représentent un acte ancestral d'intégrité qui permet à l'amour de se manifester comme la plus profonde gravité.

Un homme tranquille a vécu, dont la vie est inspirante de courage. Il se nommait Wu Feng. Diplomate mandchou du XVIIIe siècle en poste dans une tribu aborigène en périphérie de Taïwan, il devint l'ami du chef de cette tribu qui, chaque année, offrait en sacrifice la tête de l'un de ses membres.

Chaque fois, avec toute sa compassion et son respect de la vie, Wu Feng plaidait pour que le chef mette fin à cette coutume. Ce dernier l'écoutait respectueusement, puis, l'ayant salué, faisait venir le membre choisi et, sans hésitation, le décapitait.

Après avoir vécu vingt-cinq ans dans la tribu, Wu Feng plaida de nouveau pour que le chef mette fin à ces meurtres insensés. Mais ce jour-là, quand la personne choisie fut amenée, Wu Feng prit sa place et déclara : « Si vous tuez encore, cette fois ce sera moi. »

Le chef regarda longtemps son ami droit dans les yeux et, parce qu'il en était venu à l'aimer, fut incapable de le tuer. Dès lors, toute décapitation cessa à jamais.

Bien sûr, Wu Feng aurait pu être tué, mais son courage nous montre que notre façon de vivre intérieure devient prioritaire. Pour chacun de nous, à un certain point, les paroles s'évaporent et les mots ne peuvent amener l'amour au grand jour. Seule la présence de l'âme qui émane de nous est susceptible d'attirer la présence de l'âme chez les autres.

- *Tout en respirant, soyez honnête envers vous-même. Voyez les choses comme elles sont dans votre vie.*
- *Existe-t-il une situation où une partie de vous-même est sacrifiée comme le membre de la tribu aborigène ?*
- *Dans l'une de vos relations, vous demande-t-on souvent de nier ce que vous êtes ?*
- *Si c'est le cas, le Wu Feng en vous peut-il faire silence et se manifester ?*
- *Si la réponse est affirmative, contentez-vous d'honorer le fait qu'un tel esprit d'incarnation vive en vous.*
- *Pour aujourd'hui, posez simplement la question. Faites confiance à votre esprit pour savoir quand et comment le faire.*

29 AVRIL

Dans les jeunes feuilles

Enceint de jeunes feuilles,
il y a le son de l'eau.

– SOSEKI

La délicate observation de ce poète japonais est pleine de l'espoir tranquille que, dès le début, inscrit dans notre nature, notre cadeau est déjà là. Dans la graine, il y a la fleur. Dans le sein maternel, il y a l'enfant pleinement développé. Dans l'impulsion d'aider, il y a la paix de l'amour réalisé. Au bord du risque et de la peur, il y a l'authenticité qui fait que l'existence vaut la peine d'être vécue.

Enceint de jeunes feuilles, il y a le son de l'eau qui les nourrira une fois ouvertes. Il se trouve déjà là, les poussant à se déployer et à croître. Croire en cette possibilité exige une foi en des courants plus grands que ne peut l'imaginer l'esprit. Mais ce n'est pas chose si difficile à accepter puisque, de même que la poussière doit son chemin au vent, nous, les humains, sommes priés de reconnaître que quelque chose de plus grand nous entoure et nous incite à nous épanouir.

Il y a dans l'esprit une force gravitationnelle qui pousse l'essence de ce que nous sommes à se réaliser. Notre boulot, comme celui de toutes les créatures sœurs, est de trouver l'abondance de l'air, de l'eau et de la lumière, et de laisser se déployer ce qui existe déjà en nous.

- *Assis dans le calme, imaginez que votre cœur est une jeune feuille verte et tendre repliée sur elle-même.*
- *En respirant, sentez l'eau de la vie coulant déjà dans vos veines.*
- *Maintenant, en respirant, levez-vous, tendez les bras et sentez ce que vous êtes se déployer.*

30 AVRIL

Une incessante arrivée

Que l'on dérive dans la vie sur un bateau ou
que l'on monte à cheval en vieillissant,
chaque jour est un voyage
et le voyage lui-même est notre bercail.

BASHO

Il y a douze ans, alors que débutait mon périple de cancéreux, ma grand-mère se mourait. Moi, j'ignorais que j'avais un cancer ; de son côté, elle savait, je crois, qu'elle vivait ses dernières heures. J'en avais du moins l'impression, car lors de mes visites au Centre médical Kingsbrook à Brooklyn, elle restait assise au bord du lit, le regard perdu vers un endroit qu'elle seule pouvait voir. Elle avait quatre-vingt-quatorze ans et j'avais le sentiment qu'elle imaginait l'autre rive, comme lorsqu'à l'âge de dix ans, elle avait traversé l'Atlantique sur un paquebot bondé avançant péniblement dans les énormes vagues.

Pour elle, la vie était une immigration sans fin, une incessante arrivée sur une nouvelle terre. C'est peut-être d'ailleurs pour cette raison que je suis poète, parce que l'immigration coule dans mes veines. C'est peut-être pour cette raison que je perçois le monde de l'expérience comme un vaste océan que nous ne cessons de traverser, même au moment de notre mort.

Je vous invite à imaginer la vie de votre esprit sur terre comme une immigration ou une constante arrivée dans une nouvelle contrée. Cela dit, nous devons accepter un fait : quelle que soit la rive que nous cherchons à atteindre, la houle et les mouvements brusques de la mer n'arrêtent jamais. Sur la crête d'une vague, nous pouvons voir aussi loin que l'éternité et notre âme a alors une perspective. Mais au creux d'une vague, nous sommes tous perdus. La vie de l'âme sur terre nous fait flotter sur un radeau de chair duquel tantôt nous voyons l'éternité, tantôt nous la perdons de vue. Le travail du pèlerin intérieur consiste à conserver l'éternité dans notre cœur et notre imagination lorsque nous sommes perdus dans le creux de vague de nos jours.

- *Assis tranquillement, imaginez-vous en train de flotter en toute sécurité sur l'océan d'expérience que nous ne cessons jamais de traverser.*
- *Respirez profondément et imaginez que chaque jour est une vague.*
- *Entrez dans votre propre rythme et sentez à quelle sorte de vague correspond votre journée d'aujourd'hui.*
- *Si ce jour est une crête de vague, regardez autour de vous et absorbez tout ce que vous pouvez voir de la vie.*
- *S'il s'agit plutôt d'un creux de vague, reconnaissez les difficultés vécues.*
- *Respirez lentement et rappelez-vous qu'une autre crête arrive. Revivez la dernière remontée en vous rappelant ce qu'elle vous a permis de voir.*

1er MAI

Enterrer et planter

Le point culminant d'un amour, d'un rêve
ou de soi-même est le germe invisible du suivant.

La différence entre enterrer et planter est infime. Souvent, il est nécessaire d'enterrer ce qui est mort pour que la vie puisse de nouveau germer. Qui plus est, ce que nous « enterrons » – un amoureux, un rêve ou une mauvaise approche des choses – devient l'engrais de ce qui est à venir. Quand le vieux se mêle à la terre, le vieil amour sert d'engrais au nouvel amour et le rêve brisé sert d'engrais au rêve non conçu encore. La douloureuse façon de voir qui nous asservissait sert désormais d'engrais à la liberté intérieure en train d'éclore.

Quand on pense aux nombreux « moi » que nous revêtons au cours de notre existence, cet engrais est fort utile. Un « moi » nous amène aux confins de son utilité et meurt. À ce moment, nous sommes forcés, chacun de nous, de mettre cette chère peau en terre, de la rendre à l'esprit d'origine afin qu'elle serve d'engrais à la peau suivante, qui nous conduira vers un lendemain.

On éprouve toujours du chagrin pour ce que l'on a perdu et on est toujours surpris par ce que l'on gagne. Toutefois, la majeure partie de notre souffrance découle du fait que nous portons des peaux mortes, usées et inutiles. Des peaux que nous refusons d'enterrer, que nous cachons au lieu de nous en débarrasser.

À chaque nouvelle manière d'être correspond une tentative avortée en train de composter en dessous. À chaque brin d'herbe qui perce le sol correspond une vieille branche qui pourrit. À chaque éclat de joie correspond un combat qui a pris racine.

Nous vivons, nous accueillons et nous enterrons ce qui nous est cher, y compris nos façons de nous voir. Ainsi, nous pouvons renaître.

- *Identifiez un aspect de votre vécu en ce monde qui a dépassé son utilité. Une façon de penser, de parler ou d'entrer en relation avec les autres.*
- *Tentez de comprendre pour quelle raison cela vous sert encore.*
- *Sur une feuille de papier, inscrivez en quoi consiste cet aspect et expliquez pourquoi il vous sert encore.*
- *Prenez votre feuille de papier et, symboliquement, enterrez-la dans un endroit spécial. Remerciez cette façon dépassée de vivre de vous avoir conduit jusqu'à l'instant présent.*
- *Soyez bienveillant envers le nouvel espace que cette mise en terre a créé en vous.*
- *Arrosez-le bien et donnez-lui beaucoup de lumière.*

2 MAI

Les mains pour nous apprendre à mieux vivre

Vivez avec vos mains, et le mental s'inclinera
comme une racine.

Il y a bien des années, alors que je lisais des poèmes en public à New York, j'ai rencontré un jeune homme qui venait de voir une femme se faire attaquer. Il était si furieux qu'il écrivit un poème sur-le-champ. Du fond de la salle parvint alors une voix disant, d'un ton pensif : « Ouais ! C'est bien mieux que d'avoir essayé d'intervenir ! » Selon moi, il n'y avait rien d'autre à ajouter. Cette petite anecdote souligne douloureusement à quel point nous sommes éloignés de notre véritable périple de vie quand nous restons sur le plan de la pensée. À toujours analyser, résoudre des problèmes et critiquer, nos cerveaux deviennent des callosités massives. Au lieu de nous ouvrir davantage au mystère de la vie, nous laissons l'intellect surdéveloppé jouer le rôle de tampon entre nous et l'expérience.

Une grande amie à moi, qui a étudié presque tout ce que l'on peut étudier sur le cœur, le cerveau et la psychologie, est finalement tombée sur un très vieux sage dont les dernières recommandations étaient : « Il faut vivre avec ses mains. » Cette vérité la marqua si profondément qu'elle se retrouva à construire une chapelle de pierre sur la pente d'une colline, elle qui ne connaissait rien à la taille de la pierre. Ce faisant, elle procédait à la consécration de la chapelle qui attendait depuis longtemps dans son cœur.

Une autre amie à moi ressent le besoin pressant d'effleurer du bout des doigts les pétales des fleurs chaque fois qu'elle en voit. Je l'ai vue à d'innombrables reprises caresser des pétales jaunes. Elle a besoin de toucher la beauté et, quand elle le fait, je peux voir la beauté la toucher à son tour. Puis, quelque chose en elle s'ouvre un peu plus…

Percevoir la vie avec ses mains amène le mental dans un espace d'humilité, car il doit accepter autre chose que lui-même. C'est ainsi que nous nous guérissons personnellement et les uns les autres. Nous devenons tous vivants grâce au braille du cœur.

- *Choisissez quelque chose de petit et de délicat qui vous fascine et mettez-le devant vous pendant que vous méditez.*
- *Après quelques instants, prenez l'objet entre vos mains et examinez-le attentivement du bout des doigts. Sentez ses multiples surfaces.*
- *Respirez normalement et saisissez l'essence de ce délicat objet en votre esprit par l'intermédiaire de vos mains.*

3 MAI

Nos énergies masculine et féminine

Tout comme il ne sert à rien de récolter
quand on ne peut manger,
il ne sert à rien d'agir si on ne peut sentir.

De nos jours, on entend dire tellement de choses au sujet des énergies masculine et féminine et sur notre façon unilatérale de fonctionner en ce monde ! Je crois que c'est vrai en majeure partie. Quand nous sommes dominés par notre aspect masculin (rationalisation extrême et stoïcisme poussant à ne rien révéler des émotions), notre aspect féminin (les énergies de créativité et de réceptivité profondes) étouffé s'insurge et finit par exploser quand on lui permet de s'exprimer.

Il n'est pas surprenant que les gens contenus et réservés, qu'ils soient hommes ou femmes, redoutent quelque peu les gens intuitifs et expressifs. Ces derniers, quant à eux, suffoquent devant le manque de spontanéité des rationnels. Bien entendu, quand on se retrouve, les stoïques finissent par devenir nerveux et les passionnés, encore plus passionnés. Cela fait partie de la vie. On se retrouve et on tire chacun de son côté. Les personnes qui vivent à toute allure veulent que les autres aillent à la même vitesse qu'elles, le but ultime est de faire danser les statues. Et celles qui sont calmes veulent faire taire les tambours.

Si j'en crois mon expérience, cette bataille entre les énergies fait aussi rage en nous. En tant qu'homme ayant toujours été actif et déterminé, et en tant que poète, j'ai été profondément guidé par l'aspect féminin, par le côté intuitif de la vie. Cependant, il est clair que l'on m'a bien appris à avoir le sens pratique devant les choses de la vie, à ne jamais m'égarer trop longtemps dans le domaine des émotions.

Ce n'est qu'après avoir survécu dix ans au cancer et vécu une existence marquée de nombreux accomplissements que j'ai connu la joie par intermittence. Mes aspects féminin et masculin étant plus harmonisés, j'apprends à me servir de mon énergie masculine de manière différente. En d'autres mots, je m'en sers plus de concert avec mon énergie féminine.

Alors qu'on m'a appris à comprendre et à nommer les choses, maintenant, je les sens et j'en fais l'expérience. Alors qu'on m'a appris à cadrer et à articuler les choses au maximum, maintenant, j'accueille et j'absorbe ce qui est là. Les vieux conditionnements montrent bien à quel point nous sommes tous pris depuis l'enfance dans une approche masculine des choses qui est déséquilibrée, aride et totalement dénuée de passion de vivre.

C'est la différence entre peindre un oiseau et voler, entre comprendre les positions secrètes de l'amour et sentir son cœur cogner dans sa poitrine. Trop souvent, sous prétexte de nous préparer à être des adultes mûrs, on nous incite à regarder la vie, à nommer les émotions, à comprendre l'expérience. Pourtant, tout comme nos deux mains sont nécessaires pour porter de l'eau à notre bouche, nos deux énergies sont requises pour boire pleinement à la vie.

- *Centrez-vous et respirez lentement.*
- *Mettez une main devant vous, paume vers le ciel, et méditez sur le contenu de cette main : nerfs, sang, mémoire, force pour soulever et toucher. Méditez ensuite sur la complétude de cette main.*
- *Mettez l'autre main devant vous, paume vers le ciel, et méditez de la même façon.*
- *Respirez profondément et joignez vos mains. Méditez sur la démultiplication des possibilités lorsque les deux mains travaillent de concert.*

4 MAI

De quoi remplir la journée !

Je suis en retard ! Je suis en retard !
J'ai un rendez-vous important !
Pas le temps de dire bonjour ! Au revoir !
Je suis en retard ! Je suis en retard !
Je suis en retard !

– LE CHAPELIER FOU DANS *ALICE AU PAYS DES MERVEILLES*

Je me lève l'esprit frais et dispos. La lumière inonde ma chambre. La journée me semble infinie et libre. Mais en préparant le café, j'aperçois trois factures impayées. Et après avoir pris ma douche, je remarque que j'ai besoin d'une coupe de cheveux. Et puisque je dois sortir, autant en profiter pour aller chercher mes chemises chez le teinturier. Mais je veux aussi me prélasser au soleil. Alors, après ces quelques courses, je pense que j'irai au parc. Puis je tergiverse afin de déterminer quel parc sera le mieux et j'en choisis un qui est à quarante minutes de l'endroit où je suis. Finalement, pour m'assurer de m'amuser dans tout ça, j'appelle une amie et l'invite à me rejoindre au cinéma à dix-huit heures.

Bon, maintenant il faut que je m'empresse de tout caser dans mon horaire. Heureusement, pendant que je fais le plein d'essence, j'entends un petit oiseau chanter. Je lève la tête juste au moment où les nuages s'écartent pour laisser passer le soleil, qui vient inonder mon cerveau. Et je laisse tomber tous mes plans comme je laisserais tomber des pièces de monnaie sur le sol.

Je ris finalement de moi-même. Je peux si facilement devenir l'esclave de mes programmes ! Aucune de ces choses n'est nécessaire aujourd'hui. Je laisse tout tomber et je me mets à suivre l'oiseau.

- *Remémorez-vous tout ce que vous avez à faire aujourd'hui. Sentez à quel point tout cela vous envahit.*
- *Centrez-vous et inspirez chaque tâche lentement. Expirez l'urgence.*
- *Levez-vous et commencez votre journée comme si c'était la première et la dernière.*
- *Maintenant, laissez tomber tout ce qui n'est pas nécessaire.*

5 MAI

La clarté essentielle

À l'image des nuages qui se meuvent dans l'eau,
les problèmes me font oublier que la clarté est en moi.

L'eau reflète tout. C'est tellement évident que nous pensons qu'elle est bleue alors qu'elle est incolore. Fluide et malléable, l'eau reflète tout ce qui existe dans le monde sans jamais se départir de sa clarté, qu'il s'agisse d'un lac, de la mer ou d'une flaque.

En tant qu'êtres d'émotions, nous nous perdons constamment dans l'image de tout ce dont nous faisons l'expérience et nous ne trouvons pas cela facile. Néanmoins, la nature de l'eau peut nous aider à comprendre nos dissensions très humaines.

Comme beaucoup de gens, j'ai vécu dans un foyer où mon boulot consistait en quelque sorte à servir de paratonnerre aux émotions non exprimées de la famille. Voilà comment j'ai appris à résoudre les problèmes des autres et à prendre soin d'eux. Grâce à deux mariages et à un nombre incalculable d'amitiés, j'ai aimé en prenant sur moi les gros nuages gris émotionnels des personnes que j'aimais.

La tension provenant des émotions non exprimées des autres m'a empêché de sentir ma profondeur et ma clarté. Cela étant, ma vie a fini par être un tourbillon où j'essayais de maintenir ma tête au-dessus des nuages.

Mais l'eau m'a appris que nous sommes bien plus que ce que nous aimons ou que l'image que nous reflétons. Nous devons faire preuve de compassion, tout comprendre clairement sans imposer ce que nous sommes ni rien perdre non plus de ce que nous sommes.

Assurément, c'est là une tâche sans fin et impossible. Toutefois, bien que nous ne puissions jamais être aussi clairs que l'eau, il est bon de se rappeler que les véritables problèmes que nous devons concrètement affronter ne constituent pas l'essentiel du cours de notre vie. Sous les nuages, l'eau désire seulement couler, et sous les tensions et les problèmes, l'esprit humain veut seulement accueillir et s'adoucir.

- *La prochaine fois qu'une personne aimée exprimera de la frustration, de la déception ou de la souffrance, remarquez vos réactions.*
- *Essayez-vous de résoudre ses problèmes, ou vous contentez-vous d'accueillir ce qu'elle vous dit ?*
- *Essayez-vous de lui remonter le moral, ou êtes-vous simplement le témoin de son expérience ?*
- *Vous retrouvez-vous à porter sa peine, ou êtes-vous profondément touché par ses propos ?*
- *Si vous le pouvez, recevez cette souffrance comme s'il s'agissait d'une pierre lâchée dans les profondeurs claires de ce que vous êtes.*

6 MAI

Petite branche et nid

Je pense que j'aimerais aller vivre avec les animaux.
Ils ne se font pas de mouron ni ne se plaignent
de leur situation.
Les animaux ne sont pas insatisfaits.

– WALT WHITMAN

C'était une toute petite chose : je regardais simplement un merle porter une petite branche bien trop grande pour son nid. Il tenta même à deux reprises de la caser dans le nid. Puis, avec sa minuscule cervelle d'oiseau, il comprit que cette petite branche n'allait pas. Alors, il s'envola pour aller en chercher une autre.

Je suis allé ramasser la petite branche trop grosse qu'il avait laissé tomber. Elle ne portait aucune marque. En la faisant rouler dans ma main, je pensais à toutes les fois où j'avais aussi poussé pour caser des choses pourtant trop grandes. Souvent, ce que nous voulons ressemble à cette petite branche : c'est trop gros pour être utile. De la sorte, nous restons pris dans la misère en nous agrippant à quelque chose qui ne peut entrer dans notre nid.

Ce fut pour moi une leçon d'humilité que de regarder ce petit oiseau travailler et chanter en même temps en se débarrassant de ce dont il ne pouvait faire usage. Si nous pouvions seulement nous traiter les uns les autres avec une bienveillance aussi simple !

- *Méditez sur votre vie comme si elle était un nid devant être assemblé.*
- *Pensez à ce après quoi vous courez, à ce que vous transportez (comme un oiseau entêté) qui est trop gros pour être utile.*
- *Pouvez-vous mieux construire votre vie en employant des versions plus petites de ce dont vous avez besoin, en vous servant de choses que vous pouvez caser ?*

7 MAI

L'art ordinaire

Avant d'essayer de changer ce que vous regardez,
vérifiez ce à travers quoi vous regardez.

La journée était magnifique. Le soleil brillait. J'avais roulé près de 500 kilomètres pour aller la voir. Âgée de 94 ans, elle était restée dans la même pièce depuis presque huit mois. Comme j'étais son premier petit-fils, elle était vraiment heureuse de me voir. Après nous être mis l'un l'autre au courant des dernières nouvelles, nous sommes restés assis sans parler au bord du lit. Finalement, ce fut elle qui brisa le silence en se plaignant de la grisaille de la journée.

Vu la belle journée, je fus surpris de l'entendre dire cela. En me tournant vers la fenêtre, je remarquai cependant que le carreau ne devait pas avoir été lavé depuis un an. Lorsque je le lui notai, elle se mit à ricaner comme seules les personnes de 94 ans savent le faire, tout en me disant avec son accent russe : « Quand l'œil est sale, le monde l'est aussi. »

Il en va de même pour notre mental et notre cœur, car notre moi est la seule fenêtre qui donne sur la vie. Et souvent, nous souffrons des humeurs d'une fenêtre sale qui nous laisse croire que le monde coloré est gris.

La véritable raison d'être des relations est de nous aider les uns les autres à garder notre esprit et notre cœur propres. On peut comparer le travail intérieur à l'art ordinaire du lavage de vitres.

- *Restez tranquillement assis jusqu'à ce que vous vous sentiez centré.*
- *Puis, servez-vous de votre respiration pour « laver » les idées de votre cerveau.*
- *Respirez normalement et « lavez » la pellicule de saleté déposée sur votre cœur.*
- *Respirez profondément et « lavez » les illusions présentes sur votre rétine.*

8 MAI

La question de l'équité

Aussi longtemps que nous considérerons ce qui
s'est passé comme inéquitable,
nous resterons prisonnier de ce qui aurait pu être.

Pour nombre d'entre nous, cette notion est difficile à intégrer. En effet, ce que nous voyons du monde s'articule en grande partie autour du sens de l'équité et de la justice, deux nobles concepts humains régissant notre manière de nous traiter les uns les autres.

Néanmoins, les lois de l'expérience du monde naturel dans lequel nous n'avons d'autre choix que de vivre ne fonctionnent pas ainsi. En réalité, le grand univers, dont l'humanité ne constitue qu'une infime partie, est un monde de possibilités et de cycles infinis, un monde dans lequel les formes de vie vont et viennent, un monde qui s'est créé et recréé à d'innombrables reprises.

Voilà pourquoi la tradition hindoue réfère à une déité connue sous le nom de Vishnu, qui détruit et donne la vie, souvent dans cet ordre. L'équité et la justice soient de belles et sérieuses notions en fonction desquelles les créatures humaines essaient de vivre les unes avec les autres. Toutefois, la tempête et les microbes, les termites qui dévorent vos fondations, la pierre perdue qui vole dans votre pare-brise et la vague qui submerge votre petite embarcation ne connaissent rien de l'équité. Ces molécules d'expérience ne font que vous bombarder dans l'infinie danse cosmique de la vie qui se poursuit tout simplement.

Quand j'étais aux prises avec le cancer, on m'incitait souvent à laisser aller la colère d'injustice que je ressentais par rapport au cancer. Pour être honnête, j'ai ressenti bien des émotions, dont la peur, la souffrance, l'anxiété, la frustration, l'incertitude et l'épuisement, mais pas l'injustice. À qui a-t-on promis une santé parfaite ? Une fourmi peut peiner des mètres à transporter un corps d'insecte mort entre ses mandibules et se faire soudainement écraser par un membre qui lui tombe dessus. Qu'est-ce qui laisse supposer aux humains qu'ils sont à l'abri de telles choses ?

Grâce aux années qui ont passé, je sais maintenant que mes récriminations quant à l'injustice de la vie proviennent de l'inévitable souffrance de vivre. Ces récriminations, bien que compréhensibles, m'ont toujours empêché de sentir la souffrance de la transformation. D'une certaine façon, en affirmant que les choses sont « injustes », je reste toujours pris dans le coin de la souffrance.

En d'autres mots, ce qui m'a surpris dans ma souffrance, c'est le fait que la vie n'est pas juste, mais infinie dans sa capacité à nous changer, et que la compassion et le sentiment le sont quant à eux. Nous ne sommes pas responsables de ce qui survient dans notre vie. Nous sommes seulement responsables de la façon dont nous accueillons ces choses et dont nous nous traitons les uns les autres chemin faisant.

- *Si possible, allez vous asseoir à l'extérieur et observez le pollen véhiculé par le vent. Pensez que certains de ces grains de pollen deviendront des fleurs qui, à leur tour, donneront d'autres fleurs avant de flétrir.*

- *Méditez sur comment la comédie humaine, avec tous ses tours et détours inconnus, se déploie de la même façon que les fleurs.*
- *Respirez profondément et voyez vos multiples rêves, erreurs, joies et peines comme s'il s'agissait de grains de pollen au grand vent. Certaines graines pousseront, d'autres pas.*
- *Ne niez pas la souffrance, mais n'essayez pas non plus de la grossir en la qualifiant de dramatique ou d'injuste.*
- *Tentez d'accueillir votre souffrance dans un esprit de compassion plutôt que dans un esprit d'injustice.*

9 MAI

La peur de ce qui est différent

La béatitude vient de notre capacité à diriger
notre esprit vers l'unité fondamentale
et non vers l'évaluation des différences.

– TEJO-BINDU UPANISHAD

L'œil peut voir ce que nous avons en commun ou bien ce qui nous différencie. Le cœur peut sentir ce qui nous unit ou tout découper en petits morceaux. La langue peut faire l'éloge du vent ou avertir d'une tempête, glorifier la mer ou craindre une inondation.

Bien sûr, il y a des différences puisque le monde est fait d'une infinie diversité. Cependant, il ne faut pas faire une fixation sur les différences ni en avoir peur, car c'est justement cela qui nous empêche de sentir la grâce.

Paradoxalement, tout dans la vie revient à un centre commun, à la façon dont deux âmes différentes respirent le même air.

Quand nous tombons dans l'illusion qu'une création est meilleure qu'une autre, nous délaissons le miracle de l'être et entrons dans ce que Seng-ts'an, un sage du VIe siècle, qualifiait de pire maladie mentale : l'interminable choix entre le vouloir et le non-vouloir, la guerre à n'en plus finir entre le pour et le contre.

- *Allumez une bougie et restez tranquillement assis devant une fenêtre.*
- *Décontractez votre cœur et respirez profondément.*
- *Observez les diverses choses qui se présentent : les arbres, le vent, les nuages, le claquement d'une fenêtre, les passants.*

- *Revenez à la bougie et à la flamme paisible qui s'en élève. Observez-les.*
- *Respirez calmement et imaginez la même flamme paisible s'élever au cœur de tout ce que vous voyez.*

10 MAI

Le bord du centre

Toute tornade comporte en son centre
un œil que les goélands peuvent
traverser en silence.
– POÈTE JAPONAIS ANONYME DU XIVe SIÈCLE

Du fin fond des siècles, cette voix inconnue nous rappelle qu'il y a en permanence un centre de calme au cœur de tout tiraillement, pour peu que nous réussissions à l'atteindre. C'est également ce qu'affirment toutes les traditions de sagesse.

Un paradoxe encore plus profond de la vie est cependant à l'œuvre ici, car le goéland traverse le cyclone en volant ; il n'y reste pas. Apparemment, notre tâche consiste à nous sustenter de cet éternel lieu central sans pour autant nier la tornade.

À plusieurs reprises, nous nous retrouvons dans la tempête et dans le centre. Une fois dans la tempête, c'est notre part d'humanité qui est exacerbée. Dans le centre, nous retrouvons le lieu spirituel où tout ne fait qu'un et nous calme. Découvrir son centre et ouvrir ses ailes, c'est sentir la présence de Dieu en nous.

Le tiraillement vient du fait que nous devons vivre les deux aspects du paradoxe. En effet, nous ne pouvons arriver au centre sans passer par la tempête. Pourtant, la tempête de l'expérience humaine peut seulement s'endurer si on sait ce que le goéland sait. Et on ne peut y survivre qu'à partir du centre. La manière dont nous nous croisons les uns les autres dans la tempête et dans le centre détermine les épreuves et les bienfaits de l'amour que nous en retirons.

- *Fermez les yeux et laissez votre inspiration appeler le goéland de votre esprit vers votre centre.*

- *Inspirez profondément et laissez votre respiration ramener le goéland vers le centre de tout, par votre centre.*
- *Expirez à fond et sentez le bord de la tempête et le bord du centre.*
- *Sachez que ce bord, c'est votre respiration.*

11 MAI

Dire et prendre dans ses bras

> Le rêve s'éveille quand on pense « Je t'aime »,
> la vie commence quand on dit « Je t'aime »,
> et la joie circule comme le sang quand on serre
> quelqu'un dans ses bras avec amour.

Bien que la vie s'active parfois à partir de la tête, ce n'est pas là que l'on connaît l'entièreté de la joie. Nous avons tous fait l'expérience de cette différence. Il suffit de vous rappeler la première fois que quelqu'un vous a fait de l'effet au cours de votre adolescence, ou la première fois que la présence d'une autre personne vous a fait voir autre chose que votre propre univers. Rappelez-vous l'étrange, mais agréable sensation que vous aviez de baigner dans votre tête, d'être incapable d'effacer le visage de cette personne de votre esprit. Et comment, à l'instar de l'étincelle que l'on ventile, la petite flamme naissante est devenue un véritable feu dès qu'une parole a été prononcée.

Il en va de même pour nos façons de rêver, de nous aimer ou de nous débattre avec notre croyance en Dieu. Elles continuent de baigner dans notre tête et restent des étincelles qui ne prennent jamais feu. Une vie entière est nécessaire pour apprendre cela. Tout comme le feu de la musique réveille l'âme du compositeur, l'amour en nous résonne là où personne d'autre ne peut entendre. Et tout comme les compositeurs ont du fil à retordre avec le langage qui permettra à leur musique d'être jouée, nous avons aussi du fil à retordre pour exprimer notre amour, pour lever les bras comme des flammes et étreindre l'autre.

Qu'il est difficile de dire son amour et de serrer l'autre entre nos bras dans ce monde qui s'attarde à si bien éduquer le mental ! À défaut de ventiler les choses, celles-ci empirent. Au fil des jours s'immisce alors, entre le penser et le dire, entre le dire et le serrer dans ses bras, l'imperceptible souffle si semblable parfois à un canyon infranchissable. Voilà pourquoi les humains font appel au mythe de Cupidon depuis des siècles, car ce dernier nous rappelle la présence de la petite étincelle qui transperce de sa flèche la boîte à penser et nous contraint à nous exprimer et à serrer les autres dans nos bras.

Nous possédons tous un arc, et même si la flèche fait mal, notre carquois de pensées sera desserré, nous forçant ainsi à trembler. C'est vrai, je dois l'avouer, j'ai pensé de grandes pensées et chanté de grandes chansons. Mais ce n'était là que des prémisses pour être pris dans les bras de quelqu'un.

- *Méditez pendant que vous tenez une pierre dans une main. Invitez la présence de ce qui est plus vaste que vous à venir.*
- *Respirez lentement et laissez cette présence façonner vos pensées.*
- *Respirez profondément et laissez cette présence maintenant enveloppée de vos pensées vibrer dans votre gorge.*
- *Par un mot, nommez cette présence à haute voix.*
- *Incarnez tout cela en sentant la présence de l'univers aussi bien en vous que dans la pierre pendant que vous pensez, dites et touchez tout à la fois.*

12 MAI

Être direct

Tout le monde est chauve sous ses cheveux.

– SUSAN MCHENRY

Nous gaspillons une énergie incroyable à essayer de dissimuler qui nous sommes, alors que la moindre attitude signale notre désir d'être aimé, que la moindre colère cache une blessure à guérir et que la moindre tristesse dissimule la peur que le temps nous manquera.

En hésitant à être direct, nous rajoutons sans le savoir une autre couche de protection qui nous empêche de sentir le monde et marque souvent le début d'une solitude. Nos chances de connaître la joie diminuent, à moins de se délester de cette couche.

C'est comme si nous mettions des gants chaque fois que nous touchons quelque chose et que, ayant oublié que nous les portons, nous nous plaignions ensuite que rien de ce qui existe ne semble vraiment réel. Le défi quotidien n'est pas de se vêtir pour affronter le monde, mais de se déganter pour sentir le froid de la poignée de porte, la rosée sur la poignée de la portière de voiture et le baiser d'au revoir doux et unique d'un autre être humain.

- *Tout en respirant, laissez votre souffle dépouiller votre être des attitudes, des humeurs, de votre histoire.*
- *Tout en respirant, sentez votre peau sous vos vêtements.*
- *Tout en respirant, sentez votre être sous votre peau.*

13 MAI

Sentir les choses tout en avançant

En dessous, il n'y a qu'une émotion

J'avais l'habitude de me battre, de combattre la tristesse ou d'essayer de ne pas être anxieux. Mais comme la plupart d'entre nous l'apprennent, une fois que cette goutte de mélancolie ou d'inquiétude tombe sur le cœur, il est difficile de sentir autre chose. À l'exemple d'une longue corde de guitare qui vibre lorsqu'on la pince, le mental se met à vibrer dès la moindre agitation et l'on ne peut rien faire d'autre alors que laisser cette corde finir de résonner.

Nous le savons tous, les larmes peuvent se transformer en rire, ou le rire en pleurs, la colère s'émiette pour devenir une douloureuse solitude, le visage froid de l'indifférence se fendille et révèle la peur. Tout comme les multiples et diverses fleurs sortent de la même terre, le jardin floral des multiples émotions colorées émerge de la terre même du cœur.

Ainsi, nous sommes confrontés à un fait difficile à accepter, à savoir que sous tout cela il n'y a qu'une seule émotion sans nom, connue sous le nom de bercail. Malgré tous nos efforts pour être heureux et non tristes, calmes et non anxieux, lucides et non confus, compréhensifs et non colériques, malgré toutes les façons dont nous modelons nos réactions et passons de l'une à l'autre, malgré notre peur de certaines émotions, c'est en ressentant chacune d'elles à fond que nous parviendrons à la douleur vive qui sous-tend notre être vivant. Et la guérison survient souvent quand on arrive en ce lieu intérieur de douleur.

Il est très difficile cependant de s'appuyer sur une tristesse que nous repoussons, ou de laisser le tremblement de l'anxiété faire son chemin. En ce qui me concerne, ma résistance aux émotions désagréables est fondée sur la peur que si je m'abandonne par exemple à la tristesse, à l'anxiété ou à la confusion, je m'y perdrai. Que l'émotion prendra alors totalement le dessus et que je ne serai plus que tristesse, anxiété ou confusion.

Mais, chemin faisant, je découvre encore et encore que c'est en ressentant totalement et profondément une émotion que je m'ouvre à la source commune de toutes les autres. Et qu'à cette source, aucune de ces émotions ne peut perdurer d'elle-même. Par conséquent, c'est en pénétrant nos émotions, et non en les contournant, que nous atteignons la source sans nom de toutes les émotions, source apte à guérir la souffrance qui y est rattachée.

- *Respirez normalement et sachez que vous êtes en sécurité dans cet espace de réflexion.*
- *Quand vous vous sentirez à l'aise, permettez-vous de vivre un moment de tristesse ou d'anxiété que vous portez en vous. Essayez de rester en compagnie de l'émotion jusqu'à ce qu'elle commence à s'estomper. Remarquez la diminution de votre tristesse ou anxiété, aussi infime soit-elle, et dites-vous que c'est le début de la paix.*

14 MAI

Le jeu de la bascule

La plus grande des défenses consiste à être qui l'on est.

Nous sommes souvent en opposition les uns avec les autres. À certains moments, le conflit est inévitable, car il ne reste qu'une seule place de stationnement, qu'un seul croissant, qu'un seul emploi.

Mais la majeure partie du temps, sur le plan intérieur, il y a de la place pour bouger et le jeu en est un de bascule. Pour me maintenir en haut, ou garder le sentiment d'y être, je sens le besoin de dénigrer quelqu'un.

Ce jeu me distrait de ma voie et pompe toute mon énergie pour engager une bataille qui, très souvent, est sans importance. En vérité, aucune refonte du monde ne pourra nous amener à nous sentir dignes de valeur. La seule réponse devant l'adversité ou l'incompréhension, c'est d'être complètement soi, de partager davantage qui nous sommes avec les autres. Sinon, nous ne faisons que réagir ou résister, et nous ne sommes jamais.

Il suffit d'observer les fleurs et les arbres. Ces végétaux ne se rabaissent pas les uns les autres, même quand ils sont serrés. Ils s'exposent et poussent dans toutes les directions afin de recevoir la lumière.

- *Assis dans le calme, pensez à une personne qui adopte une position opposée à la vôtre.*
- *Respirez normalement et permettez-vous de sentir la tendance à critiquer ou à dévaloriser cette personne ou sa position.*
- *Maintenant, respirez lentement et cherchez le fil du cœur qui vous laisse penser que vos points de vue opposés sont liés l'un à l'autre.*
- *Sur une très longue inspiration, coupez ce fil.*

15 MAI

Il y a un risque à fleurir

Et le jour vint où
le risque de rester un bouton de fleur
fut plus souffrant que le risque de fleurir.

– ANAÏS NIN

Constamment, nous faisons tous face à un point tournant où, si nous résistons, le cours des événements intérieurs devient soudainement plus douloureux qu'un saut dans l'inconnu. Mais personne ne peut nous indiquer quand sauter. Personne ne détient le pouvoir de sanctifier notre besoin d'entrer dans la danse de la vie, si ce n'est notre dieu intérieur.

Il nous arrive très souvent de nous contrecarrer en nous agrippant avec ténacité à ce qui nous est familier. Si le fleuriste jette les roses dont les boutons ne s'ouvrent pas, c'est qu'elles ne s'ouvriront jamais. Elles sont tellement repliées sur elles-mêmes qu'elles ne pourront jamais laisser leur parfum se diffuser.

Toutefois, chacun de nous, en tant qu'esprit habitant un corps, a la chance de se replier et de s'ouvrir bien plus qu'une fois. Il arrive qu'un esprit qui se ferme trop sur lui-même, prenne l'habitude de ne plus s'ouvrir. Néanmoins, à l'inverse des roses, le cœur humain peut rester clos des années durant et se rouvrir dès qu'il prend une grande inspiration à partir de son centre.

J'ai toujours été ébahi, et j'ai ressenti une grande humilité, de constater à quel point le risque de fleurir peut sembler insurmontable au départ mais qu'une fois le seuil critique franchi, ce sentiment de libération devient inévitablement très grand.

J'ai un ami qui a cessé de boire et qui répond ceci quand on lui demande pour quelle raison il l'a fait : « La souffrance de boire était devenue plus grande que la souffrance de ne pas boire. » Il en va de même pour nous tous. Nous pouvons nous épanouir en un instant, dès que la souffrance de ne pas nous épanouir et de ne pas aimer devient plus grande que notre peur.

- *Essayez de cerner ce qui vous effraie le plus à être ce que vous êtes en ce monde.*
- *Pendant que vous méditez, imaginez que le divin en vous fait fondre vos peurs.*
- *Observez quelle impression cela fait d'avoir votre centre exposé, en toute sécurité, ne serait-ce qu'un instant.*
- *Sans rien dire à personne, imaginez que ce moment d'ouverture se produit durant votre journée au travail, dans l'autobus, au supermarché quand vous faites la queue.*
- *Observez quelle impression cela fait d'avoir votre centre exposé, en toute sécurité, ne serait-ce qu'un instant, en présence d'autres personnes.*
- *Répétez cette méditation chaque fois que vous commencez à sentir un resserrement intérieur.*

Nul besoin d'approbation

Il y a des milliers de façons
de s'agenouiller et d'embrasser le sol.

– RUMI

L'un de mes amis décrit les moments où il lit des histoires à sa fille comme de moments n'ayant pas besoin de confirmation. Il y a une grande sagesse dans cette notion. Nous avons tous besoin de revenir encore et encore à la source de vie en vue de nous ressourcer et de poursuivre notre route. Que notre chemin se fasse en écoutant ou en jouant de la musique, en méditant, en peignant, en aimant ou en lisant des histoires à nos enfants, aux enfants de nos amis ou à nous-mêmes, quand nous fermons nos esprits comme se ferment des yeux las et que nous ouvrons nos cœurs comme le font les bouches assoiffées, nous découvrons une source commune où rien n'a besoin d'approbation et où critique et rejet n'existent pas, car seule compte l'expérience du moment.

Ces moments de ressourcement ont lieu précisément quand nous nous oublions. À l'exemple des chevaux qui portent des œillères dont ils ne peuvent se débarrasser, nous trouvons notre chemin en reniflant jusqu'à ce que nous parvenions à ces belles mares profondes où nous abreuver. Et à cet instant-là, nous sommes sauvés.

En fait, ce grand paradoxe nous abreuve quotidiennement. Bien que tous ceux qui vivent participent au moment que nous vivons maintenant, personne ne fait l'expérience de ce moment plus directement que nous. Personne d'autre que soi ne peut dire quelle impression cela fait de vivre sa vie. Personne n'a besoin de permission pour être vivant, le demeurer et connaître la joie de toucher la terre à volonté.

- *Allez marcher sous un arbre et, après vous être centré, levez les yeux vers lui.*
- *Pendant que vous respirez, sentez la force avec laquelle l'arbre jaillit de la terre et finit en une pluie de feuilles.*
- *L'arbre pousse sans le consentement ni les applaudissements de quiconque.*
- *Touchez cet arbre et, en respirant lentement, apprenez de lui.*

La chasse aux papillons

Quand nous lâchons prise, nous commençons.

Un jour, à l'âge de six ans, je courus après un papillon sur une bonne distance avant de l'emprisonner enfin dans mes deux petites mains. Je tenais quelque chose de magnifique dans mes mains, mais j'étais incapable de le voir. Pour voir ce papillon, il fallait que je le libère. Je gardai mes mains refermées sur lui aussi longtemps que je le pus, me retenant de me gratter le nez, jusqu'à ce que le battement de soie noire contre mes paumes m'incite à ouvrir les mains et que ce magnifique assemblage de couleurs reprenne sa liberté, bien malgré moi.

C'était une histoire trop délicate pour être racontée à table. Puis, il y eut les devoirs à faire, les voitures miniatures à coller, les disputes, les colères, et j'oubliai qu'il y avait eu un papillon. Ce n'est qu'à ce jour, quelque quarante années plus tard, que s'éveille en moi une sorte de révélation mise entre les mains du pèlerin longtemps avant qu'il n'en sache assez pour croire. La chasse aux papillons semble devenue un mode de vie. Parce que nous craignons de perdre, nous pourchassons et gardons. Et en gardant, nous signons notre perte.

Aujourd'hui, je peux voir que durant ma maladie c'était là la différence entre la peur et la foi, entre la terreur et la présence de Dieu. En me retrouvant dans un lit d'hôpital, je pourchassais le battement de tout ce que j'affrontais dans mon cœur en essayant de l'emprisonner dans mes mains d'enfant, en jouant à l'autruche. Cette belle chose battant des ailes comme un papillon était dorénavant emprisonnée en moi. Tant que j'ai gardé toute cette beauté, toute cette puissance de vie, emprisonnée dans ma poitrine, mon visage ou mes mains, je n'ai pu la voir. Pour la voir, il a fallu que je la laisse aller.

Alors, comme lorsque j'avais tenu aussi longtemps que possible ce papillon entre mes mains jusqu'à sentir ses ailes battre contre mes paumes, je me suis ouvert en sentant ce battement en moi et j'ai senti ce merveilleux sens de la vie monter en moi, malgré ma volonté. Je sais maintenant que ce que j'avais tenu si fort en moi n'était rien d'autre que la présence de Dieu. Emprisonnée, elle se traduisait par de la souffrance, de la peur et de la terreur.

Il m'a fallu quarante ans pour comprendre la leçon ! Ce qu'il y a de plus profond bat en nous et prend la forme de la peur, de l'obscurité quand nous le retenons. Dès que nous desserrons notre prise, il y a allégement.

- *Assis dans le calme, méditez sur une souffrance ou une peur particulière qui bat en vous.*
- *Mettez vos mains en coupe sur votre poitrine, au niveau du cœur.*
- *Sentez cette souffrance, ou cette peur, battre dans votre poitrine tel un papillon, telle une petite chose d'une grande beauté dans l'attente de sa libération.*
- *En inspirant, ouvrez vos mains et laissez-la aller.*
- *Laissez-la monter et sortir.*
- *Observez comment vous vous sentez quand vous cessez de la retenir.*

18 MAI

L'amitié

Rien chez les êtres humains
n'a plus de pouvoir que l'amitié
pour maintenir leur regard
fixé plus que jamais sur Dieu.

– SIMONE WEIL

J'ai l'immense chance d'avoir de grands amis sur cette terre pendant que j'y suis. Ils ont été mon oasis quand ma vie est devenue un désert. Ils ont été la rivière rafraîchissante où me plonger quand j'avais le cœur en feu. Durant la maladie, l'un d'entre eux m'a épongé la tête avec une serviette quand je ne réussissais pas à me tenir debout sans saigner. Un autre est venu frapper à ma porte pour me dire qu'il serait tout ce dont j'aurais besoin aussi longtemps que j'en aurais besoin.

D'autres m'ont laissé voler librement et je leur ai manqué pendant que je cherchais des brins de vérité qui m'ont en fin de compte ramené vers eux. J'ai dormi dans le grand vent de la solitude, à attendre un mot de Dieu. Et même s'il est vrai que personne ne peut rien vivre à votre place, chanter sur un sommet n'est pas tout à fait la même chose que chuchoter au centre d'un cercle qui vous a ramené au rivage.

Les vrais amis sont des portes qui nous donnent accès à notre âme. Les amis bienveillants sont le tapis de verdure qui adoucit le monde. La sécurité apportée par l'amitié nous ouvre à Dieu. Comme Cicéron le disait, « un ami est un deuxième soi ». Et comme saint Martin l'affirmait, « les amis sont les êtres par le biais desquels Dieu m'aime ».

Il n'existe pas de plus grande, ni de plus simple, ambition que celle d'être un ami.

- *Centrez-vous et ouvrez votre cœur à la place innommable de la plus grande sécurité possible en vous.*
- *Après quelques instants, regardez qui est dans votre cœur.*
- *Respirez doucement et exprimez votre gratitude pour les véritables amis que vous avez.*

19 MAI

L'abeille vient

La fleur ne rêve pas à l'abeille.
Elle fleurit, et l'abeille vient.

À certains moments de ma vie, j'ai tant souhaité l'amour que j'ai réinventé qui j'étais, dans l'espoir d'être plus désirable ou plus méritant. Mais tout ce que j'ai toujours découvert, c'est que le processus naturel de l'amour commence seulement quand on s'occupe de son âme.

Je me souviens de la première fois que je suis tombé amoureux. Cela m'a tellement réconforté que, tel Narcisse, je me suis perdu, tout se reflétant dans sa beauté, sauf ma souffrance. Ce faisant, je renonçais à ma valeur personnelle et lui remettais la clé de ma joie.

J'ai appris une chose au fil des années. Bien que nous découvrions la joie et en fassions l'expérience grâce aux autres, nous portons comme un nectar et dans notre poitrine la propension à la joie. Je crois maintenant que notre plus grande raison d'être est de nous ancrer suffisamment dans cette vie afin de pouvoir ouvrir notre cœur à la lumière de l'expérience et fleurir. Car c'est seulement en fleurissant, en étant pleinement qui nous sommes, que nous attirons les autres. Le parfum de notre nectar incite nos amis et nos proches à venir butiner.

Il semblerait qu'être consiste à se préparer à un tel amour. En veillant à notre développement intérieur, nous devenons exactement qui nous sommes. Ainsi, comme la tulipe dont les pétales ont exactement la forme de l'abeille, l'actualisation de ce que nous sommes attire à nous une myriade de gens bien plus réels que tous nos fantasmes et l'univers se perpétue grâce à la rencontre d'âmes qui ont fleuri.

Si vous le pouvez, abandonnez donc votre désir de l'autre et soyez vous-même. Plus souvent qu'autrement, l'amour se présentera au moment précis où vous vous aimerez simplement vous-même.

- *Identifiez un trait de caractère que vous aimez chez vous. Votre rire, votre sourire, votre don d'écoute ou le son de votre voix.*
- *La prochaine fois que ce trait s'exprimera, remarquez comment il agit sur les autres.*
- *Ces petits instants représentent le début de l'amour, car ils ne sont pas encore définis.*
- *Prenez un moment pour remercier ce trait de caractère et l'amour en puissance des autres.*

20 MAI

Briser les scénarios

Si je me contredis, je me contredis.
La multitude est en moi.

– WALT WHITMAN

Nous créons des scénarios relationnels dont les autres dépendent, et la dernière chose que nous aurions pu imaginer se produit : nous évoluons et changeons. Pour rester vivants, il nous faut donc briser les scénarios que nous avons créés.

Ce n'est la faute de personne. C'est même quelque chose de naturel qui se déroule tous les jours. Il n'y a qu'à regarder danser la mer qui sape les rochers et le rivage qui s'effrite.

Nous savons que nous approchons de ce seuil lorsque nous entendons quelqu'un nous dire « Tu n'es pas toi-même » ou « Ce n'était vraiment pas toi ». Il est difficile alors de ne pas se conformer à la vision des autres, ou d'être qui nous sommes.

Le défi, auquel je reste engagé mais que je relève avec difficulté, c'est de répondre à ceux que nous aimons : « Je suis plus que ce que je t'ai fait voir, et moins que ce que tu es disposé à voir. Apprenons à nous connaître plus totalement par amour. »

- *Cette méditation vise la présence. Aujourd'hui, en vaquant à vos occupations quotidiennes, voyez si vous vous conformez à la vision des autres ou si vous vous retenez d'être vous-même.*
- *Après chaque interaction avec les autres, respirez simplement avec lenteur une fois ou deux et revenez à la plénitude de qui vous êtes.*

21 MAI

Quand on est divisé

Le ver coupé en deux pardonne à la charrue.

– WILLIAM BLAKE

Le ver est la seule créature qui redevient entière après avoir été coupée. Mystérieusement, si vous en coupez un en deux, chaque moitié donne un nouveau ver.

Qu'y a-t-il chez le ver qui lui permet de grandir à partir de sa souffrance ? Et comment traduire cela en termes humains ? Disons tout d'abord que le ver est totalement en contact avec la terre, dont il se nourrit d'ailleurs. Il vit dans l'humus, de l'intérieur comme de l'extérieur.

Le secret pour « grandir » à partir de nos blessures, c'est peut-être de vivre près de la terre, de vivre avec notre cœur, notre tête et notre ventre en contact constant, de l'intérieur comme de l'extérieur, avec ce qui est plus grand que nous.

Quand nous sommes divisés, la vie nous fait connaître l'humilité et nous pousse à risquer de ne faire qu'un avec le sol de notre expérience. C'est ce qui nous permet de guérir et de devenir quelque chose d'entièrement nouveau.

- *Centrez-vous et méditez avec bienveillance sur un espace en vous où vous vous sentez divisé.*
- *Inspirez profondément et amenez l'air universel vers cet espace douloureux et fragile.*
- *Inspirez à fond et laissez les éléments imprégner votre blessure des atomes d'un nouveau début.*

22 MAI

Sentir au-delà de la douleur

Résister jusqu'à la limite
à la tension entre des opposés
nous libère du mouvement oscillateur
entre les extrêmes.

– HELEN LUKE

Parfois, quand je pense à mes parents qui m'ont blessé, un ciel gris d'hiver m'amène à sentir à leur place, à adopter leur vision. Dans mon empathie, un vieux scénario refait surface et je me mets à perdre de vue la vérité de ma blessure, comme s'il ne restait de place que pour leurs sentiments.

Ce genre de conflit est très commun. Très souvent, nous sentons pour les autres, nous perdant ainsi de vue. Ou alors, nous nous coupons d'eux afin de nous protéger. Comme une radio qui ne peut se syntoniser que sur un seul poste à la fois, il semblerait que nous ne captions chaque fois qu'un aspect des choses, alors que tous les aspects sont en ondes.

Mais la compassion est quelque chose de plus profond qui attend patiemment au-delà de la tension du choix. En pratique, elle n'exige pas que l'on renonce à la vérité de nos sentiments ou de notre réalité. Elle ne permet pas non plus de minimiser l'humanité de ceux qui nous ont blessé. Elle nous demande plutôt de nous connaître assez pour rester ouvert à la vérité des autres, même lorsque cette vérité ou leur incapacité à la vivre nous a blessé.

Ceci n'élimine cependant pas les émotions, pas plus que cela n'exige de soi de rester dans une situation blessante. La compassion demande plutôt que nous nous ouvrions comme des montagnes qui s'ouvrent au ciel, comme des montagnes capables de résister à toutes sortes d'intempéries.

- *Assis dans le calme, pensez à quelqu'un avec qui vous êtes en brouille.*
- *Respirez profondément et permettez à la vérité de vos émotions de monter, pas seulement à la vérité de votre point de vue.*
- *Respirez normalement et permettez aux émotions de l'autre personne de monter, pas seulement à la vérité de son point de vue.*
- *Laissez votre respiration dissiper toute tension qui vous mine ou mine l'autre.*

23 MAI

Être éveillé

Il y a toujours une raison d'être,
mais pas toujours un but dans la raison d'être.

Il est très facile de définir qui nous sommes par rapport à ceux qui nous entourent. C'est une habitude dans laquelle nous tombons aisément. Je me rappelle ce qui s'est passé un soir, tandis que je rentrais de l'école – j'étais alors en quatrième année. Je marchais sur le trottoir, heureux de rentrer chez moi, d'être sorti de l'école, encore inconscient de la colère qui m'attendait dans ma propre demeure. Soudain, je remarquai Roy, un élève de ma classe que je n'aimais pas vraiment ; il marchait sur l'autre trottoir, au même rythme que moi. Dès que je le vis, et sans mot dire, je me mis à accélérer le pas pour le dépasser. Il s'en rendit compte immédiatement et accéléra lui aussi le pas. Quand il m'eut dépassé, je fis de même à mon tour. En moins de temps qu'il n'en faut pour le dire, nous faisions chacun la course en vue d'arriver le premier au coin de la rue. J'eus l'impression que je serais une nullité si je n'y arrivais pas le premier.

Depuis ce jour, j'ai assez vécu pour savoir que c'est souvent ainsi que nos ambitions évoluent. En premier lieu, nous voilà seul dans la joie de ce que nous faisons. Puis, soudain, d'autres gens apparaissent en chemin et nous entrons dans le sprint effréné de la comparaison pour éviter d'être qualifié de nul.

Dès lors, nous nous accrochons souvent à l'objectif le plus facile et en faisons une raison d'être. À défaut d'en trouver un, nous nous imaginons à la dérive. Pourtant, notre raison d'être durable est plutôt dans notre respiration, dans notre être. Ainsi que l'humaniste Carol Hegedus le souligne, « notre raison d'être est ce que nous sommes le plus passionnément lorsque nous prêtons attention à ce qu'il y a de plus profond en nous ».

Derrière tous nos soucis ayant trait à la carrière, au travail et à la retraite, notre raison d'être revient donc essentiellement à vivre pleinement, à être la lumière de ce que nous sommes au-delà de tous les noms et titres qui nous sont attribués ou que nous convoitons.

Imaginez Bouddha au moment de son illumination. Je doute fort qu'il ait su qu'il était lumineux. En fait, quand il a quitté l'endroit où il était assis sous l'arbre *bodhi*, un moine s'est approché de lui, dit-on, complètement stupéfait par sa luminosité, et lui a demandé : « Saint homme ! Qui es-tu ? Tu dois être un dieu. »

Ne se concevant comme rien d'autre qu'un être présent, Bouddha répondit : « Non... pas un dieu », et continua de marcher.

Mais le moine insista : « Alors tu dois être un deva. » Bouddha s'arrêta et dit : « Non... pas un deva. »

Éberlué, le moine le suivit. « Alors, tu dois être Brahma lui-même. »

Ce à quoi Bouddha répondit simplement « Non ».

Confus, le moine l'implora : « Alors, qui es-tu ? Dis-le-moi, je t'en prie. Qui es-tu ? »

Bouddha ne put retenir sa joie et répliqua : « Je suis éveillé. »

Se pourrait-il que notre raison d'être, peu importe qui se trouve sur notre chemin, peu importe ce que l'on nous dit, soit simplement d'être éveillé ?

- *Assis dans le calme, méditez sur les choses qui en sont venues à vous définir.*
- *Sentez ce que vous faites de vos journées et dites : « Je suis plus que mon travail. »*

- *Sentez l'endroit où vous dormez la nuit et dites : « Je suis plus que l'endroit où je dors. »*
- *Sentez qui vous aimez et dites : « Je suis plus que mes relations. »*
- *Sentez tout ce que vous avez souffert et dites : « Je suis plus que toutes mes souffrances. »*
- *Sentez votre nom et dites : « Je suis plus que mon nom. »*
- *Sentez votre respiration entrer et sortir de votre cœur et dites : « Je suis la flamme de vie qui vit dans ce corps. »*

24 MAI

Deux façons d'être qui nous sommes

Si vous ne savez pas le genre de personne
que je suis et que je ne sais pas celui que vous
êtes, vous pourriez adopter un modèle
qui prévaut dans le monde et, en suivant
le mauvais dieu, manquer votre étoile.

– WILLIAM STAFFORD

Tout comme l'eau remplit un trou, les façons d'être des autres viendront aussi remplir l'espace où nous vivons si nous ne le remplissons pas de notre présence authentique. Pendant très longtemps, j'ai cru que garder le secret sur moi revenait à être tranquillement moi-même. J'ai découvert que ce n'était pas le cas.

Je ne sous-entends pas ici que chacun doit tout crier sur les toits, mais qu'il doit être totalement présent, à la façon dont la falaise reçoit une vague, dont un brin de trèfle pousse dans le seul coin de lumière qui reste dans la forêt, à la façon dont le maïs exprime sa douce moiteur quand personne ne regarde.

En vérité, il y a toujours deux manières d'être qui nous sommes : en trouvant l'amour et en empêchant les façons d'être des autres de nous emporter.

- *Au cours de la journée, allez marcher un petit cinq minutes.*
- *Sur le chemin du retour, remarquez l'air qui se déplace autour de vous, et recevez-le en plein visage.*

- *En reprenant vos activités, imaginez comment vous pouvez recevoir le vent des autres en plein cœur.*

25 MAI

Le mur de flammes

À l'image de l'homme qui, dans un bateau
en flammes, n'a qu'un recours pour sauver sa
peau, nous devons traverser avec courage le mur
de flammes pour plonger dans le grand océan.

En vivant, nous nous rendons compte que les vieilles façons d'être, de penser ou d'aimer nous emmurant finissent par s'en aller en fumée. À ce moment inattendu, la peur nous étreint, car nous réalisons que nous sommes pris au piège. Pourtant, ce n'est rien d'autre qu'une renaissance par laquelle nous devons passer si nous voulons que notre vie s'épanouisse. C'est le passage momentané et douloureux de l'ancien au nouveau.

Il est compréhensible d'être bloqué devant un mur de flammes et de ne pas vouloir regarder tout ce qui brûle autour de soi, mais les vieilles choses pouvant brûler longtemps, il est rarement efficace d'attendre que les flammes s'éteignent. Bien des années peuvent être ainsi gaspillées.

À l'exemple de l'homme effrayé sur le bateau en flammes, il faut être confiant que le grand océan dans lequel nous sautons viendra éteindre ce qui prend feu pendant que nous traversons les flammes. La foi, c'est cela.

Sans essayer de jouer à l'homme courageux, et en ayant la peur au ventre, j'ai traversé de nombreux murs de flammes. La première fois, ce fut en quittant la maison familiale. J'avais besoin de délaisser ce nid de flammes de colère qui me brûlait et me donnait l'impression que je n'arriverais pas à survivre. Peu de temps après, j'ai connu le mur de flammes de ma première déception amoureuse. Ce qui était brisé en moi avait presque envie de brûler vif. J'étais certain que nul lieu ne pourrait m'accueillir, que rien ne pourrait m'apaiser. J'ai dû passer à travers le mur au lieu de passer par-dessus. Mais, bien sûr, une fois dans la mer de la vie au-delà de moi, le monde a continué d'avancer et j'ai guéri.

Néanmoins, je pense que le plus grand mur de flammes que j'ai dû traverser a été celui du cancer et de la possibilité de mourir, car, alors, j'ai eu l'impression que toute la mer était en feu. Même en me jetant à l'eau et en m'éloignant de plus en plus des flammes, j'ai cru que j'allais me noyer. Comment pouvais-je savoir que la haute mer était la matrice d'une vie encore plus profonde ? Je suis sûr qu'il en va de même pour tous ceux qui tentent de se sortir d'une dépendance, d'une maladie grave ou d'une relation d'abus.

Mais il me semble que le cercle de feu le plus subtil soit cette façon de penser égocentrique qui nous suffoque par sa fumée, car nous couvons ce feu en nous où que nous allions. Il vit à nos dépens et se nourrit de nous. Alors, comment sauter du bateau en flammes que nous sommes ? Eh bien, il faut parfois sauter du bateau de l'ego dans la mer de l'esprit. Il faut avoir le courage de renoncer à notre entêtement et à nos rêves de contrôle. Il faut laisser l'ego brûler et sauter à travers ses flammes. Nous survivrons, c'est certain, et même plus, puisque nous serons transportés vers un rivage impossible à imaginer.

- *Centrez-vous et méditez sur une façon d'être, de penser ou d'aimer qui se trouve entre vous et la plénitude de la vie. Il pourrait s'agir d'un côté secret de votre personne, d'une nature critique dont vous souffrez, ou de la peur de vos émotions.*
- *Respirez profondément et imaginez ce que changer cette vieille façon d'agir requiert de vous. Vous pourriez simplement vous donner la permission d'être spontané et de rompre votre routine.*
- *Respirez lentement et imaginez-vous passer le mur de flammes qui brûle autour de vous.*
- *Respirez normalement et exercez-vous à faire bientôt le grand saut en imaginant le plus souvent possible ces scénarios.*

La tristesse

La meilleure chose contre la tristesse,
répliqua Merlin, c'est d'apprendre quelque chose.

– T. H. White

L'idée n'est pas de se distraire pour oublier la tristesse, mais de se donner un contexte de vie autre que celui qui nous rend triste. Tout comme le gingembre perd de son piquant quand on le fait cuire, la tristesse peut se dissiper quand on se change les idées.

Quand on est profondément triste ou blessé, la nouveauté est d'une grande aide. Elle verse de l'eau sur le feu du cœur.

Par conséquent, quand vous êtes épuisé d'exprimer tout ce qui fait mal, écoutez une musique inédite, demandez à quelqu'un de vous raconter une vieille histoire datant d'avant votre naissance, ou partez rouler sur une crête de montagne d'où vous avez toujours voulu admirer le paysage.

Posez vos yeux tristes sur des choses nouvelles qui occuperont votre tristesse. Vous devez trouver une toile pour peindre votre tristesse.

- *Assis en toute tranquillité, respirez normalement et laissez la tristesse monter lentement en vous.*
- *Respirez à fond et laissez les choses autour de vous qui ne sont pas tristes vous enseigner quelque chose.*
- *Contentez-vous de respirer tout en laissant la chaise vous parler du bois ; le mur, de la nudité ; les fenêtres, du passage de la lumière.*

Pour descendre du manège

Aucune pensée ne peut arrêter la pensée.

L'être humain a un réflexe agaçant : celui de trop penser. Souvent, quand j'analyse trop un problème ou que je me répète trop ce que je veux dire ou faire, j'ai l'impression d'être une vache qui chasse sans fin une mouche.

Personne n'échappe à ce réflexe. Quand je me sens mal assuré et que je me répète sans arrêt les choses qui devraient me donner de l'aplomb, c'est mon estime personnelle qui s'effiloche.

Que faire ? Einstein a un jour clairement saisi que la manière de penser à la source d'un problème ne peut servir à le résoudre. En termes simples, quand les idées tournent en rond dans notre tête, l'unique chose à faire, même si cela semble difficile, c'est de quitter le manège du mental.

Nous sommes ici sur le terrain de la foi, car nous prenons le risque de nous arrêter en pleine pensée tout en croyant qu'une connaissance plus profonde nous viendra. En vérité, aucune pensée ne peut nous donner confiance, aucune pensée sur le soleil ne peut nous réchauffer, aucune pensée sur l'amour ne peut nous donner des bras pour nous étreindre. La confiance, l'amour et la lumière attendent sous les illusions de la pensée.

- *Assis dans le calme, centrez-vous.*
- *Laissez votre mental vaquer à ses occupations.*
- *Respirez normalement et, à chaque inspiration, exercez-vous à interrompre le cours de vos pensées.*
- *À chaque expiration, exercez-vous à descendre au-delà de vos pensées, vers votre être.*

Le risque de l'attention

Pour la goutte d'eau,
la joie est d'arriver dans la rivière.

– GHALIB, POÈTE SOUFI

Il est étonnant de constater à quel point nous ne faisons qu'un avec tout quand nous sommes bébés ! Mais avec le temps, bien sûr, nous apprenons à établir une distinction entre nous et les autres, entre le monde qui nous habite et celui que nous habitons. Ironiquement, les sages de toutes les avenues spirituelles sont ceux qui, après des vies d'expériences, tentent de revenir à l'état premier d'unité primordiale.

Quand je pense aux moments où je me suis senti le plus vivant, je constate qu'ils ont en commun la qualité de relier tout ce que je garde en moi à tout ce qui est autour de moi, et ce, de telle sorte que je m'oublie. Ces moments-là paraissent intemporels et ouverts. Les plus profonds moments de l'échange amoureux nous permettent de toucher à cette unité au-delà de soi, au même titre que certains moments où l'on est plongé dans une grande musique ou entouré d'un immense paysage. J'ai également ressenti cette sensation après avoir fait de nombreuses longueurs de piscine, après avoir couru longtemps ou, encore, après avoir été seul et bien avec moi-même. Je l'ai également ressentie en découvrant ce que je devais écrire. Il semble bien que l'émotion associée à cette sensation d'unité avec le Tout soit la joie.

Il n'est pas surprenant que le risque d'aimer, c'est-à-dire le risque d'accorder toute notre attention à l'autre, permette de fusionner ce qui est éternel en soi avec ce qui l'est en l'autre. Dans ces moments d'unité, les gouttes d'esprit que nous sommes viennent rejoindre la grande rivière de l'esprit.

Ainsi, le risque d'être totalement présent nous ouvre à la grande unité coulant dans toute chose, exactement comme un ruisseau coule de votre terrain en passant sous ma clôture et sur mon terrain, pour poursuivre sa route sur le terrain de mon voisin. À l'instar du cours d'eau qui ignore tout ce que nous avons érigé sur nos terrains, le flot de la vie passe à travers nous tous en ébranlant les murs que nous érigeons.

Selon toute apparence, nous avons toujours le choix entre rester celui qui érige des clôtures ou suivre le cours d'eau et faire fi des clôtures.

- *Respirez lentement et méditez sur l'Un qui existe dans tout.*
- *Méditez sur votre respiration comme étant partie prenante de l'Un en train de parcourir tout votre corps.*
- *En expirant, laissez l'Un poursuivre son cours en dehors de vous, vers votre voisin, comme le fait le ruisseau.*
- *Respirez tout en réalisant qu'avec le cours de la vie, les choses les plus chères traversent tout ce que nous mettons sur leur chemin.*

29 MAI

Renoncer à ce qui ne fonctionne plus

Se consumer pour arriver en son centre
est le plus solitaire des chemins.
Vous saurez que vous êtes à destination
quand plus rien d'autre ne brûlera.

De prime abord, tout ceci a l'air plutôt sombre. Mais de Moïse à Jésus en passant par Bouddha, les plus profonds d'entre nous ont tous prouvé que la vie est un processus constant de délestage jusqu'à ce qu'il ne reste que l'essentiel.

Le périple de l'humain est comparable au monde naturel. À mesure que le centre se renforce, ce qui était une protection devient un revêtement, telle l'écorce de l'arbre ou la mue du serpent. Tôt ou tard, les esprits que nous sommes et qui grandissent dans des corps doivent brûler leur vieille peau, comme on brûle de vieux chiffons au bout d'un bâton. Ainsi, les flammes éclairent notre route et nous nous acheminons de plus en plus profondément dans le monde intérieur, là où les forces divines nous unifient.

Quand le besoin de se tourner encore vers l'intérieur est là, on est confronté à un choix de vie très difficile : fendre ou non la table de l'arrière-grand-mère pour réchauffer les êtres chers, quitter ou non un emploi sûr et très gratifiant pour se sentir de nouveau plus en vie, ou brûler ou non un vieil aspect de soi qui s'est épaissi à un point tel que l'on ne sent plus la pluie.

En vérité, rester toujours dans l'immédiateté en éliminant ce qui n'est plus vrai, c'est renoncer avec révérence et compassion à ce qui ne fonctionne plus pour rester près de ce qui est sacré. Voilà en quelque sorte la définition intérieure du sacrifice.

- *Assis tranquillement, méditez sur vos confins extérieurs, cette partie de vous qui entre en contact avec le monde. Sentez-en l'épaisseur.*
- *En inspirant, sentez vos confins intérieurs, cette partie de vous qui entre en contact avec l'esprit. Sentez-en la douceur.*
- *Tout en respirant, priez pour que vos confins soient aussi minces que possible et aussi épais que nécessaire.*

30 MAI

Une enfilade de jours identiques à aujourd'hui

Si ce n'est pas maintenant,
ce sera quand alors ?

Depuis que j'ai survécu au cancer, je vis au quotidien avec un petit brin de vérité brûlant. Parfois, il ne me laisse pas dormir, mais, la plupart du temps, il m'apporte une grande joie. Personne ne me l'a soufflé et je n'y suis pas arrivé en travaillant dur. Il s'est juste révélé à moi comme une bouée de sauvetage remonte vers la surface quand elle est immergée. Ce brin de vérité est le suivant : Si ce n'est pas maintenant, alors c'est quand ?

Autrement dit, il n'y a pas de lendemains, seulement une enfilade de jours identiques à aujourd'hui. Pourtant, comme la plupart des gens, j'ai en quelque sorte appris à rêver ma vie, à remplir l'avenir de tout ce qui importe. Un jour, je serai heureux. Quand je serai riche, je serai libre. Quand je rencontrerai la bonne personne, je connaîtrai l'amour. Alors, je serai aimant, heureux, vrai et authentique.

Ayant vu la mort de près, j'ai éliminé le futur de ma vie. Et bien que je m'attende à vivre très longtemps, que j'aie des projets et que j'aie hâte de les concrétiser, je n'ai pas d'autre choix que de rêver dans le moment présent.

Mais je retombe dans les vieilles habitudes et je me projette au maximum dans un temps à venir. Et c'est alors que j'entends la phrase « Si ce n'est pas maintenant, ce sera quand alors ? ». Et je reviens aussitôt vers le seul lieu que je connaisse vraiment, le moment présent.

Tout ceci m'aide à comprendre fort différemment une histoire se rapportant à Jésus. C'est celle du riche et jeune marchand qui s'approche de Jésus après le sermon sur la montagne. Il admire tellement Jésus et se sent si ému par lui qu'il veut se joindre à lui. En toute sincérité, il demande alors à Jésus ce qu'il doit faire, quelles dispositions il doit prendre.

Jésus lui ouvre les bras en disant : « Viens avec moi dès maintenant. Laisse tout tomber et viens. »

Le marchand hésite en sortant ses nombreux « Oui, mais... » Il ne peut abandonner son commerce si rapidement. Il doit avertir les autres. Il doit aller chercher des vêtements propres. Et combien d'argent devrait-il emporter ?

Les bras grand ouverts, Jésus répète simplement une fois encore : « Viens avec moi dès maintenant. »

Combien de fois remettons-nous à plus tard l'amour, la vérité, la joie et même Dieu avec nos « Oui, mais... » ? Pourtant, tout ce que nous avons à faire, aussi simple et difficile que cela soit, consiste à tout laisser tomber et à y aller.

- *Respirez lentement et méditez sur quelque chose qui vous est cher et que vous travaillez à obtenir : être heureux, connaître l'amour, trouver un conjoint, apprendre à jouer de la musique ou comprendre la vérité de votre expérience plus en profondeur.*
- *Respirez profondément et, pour l'instant, rêvez-en dans le moment présent. Éliminez tous les efforts futurs pour y parvenir.*
- *Pour l'instant, imaginez que cela peut seulement se produire aujourd'hui.*
- *Inspirez profondément tout en reprenant l'énergie de tout ce que vous avez planifié et ramenez-la dans le présent.*
- *Au lieu de vous sentir dépassé par tout cela, essayez de laisser cette énergie vous emplir pendant que vous vaquez à vos occupations.*

Voir à travers les yeux de l'autre

Maintenant, je n'ai pas d'autre choix que de voir
avec tes yeux. Ainsi, je ne suis pas seul
et tu n'es pas seul non plus.

– YANNIS RITSOS

Voici une histoire sur Gandhi qui illustre à quel point son sens osé de la compassion était profond. Cette situation se produisit alors qu'il avait entamé l'une de ses célèbres grèves de la faim. Un homme dont la fille avait été tuée vint le voir, rongé par le chagrin. Il dit à Gandhi qu'il cesserait de se battre si le saint homme mettait fin à son jeûne. Mais Gandhi savait que, pour guérir, cet homme devait aller plus loin que de cesser d'être violent. Il répondit donc à cet homme qu'il recommencerait à manger seulement quand celui-ci aurait pris dans ses bras l'homme ayant tué sa fille.

On dit que l'homme fondit en larmes et fit selon le désir de Gandhi, ce qui mit fin au conflit. Demander une telle chose à une personne en deuil est énorme. Mais au-delà de l'immense courage nécessaire pour faire entrer cette sorte d'amour dans notre vie, la demande de Gandhi révèle une sagesse irréfutable : *quand des gens brisés sont guéris, peu importe ce qu'ils ont fait, nous sommes tous guéris.*

Il est difficile de comprendre cela. Pourtant, le mystère du véritable pardon consiste à renoncer à notre comptabilité d'injustices et de rétributions pour retrouver le sentiment du cœur. Je suis donc forcé de regarder dans ma propre petite vie, dans mes propres petites souffrances et de me questionner : « Qui suis-je ? Pourquoi ne puis-je pardonner le tort qu'on m'a fait ? Pourquoi ne puis-je, non seulement pardonner, mais faire de nouveau confiance ? »

- *Assis dans le calme, faites de la place pour autre chose dans vos émotions.*
- *Respirez lentement et remémorez-vous quelqu'un que vous ne comprenez pas.*
- *À chaque inspiration, laissez cette personne entrer dans votre cœur.*
- *À chaque expiration, essayez de voir avec ses yeux.*

1er JUIN

Vers le Nord

Avec l'expérience, on réalise que tous les humains connaissent à tour de rôle toutes les situations.

Le Grand Tout nous soutient et nous enveloppe en permanence alors que tour à tour nous étreignons les autres ou sommes étreints par eux, que nous tombons puis nous relevons, que nous écoutons et disons ce qui importe. Cela me rappelle Nur. Elle aussi avait le cancer et était un modèle de force et de combativité. Le jour où elle est décédée, j'étais profondément attristé. Pourtant, la lumière fut impitoyable de beauté ce jour-là, me forçant à commencer à guérir. Durant ces heures lumineuses mais douloureuses, j'ai pris conscience d'une chose : même quand je me ferme, cette magnifique lumière est toujours là, derrière ma tristesse.

Mais l'inverse est vrai aussi. J'ai connu des moments de simplicité si totale que tous mes problèmes, toutes mes limites semblaient pour un instant avoir disparu, alors qu'ils étaient là, en sourdine, poussant comme la moisissure dans l'obscurité. J'ai donc appris que peu importe ma légèreté de cœur, mon ombre s'immisce par en arrière et attend derrière la joie.

Et quand j'ai essayé de fuir le fait que j'avais le cancer, il m'est devenu très clair que, nonobstant la vitesse à laquelle je fuyais, je finissais toujours par me retrouver dans un espace dénué d'émotions. Par un tranquille après-midi de février durant ma convalescence, seul et les côtes prises par les bandages, je dus accepter que même si je restais assis pendant des heures, une rivière en mouvement m'attendait à l'intérieur, et je devais la rejoindre.

Il semblerait que le chemin où nous sommes dans l'instant conduise à un moment donné au chemin opposé. Quand je suis démoralisé, vous avez un moral d'acier. Quand vous êtes dans vos petits souliers, c'est moi qui suis fort. Quand je ne peux plus garder la tête haute, elle tombe toujours dans le giron de celui qui vient de relever la sienne. Quand je me suis enfin libéré d'un fardeau, il y a toujours une tête trop pleine et trop lourde qui me tombe dessus.

Dès lors, nous évoluons et guérissons sans cesse en étreignant les autres et en nous faisant étreindre. Dans ma propre vie, j'ai été suffisamment étreint et abandonné, j'ai suffisamment blessé et apaisé les autres pour accepter enfin que les raisons du cœur sont à l'image des feuilles au vent. Tenez-vous debout et tout adviendra en vous. Il ne s'agit pas ici de morale. Les choses sont simplement telles qu'elles devraient être, ou doivent être, comme tout ce qui est naturel. Tous, nous perdons et gagnons quelque chose. L'obscurité envahit la lumière et la lumière envahit la souffrance. La vie est une conversation sans fin, une danse sans pas, une chanson sans paroles, une raison trop grande pour n'importe quel intellect.

Que nous nous changions, ou soyons contraints de changer, la magnificence est toujours là...

- *Au cours de la journée, prenez cinq minutes pour aller marcher en silence. En ville, à la campagne, dans un parc de stationnement, vers le bout du couloir où se trouve la seule fenêtre à recevoir la lumière.*
- *Respirez normalement pendant que vous marchez. Sentez votre respiration dans vos pieds.*
- *Humez l'air que des inconnus ont respiré avant vous.*
- *Arrêtez-vous dans un endroit où passe la lumière, aussi petit soit-il. Fermez les yeux, sentez cette lumière sur votre visage et dites-vous : « Je suis chez moi. »*

2 JUIN

Drame et paix

Les empreintes sont trop nombreuses
au même endroit,
car le cœur est un sentier étroit
et nos bras, la seule porte pour y accéder.

Parfois, tellement de souvenirs se bousculent dans mon cœur qu'il m'est impossible de savoir ce que je ressens et pour quelle raison : mon premier amour riant dans un parc dont je ne me rappelle jamais le nom, ma grand-mère qui meurt entre ses murs de briques sales à Brooklyn, la beauté des Rocheuses m'invitant à retourner parmi les vivants, une vision de mon ex-femme, les épaules courbées de fatigue sous la pluie, le vieux chien qui vivait avec moi et qui courait toujours après sa queue... et quelques milliers d'autres.

Tout ce qui nous a touché dans notre vie se retrouve en notre centre. Quel cadeau ! C'est ça être humain ! C'est ce que les sages de toutes les traditions qualifient depuis toujours de *paix*, ce moment insaisissable où tout ne fait plus qu'un. Que nous ne puissions faire un tri dans ces souvenirs et ces émotions une fois que le terreau de nos expériences est remué fait partie de la vie. Mais le fait d'insister pour maintenir en vie de vieilles blessures est notre malédiction.

Pourtant, ainsi que Thich Nhat Hanh le dit, « notre esprit d'amour est peut-être profondément enfoui sous de multiples couches d'oubli et de souffrances ». J'apprends que ce qui fait la différence, c'est ce sur quoi on concentre son attention. Quand je me concentre sur les expériences qui m'ont labouré et sur les nombreux pieds qui m'ont piétiné, je ne vois pas de fin à ma souffrance. Mais si je me concentre sur le terreau de mon cœur et sur la façon dont il a été retourné, je ne vois pas de fin au mélange de sentiments qui défient mon désir de les nommer.

Le drame se perpétue quand on continue de ressentir ce qui nous a été fait. La paix prévaut quand on sait vivre avec ce qui en résulte.

- *Centrez-vous. Pendant que vous respirez, sentez votre cœur et ses milliers d'émotions battre dans votre poitrine.*
- *Respirez lentement. Laissez monter en vous une expérience qui a contribué à vous façonner.*
- *Pour l'instant, concentrez-vous sur les labours de l'expérience, sur leur action sur vous.*
- *Maintenant, concentrez-vous sur le terreau de cette expérience, sur les résultats de ces labours.*
- *Remarquez et sentez la différence.*

Plus que nos erreurs

Les bisons broutaient l'herbe qu'ils avaient eux-mêmes engraissée de leur crottin.
Cette herbe plongeait profondément ses racines dans le sol et résistait à la sécheresse.

– DAVID PEAT

Nous avons beau essayer, nous ne pouvons nous empêcher de commettre des erreurs. Mais fort heureusement, pour grandir avec de fortes racines, nous devons, tout d'abord et avec humilité, nous nourrir de ce qui pousse à partir de notre merde, de ce que nous ingérons et digérons de notre humanité. À l'exemple du bison, nous nous nourrissons de ce qui germe sur notre passage. Ce que nous foulons et laissons derrière nous fertilise ce qui nous nourrira plus tard. Personne n'échappe à cela.

Parfois, les choses se défont et se refont plus vite que ce qu'il nous est possible d'absorber. Mais nous avançons malgré nos limites. Et bien que nous nous brisions et fassions des erreurs, nous sommes toujours mystérieusement plus que ce qui est brisé. Il va de soi que, d'une manière ou d'une autre, nous poussons sur le sol de nos erreurs. Et chemin faisant, les choses auxquelles nous nous agrippons nous sont enlevées de force.

J'ai été brisé et j'ai échoué tellement de fois dans ma vie que le sens de mon identité a germé et pelé tel un oignon. Mais justement pour cette raison, j'ai vécu plus que ma dose de vies et je me sens à la fois vieux et jeune, le cœur en bandoulière par le simple fait de sentir l'air. Par ailleurs, j'ai été tellement loin dans la souffrance que tout, y compris le chant fugace des oiseaux ou la paix emprisonnée dans le murmure d'un frais ruisseau, est désormais rare et incertain. Je veux maintenant me tenir nu devant chaque vent, et même si j'ai encore peur de tomber en morceaux, je sais, quelque part en moi, que tout cela – dont la terreur – fait partie du rythme de la vie. Voyez-vous, personne ne m'a jamais dit que le cœur humain pèle à l'instar des serpents qui muent et de l'arbre qui perd son écorce. Personne ne m'a jamais dit qu'il pleure quand on l'ouvre de force, et qu'il chante quand on l'aime. Je comprends maintenant que tout ce qui nous empêche de brûler la vérité comme combustible, tout ce qui amène le cœur à croire qu'il peut se cacher au grand jour, tout ce qui nous fait regarder partout sauf au centre, c'est de la fumée qui nous coupe de ce qui vit. Et tout ce qui nous fait revenir, tout ce qui nous fait construire une maison de paille à partir de rien et de nos maux de cœur, tout ce qui nous rallume pour voir encore d'un regard frais, c'est la flamme bleutée grâce à laquelle la Terre continue de tourner autour du Soleil.

- *Allumez une bougie. Assis dans le calme, concentrez-vous sur la partie bleutée de la flamme pendant que vous méditez sur une perte que vous portez encore en vous. Il peut s'agir d'une personne décédée ou qui vous a quitté. Ou encore, d'un rêve parti en fumée.*
- *Tamisez les émotions reliées à cette perte et sélectionnez un détail qui vaut la peine d'être gardé. Il pourrait s'agir d'un stylo ou d'un livre dont quelqu'un s'est servi. Ou encore d'une chaise, d'un morceau de musique ou d'un outil de jardin.*
- *Tout en tenant ce détail dans votre cœur, regardez dans la flamme bleutée et méditez sur ce cadeau qui reste de ce qui s'est passé.*
- *Maintenant, utilisez si possible ce détail pour vous aider à construire sur ce qui est devant vous.*
- *À ce qui vaut la peine d'être gardé, essayez d'infuser une nouvelle saveur à partir de ce que vous avez perdu.*
- *Servez-vous du vieux pour bâtir du neuf.*

4 JUIN

Attendre la perfection

Dans les dix régions de l'univers,
aucun lieu n'existe où la Source n'est pas.

– HAKUIN

Une vieille histoire raconte qu'un jeune homme gèle au bord d'une route de l'Alaska, à faire de l'auto-stop pour se rendre à Miami. Il est tellement gelé qu'il peut à peine tenir la pancarte sur laquelle est écrite sa destination. Après une interminable attente, un camionneur sympathique s'arrête et lui dit : « Je ne vais pas à Miami, mais à Fort Lauderdale. »

Abattu, le jeune homme émet un « Oh ! » de déception et refuse l'offre.

Ce mythe populaire de notre culture moderne nous met en garde contre le désir de perfection. Combien de fois refusons-nous d'aller vers notre destinée sous prétexte d'attendre la chose juste ? Combien de fois mettons-nous de côté le chemin qui se présente à nous comme un cadeau parce que ce n'est pas exactement ce dont nous rêvons ? Combien de fois attendons-nous le conjoint parfait, le boulot parfait, la maison parfaite ? Combien de fois nous martyrisons-nous en raison d'un idéal à atteindre ?

Combien de fois perdons-nous de vue ce que nous cherchons par notre seule insistance à tout obtenir, ou rien, alors qu'il y a tant d'abondance là où nous sommes et que de nombreuses possibilités peuvent nous aider tout au long de notre chemin ?

- *Assoyez-vous à l'extérieur si vous le pouvez, et regardez les nuages passer. Essayez d'en trouver un qui dessine la forme d'un cheval. Que vous en trouviez ou non, observez ce que la recherche d'une chose précise vous amène à sentir.*
- *Fermez les yeux et respirez normalement. Une fois centré, ouvrez les yeux et regardez les nuages. Choisissez-en un qui vous interpelle et voyez quelle forme s'annonce en lui.*
- *Quoi que vous trouviez, observez la sensation rattachée à la simple démarche de découvrir ce qui est là.*

5 JUIN

L'entre-deux

Point besoin de chercher la vérité !
Il suffit de mettre un terme aux opinions.

– SENG-TS'AN

La vie est constituée de jours et de nuits ; les chansons, de musique et de silence. Et puisqu'elles font partie de ce monde, les amitiés sont aussi faites de moments de contact et d'entre-deux. Parce que nous sommes humains, nous comblons parfois ces entre-deux d'inquiétude, nous imaginons que le silence est une forme de punition, ou alors nous associons le temps passé loin de la personne aimée comme un changement non exprimé de son cœur.

Notre mental pédale à fabriquer quelque chose à partir d'un rien. Il se peut que nous percevions le silence comme du rejet et que nous échafaudions tout un château à partir de cette minuscule brique.

Le seul moyen de défaire les tensions que nous tissons autour du rien, c'est de rester une créature du cœur. En laissant s'exprimer la voix de nos émotions quand celles-ci passent, nous avons l'occasion de demeurer purs et ouverts.

Au quotidien, il s'agit de la prise de contact avec l'autre réduite, chez la plupart des gens, à la liste d'épicerie : Comment vas-tu aujourd'hui ? As-tu besoin de lait ? D'œufs ? De papier hygiénique ? Bien que nous nous aidions à *survivre* les uns les autres par de telles considérations pratiques, nous nous aidons les uns les autres à *vivre à fond* quand notre liste de bienveillances émane de notre monde intérieur : Comment vas-tu aujourd'hui ? As-tu besoin de confirmation ? De clarté ? De soutien ? De compréhension ?

Lorsque nous posons ces questions directement, nous éliminons toute fausse perception de notre esprit. Tout comme il faut de temps en temps épousseter nos biens, il faut aussi éliminer ce qui nous recouvre quand nous sommes séparés les uns des autres.

- *Méditez sur le sens que les énoncés suivants ont pour vous et exprimez ces énoncés à voix haute à une personne chère :*
- *Je t'apprécie et j'apprécie ton cœur.*
- *Je veux que le canal du cœur soit largement ouvert entre nous.*

- *S'il y a des malentendus ou des conflits entre nous, je te promets de t'en faire part directement au lieu de laisser les choses s'envenimer.*
- *J'apprécierais que tu en fasses autant de ton côté.*

6 JUIN

Deux singes endormis

La tendresse ne sélectionne pas.
Elle va vers tout de la même manière.

– JANE HIRSHFIELD

Nous nous retrouvâmes dans un coin du jardin zoologique de Central Park. Malgré les douzaines de touristes qui tapaient du doigt sur les parois de verre, deux singes étaient accroupis sur un perchoir de pierre. À notre grande surprise, ils étaient profondément endormis, leurs têtes respectivement inclinées l'une vers l'autre et leurs petits corps avachis.

Le plus surprenant, c'est que leurs délicates petites mains se touchaient et que leurs petits doigts de singe s'effleuraient. À l'évidence, c'était ce toucher léger mais constant qui leur permettait de dormir. Aussi longtemps qu'ils se touchaient, ils pouvaient lâcher prise et dormir.

J'enviais leur confiance et leur simplicité. Ce tableau était dénué de toute prétention humaine à l'indépendance. Ces singes avaient manifestement besoin l'un de l'autre pour connaître la paix. L'un d'eux bougea sans pour autant se réveiller et l'autre, dans son sommeil, maintint le contact entre leurs doigts. Que le contact est réconfortant ! Dans ce réconfort, tous deux plongeaient dans les songes que seuls les singes connaissent.

Ils avaient l'air de vieux voyageurs priant dans un lieu de repos rendu possible parce qu'ils osaient rester en contact. C'est l'un des moments les plus touchants et les plus simples que j'ai jamais vécus. Deux vieux singes entrelaçant leurs doigts comme si ce contact pouvait à lui seul les protéger de l'oubli !

Je prie pour avoir le courage d'être aussi simple qu'eux et de demander ce dont j'ai besoin pour être.

- *Assoyez-vous avec une personne chère, un amoureux ou un ami, et ouvrez-vous à tout ce qui est plus vieux que vous.*
- *Priez ensemble sans vous toucher.*
- *Maintenant, entrelacez légèrement vos doigts avec la simplicité des vieux singes et ouvrez-vous encore davantage au mystère de la tendresse.*
- *N'observez pas ce qui se passe. Restez seulement en contact et laissez-vous porter par l'indicible.*

7 JUIN

Il nous arrive à tous de nous éclabousser les uns les autres

> Vouloir changer le monde sans découvrir son propre moi, c'est comme essayer de recouvrir la terre d'une peau de cuir pour empêcher les pierres et les épines de nous blesser. Il est beaucoup plus simple de porter des chaussures.
>
> – RAMANA MAHARSHI, UN SAGE INDIEN

Tout le monde fait de la projection et personnalise tout. Personnaliser, c'est penser à tort que ce qui se passe dans le monde a toujours à voir avec soi. En voici un exemple extrême. Un enfant qui refuse de faire ses devoirs, et qui apprend le lendemain qu'un avion s'est écrasé à Dallas, se croit en quelque sorte responsable de cet accident. Mais il existe aussi une version plus commune et moins extrême. C'est celle où, quand votre conjoint rentre à la maison maussade et de mauvaise humeur, vous croyez immédiatement que c'est de votre faute.

Projeter, le phénomène inverse, c'est attribuer aux objets et aux personnes ce qui se passe en nous. Souvent, sans le savoir, nous projetons nos peurs et nos frustrations sur les autres. Au lieu de reconnaître ma propre colère, je vous vois en colère. Si j'ai peur des chiens, je cherche à protéger mes enfants et, sans leur demander comment ils se sentent réellement avec ces animaux, je leur transmets ma peur et les tiens éloignés des chiens. Un exemple plus subtil de projection est celui où nous disons à une personne qui pleure qu'elle n'a pas besoin de pleurer, et ce, parce que nous sommes mal à l'aise devant ce genre d'émotion. Un autre exemple est celui où nous demandons constamment à d'autres personnes si elles vont bien, alors que c'est nous qui n'allons pas bien.

En réalité, personne n'est à l'abri des projections et de la personnalisation. Par contre, il y a les gens qui en sont conscients et ceux qui ne le sont pas. Il y a ceux qui s'approprient les projections des autres et ceux qui ne le font pas. Et cette différence est cruciale, car le fait de ne pas se les approprier peut conduire à la dissolution de relations. À l'inverse, l'appropriation des projections permet aux relations de s'approfondir.

Les humains se sont toujours éclaboussés les uns les autres et, cela depuis des générations. Leurs descendants ont touvé les mêmes excuses pour continuer les éclaboussures, certains en disant qu'ils l'avaient fait pour une raison précise et les autres sachant au fond d'eux-mêmes qu'ils l'avaient fait exprès.

Si vous voulez transformer le monde, alors quand vous éclaboussez dites simplement ; « Je suis désolé de vous avoir éclaboussé. »

- *Centrez-vous et remémorez-vous un incident récent au cours duquel vous avez renversé de la soupe.*
- *Respirez à fond et voyez avec précision ce que vous avez fait et de quelle façon cela a affecté autrui.*
- *Respirez doucement et accueillez avec bienveillance votre humanité.*
- *S'il y a nécessité, rachetez-vous.*

Se reposer comme un arbre

Louanges et reproches, pertes et gains, plaisirs et chagrins
vont et viennent comme le souffle du vent.
Pour être heureux,
il faut se reposer comme un grand arbre
au milieu de tous les autres.

– PETIT LIVRE D'INSTRUCTION DE BOUDDHA

Il est bon de se rappeler cette notion. Certes, cela s'avère difficile quand on est dans les reproches, la perte ou le chagrin. Néanmoins, c'est précisément dans ces moments-là que nous en avons le plus besoin.

Comme tout un chacun, je préférerais ne pas connaître les remous souterrains de la vie. Cependant, le défi n'est pas de les empêcher d'advenir, mais plutôt d'accepter le fait que nous en aurons tous notre quota au cours de notre existence.

Si nous évitons les aspects difficiles de la vie, notre plénitude sera amoindrie. Quand nous le faisons, nous ressemblons un peu à l'arbre qui ne s'ouvre jamais totalement au ciel. Et quand nous nous appesantissons sur nos difficultés, nous les empêchons de suivre leur cours, de faire leur chemin. Et là, nous ressemblons un peu à l'arbre qui emprisonne la tempête dans ses feuilles.

Par sa nature, une tempête se déplace et avance, et l'arbre n'a pas de mains, grâce à Dieu. Par bonheur aussi bien que par malheur, nous devons apprendre quand nous ouvrir, quand nous retenir et quand mettre nos mains dans les poches.

- *Tenez-vous debout près d'un arbre adulte. Respirez sa grande sagesse.*
- *Pendant que vous observez l'arbre, sentez monter les louanges et les reproches. Essayez de rester aussi calme et droit que l'arbre.*
- *Respirez profondément et sentez les pertes et les gains tourner autour de vous. Essayez d'ouvrir votre cœur telle une branche qui se déploie.*
- *Respirez lentement et sentez le plaisir et le chagrin remuer vos feuilles. Essayez de rester immobile sans vous accrocher ni à l'un ni à l'autre.*

Les signes

La souffrance est souvent le signe
que quelque chose doit changer.

Nos cœurs et nos corps nous envoient souvent des messages auxquels nous ne portons aucune attention. Il est tout de même ironique que nous ayons tous très conscience de la souffrance – qui peut l'ignorer ? – sans pour autant entendre ce qu'elle a à nous dire. Certes, il se peut que nous devions être forts devant une grande souffrance, une grande peine d'amour, une grande déception ou une grande perte pour que le reste de notre vie puisse fleurir. Mais il se peut aussi que notre souffrance nous indique exactement quoi changer dans notre existence.

Si nous considérons notre corps comme un lien entre la vie intérieure et la vie extérieure, la souffrance nous indique souvent l'endroit où le pont subit la pression la plus forte. La souffrance nous signale où nous pourrions céder et où notre vie à besoin de se renforcer et de se reposer pour que nous puissions continuer à harmoniser vie intérieure et vie extérieure.

Alors que je me battais contre le cancer, j'ai connu toute une variété de souffrances et de douleurs aiguës et profondes. J'ai appris comment retenir et laisser aller, comment endurer la souffrance, c'est-à-dire comment la laisser passer sans nier qu'elle faisait mal. Mais mon plus grand apprentissage a été d'écouter cette souffrance.

Les traitements de chimiothérapie très forts que je subissais m'épuisaient, mais je tentais de mon mieux de supporter le plus de traitements possible. Tout le monde me répétait de tenir le coup. Ceux qui avaient plus peur que moi m'assuraient de la nécessité d'absorber autant de poison que je pouvais en tolérer afin d'éliminer complètement le cancer de mon corps. Je m'en suis tenu à cette approche.

Après quatre mois d'un tel régime, toute sensibilité dans mes doigts et mes orteils avait néanmoins disparu et mes réflexes avaient grandement diminué. La chimiothérapie était en train d'endommager mes nerfs. J'ai dû me débattre intérieurement pour savoir si je devais ou non continuer ce régime de soins. J'avais l'impression que mon cancer avait disparu. Par contre, la chimiothérapie était une sorte d'assurance garantie. J'ai donc poursuivi en me disant : « Endure encore un peu. Tiens bon. »

Vingt-quatre heures plus tard, les pires maux d'estomac jamais connus de ma vie m'ont tenu éveillé toute la nuit. À trois heures du matin, je faisais les cent pas dans le salon, essayant d'endurer la douleur, implorant l'aide de Dieu. La chimiothérapie avait dorénavant endommagé mon œsophage. Une autre série de crampes incroyables me prit d'assaut. J'implorai davantage Dieu de m'envoyer un signe, de m'indiquer ce que je devais faire. Après tout, je voulais vivre.

Une autre crise. Puis une autre. Ce n'est qu'au bout de trois crises que je me suis rendu compte que le signe, c'était justement ces crises de souffrance. Elles me transmettaient le message d'arrêter la chimiothérapie. J'étais là, recroquevillé, l'œsophage en sang, les doigts et les orteils engourdis, et Dieu me disait : « C'est ça le signe. Tu en veux encore un ? Je peux t'en donner un autre s'il le faut. »

Le lendemain, j'appris à mon cher médecin que je n'accepterais aucune autre piqûre dans le bras. Et tout rentra dans l'ordre.

- *Tout en respirant lentement, méditez sur une souffrance ou une douleur qui vous préoccupe sur le plan physique, émotionnel ou mental.*
- *Plutôt que de vous endurcir et de résister à la douleur, essayez de la laisser passer à travers vous.*
- *Remarquez l'endroit où elle est le plus aiguë. Remarquez aussi où vous la ressentez en premier et en dernier.*
- *Que vous apprend cette douleur sur l'endroit de votre corps, de votre cœur ou de votre esprit qu'elle traverse ?*
- *Que pourriez-vous modifier dans votre façon de bouger, de sentir et de penser qui pourrait renforcer cette partie de vous qui souffre ?*

L'exercice de la douceur

Je n'ai pas le pouvoir de faire un miracle
autre que celui d'arriver au bonheur tranquille.
Je n'ai pas de tact, sauf quand je fais
l'exercice de la douceur.

– ORACLE DE SUMIYOSHI

Ce sage shinto des collines du Japon nous dit ce que nous savons en nos cœurs, mais honorons rarement. J'ai travaillé dur pour renoncer à occuper une place dans la société, place décidée par les autres de ce monde. J'ai renoncé parce que j'aboutissais toujours trop dans le bruit, la confusion et l'inimitié. C'est souvent un chagrin ou une souffrance qui m'ébranle en chemin et m'amène à réaliser que je dois faire l'exercice de la douceur pour m'ouvrir au monde de la quiétude.

La vérité profonde, c'est qu'au-delà de cet exercice, une partie peu aimée de moi me susurre avec insistance que je peux avoir les deux. Et, comme un imbécile, j'ai tendance à écouter cette partie de moi, par apitoiement ou par orgueil, pour finalement toujours découvrir avec souffrance que ça ne marche pas ainsi.

De façon mystérieusement belle, l'extraordinaire finesse de toute chose est souvent recouverte d'un courant de rapidité et de bruit, tout comme le sont les belles pierres d'un torrent que l'on peut seulement découvrir sous le flot de la rivière. C'est uniquement lorsqu'il nous est possible de calmer la rivière au-dehors et en dedans que les choses deviennent sublimes et claires.

- *Respirez profondément pendant que vous marchez.*
- *En ralentissant le rythme de vos pas, observez à quel point votre champ d'attention s'élargit.*
- *Accordez votre attention au premier objet qui vous livre son bonheur tranquille.*
- *Respirez lentement tout en lui parlant avec douceur.*

Monter ensemble

Ceux qui boivent de la même eau
regardent les mêmes étoiles.

La montée était longue. Il faisait chaud. Ayant prévu le coup, Tom avait fait congeler sa bouteille d'eau pour que le liquide reste frais tout au long du parcours. Mais après avoir bu ce qui avait fondu, il ne lui restait qu'un bloc de glace cliquetant dans sa bouteille de plastique. C'est alors que Bill, un autre marcheur qui n'avait pas prévu le coup, demanda à Tom de partager sa glace, car son eau était chaude à force d'être restée au soleil.

Heureux de pouvoir partager, Tom tenta de casser sa glace pour en faire passer les morceaux dans la bouteille de Bill. Après quelques tentatives infructueuses et frustrantes, il vint à l'esprit de Tom que si Bill versait son eau chaude par-dessus la glace de sa propre bouteille, Bill pourrait ainsi boire de l'eau fraîche.

Cet instant changea la vie de Tom. Il prit soudainement conscience que s'il laissait entrer les choses, il pouvait davantage partager que s'il continuait de les concasser afin qu'elles puissent sortir.

Quand il redescendit et retourna à la vie moderne, il comprit les trois mystères inhérents au partage : en premier lieu, laisser fondre ce qui est froid, si on a le temps ; en deuxième lieu, quand on n'a pas le temps, laisser entrer ce qui est chaud ; en troisième lieu, quand on n'a pas le temps et que c'est absolument nécessaire, casser ce qui est dur et prier pour que cela passe.

- *Centrez-vous. Pendant que vous respirez, ouvrez les mains et laissez ce qui est chaud autour de vous y pénétrer.*
- *Pendant que vous inspirez, laissez l'énergie de vie fondre vos dispositions en vue de devenir plus potable.*

Compter en touchant

Pour compter, il faut toucher
et non pas additionner et soustraire.

Quand nous comptons avec les yeux, le cœur est au point mort. Les yeux peuvent en effet clairement voir ce qui est brisé sans jamais cependant sentir la cassure. Et le mental peut calculer la perte sans jamais recoudre la plaie. Quand on ne touche pas ce qui se brise, on se précipite souvent pour reconstruire avant même que le rêve détruit ne s'écrase au sol. Même si ce genre de geste nous rend chacun aussi résilient et efficace que la fourmi, il nous empêche par contre de vivre dans ce que nous construisons.

Malheureusement, ce qui nous rend précis et efficace peut aussi nous rendre névrosé puisque nous ne touchons pas ce que nous voyons, nous ne sentons pas ce que nous savons. Et c'est ainsi que le mental prend le dessus sur le cœur, que nous oublions que le sang versé aperçu aux dernières nouvelles du soir est réel et que le cri poussé dans une rue appartient bel et bien à un être vivant.

Quand je suis sorti de l'anesthésie après l'ablation chirurgicale d'une côte, j'ai trouvé une amie au pied de mon lit. Transporté de joie à l'idée d'être revenu à moi, je l'appelai doucement, mais son regard regardait au loin. Je sus à cet instant qu'elle était déjà en train de faire son deuil de moi. Elle rata donc ma rentrée en scène dans le monde des vivants parce qu'elle était déjà en train de se préparer à vivre sans moi. Ce rapprochement plus profond qui attendait entre nous ne fut donc jamais senti. Ainsi, nous pensons nous protéger en faisant des inventaires et en allant de l'avant, alors que nous ne faisons que tisser et resserrer davantage notre toile.

Récemment, une autre amie a rêvé que nous construisions ensemble une maison dotée d'étagères solides pour y déposer les choses que nous aimions. Elle essayait de compter les étagères, mais sans jamais réussir à se rappeler le nombre. Alors, il a fallu qu'elle touche chacune de ces étagères en les comptant pour s'en souvenir. Mystérieusement, pendant qu'elle comptait et touchait les étagères, celles-ci se multipliaient. En définitive, son toucher avait permis à d'autres étagères d'apparaître.

Que la leçon est simple et profonde ! Quand nous comptons avec nos mains, nous nous rapprochons bien plus les uns des autres. Dès lors, les chiffres peuvent se traduire en notes et les totaux, en chansons.

- *Assis dans le calme, méditez sur trois choses qui vous sont chères. L'amour que vous portez à une personne. Votre amour pour la mer. Un morceau de musique grâce auquel vous vous sentez entier. Ou bien toute autre combinaison de trois autres choses.*
- *À chaque respiration, laissez l'image et la sensation de ces choses monter en vous, une à la fois.*
- *Continuez de respirer et de compter ces choses à mesure qu'elles viennent et reviennent à votre conscience.*
- *Continuez de les sentir jusqu'à ce que les chiffres – un, deux, trois – s'estompent.*
- *Continuez de respirer normalement en laissant l'impression de ces trois choses se mélanger.*
- *Entamez votre journée avec cette sensation de porter ce qui vous est cher.*

13 JUIN

Contre notre gré

Comme la crique ne peut se fermer
à la mer qui lui donne sa forme,
le cœur ne peut s'ouvrir qu'en s'usant.

L'une des plus difficiles mais aussi des plus bénéfiques leçons à accepter sur le cœur est la suivante : à l'image de la vie elle-même, le cœur ne cesse de prendre sa place malgré les expériences. Peu importe que nous tentions de préserver ou de revivre ce qui s'est déjà produit, le cœur ne cesse d'être façonné.

C'est vraiment la clé de la santé. Malgré notre résistance à accepter que nous laissons derrière nous ce que nous avons perdu, malgré le fait que nous ayons besoin de recoudre nos blessures en les revivant, malgré nos efforts héroïques à vouloir préserver tout ce qui est précieux, et malgré toutes nos tentatives en vue d'arrêter le cours de la vie, le cœur ne s'y laisse pas prendre. Il sait que la seule façon de véritablement se rappeler ou de rester intact est d'assimiler le meilleur et le pire dans la moindre de ses fibres.

Malgré toutes nos intentions de ne pas souffrir de nouveau, le cœur nous fait avancer toujours plus vers cette assimilation très salutaire. Bien que nous évoluions dans la vie en pensant que nous le dirigeons, notre cœur est constamment façonné comme le rivage, souvent contre notre gré.

- *Centrez-vous et remémorez-vous un moment précieux que vous aimeriez préserver.*
- *Tout en respirant, laissez la vie autour de vous à cet instant aller et venir, y compris la qualité de la lumière, la température et les sons.*
- *Respirez normalement et essayez de ne pas préférer un de ces éléments à un autre. Permettez simplement que le précieux souvenir et le précieux moment présent deviennent tendrement un seul et même moment.*

14 JUIN

Nager dans l'amour

Parfois, je nous perds de vue,
comme le poisson perd l'océan de vue.
C'est le prix à payer pour les amoureux
qui nagent dans l'amour.

Au début, quand nous tombons amoureux, la puissante force des possibilités nous empoigne et nous propulse de plus en plus profondément dans nos journées. Quand nous tissons les premiers liens d'amour, nous nous regardons l'un l'autre avec une incroyable fraîcheur, appréciant ce qui est sous nos yeux. Nous plongeons notre regard dans celui de l'être aimé comme nous le plongerions dans une peinture éblouissante dans laquelle nous imaginons que les secrets de la vie ont été couchés dans l'épaisseur de la couleur.

Mais il est inévitable qu'en devenant plus intimes, nous commencions à nous perdre de vue. Par conséquent, nous finissons un jour par ne plus voir l'être aimé tel que les autres le voient. Nous le voyons dorénavant de l'intérieur, de très près. Nous nageons dorénavant l'un dans l'autre, dans une mystérieuse rivière où, parfois, nous nous voyons l'un l'autre, nous nous apaisons l'un l'autre et nous nous buvons l'un l'autre.

À un certain moment, nous pénétrons dans la peinture que nous avions tant admirée le cœur battant. Mais une fois dedans, nous oublions souvent qu'elle a jamais existé. Voilà comment nous finissons par nous tenir l'un l'autre pour acquis. Voilà comment nous pouvons nous imaginer que la magie a disparu.

Tout comme l'avantage d'être pris dans la mer consiste à nager avec les vagues, l'avantage d'être pris par la profondeur de l'autre consiste à se sentir l'un l'autre au lieu de se voir l'un l'autre. Tel est le paradoxe de l'intimité. Chemin faisant, ce que nous voyons est ce que nous rêvons de sentir. Mais une fois rendus là, nous sentons de l'intérieur ce que nous ne pouvons plus voir.

- *Restez tranquillement assis en compagnie d'un être cher.*
- *L'un l'autre, tenez-vous les mains et fermez vos yeux. Remémorez-vous ensemble la première fois que vous vous êtes vus l'un l'autre dans toute votre profondeur. Laissez cette image passer dans vos mains.*
- *Alors que vous vous tenez toujours les mains, regardez-vous dans les yeux en toute liberté et sentez ce qui est vivant entre vous deux.*
- *Fermez de nouveau les yeux et laissez aussi bien la vision que le senti passer entre vous deux.*

15 juin

Rester perméable

Soyez patient envers tout ce qui reste
non résolu dans votre cœur
et essayez simplement d'aimer
les questionnements eux-mêmes.

– Rainer Maria Rilke

Je suis en train de faire de la course à pied dans la ville par une chaude journée d'été, suivant le rythme de mes jambes qui me portent sans trop de directives de ma part parmi les attroupements, les buissons de roses et les arrêts d'autobus.

Je me mets alors à penser aux efforts à fournir pour ne pas donner ma vie aux autres. En devenant adulte, j'avais toujours besoin de m'assurer que j'étais bien mis avant d'entrer chez une personne, et ce, afin de pouvoir établir des rapports avec elle. Souvent, j'ai dû prétendre que j'étais moins que ce que j'étais pour être aimé.

Des années durant, j'ai mis en suspens ma lumière intérieure afin de prendre soin des autres. À l'exemple du pompier, je laissais tomber tout ce que je faisais pour me précipiter à la rescousse des autres. Pendant très longtemps, mon choix s'est limité à rester ouvert et me perdre, ou à me fermer et me couper des autres. Mais, aujourd'hui, alors que je cours librement dans les rues, près des autres mais pas pris dans les autres, je réalise que j'apprends enfin, après bien des tentatives, à rester près d'eux tout en étant perméable, bienveillant et présent, sans pour cela endosser leur anxiété et me mettre à terre. Du moins, je peux essayer.

Je suis trempé de sueur et je souffle comme un petit bœuf. Le temps se couvre et quelques gouttes commencent à tomber. Je me déplace parmi toutes ces belles personnes inconnues, puis je demande à un vendeur de me préparer un hot-dog avec moutarde et choucroute. Pendant que je mâche cet aliment très simple, la pluie venue du ciel rencontre la pluie de mon corps. Et alors, sous cette pluie, transpirant et avec de fins rubans de choucroute sur les lèvres, je ressens de la joie. Des gens passent et s'agitent autour de moi, mais en ce moment, la dévalorisation n'a pas sa place.

- *Assis dans le calme, remémorez-vous un moment où vous vous êtes totalement perdu dans le problème d'une autre personne.*
- *Centrez-vous et rappelez-vous un moment où vous avez maintenu votre sens du moi mais où, pour y parvenir, vous vous êtes totalement coupé d'un autre.*
- *Respirez à fond et essayez de laisser les deux sentiments coexister : la compassion et le sentiment de soi.*
- *Inspirez le sentiment de soi. Expirez la compassion.*
- *Répétez cette respiration.*

16 JUIN

Un pas vers les autres

Toutes ces promesses que nous faisons
du berceau au tombeau,
alors que tout ce que je veux, c'est toi !
– BRUCE SPRINGSTEEN

Nous imaginons qu'un nombre incroyable de conditions est exigé pour trouver l'amour, mais en réalité il suffit, à l'instar de quelqu'un qui passe du bateau au quai en un seul pas, de faire le pas pour franchir la petite distance qui nous sépare. Souvent, il n'y a rien à quoi se préparer, rien à mettre en place d'avance. Il suffit de faire le pas pour enjamber ce qui nous sépare et arriver à ce qui est juste devant nous.

Toutefois, en cédant à nos peurs et en créant des conditions avant de pouvoir aller vers l'autre, nous élargissons cette distance. C'est ainsi que nous nous affairons à accumuler des références, des styles de vie et des comptes en banque qui sont le plus souvent des distractions nous éloignant du simple et essentiel besoin d'être étreint. En agissant de la sorte, nous avançons puis reculons, nous tournons en rond. Nous allons rarement droit au but, c'est-à-dire vers ce qui nous apportera de l'amour.

Pour connaître l'amour, nous devons davantage faire que comprendre, nous devons avancer d'un pas. Mais avant de le faire, la distance qui nous sépare des autres peut sembler aussi large qu'un canyon. Si, malgré tout, nous allons de l'avant, cette distance nous paraît bien plus petite par après. Une fois franchie cette distance dont nous avions si peur, nous réalisons souvent que c'est justement celle-ci qui nous permet, de manière inattendue, de voir qui nous étions et qui nous sommes en train de devenir.

- *Centrez-vous et amenez à votre attention la distance qui vous sépare des autres.*
- *En inspirant, faites davantage entrer les autres dans cet espace.*
- *En expirant, avancez-vous davantage dans cet espace.*
- *Tout en respirant, laissez les démarcations de séparation s'estomper.*

17 JUIN

Esprit et psychologie

Même l'eau la plus claire semble opaque
à une grande profondeur.

– JOEL AGEE

Chacun de nous est comme une grande mer farouche qui obéit à des courants profonds rarement visibles. De cette vérité émanent trois éléments qu'il est bon de garder à l'esprit. D'abord, nous devons tenir compte du fait que l'eau est aussi claire au plus profond de l'océan que dans une vague de surface, même si elle reste invisible à l'œil humain. Ensuite, la profondeur selon laquelle on peut voir dépend du calme ou de la turbulence des eaux de surface. Et enfin, tout comme le fond et la surface de la mer, l'esprit et la psychologie humaine de chaque être humain sont indissociables.

Ce sont nos courants profonds, inapprivoisés et retentissants, qui occasionnent nos crêtes et nos creux, nos plongeons et nos naufrages. Pourtant, le fondement de l'esprit reste intouché par les tempêtes qui font rage à la surface. Ce fondement obéit à l'ordre de la profondeur. Néanmoins, le fait d'être des êtres vivants en ce monde nous amène à connaître ces deux réalités : la profondeur et la surface, l'esprit et la psychologie. Même si nous ne pouvons jamais voir jusqu'au fin fond, par temps clair, quand la psyché est calme, la profondeur qui nous porte nous est accessible. Une fois libérés des turbulences et de l'anxiété, nous pouvons connaître l'océan de Dieu en nous.

Alors, en amour comme en amitié, dans la brève clarté que le fait de vivre suscite, je vois clairement à travers toi, aussi loin que ma vue me le permet, et je suis changé à jamais. Puis, des vents arrivent de l'est et tu es soudainement toute remuée, tes profondeurs semblent inaccessibles, et je me demande qui tu es. Cela se produit chez tout le monde. C'est inévitable. À observer n'importe quel endroit de la mer, on se rend compte que cette dernière n'est jamais complètement calme. Et même quand elle l'est, elle reflète tout et ne disparaît jamais. Il en va de même avec nos émotions, qui changent en fonction de la lumière.

La mesure selon laquelle nous sommes clairs et visibles dépend de notre calme et du calme de notre journée. Mais nous ne sommes jamais coupés de notre esprit, pas plus que les vagues de surface ne le sont du fond de l'océan. La peur de vivre vient souvent du fait que nous accordons toute notre énergie aux vagues, aux turbulences de la psyché.

Si la révélation consiste en la brève expérience de voir, à travers la surface, en nous et dans les autres, alors la sagesse est le souvenir de cette vision lorsque les eaux sont houleuses et troubles.

- *Remplissez d'eau un plat transparent qui est aussi profond que large. Remuez l'eau avec votre main et, en silence, observez-la se calmer.*
- *Répétez ce geste plusieurs fois tout en pensant aux tempêtes de votre vie qui font rage dans votre esprit.*
- *Les deux dernières fois, observez l'eau du fond et voyez à quel point elle est moins touchée par les remous de la surface.*

Faire surface

Cette nuit passera...
Et nous avons du travail à faire...
Tout a à voir avec aimer et ne pas aimer.
– RUMI

Maintes fois, quand on se sent blessé, déprimé ou anxieux, on affronte de puissantes émotions qui, tels des fantômes sans corps, essayent de prendre possession de nous. Ces émotions semblent se concentrer dans les soubassements de notre souffrance et réactiver nos blessures, comme les pierres dans un feu sont maintenues chaudes par ce dernier.

Après m'être battu pendant des années pour réussir à laisser s'exprimer mes douloureuses émotions, j'apprends que le revers de cette médaille, tout aussi essentiel à mon bien-être, consiste à ne pas laisser la souffrance, la dépression ou l'anxiété s'installer en moi.

Je dois l'avouer, il a fallu que je me rende jusqu'ici pour bien comprendre que la raison d'être de l'émergence de ces émotions puissantes, c'est de continuellement vider mon cœur et mon esprit de ces sédiments afin qu'une vie nouvelle puisse toujours entrer en moi.

Il est dangereux de ne pas laisser de telles émotions s'exprimer. Cependant, une fois qu'on les a senties, il est tout aussi dangereux de ne pas les laisser passer. Tout comme nos poumons doivent être propres pour prendre la goulée d'air suivante, notre cœur doit aussi rester propre pour accueillir l'émotion suivante.

Il n'y a pas de liberté, à moins de danser avec les fantômes de nos blessures, à moins d'empiler nos blessures comme des pierres au bord de nos propres carrières.

- *Centrez-vous et remémorez-vous une émotion douloureuse qui est en vous depuis trop longtemps.*
- *Dans cet état méditatif, entamez un dialogue avec cette émotion et demandez-lui pourquoi elle ne veut pas partir. De quoi a-t-elle besoin pour s'en aller ?*
- *Respirez normalement et vivez avec la réponse qu'elle vous donne.*

Un horizon plus vaste

Les yeux sont moins stressés quand
ils posent leur regard sur un horizon plus vaste.
– R. D. CHIN

Qu'il soit question de physique, d'architecture, de formes orientales de méditation ou de formes occidentales de prière, tous ces domaines avancent que plus notre vue est vaste, moins nous sommes isolés. Plus nous restons en contact avec tout ce qui est plus vaste que nous, moins notre passage sur terre est turbulent.

Voilà pourquoi il est bon de partager notre périple avec d'autres. Ce faisant, nous formons un chœur et, ayant ainsi découvert que nous ne sommes pas seuls, le stress ressenti quand il nous faut chanter en solo est amoindri.

Comme la lumière devient chaleur dans un espace confiné, les tourments de notre vie s'embrasent quand ils restent trop confinés dans l'isolement. Le jour où je me suis joint à un groupe de rétablissement à la suite de mon cancer, j'ai vraiment senti la différence. Seul, j'éprouvais la brûlure de la mort. Mais quand j'ai pu exprimer ma souffrance devant les autres, mon cœur s'est apaisé et a retrouvé la fraîche lumière de la vie.

Lorsque vous voyez une personne au cœur lourd perdre pied, allez simplement vers elle et écoutez-la. Lorsque vous souffrez de manière aiguë, tournez votre attention vers les autres et accordez-la-leur librement. Ces liens viendront émousser vos douleurs. Quand tout est lourd pour vous, tendez la main vers quelqu'un et partagez un peu cette lourdeur avec lui.

- *Remémorez-vous une situation qui vous cause du stress.*
- *Tout en la gardant en vue, inspirez et ouvrez-vous aux choses autour qui ne sont pas stressantes.*
- *Tout en gardant en vue à la fois la situation stressante et les choses non stressantes, respirez lentement et réalisez que rétrécir et élargir fait partie de la condition humaine.*

L'air après la souffrance

Vivez pour l'air qui suit la souffrance
et vous n'aurez aucune raison de courir.

Hippocrate l'a dit, le plaisir est absence de souffrance. Quiconque a déjà souffert sait bien que c'est la vérité. Quand j'ai dû me plier à toute la batterie de tests requise après le diagnostic de cancer, j'étais terrifié à l'idée de souffrir. Je me présentais à tous – médecins et infirmières – en leur demandant de m'anesthésier pendant les tests. Mais, chaque fois, une raison d'ordre médical exigeait que je reste éveillé. J'en suis venu à réaliser que toute fuite m'était impossible, où que ce soit.

Après avoir accepté cela – ce qui a nécessité un certain temps –, j'ai compris que ce qui me terrifiait le plus au sujet de la douleur, c'était la possibilité qu'elle soit sans fin et que ma vie ne soit désormais qu'inconfort ! La terreur se nourrissait de mon incapacité à imaginer l'existence au-delà de la douleur.

L'étape décisive fut le jour où j'ai dû subir une autre prise d'échantillon de moelle osseuse. Pour une raison ou une autre, c'était le genre de test qui m'était le plus pénible. Cependant, une grâce intérieure m'ayant habité ce jour-là, j'ai vu ce test d'un œil complètement différent. J'ai su reconnaître que cette procédure très pénible ne durait que quarante à cinquante secondes et que j'envisageais ma vie entière en fonction de ces seules cinquante secondes, plein d'anticipation et d'évitement !

Pour la première fois, j'ai pris conscience d'avoir le choix. Même si la souffrance de ces secondes restait la même, je pouvais du moins m'ancrer et ancrer ma peur dans le fait réel que ma vie reprendrait après ces cinquante secondes, qu'il y aurait de nouveau de la lumière dans l'air après cette souffrance. Pour la première fois, j'ai senti en mon âme que j'étais bien plus vaste que ma souffrance. Et j'ai retrouvé mon pouvoir.

Combien de fois, dans notre désespoir, ne voyons-nous pas notre souffrance comme quelque chose qui ne finira jamais ! En fait, c'est justement la cause de ce désespoir, car nous croyons alors que notre souffrance contient tout ce que nous sommes. Au contraire, il faut croire que c'est notre vie qui contient toute notre souffrance. C'est le sentiment de paix sur lequel il faut travailler.

- *Centrez-vous et concentrez-vous sur une souffrance physique ou émotionnelle que vous ressentez.*
- *En inspirant, amenez en vous tout ce qui est plus vaste que cette souffrance.*
- *En expirant, laissez aller la souffrance dans l'air qui est sans souffrance et plus vaste que celle-ci.*
- *Pendant que vous répétez l'exercice, concentrez-vous sur les moments dépourvus de souffrance et invitez-les à prendre de l'expansion.*

21 JUIN

La présence de Dieu

J'ai regardé plus de cent fois
et je n'ai vu que de la poussière.
Mais quand le soleil est apparu, j'ai vu des
poussières d'or dans l'air.

Le soleil brille constamment sur notre monde, et la lumière qu'il émet ne nous est visible que lorsqu'elle touche les objets autour de nous. Bien que cet astre brûle continuellement et maintienne tout en vie, bien qu'il émette sa force solaire à des millions de kilomètres de nous, nous le voyons seulement quand il touche un brin d'herbe ou qu'il fait étinceler la dentelle d'une toile d'araignée.

De façon similaire, la présence de Dieu se déplace avec force entre nous, mais elle est seulement visible durant les brefs instants où nous sommes éclairés, durant ces moments vitaux que nous appelons amour.

Tout comme nous pouvons regarder la toile de l'araignée sans jamais voir sa beauté à moins que cette dernière ne soit soudainement révélée par la lumière, nous pouvons, à de multiples reprises, regarder les visages proches de nous sans jamais en percevoir l'esprit, à moins que celui-ci ne se révèle soudainement, éclairé par

Dieu. C'est ainsi que les esprits se révèlent ou, plutôt, que la douceur du cœur nous permet de voir et d'être vu.

Notre quête d'amour devient donc humble, car qu'y a-t-il d'autre à faire, sinon que de grandir au grand air et attendre.

- *Prenez un objet que vous voyez tous les jours – vos chaussures, votre brosse à cheveux, votre coupe-papier, et allez le placer dehors, au soleil.*
- *Oubliez-le quelques instants pendant que vous méditez sur la présence de l'amour tel que vous en faites l'expérience.*
- *Après quelques instants, regardez l'objet au soleil avec les yeux du cœur.*
- *Observez à quel point cet objet semble prendre vie.*
- *Réalisez que votre cœur est maintenant au soleil.*
- *Sentez à quel point il prend vie.*

22 JUIN

La pêche spirituelle

L'honnêteté est le filet
avec lequel nous pêchons en eau profonde.

Bien qu'on nous enseigne à concevoir des projets et à les concrétiser, et bien que nous fassions notre chemin dans la vie selon des programmes d'étude et de travail, la vraie vie est tout autre chose.

En ce qui me concerne, trouver le lieu où je me situe dans le monde ressemble à une pêche spirituelle. Le vaste et mystérieux océan de l'expérience m'interpelle sans cesse et, que ce soit à coup de seau de questions ou de filets d'honnêteté, je continue de remonter ce qui me sustente chaque jour, ainsi que des coquillages, des perles et des algues d'une profondeur telle que personne ne peut voir. Puis, je prends le temps de trier et de nettoyer mes trouvailles, et d'écouter ce qu'elles ont de bon à me dire.

Tous les êtres vivants doivent pêcher. Et pour ce faire, calme et patience sont requis, ainsi qu'une disposition à dériver quelque peu, car on ne sait jamais où se cachent les choses profondes. Pour se connaître soi-même, le processus est à peu près semblable, puisque ce que l'on est réellement est loin en dessous de la surface. Et pour survivre, chacun doit se nourrir de ce qui vient d'en dessous.

Paradoxalement, et à l'instar des poissons, nos émotions de base et nos vérités personnelles vivent en dessous et ne veulent pas être attrapées. Néanmoins, la pêche spirituelle permet de ramener de la nourriture spirituelle. Le secret, c'est que pour se nourrir de ce qui vit en nous, nous devons ouvrir notre coquille. Et en mangeant ce qui nage sous notre surface, nous avons une perspective des profondeurs.

En vérité, tous les gens que j'ai jamais aimés et tous les chemins que j'ai jamais empruntés m'ont été signalés après ma pêche dans les eaux de mon esprit, l'océan de tout esprit quand on y descend suffisamment profond. Je crois que dans ce lieu-là, nous sommes tous reliés. Et c'est seulement par cette communion, en ingérant ce qui vit en nous, que nous pouvons espérer découvrir notre raison d'être commune. Quand nous nous engageons dans cette pratique honnête, la sagesse devient ce très beau filet de cœur attentif par lequel nous rinçons le moindre coquillage, qui renferme aussi bien nutriments que perles.

- *Trouvez un cours d'eau et marchez le long de sa rive jusqu'à ce que vous sentiez un appel.*
- *Allez vers l'eau claire et mouvante comme si c'était votre propre âme et, avec votre main, allez y pêcher ce qu'elle a à vous offrir.*
- *Qu'il s'agisse d'une pierre, d'une branche, d'un coquillage ou d'un détritus, remontez-le et tenez-le fermement dans votre main.*
- *Méditez maintenant avec ce symbole vivant. Entendez ce qu'il sait et comment il sait.*
- *Quelle nourriture vous offre-t-il ?*

Célébrité ou paix ?

Mieux vaut l'oiseau volant librement
sans laisser aucune trace,
que la bête rugissante
marquant la terre de ses empreintes.

– FERNANDO PESSÕA

La majeure partie de nos angoisses et de nos tourments provient du fait que nous vivons dans une culture dont les valeurs nous éloignent de l'essentiel. C'est le conflit entre la définition mondaine du succès et la valeur intérieure de paix qui constitue le cœur de notre problématique.

Malheureusement, on nous encourage, on nous forme même, à aller *chercher de l'attention* alors que le secret du renouveau de vie est de *donner de l'attention.* De la réussite d'examens à l'obtention d'un avancement, on nous apprend à croire que pour réussir dans la vie il faut avoir l'attention des autres et être reconnu comme quelqu'un de spécial. Pourtant, c'est seulement lorsque nous nous consacrons à donner de l'attention aux autres que s'ouvre pour nous la porte sur l'extraordinaire. Les choses s'animent uniquement quand nous osons voir et reconnaître tout comme étant quelque chose de spécial.

Plus nous essayons d'obtenir de l'attention au lieu d'en prodiguer, plus nous sommes malheureux. Pourquoi ? Parce que nous vivons en rêvant de grandeur et en ayant besoin d'être vu à chaque instant. Toutefois, le sentiment d'unité nous est accordé strictement quand nous voyons la vie autour de nous. Nous aspirons désespérément à être aimé, alors que nous n'avons qu'à être aimant.

L'une des raisons pour lesquelles nous sommes si nombreux à être seuls dans notre rêve de succès est la suivante : au lieu de rechercher ce qui est clair et vrai, nous convoitons ce qui est grand et puissant. L'une des raisons qui font en sorte que nous vivons chacun si éloigné de la paix, c'est qu'au lieu d'aimer notre cheminement dans la joie sans nom de l'esprit, nous pensons que la célébrité viendra nous apaiser. Et pendant que nous nous affairons à rêver de devenir célèbre, nous réprimons notre besoin de voir, de donner et d'aimer, autant d'éléments qui nous ouvriraient pourtant à une saine et véritable célébration.

Nos choix sont les suivants : la célébrité ou la paix, être une célébrité ou célébrer l'être, travailler chaque jour à être vu ou se vouer à voir, construire son identité sur l'attention que l'on peut obtenir ou trouver sa place dans la beauté des choses par l'attention que l'on peut donner.

- *Assis dans le calme, essayez de respirer dans votre centre, en deça de votre désir d'être vu.*
- *Ouvrez les yeux et accordez simplement votre attention aux choses autour de vous.*
- *Respirez profondément et regardez la moquette jusqu'à ce qu'elle devienne fibres. Regardez vos clés jusqu'à ce qu'elles deviennent métal. Regardez un oiseau jusqu'à ce qu'il devienne chanson.*
- *Permettez à ce que vous regardez d'entrer en vous et portez-le pendant le reste de la journée.*

24 JUIN

Question posée au malade, II

Quand avez-vous dansé pour la dernière fois ?

– QUESTION POSÉE AU MALADE PAR UN CHAMAN AMÉRINDIEN

La danse commence quand on transpose ce que l'on ressent dans un geste. Si ce mouvement d'expression vient tout naturellement aux enfants, il reste cependant très difficile pour les gens éduqués à vivre dans leur tête.

L'effort à fournir pour danser et donner un mouvement à ce que nous sentons et expérimentons est pourtant source de guérison. Tout comme les lits des rivières sont continuellement façonnés par l'eau qui y coule, les êtres vivants sont à tout instant façonnés par les émotions et les expériences qui les traversent. Quand l'eau ne coule pas, le lit de la rivière s'assèche et s'effrite. Il en est de même pour nous. Si aucun sentiment ou aucune émotion ne passe dans son corps, l'être qui en est au centre s'effrite lui aussi.

Le plus souvent, il y a trop de choses à transposer en geste et nous ne réussissons pas à faire passer ces émotions par le corps. En vérité, la plus grande partie de notre mal-être provient de l'accumulation et de la pression intérieure. Le continuel relâchement des émotions est ce que les pratiques spirituelles appellent l'incarnation, l'intégration corporelle.

De nombreuses et anciennes pratiques sont susceptibles de nous aider à vivre davantage dans notre corps, dont l'art chinois de méditation en mouvement connu sous le nom de *taï chi* et l'art bouddhiste de la conscience de l'espace connu sous le nom de *maitri.* Quand il y a déblocage et que nous exprimons en mouvement notre intériorité, non seulement nous sommes libérés de cette pression intérieure, mais nous apprenons par ces mouvements à danser davantage notre vie.

Pourtant, la majeure partie d'entre nous apprend à sentir, à emprisonner et à juguler ses émotions dans le cœur. Et quand ces émotions refusent de disparaître, nous essayons de les éliminer par le biais du mental. Si elles persistent, nous les sentons souvent battre à nos tempes et brûler nos tripes.

À l'inverse du découpage cœur-mental-corps, l'intégration corporelle n'est rien d'autre que de sentir en même temps dans votre main, votre mental et votre cœur la blessure ou la lèvre que vous touchez. L'incarnation, c'est permettre au cœur, au mental et au corps d'exister en une seule et unique peau miraculeuse.

- *Tenez-vous tranquillement debout et respirez lentement. Sentez votre respiration vous traverser le cœur.*
- *À chaque respiration, laissez la sensation de vie en vous se répandre dans votre corps.*
- *Sentez-la d'abord entrer et sortir par votre cœur, puis par vos poumons.*
- *Laissez la respiration de la vie entrer et sortir de vos épaules et de vos hanches. Laissez-la descendre vers vos bras et se manifester par tout geste cherchant à s'exprimer.*
- *Répétez ce processus jusqu'à ce que le souffle forme un courant continu entre le cœur et le bout des doigts.*

Branches et racines

Tout comme la branche au soleil
alimente la racine invisible,
l'amour que nous montrons sauve l'amour
que nous cachons.

Même si je crois foncièrement qu'il faut vivre dans l'ouverture, une partie de moi se cache. Je n'y peux rien. Par contre, je peux décider quelle partie de moi je vais laisser mener ma vie : celle qui vit dans l'ouverture ou celle qui vit dans la fermeture. Et je peux pour cela m'appuyer sur un inexplicable fait : lorsque je suis dans l'ouverture, la vie vient nourrir même les parties cruellement cachées.

Tout comme les vertes pousses printanières demeurent liées aux racines sombres et profondes, et tout comme les racines poussent en même temps que les bourgeons, ma compassion apaise mes peurs là où je ne peux voir. À mon insu, mon amour nourrit ce qui se cache derrière ma confusion. La lumière que j'absorbe maintient en vie les racines de mon âme.

Nous sommes tous si préoccupés par ce que nous sommes incapables d'aborder, de réparer et de laisser derrière nous, que nous oublions que ce que nous sommes à la lumière du jour assure lentement la guérison de tout le reste de notre être.

- *Remémorez-vous un aspect de votre personnalité que vous vous sentez incapable de corriger.*
- *Enveloppez-le de votre respiration et acceptez qu'il sera à vos côtés pendant un petit bout de temps.*
- *Maintenant, déposez-le et sentez la partie de vous qui existe désormais sans effort.*
- *Inspirez à fond par cet aspect de votre être et sachez que sa force naturelle adoucit tout ce que vous ne pouvez corriger.*

La prière, un vrai cadeau !

La prière n'est pas une demande,
mais un désir ardent de l'âme.
C'est l'acceptation quotidienne de ses propres faiblesses...
Il vaut mieux avoir un cœur sans paroles dans la prière
que des paroles sans le cœur.

– GANDHI

Ce grand maître spirituel nous rappelle que la prière très profonde est plus un gage de gratitude pour ce qui a déjà été reçu qu'une requête pour quelque chose non encore reçue. Cette notion est rafraîchissante à entendre pour l'âme.

Il y a dans cette affirmation la notion implicite que nous avons besoin de nous abandonner à notre vie sur cette terre. En admettant nos faiblesses, nous enlevons tous les masques que nous présentons au monde. Ce faisant, le sacré afflue en nous.

Un jour, j'ai aperçu un aveugle se bercer inlassablement au soleil, un sourire indéfectible aux lèvres. Il ne pipait mot. À mon avis, il s'agissait d'un prêtre ou d'un chaman. Tout son être priait et criait en silence que la journée, malgré sa cécité à lui, était un véritable bonheur.

C'est ce que notre cœur sait au-delà de toute parole, pour peu que nous trouvions le moyen d'écouter. Au-delà de notre sens rétréci des choses, une magnifique lumière nous enveloppe, dans une mesure qui dépasse toute attente. Voilà à quoi nous ouvre la prière-gratitude.

- *Centrez-vous et, pendant que vous respirez, fermez les yeux et cessez toute demande.*
- *Respirez simplement avec gratitude pour l'air qui entre dans vos poumons.*
- *Détendez-vous et sentez votre fragilité et vos imperfections. Laissez l'air les envelopper.*
- *Respirez profondément et lentement. À partir de vos fragiles imperfections, ne demandez rien et ne donnez rien. Ressentez, sans mot dire, de sentir la place de votre âme dans la trame des choses de la vie.*

Le singe et la rivière

On dit qu'un grand maître zen demanda à l'un de ses disciples de rester assis près d'un torrent jusqu'à ce que l'eau lui ait enseigné tout ce qu'elle avait à lui enseigner. Après trois jours de réflexions près du ruisseau, le disciple vit un petit singe arriver. En un bond joyeux, ce dernier sauta dans le ruisseau et se mit à y gambader en éclaboussant tout autour de lui. Le disciple se mit aussitôt à pleurer et retourna auprès de son maître, qui le gronda gentiment : « Le singe a entendu. Toi, tu as juste écouté. »

Même en ayant la meilleure des intentions, nous bâtissons souvent de fausses carrières en observant la rivière sans jamais y tremper les pieds. De la sorte, nous pouvons élaborer des philosophies sans jamais dire la vérité, analyser notre souffrance sans jamais la sentir, étudier les lieux saints sans jamais faire du lieu où nous vivons un lieu sacré. Ainsi, nous pouvons construire une cathédrale sur le bord de l'eau et passer tout notre temps à la garder propre. Ou bien nous pouvons compter notre argent ou réciter nos prières sans jamais dépenser quoi que ce soit ni sentir la présence de Dieu. Nous pouvons aussi jouer de la musique ou faire l'amour habilement sans jamais sentir la musique de notre passion.

Le disciple s'est mis à pleurer parce que le singe avait instantanément connu un moment de joie en battant l'eau et que révérence, dévotion et méditation n'avaient pas réussi à lui procurer cette même joie.

La rivière symbolise le courant de vie qui passe en nous, le courant qui nous incite à habiter nos vies. Et peu importe la proximité des autres et leur apport à notre cœur dans cette proximité, rien ne nous ouvre à la joie si ce n'est le saut dans le courant.

Je me trouvai un jour sur la véranda grillagée d'une maison au bord d'un lac où, pendant vingt ans, j'avais pris l'habitude d'aller passer mes vacances. Mon ami et moi regardions la pluie tomber comme nous l'avions fait à d'innombrables reprises auparavant. Soudain, à l'exemple de ce simple et beau singe, mon ami bondit sur ses pieds puis, d'un geste vif de la main, ouvrit la porte grillagée, se débarrassa de ses vêtements et sauta dans le lac, sous la pluie.

L'observant tel un disciple et sentant la douleur de cette sécheresse intérieure, je me suis moi aussi débarrassé de mes vêtements et j'ai sauté dans le lac. Nous étions là, au milieu du lac, l'eau tombant à seaux du ciel dans notre bouche, dans nos yeux... Eau entrant dans l'eau, vies revenant à la vie... Chaque rafale d'eau sur nous et sur le lac suscitant joie, joie, joie.

- *En vaquant à vos occupations de la journée, observez vos interactions avec les autres et avec la vie environnante.*
- *Voyez si vous ne faites qu'observer ce qui se déroule ou si vous en faites partie.*
- *Si vous ne faites qu'observer, mettez votre cœur dans le courant des choses, à la façon dont vous tremperiez votre main dans un cours d'eau.*
- *Faites-le en ouvrant votre cœur à l'expiration et en laissant la vie entrer à l'inspiration. Observez et soyez. Ouvrez et laissez entrer. Écoutez et mouillez-vous.*

28 JUIN

Tout ce que nous ne sommes pas

Le discernement est un processus qui permet de
renoncer à tout ce que nous ne sommes pas.

– PÈRE THOMAS KEATING

Je peux facilement m'identifier à l'excès aux émotions et aux rôles, et devenir ce que je ressens : Je suis en colère... Je suis divorcé... Je suis déprimé... Je suis une nullité... Je ne suis que confusion et tristesse...

Peu importe comment nous nous sentons à quelque moment que ce soit, nous ne sommes pas alors seulement nos émotions, nos rôles, nos traumatismes, nos valeurs, nos obligations ou nos ambitions. Il est si facile de nous définir par le combat qui nous absorbe dans l'instant ! Et il est tout à fait humain d'être consumé par ce qui nous meut intérieurement.

En contrepartie, j'ai souvent pensé à la manière de sculpter de Michel-Ange, à sa façon de voir la sculpture déjà finie dans la pierre brute. Il disait souvent que son travail consistait à éliminer le surplus et à libérer de la pierre la beauté qui attendait à l'intérieur.

J'aime beaucoup penser au discernement spirituel de cette façon. En nous faisant face et en découvrant le sens de nos rudes expériences, tout le travail de la conscience s'effectue en éliminant l'excès, ce que nous ne sommes pas. Ainsi, nous trouvons et libérons le geste de l'âme qui attend depuis longtemps en nous, entier. La réalisation de soi est ce processus appliqué à notre vie sur terre. Les diverses souffrances intérieures et extérieures sont les coups de ciseaux divins qui dégagent la beauté présente en nous depuis notre naissance.

- *Assis dans le calme, respirez en sentant tout ce qui vous trouble monter dans votre corps.*
- *Pendant que vous respirez, laissez ce trouble s'éloigner de vous.*
- *Respirez profondément et acceptez la quiétude qui advient. C'est votre âme, qui attend dans sa complétude que vous éliminiez l'excès de vos humeurs bien humaines.*

29 JUIN

Histoire du petit poisson

Dès l'instant où les poissons acceptent
qu'ils n'auront jamais de bras,
des nageoires leur poussent.

Je dois l'avouer, j'ai été surpris de me réveiller un jour avec cette révélation sur les poissons. Cela ressemblait à un koan. Après l'avoir eu pour compagnon pendant un certain temps, j'en suis venu à la conclusion qu'il contient la clé de la foi. Avant de pouvoir être ce que nous sommes, nous devons accepter ce que nous ne sommes pas. Ce genre de discernement nous conduit à renoncer à ces grands fantasmes qui nous éloignent de notre nature, qui nous font agir en fonction de la célébrité au lieu de la bienveillance, en vue d'être parfaits plutôt que compatissants.

Pourtant, dès l'instant où nous acceptons ce qui n'est pas dans notre nature au lieu de nous laisser distraire par tout ce que nous pouvons ou devons devenir, toutes nos ressources intérieures nous transforment afin que nous puissions devenir ce à quoi nous aspirons si fortement.

L'acceptation est un risque qui nous libère, car c'est seulement en renonçant à ce qui est contre notre nature que nous pouvons grandir. C'est le fait de renoncer, sans savoir ce qui se passera ensuite, qui permet à nos vies de fleurir totalement.

- *Assis tranquillement, permettez à votre véritable nature de monter en vous.*
- *Sans la nommer ni la comprendre, fermez les yeux et laissez-la prendre forme.*
- *Respirez normalement et permettez à votre vraie nature de se réaliser par des gestes guidés par vos mains.*
- *Au cours de votre journée, répétez ces gestes.*

30 JUIN

Détournement du regard

En échange d'une promesse de sécurité,
bien des gens érigent une barrière entre eux
et les aventures de la conscience
qui pourraient faire une lumière
totalement nouvelle sur leur vie personnelle.

– JUNE SINGER

La vérité est un puissant aimant. Souvent, la seule façon d'y résister est de nier ce que nous voyons, de prétendre que nous n'avons pas besoin de changement. Ce faisant, notre esprit, qui ne connaît pas la prétention, continue cependant d'avancer. Car, comme il est dit dans la Isa Upanishad : « L'esprit est plus vif que le mental. » Nous ressemblons alors au chien au bout de sa laisse qui court tout en étant retenu, sous prétexte de ne pas savoir quoi faire d'autre.

Nous tendons à concevoir l'ignorance comme un non-savoir, alors que Chögyam Trungpa avance qu'ignorer quelqu'un ou quelque chose est un détournement conscient du regard, un acte grave de négation de ce qui est déjà conscient. Ce maître bouddhiste affirme également que cet acte est un crime contre l'essence des choses et qu'il nous coûte cher.

Quand nous prétendons, quand l'esprit fuit, la tension ressentie est déchirante. Elle nous laisse tous avec le besoin d'apprendre à discerner entre un innocent non-savoir et un conscient détournement du regard. C'est là un senti intérieur qui peut déterminer si nous voulons vivre comme le chien au bout de sa laisse, ou courir librement parmi les fleurs de la vie.

- *Assis en toute tranquillité, centrez-vous.*
- *Pendant que vous respirez lentement, essayez de sentir votre esprit à l'inspiration. Sentez où il se trouve dans votre corps.*
- *À l'expiration, essayez de sentir votre place dans le monde, là où vous allez pendant vos journées.*
- *Tout en maintenant votre respiration, continuez de sentir votre esprit tout en sentant votre place dans le monde.*
- *Remarquez simplement les différences entre les deux et observez-les durant la journée.*
- *Le seul fait de regarder honnêtement et simplement viendra amoindrir les différences.*

1er JUILLET

L'éveil du cœur

Le courage, éveil du cœur

Le courage passe par le dépassement de soi. On a presque toujours le choix : affronter ou éviter le danger, dire ou non la vérité, se voir ou non tel que l'on est. Or, un autre type de courage existe. C'est celui où, à sa grande surprise, l'homme courageux est perçu comme un « brave » et répond : « Je n'avais pas d'autre choix que d'entrer dans cet immeuble en flammes pour sauver cet enfant » ou « Je n'avais pas d'autre choix que de quitter cet emploi avant d'y laisser ma peau ».

Malgré les conséquences, il suit inévitablement ce qui est vrai pour lui. Sa voix intérieure n'est plus guidée par la volonté mais par la véritable connaissance. Et c'est la voie de ma propre vie. Souvent, j'ai ressenti cet appel profond et inévitable, que j'aurais pu ignorer, au péril de quelque chose d'essentiel en moi.

C'est la poursuite de cette vérité qui m'a guidé tout au long de mon cancer : refuser la neurochirurgie et accepter la chirurgie thoracique, accepter puis refuser la chimiothérapie. Chaque décision semblait à la fois courageuse et illogique aux yeux des médecins. Depuis, on m'a qualifié d'héroïque parce que j'ai survécu. C'est comme si on félicitait l'oiseau d'avoir trouvé son nid. On m'a traité d'égoïste parce que j'ai cherché la Vérité. C'est comme si on blâmait la tortue d'avoir trouvé les profondeurs de la mer.

Ce courage est le fruit de l'authenticité. Il est en chacun de nous et sa récompense est, plus encore que le respect, l'ouverture à une joie profonde.

- *Méditez sur une décision difficile à prendre.*
- *Plutôt que de vous concentrer sur la peur de ce qui pourrait ou non survenir, ouvrez-vous à ce qui semble être la vérité.*
- *Sans bâtir de stratégies ni en imaginer les conséquences, laissez simplement la vérité monter en vous telle que vous la connaissez.*
- *Au fil de la journée, laissez-vous remplir de votre propre vérité, même si vous ne la comprenez pas tout à fait.*

La vision déformée

L'esprit rempli d'ignorance ou d'une vision déformée
est spirituellement malade. Il n'est pas lucide.
Une vision déformée entraîne de faux raisonnements,
de fausses paroles et de faux gestes.
Vous verrez immédiatement que chacun, sans exception,
est spirituellement malade.

– AJAHN BUDDHADASA

En pali, l'ancienne langue des bouddhistes et des hindous, le mot désignant la maladie mentale signifie « vision déformée ». Il ne faut pas y voir de connotation morale, comme quand on pense que ceux qui voient les choses différemment de nous ont tort. La sagesse ici consiste à comprendre que notre bien-être spirituelle dépend de notre capacité à voir la vie dans son essence.

Au fond, notre santé mentale dépend du rapport sacré entre notre moi profond et la source même de la vie. Dès que l'on pose un regard déformé, limité ou rationnel sur les choses, on commence à ressentir le mal spirituel décrit par Ajahn Buddhadasa.

Ce maître bouddhiste de Thaïlande nous rappelle que ces passages de déséquilibre et de confusion sont inévitables. On ne peut les contourner comme de simples nids-de-poule. On ne peut que minimiser et réparer ces distorsions. En tant qu'humains, il faut accepter que nous déformons la véritable nature des choses et, par conséquent, apprendre à redécouvrir notre rapport au sacré.

Souvent, pour maintenir une vision déformée des choses, nous faussons nos façons de faire. Par exemple, lorsque j'étais jeune et en mal d'être accepté et aimé, ma douleur intérieure m'avait convaincu que la vie se déroulait quelque part « plus loin », pas ici. C'est pourquoi je mettais toute mon énergie à arriver « plus loin ». Or, après un parcours difficile, je me suis retrouvé dans un cul-de-sac. Les gens « plus loin » ne m'acceptaient guère davantage. Je devais deviner qui m'ouvrirait les portes, quelles étaient ses règles, et ce qu'il fallait faire pour lui plaire et être accepté. J'ai mis des années à comprendre que peu importe nos souffrances, la vie n'est jamais ailleurs et ne ferme jamais la porte. Tous mes efforts se fondaient sur une vision déformée. Comme l'a dit Buddhadasa, « chacun, sans exception, est spirituellement malade », alors que sous le voile des apparences, la vraie nature des choses attend tranquillement de se révéler. Cela dit, chacun de nous doit s'exercer à voir la vie non pas correctement, mais dans sa totalité.

- *Assis dans le calme, pensez à une personne dont vous cherchez l'approbation.*
- *Si possible, méditez sur la raison pour laquelle c'est si important pour vous.*
- *Quel manque comblera l'approbation de cette personne ?*
- *Au lieu de chercher des moyens d'obtenir cette approbation, cherchez à comprendre d'où provient ce besoin en vous.*

3 JUILLET

Le moi, la possession

Le rivage a soif mais ne possède pas l'océan
qui lui apporte sa douceur.
Il en est de même pour le cœur
et tout ce qu'il aime.

En pali, l'ancienne langue hindoue, le mot *ahamkara* signifie « le moi », évoquant l'idée du « je ». Le mot *mamamkara* signifie « le mien », évoquant l'idée de possession. Dans le bouddhisme, ces idées sont jugées si dangereuses et empoisonnées qu'elles sont perçues comme une cause de maladie spirituelle.

De même, dès que l'on commence à diviser ce qui ne peut l'être, l'esprit en souffre. Pareillement, les choses les plus précieuses de la vie ne peuvent être possédées ; on peut seulement les partager. En vérité, nous partageons ce mystère qu'est la vie au même titre que les poissons partagent la mer. Si chaque poisson a son territoire et de quoi vivre, aucun ne peut vivre sans la profondeur qui les anime tous.

Nous ne sommes pas différents. Oui, on peut posséder une montre ou une voiture, mais nul ne peut posséder l'amour, la paix et l'énergie qui habitent le cœur et s'avèrent essentiels à la survie. Dès que l'on consent au « moi » et à l'idée de possession, on s'écarte de l'essentiel. Cette vie de possession en devient une d'accumulation. Il faut alors protéger et préserver nos biens. S'ensuivent les choix sans fin visant ce que l'on pourrait posséder. Il faut tout acquérir, tout assurer. S'ajoutent alors inévitablement la possessivité, la jalousie et l'envie, le besoin de protection, puis le droit de porter des armes. Se manifestent aussi l'envie secrète de posséder ce que les autres ont et le droit d'intenter des poursuites. Le « moi » et la possession sont capables d'avoir raison de l'esprit le plus sain.

Ils peuvent aussi contaminer notre façon d'aimer. Combien de fois avons-nous demandé à l'être aimé de nous rassurer en le questionnant : « Es-tu à moi ? » Au moment d'écrire ces lignes, je lutte comme vous non pas pour posséder des choses, mais pour en faire bon usage ; pour ne pas retenir ni mesurer la bienveillance envers les autres, mais laisser l'amour s'exprimer. Assurément, j'existe. Mais qu'est-ce qui m'appartient, au-delà du vif sentiment d'être en vie, auquel je m'ouvre constamment ?

- *Concentrez-vous et visualisez une chose que vous avez l'impression de posséder.*
- *Il s'agit peut-être d'un cours que vous enseignez, d'un jardin que vous entretenez ou, encore, d'un enfant que vous avez élevé.*
- *Respirez profondément et voyez l'énergie que vous dépensez à garder et à protéger cette chose au lieu d'en profiter.*
- *Respirez avec régularité et tentez de lâcher prise par rapport à cette chose. Voyez si elle demeure toujours près de vous.*

4 JUILLET

Ici et là-bas

Ici, c'est toujours moins que là-bas.

Je me souviens d'avoir passé un long moment assis au bord d'un lac, en été, à observer la rive d'en face. Elle baignait dans la lumière du matin, ce qui lui donnait un air féerique. Chaque matin, assis au bord du lac, je regardais donc l'autre rive en imaginant les mystères qu'elle recelait. Chaque jour, le désir se faisait plus pressant d'aller percer ces mystères. N'y tenant plus, le septième jour, au petit matin, j'ai traversé le lac en barque, jusqu'à l'endroit exact que j'avais contemplé.

En regardant autour de moi, l'aura de mystère qui m'avait fait rêver depuis l'autre rive s'est dissipée. J'en étais même surpris. Si cet endroit était très beau et très paisible, le sable mouillé dans ma main était identique à celui d'où je venais.

Je me suis mis à rire de moi. En cherchant du regard l'endroit où je m'asseyais chaque jour, j'ai vu une rive qui baignait dans la lumière matinale. Le lieu où j'habitais avait également un air féerique.

On s'imagine souvent que l'ailleurs est beaucoup plus beau que là où l'on est. Il en va de même pour l'amour, les rêves et la vie. Tout semble plus lumineux ailleurs. On cherche ce qu'il nous manque et, après une longue quête, on s'aperçoit en toute humilité qu'on l'a déjà.

- *Restez tranquillement assis en présence d'une personne qui vous inspire confiance et que vous admirez.*
- *Exprimez chacun un aspect lumineux que vous voyez chez l'autre.*
- *Méditez sur la qualité que l'autre voit en vous et tentez de la voir vous-même.*
- *Inclinez-vous devant le mystère du moment présent.*

5 JUILLET

Derrière les fausses attentes

Nous devons rester à jour dans nos rapports.

– ANGELES ARRIEN

J'ai mis une vie entière à comprendre qu'il m'était facile de vouloir secrètement changer les choses et que c'était justement ce secret qui empêchait tout changement. Par exemple, j'ai longtemps aimé un ami pourtant incapable d'écouter les autres ou d'être aimable ou patient avec eux. Au lieu de ressentir la peine qu'il me faisait, j'ai toujours attendu secrètement qu'il change et devienne un jour l'ami que j'avais toujours imaginé.

Bien sûr, cela ne s'est jamais produit. Le changement n'est pas impossible, mais un changement profond, durable et volontaire a plus de chance d'avoir lieu dans une relation qui ne cache pas ses faiblesses.

Tant que j'ai perçu cet ami à travers mon idéal, j'ai atténué ma véritable douleur. Sans cette vérité, aucun de nous ne pouvait grandir. Ni lui par peur d'affronter les effets de son égocentrisme, ni moi par peur d'exprimer mes besoins.

- *Centrez-vous et méditez sur l'authenticité d'une relation importante.*
- *Respirez profondément et détachez-vous de l'idée de voir changer les gens que vous aimez.*
- *Respirez calmement et ressentez toute leur humanité, et ce, malgré leurs défauts.*
- *Acceptez ce que vous voyez et honorez vos besoins.*

6 JUILLET

Observer et contenir

Comme la chaleur de l'été ait chanté le grillon,
la qualité de l'étreinte anime le cœur.

La vie contemporaine a fait de nous des maniaques de la résolution de problèmes. Or, plus on s'en tient à l'essentiel, plus il devient évident que les souffrances les plus profondes du cœur et de l'esprit ne peuvent être résolues. On ne peut que les observer et les contenir.

J'y suis constamment confronté. Récemment, au retour d'un voyage de deux semaines, ma partenaire m'a dit tendrement : « Tu m'as vraiment manqué. » J'ai immédiatement réagi en cherchant à résoudre cette situation : Devrais-je voyager moins, téléphoner plus souvent ? J'ai aussitôt voulu modifier mes déplacements, au lieu de savourer le fait d'être aimé assez pour que l'on s'ennuie de moi.

Ce réflexe à vouloir tout résoudre nous éloigne maintes fois de la tendresse de l'instant. L'intimité se développe rarement lorsqu'on évite de ressentir la souffrance, mais elle naît de ce que l'on subit ensemble. Plutôt que de résoudre les situations, apprenons à les vivre ensemble. La confiance augmente quand on étreint quelqu'un ou que quelqu'un nous étreint, tant par le cœur que par le corps.

Au fil des souffrances et des conflits, j'apprends que, lorsque toutes mes stratégies ont échoué, l'amour me donne toujours la force de recevoir sans négocier, d'accepter sans résoudre, d'écouter et d'affirmer mes besoins sans tenter de changer l'autre.

- *Assis dans le calme, pensez à une personne chère que vous aimeriez changer.*
- *Respirez calmement et acceptez de ne pouvoir vivre à sa place.*
- *En expirant lentement, sentez dans votre cœur ce que signifie pour vous aimer cette personne.*
- *Expirez librement en laissant aller votre désir de résoudre sa souffrance.*
- *Inspirez librement en portant cette personne dans votre cœur, avec toute sa souffrance.*

7 JUILLET

La patience

Je n'ai que trois choses à enseigner :
la simplicité, la patience et la compassion.
Elles sont vos plus grandes richesses.
Quand vous êtes aussi patient envers vos ennemis
qu'envers vos amis,
vous êtes en harmonie avec le monde.

– LAO-TSEU

La patience est le deuxième thème central des enseignements de Lao-tseu. C'est un aspect de la sagesse difficile à accepter, car l'attente est toujours difficile à vivre. Or, c'est l'attente, cette vertu des plus exigeantes, mais combien enrichissante, qui m'a sauvé la vie.

Si je n'avais pas su endurer la confusion, l'indécision, l'ambiguïté, la douleur ou l'inquiétude d'imaginer le pire durant le supplice interminable du diagnostic, je n'aurais jamais choisi le type juste de traitement qui m'a soutenu tout au long de mon cancer. Si je n'avais pas su attendre, je ne serais plus là pour vous en parler, car j'aurais inutilement accepté des soins qui auraient gravement affecté ma mémoire et ma parole.

La peur nous incite à agir trop rapidement. La patience, bien que difficile à maîtriser, nous permet de dépasser nos idées préconçues. C'est ainsi que les soldats, fatigués et sans munitions, découvrent durant une attente sans issue qu'ils n'ont aucune raison de s'entretuer.

Il en va de même pour les couples fatigués ou les amis blessants. Avec patience, la plupart de nos conflits s'estompent, car cette vertu nous permet de nous découvrir dans l'autre. Elle nous montre l'essentiel. Quand on a peur d'autrui, c'est de soi-même que l'on a peur; quand on se méfie des autres, c'est de soi-même que l'on se méfie; quand on blesse les autres, c'est soi-même que l'on blesse; quand on tue les autres, c'est soi-même que l'on tue.

Quand vous ressentez la souffrance, la peur ou la confusion, quand il devient urgent de trouver votre place sur cette terre, attendez. Même si c'est difficile. Vos peurs se dissiperont la plupart du temps pour laisser place à la beauté des choses telles qu'elles sont… et dont vous faites intrinsèquement partie.

- *Dans le calme, remémorez-vous un conflit résolu qui a exigé de vous d'être plus patient que vous n'étiez préparé à l'être.*
- *Tentez de revoir comment vous envisagiez la situation et les parties en cause : Quand le conflit s'est-il présenté, quand votre patience a-t-elle atteint ses limites, et quand le conflit s'est-il résolu ?*
- *Qu'est-ce que l'attente a changé en vous ?*
- *Que vous a-t-elle apporté ?*

Des moments, pas des mots

Comme la lune, émergez des nuages !
Et rayonnez !

– BOUDDHA

En pensant à ceux qui m'ont appris à aimer, les moments me viennent à l'esprit avant les mots. Je me revois encore à la petite école, quand Lorrie passait toute la récréation à tournoyer sur elle-même. En réponse à une sorte d'appel, elle tournoyait en riant, les yeux tournés vers le ciel et les bras grand ouverts, comme si elle voulait embrasser le monde entier.

Le jour où le président Kennedy fut assassiné, je revois mon professeur de chorale pleurant un homme qu'il ne connaissait pas. Ce jour-là, il nous renvoya à la maison, mais je suis revenu sur mes pas pour l'écouter jouer tristement du piano alors qu'il se croyait seul. Je revois aussi ma grand-mère qui me dit, en tenant mes petites mains ouvertes sur les marches de sa cave : « Elles sont ce que tu possèdes de plus vieux. »

Je pense également à l'expression des gens au pied de mon lit après l'opération. Et à mon beau-père arrosant des petits noyers de 15 centimètres de hauteur qui n'arriveront pas à maturité avant 150 ans. Et à mon plus vieil ami, qui m'écoute toujours silencieux comme un lac.

Bien que les mots puissent exprimer l'amour, ils ne font souvent qu'y référer. L'amour réside plutôt dans les gestes : ramasser quelque chose qu'un inconnu a laissé tomber, laisser à quelqu'un assez d'espace pour lui permettre de découvrir sa propre humanité, ou pardonner aux autres les fautes qu'ils admettent.

- *Centrez-vous en pensant à trois personnes qui vous ont appris à aimer.*
- *En respirant, remémorez-vous chacun des instants où vous avez appris.*
- *Discutez de ce que vous avez appris avec un être qui vous est cher.*

9 JUILLET

La surface et les profondeurs

Lorsque vous êtes dans les profondeurs,
souvenez-vous de la surface.
Lorsque vous êtes à la surface,
souvenez-vous des profondeurs.

Dans la turbulence et la confusion, le vrai défi est de se souvenir que la vague n'est pas la mer. On se sent ballotté, mais le ballottement cesse si l'on n'y résiste pas.

Nos craintes nous portent souvent à demeurer près de la côte, alors que l'endroit le plus sûr est dans les profondeurs, si l'on peut y parvenir. Tout bon nageur le sait : en restant près de la côte, on est ballotté par les vagues et le contre-courant. Il faut nager au-delà des brisants pour connaître le calme des profondeurs.

Restez sur la côte ou dans les profondeurs, c'est plus sûr qu'au milieu.

- *Calmement assis, exercez-vous à entrer dans les profondeurs.*
- *Imaginez que chaque respiration est un mouvement des bras.*
- *Respirez calmement et nagez au-delà de toute distraction.*
- *Lorsque vous sentez la marée de la vie monter autour de vous, laissez-vous dériver.*

10 JUILLET

La zone sécuritaire

Celui qui voit tous les autres en lui
et qui se voit en tous les autres,
voit toutes ses peurs s'envoler.

– LA ISA UPANISHAD

J'étais assis sur un banc au soleil à attendre Robert, lorsqu'une guêpe a atterri à un mètre de moi. J'ai observé son abdomen rayé se balancer et s'étirer, le soleil rehaussant ses rayures.

Je me suis mis à penser à ma mère et à la façon dont elle aurait réagi : en s'agitant, elle aurait sauté sur le premier journal, puis l'aurait roulé pour écraser la guêpe. Elle a ainsi tué plusieurs petites bêtes par peur d'être piquée. Elle ne pouvait supporter la possibilité que quelque chose la blesse. En chassant tout autour d'elle, elle y érigea aussi des murs.

Quelque quarante années plus tard, je réalise que l'on souffre tous de cette peur d'être blessé par ce qui nous entoure. On a tous une zone sécuritaire au-delà de laquelle on commence à attaquer en guise de défense.

J'étais donc assis sur ce banc et la guêpe s'approcha. Comme le cancer m'avait fait frôler la mort et que j'étais heureux d'être encore en vie, j'ai laissé l'insecte s'approcher plus qu'à l'habitude. En regardant plus attentivement, j'ai vu que la guêpe ne s'intéressait pas à moi. J'ai honte d'avouer le nombre de fois où j'ai blessé les autres parce que, à l'instar de ma mère, je ne tolérais pas la nature imprévisible de leurs gestes.

Combien de fois s'imagine-t-on le danger alors que les autres n'agissent que naturellement ? J'ai laissé la guêpe s'approcher encore : avant qu'elle ne monte sur mon bras, j'aurais amplement le temps de la repousser gentiment. Elle m'a tourné autour pendant un certain temps, se rapprochant jusqu'à ce que je la repousse gentiment. Elle s'est envolée en bourdonnant, puis elle est revenue.

Cette danse ressemble à notre façon d'être avec les étrangers et avec les personnes que l'on aime. Combien de fois s'assassine-t-on soi-même en empêchant les autres d'approcher ? Combien de fois laisse-t-on la peur régir nos émotions ? Combien de fois la peur nous motive-t-elle à chasser et à tuer tout ce qui bouge ?

Je pense à saint François d'Assise, qui demeurait si immobile que les oiseaux se posaient sur lui. On se demande pourquoi on est si seul, alors qu'on ne laisse pas ce qui est vivant s'approcher de soi. Si nous pouvions percevoir les abeilles, les oiseaux ou nos ennemis comme les univers vivants que nous sommes nous-mêmes, nous les laisserions évoluer sans heurt.

- *Fermez vos yeux et méditez sur quelqu'un que vous trouvez importun. Observez ce que vous ressentez, particulièrement ce qui vous dérange chez cette personne. Cette impression vient-elle de vos peurs, ou cette personne est-elle réellement importune ?*

- *Imaginez précisément ce que vous devez faire pour être en sécurité. N'envisagez rien d'autre et, si possible, voyez l'importunité, votre peur et le fait qu'elle existe, sans plus.*
- *Voyez combien votre peur éloigne les autres. Observez comment ces derniers peuvent se rapprocher si vous les laissez faire ce qu'ils font au-delà de vos limites sécuritaires.*

11 JUILLET

La lune et la rosée

L'illumination est comme la lune
qui se reflète dans une goutte de rosée sur un brin d'herbe.
La lune n'est pas mouillée, la goutte reste intacte…
Et la lune et le ciel se reflètent en entier
dans une seule goutte d'eau.

– DOGEN

Le mystère, que ce soit en amour, au travail ou dans tout moment d'intégrité, c'est que, telles la goutte de rosée et la lune, nous sommes brièvement nous-mêmes et tout à la fois. Notre nature essentielle ne change pas, elle s'étend.

Les amours et les amitiés qui m'ont aidé à survivre et à vivre plus pleinement sont entrés dans ma vie comme la lune dont parle Dogen. Tout leur amour, grand comme le ciel, remplit mon cœur, mais je ne deviens pas eux, seulement davantage moi-même.

Quiconque vous demande d'être autre chose que vous-même n'est pas sacré, mais seulement désireux de combler ses besoins.

En vérité, le plus petit coin d'un cœur endommagé, à l'exemple du brin d'herbe, contient l'essence de toute la vie. L'illumination consiste à embrasser tout ce qui fait la vie – la lune, l'orage ou la gentillesse – et qui nous ouvre à son essence.

- *Centrez-vous en vous remémorant un instant où vous avez été touché par une vie autre que la vôtre. Il peut s'agir de la nature ou des bras d'un amoureux.*
- *Respirez profondément et voyez l'effet de cet instant sur vous.*
- *Puis demandez-vous où vous gardez cet instant en vous ? Quand en avez-vous le plus besoin ?*

Ne pas faire de vagues

« Je ferais n'importe quoi pour toi !
– Alors, pourrais-tu être toi-même ? »

Dans *La Petite Sirène* de Hans Christian Andersen, Ariel échange sa magnifique voix contre une paire de jambes. Cette fable innocente capte en fait l'essentiel du pacte diabolique que nous faisons avec la vie moderne. En effet, on nous apprend que la mobilité – changer de pays, de conjoint ou d'aventure – mène à la liberté. On nous convainc aussi que la mobilité vers le haut, au travail, est synonyme de succès.

Bien sûr, il n'y a rien de mal au changement ou à l'amélioration de sa condition. Le problème survient quand on sacrifie sa voix pour la liberté de mouvement, ou ce qui nous rend unique, pour accéder au succès. Si, pour éviter de faire des vagues, on s'empêche de plonger dans les profondeurs, c'est comme si on échangeait son accès à Dieu contre une meilleure entrée de garage.

L'histoire d'Ariel, cette fable illustrant les rapports humains, est cruciale. En surface, le désir d'Ariel d'avoir des jambes est touchant et semble motivé par l'amour et le désir d'être comme les autres. Mais ce jeu est un fléau qui empoisonne quiconque s'y prête. Car, peu importe le besoin d'aimer ou d'être aimé, on ne peut changer sa nature profonde sans payer de sa survie intérieure.

- *Assis dans le calme, pensez à l'histoire de l'amour dans votre vie.*
- *En expirant, remémorez-vous un moment où vous avez renoncé à quelque chose en vous afin d'être aimé.*
- *En inspirant, permettez-vous de reprendre contact avec cette partie de vous passée sous silence.*

Il est là, il n'est plus là !

Dieu me guide vers des eaux calmes
qui fortifient mon esprit.

– PSAUME 23

Il ne faut pas grand temps pour accumuler un bagage émotionnel. Un enfant se brûle la main sur la cuisinière, et voilà que naît en lui la peur du feu. Dans un moment de souffrance, une gifle engendre la peur de l'amour. Nos associations et réflexes émotionnels ont une origine lointaine. Souvent, le cœur, tel un fond marin calme et sablonneux, bat en silence en dessous de toutes nos émotions.

Ainsi, pour se voir avec clarté, on doit calmer ces émotions jusqu'à ce qu'elles soient transparentes comme l'eau d'un lac limpide. Une fois que l'on est suffisamment calme et transparent, les autres peuvent aussi voir notre cœur et l'amour peut alors fuser de nouveau. Paradoxalement, quiconque a un élan vers nous trouble nos eaux calmes et, ensemble, nous perdons de vue ce qui est important.

Voilà pourquoi il faut observer ses sentiments assez longtemps pour que les associations émotionnelles, les eaux troubles, retrouvent leur transparence. Personne n'y échappe. Peu importe l'âge ou le vécu, quiconque a traversé, en toute conscience, une relation profonde, a vu ses eaux se troubler et ses émotions faire des vagues. Il semble que l'unique manière de connaître sa véritable profondeur soit d'attendre que ces associations et réflexes se taisent. Dès lors, on retrouve ses eaux calmes pour se voir et voir l'autre clairement.

- *Tout en respirant lentement, permettez à l'agitation de votre cœur d'entrer et de sortir avec chaque souffle.*
- *Tout en respirant avec régularité, tentez d'être plus patient que vos réflexes de colère, d'angoisse, d'envie ou d'amertume.*
- *Tout en respirant, ressentez à chaque expiration la profondeur de votre cœur, qui attend au fond de vous-même.*

Connaître quelqu'un en profondeur

Connaître une personne en profondeur,
c'est comme entendre la lune à travers l'océan
ou voir le faucon déposer à vos pieds
des feuilles multicolores.
Cela semble impossible, même lorsque c'est le cas.

Se découvrir soi-même, c'est comme tracer un sentier en montagne. Les plus grandes amitiés commencent pourtant quand on regarde l'autre dans les yeux pour découvrir qu'il est aussi passé par là. Je suis toujours surpris de découvrir qu'un autre a vu ce que j'ai vu. C'est toujours une leçon d'humilité d'apprendre que cette voie, que je croyais mienne, est aussi celle de tout le monde.

Nous portons en nous des univers entiers en frôlant les autres au supermarché, quand nous lisons les étiquettes sur les pots de mayonnaise. Le drame de la vie bat dans nos veines lorsque nous courons pour prendre le train. Nous sommes tous à la fois si connus et si inconnus.

Voilà pourquoi le fait de connaître profondément une personne est si précieux. C'est ce qui ouvre le ciel de l'éternité, ce qui laisse la chanson émerger de l'océan, ce qui permet au cœur de se développer comme une photo au contact des autres.

Même s'il nous arrive de croiser des personnes qui sont passées par là où nous allons, ou qui vont là où nous sommes passés, nous devons continuer d'ouvrir notre sentier en montagne. Ce n'est qu'en osant être soi-même que l'on peut connaître les autres en profondeur.

- *En allant au travail ou au magasin à pied, marchez d'un pas régulier tout en respirant lentement.*
- *Pendant que vous respirez, ressentez votre intériorité.*
- *Tout en marchant et en respirant, observez les autres faire la même chose.*
- *En croisant leur regard, réalisez qu'ils sont aussi profonds que vous.*

Osez vous laisser toucher

Ce qui vous touche libère le cœur de la pression.

Il existe plusieurs raisons de vouloir être touché. La plus simple et la plus profonde est que le contact guérit. À l'instar d'une goutte d'eau qui se disperse au contact, notre mal de vivre se disperse quand on nous étreint et que l'on nous rassure. Le fardeau d'avoir à affronter seul les choses s'allège au contact de la sincérité et de l'amour.

Au dela de tout langage, le contact est le geste, l'énergie qui relie tout ce qui vit à l'intérieur de nous à tout ce qui vit à l'extérieur. On peut ne pas être d'accord, que l'on soit catholique, musulman ou juif, conservateur ou libéral, urbain ou rural, mais les murs créés par les pensées s'effondrent quand la compassion tend la main.

On a souvent peur de laisser les autres entrer en nous et d'être blessé. Mais quand on a goûté au réconfort d'être touché, on recherche ce réconfort dans les situations que l'on ne peut que guérir soi-même. J'ai souvent fait les deux. Je ne remets pas en question le besoin d'être touché, qui est aussi vital que de respirer, mais bien à quel moment et comment on se laisse toucher.

Pendant que ma grand-mère se mourait, j'avais le cœur en miettes parce qu'elle s'était mise à parler le russe de son enfance et que je craignais de ne plus pouvoir communiquer avec elle. Un vieil ami m'a alors pris à part en me disant : « Vous pouvez encore vous comprendre par le toucher. » J'ai donc caressé son visage et ses bras en silence et elle m'a frotté les poignets. Il lui était désormais impossible d'ouvrir les yeux et de parler, alors nous avons eu recours à ce langage réconfortant jusqu'à sa mort.

Il faut parfois admettre que le cœur travaille mieux par mimétisme. Derrière la peur d'être blessé, rejeté ou abusé par les autres, derrière l'avalanche d'excuses et d'explications, on est toujours dans l'attente simple et profonde des battements de cœur de l'autre pour se sentir entier.

- *Méditez avec une personne que vous aimez et avec qui vous vous sentez en sécurité.*

- *Concentrez-vous sur une souffrance qui a été difficile à endurer seul.*
- *À tour de rôle, exprimez aussi directement et simplement que possible, non pas les circonstances entourant cette souffrance, mais le sentiment d'être seul à la supporter, pendant que l'autre écoute en silence.*
- *Maintenant, du bout des doigts, celui qui écoute réconforte celui qui parle par le toucher.*

16 JUILLET

La magie de la paix

Tout comme les poumons se souviennent de respirer,
même durant le sommeil, l'esprit nous garde en vie,
au-delà des songes de notre volonté.

On prétend qu'en entraînant le jeune Arthur dans la forêt de Camelot, Merlin lui aurait dit que la seule différence entre les magiciens et les autres hommes se résumait au fait que les magiciens acceptent que la volonté ne soit qu'un rêve. Bien sûr, on choisit ses vêtements, sa voiture et même son emploi du temps. Mais ces choses sont comme les pierres que le poisson affamé gobe au fond de la rivière qui charrie sa petite vie.

Pourtant, on se consacre à ces choses futiles. Pourquoi ? Parce que l'on est ainsi fait. Mais il est vrai que Dieu est dans chaque chose. Et puis on survit, on s'épanouit même, non pas à cause des combines sans fin, mais malgré elles.

Ce à quoi je veux en venir, c'est que j'ai rencontré Merlin dans un rêve et que je l'ai questionné sur la vie. Il voulait savoir si je connaissais Arthur, puis il m'a finalement chuchoté ceci : « Va au-delà des nombreux langages du désir... la paix dépend du choix que l'on fait entre combattre ou suivre le courant. »

- *En vous préparant au sommeil, respirez normalement. De la même façon que vous confiez à vos poumons le soin de respirer durant votre sommeil, confiez à votre esprit le besoin de paix et laissez-vous sombrer dans les profondeurs qui vous entourent.*

La pulsion d'aimer

Si quelqu'un me déchirait en mille morceaux,
chaque morceau de moi dirait qu'il aime.

– CHRIS LUBBE

Ces paroles sont d'un Sud-Africain profondément spirituel. Comme beaucoup de gens, cet homme a grandi sous l'apartheid. Il m'a dit avoir appris de ses ancêtres à ne jamais garder de rancune ni de soif de vengeance, car la haine ronge le cœur et la vie avec un cœur malade est impossible.

On est tous confronté un jour ou l'autre au dilemme suivant : celui de ressentir la douleur de vivre sans la renier ni se laisser définir par elle. Au fond, peu importe la blessure – apartheid, cancer, abus, dépression, dépendance –, quand on en est réduit à l'extrême, on est confronté à un seul choix : devenir la blessure, ou guérir.

Les mauvaises expériences sont déjà assez traumatisantes quand elles se présentent la première fois. Quand elles se produisent à répétition, leurs répercussions peuvent facilement se transformer en traumatismes à vie si l'on ne garde pas vivant notre désir d'aimer. Le plus grand défi face à une blessure est de résister à sacrifier sa nature aimante pour devenir cette blessure.

De l'avis de Lubbe, la nature de l'esprit humain est irrépressible. À l'exemple de l'arbuste qui continue de pousser vers la lumière même quand on le taille, le cœur humain continue de tendre vers l'amour même quand on le déchire.

- *Centrez-vous et pensez à une personne que vous admirez et qui sait encore aimer, malgré toutes ses blessures.*
- *Respirez lentement et ouvrez votre cœur à cette sagesse.*
- *En respirant profondément, laissez les battements de votre cœur purifier vos blessures au même titre que les vagues effacent les traces de pas dans le sable.*

La luciole de l'amour

Qui sait si,
dans les ravins profonds
des montagnes de mon cœur silencieux,
une luciole ne brille pas ?

– ABUTSU-NI

Cette réflexion que se faisait une Japonaise, il y a près de mille ans, nous rappelle que les choses essentielles naissent si profondément en nous que l'on en soupçonne à peine la présence au début. Peut-être voulait-elle dire qu'elles sont enfouies si loin qu'elles parviennent difficilement à grandir, peut-être voulait-elle dire les deux. Relisez ses paroles. Maintenant.

Ces paroles ne sont pas que des mots. Elles reflètent le cœur troublé d'un être vivant, révélé l'espace d'un instant qui se répète chaque fois que quelqu'un connaît ou veut connaître l'amour. Et je ne sais trop comment, au contact d'une douleur inattendue, on peut instantanément se retrouver à des lieues de ce que l'on ressent. Mais si cette dissociation nous appartient, il est possible d'entreprendre le difficile pèlerinage qui nous ramènera à la complétude.

Sur le chemin de la vie, et souvent avec raison, on apprend à avoir peur de mettre ses sentiments à nu, à l'air libre, comme si l'amour allait mourir au contact des éléments, comme si les sentiments véritables n'allaient pas survivre au regard des autres. Pourtant, on sait bien que, sans air, rien ne peut pousser. Que faut-il donc faire de sa petite luciole intérieure ?

Ironiquement, en admettant l'aspect insoupçonné de son cœur, Abutsu-Ni nous indique la voie. En effet, la luciole n'est-elle pas remontée elle-même des ravins profonds des montagnes du cœur d'Abutsu-Ni pour lui embuer les yeux et lui délier la langue ? N'est-ce pas cette petite luciole d'amour qui allume son abdomen depuis près de mille ans ?

Peu importe d'être beau ou futé, il faut juste être honnête et vrai. Car bien des danses commencent par un voyage et bien des chansons, par un toussotement.

- *Respirez profondément dans votre cœur.*
- *Lorsque vous y parvenez, respirez lentement et répétez les paroles d'Abutsu-Ni à voix haute, comme si elles étaient de vous.*
- *Pendant que vous respirez profondément, sentez la petite luciole de votre amour virevolter des ravins profonds vers les montagnes de votre cœur.*

19 JUILLET

La sagesse du clignement

À dormir trop longtemps, on a besoin de se réveiller
À veiller trop longtemps, on a besoin de dormir.

Mille fois par jour, on cligne des yeux. Mille fois par jour, on est dans le noir. Mille fois par jour, on s'éveille. Nul ne peut échapper à ce réflexe automatique d'ouverture et de fermeture. Même en lisant ces lignes, vos yeux, votre cœur et votre esprit clignent, s'ouvrent et se ferment sans cesse, peu importe ce que vous faites. Cela fait partie de la condition humaine.

Or, tant de choses dépendent de ce que l'on considère comme naturel, soit être ouvert ou fermé. Percevez-vous la vie à l'image d'un fleuve lumineux émaillé de nuits de noirceur, ou à celle d'un fleuve noir émaillé de jours lumineux ? La question reste sans réponse, mais ce qui importe, c'est comment chacun envisage la nature de la vie, car c'est ce qui allège ou alourdit notre quotidien.

Vous demandez-vous souvent si l'existence est un long miracle émaillé de moments noirs ? Quittez-vous sans cesse la source de lumière éternelle pour retomber dans votre condition humaine, ou votre vie est-elle plutôt une longue nuit émaillée de moments d'émerveillement ? Vivez-vous dans une noirceur éternelle de laquelle vous sortez brièvement pour accéder à la lumière ?

Évidemment, on a l'impression d'être parfois dans la noirceur, parfois dans la lumière, parfois même dans les deux à la fois. Or, la mesure selon laquelle on vit dans l'une ou l'autre – c'est-à-dire jusqu'à quel point le jour ou la nuit devient notre demeure – détermine l'alchimie de l'espoir et de la détresse, de l'optimisme et du pessimisme, de la foi et du doute.

Ma propre histoire est un mélange des deux. Quand je suis entré au bloc opératoire, j'étais convaincu que la vie était noirceur. Je ne pouvais garder les yeux ouverts. En me réveillant, j'étais convaincu que tout cela avait changé durant l'anesthésie, et je ne pouvais dès lors que garder les yeux ouverts. La même chose est survenue quand j'ai eu une peine d'amour. Je me suis senti fermé et dans le noir, incapable de m'ouvrir. Or, tomber amoureux a toujours été pour moi comme une longue mélodie lumineuse durant laquelle il m'est à peu près impossible de dormir.

La sagesse du clignement des yeux réside peut-être dans le fait qu'il permet de rester au milieu, de ne pas se noyer dans le noir ni de se brûler à la lumière. C'est peut-être le réflexe qui donne un sens à la condition humaine.

- *Méditez les yeux fermés jusqu'à ce que vous ressentiez le besoin de les ouvrir.*
- *Méditez les yeux ouverts jusqu'à ce que vous ressentiez le besoin de les fermer.*
- *Répétez ces étapes et acceptez votre besoin très humain tantôt de vous éveiller, tantôt de vous reposer.*

20 JUILLET

Apprendre à flotter

Quand on cesse de se débattre,
on commence à flotter.

Quand j'ai appris à nager, je craignais l'eau profonde. Peu importe les paroles des gens en vue de me rassurer, je me débattais pour garder la tête au-dessus de l'eau. C'était épuisant, mais ce n'est qu'une fois épuisé que j'étais finalement assez détendu pour me laisser sombrer au point de sentir le poids des eaux profondes m'aider à flotter.

J'en suis venu à comprendre que c'est là le combat qui se livre quand on est pris entre la foi et le doute. Totalement plongé dans une situation, on a le réflexe de se battre désespérément contre l'horrible impression de couler. Mais plus on résiste, plus on est épuisé par son propre poids.

Dans ces moments, je pense à ma première baignade où, mystérieusement, j'ai dû me laisser presque complètement immerger avant que les eaux profondes ne me soutiennent. Quelque quarante ans plus tard, j'ai l'impression que c'est ce qui se passe quand on cherche sa foi – il faut se laisser immerger jusqu'à ce que l'on se sente soutenu.

C'est très difficile à faire. Avoir confiance, c'est essentiellement croire que l'on sera soutenu quand on se laissera aller. Et bien que l'on puisse s'exercer à relâcher ses peurs pour s'abandonner aux profondeurs, il n'y a pas d'autre façon de s'y préparer qu'en se laissant tout simplement aller.

Une fois sous la surface, ce n'est pas un hasard si les choses ralentissent, deviennent plus claires et plus légères. Avoir la foi, ce n'est peut-être rien de plus que d'oser rester sous la surface.

L'impossibilité d'y demeurer confirme qu'il faut encore et encore choisir la profondeur pour être capable de vivre pleinement. Faire confiance à l'univers, c'est pouvoir se laisser sombrer avant de se sentir soutenu.

- *Remplissez votre baignoire d'eau chaude.*
- *Les mains ouvertes, paumes vers le haut, touchez la surface de l'eau du dos des mains. Sentez l'effort requis pour garder les mains à la surface.*
- *Détendez-vous en respirant lentement et laissez vos mains entrer dans l'eau. Les mains au repos, abandonnez-vous aux profondeurs.*
- *Respirez lentement. Les mains dans l'eau, laissez-vous descendre dans les profondeurs, sous la surface.*
- *Exercez-vous à dépasser l'impression de couler.*
- *Observez le léger effort d'attention nécessaire pour commencer à vous sentir soutenu.*

21 JUILLET

Révéler qui on est

Aucun oiseau ne peut voler sans déployer ses ailes.
Personne ne peut aimer sans déployer son cœur.

Il s'agit sans doute de la plus ancienne des lois intérieures ; elle est aussi inéluctable que la gravité. On ne peut s'envoler dans un espace plus large que soi sans exposer ce que l'on garde le plus près du corps.

Chaque fois que vous hésitez à révéler qui vous êtes, imaginez-vous tel un oiseau sur le toit, les ailes repliées contre le corps. Entrer dans une relation sans ouvrir son cœur équivaut à sauter du toit sans déployer ses ailes.

Même si les oisillons hésitent à sauter du nid la première fois, ils y prennent goût ensuite, car il est dans leur nature de se déployer, de s'envoler et de se poser. C'est leur vie, et c'est aussi la nôtre.

Paradoxalement, on doit révéler ce que l'on cache pour avoir la confiance voulue de s'envoler et de se poser. Une fois révélées, ces choses cachées et sensibles deviennent nos ailes.

- *Assis dans le calme, à l'extérieur si possible, observez comment les oiseaux déploient leurs ailes, s'envolent et se posent.*
- *Respirez profondément et, à leur exemple, exercez-vous à déployer votre cœur et à le poser.*

22 JUILLET

Ubuntu

Ubuntu...
Je suis parce que tu es,
tu es parce que je suis...
– MANIÈRE D'ÊTRE PROFONDÉMENT AFRICAINE

Un hiver, en Afrique du Sud, j'ai rencontré un homme. Après avoir passé plusieurs jours avec lui, je l'ai questionné sur l'« ubuntu ». Il m'a répondu : « C'est une tradition de l'Afrique profonde. » Il ne s'est pas expliqué davantage, mais a ajouté très lentement, avec une profonde révérence : « Je suis parce que tu es, tu es parce que je suis… Ubuntu. »

J'ai toujours cru que dans la brûlure de nos plus profondes souffrances, dans l'évacuation de nos plus grandes peurs, dans la quiétude de nos plus grandes joies, nous devenons l'autre. Je l'ai senti dans les salles pour cancéreux, dans les yeux des mères abattues assises devant moi, aucun de nous ne désirant cette noirceur présente en nous… Ubuntu.

Depuis, je le vois dans tous les sentiers. Dans le « Je-Tu » de Martin Buber, car, « en gardant réel ce qu'il y a entre nous, Dieu apparaît… ». Dans le don de Jésus, car, « là où deux ou trois de vous sont assemblés en mon nom, je suis présent… ». Dans la compassion de Bouddha... dans l'amour divin qui émane des pierres millénaires quand on est assez nombreux à s'incliner devant elles. Ubuntu… Je suis parce que tu es, jusque dans notre façon de vivre du souffle des plantes. Tu es parce que je suis, jusque dans la façon dont les plantes vivent de notre souffle.

Des années après que Robert m'eut aidé à combattre le cancer, et des années après l'avoir moi-même aidé à combattre l'alcoolisme, je me souviens encore de ce jour où nous mangions des sandwichs dans un petit parc, les doigts engourdis, comme deux petits oiseaux blessés. Soudain, Robert a relevé la tête en disant : « J'ai eu le cancer ! » J'ai pris sa main et je lui ai répliqué : « Et j'ai été alcoolique ! » Ubuntu… Chacun de nous a tellement besoin des autres pour être entier !

- *Assis dans un lieu public, respirez jusqu'à ce que votre souffle et l'air que vous respirez ne fassent qu'un.*
- *Respirez avec régularité jusqu'à ce que votre cœur et celui des gens autour de vous ne fassent qu'un.*
- *Continuez de respirer lentement jusqu'à ce que vous sentiez, à chaque respiration, le lien qui relie tout à tout dans la vie.*

L'acceptation

Nous sommes la scène ainsi que les acteurs.

L'une des grandes contributions de la psychologie a été de nous aider tous à comprendre comment nous revivons le film de nos blessures et de nos affections avec d'autres personnes que celles qui nous ont blessés ou marqués à l'origine. Ce phénomène est aussi appelé « projection » ou « transfert ». Essentiellement, nous rejouons sans arrêt ce qui a été dit ou fait et ce qui n'a pas été dit ni fait jusqu'à ce que nous ayons résolu la situation. On parle alors de *guérison*, de *renoncement*, de *lâcher-prise*, voire de *pardon*.

Se faire crier après puis s'en prendre à un chien est un stéréotype de ce phénomène. Or, le plus souvent, c'est l'amour bafoué que l'on rejoue. Par exemple, quand j'étais jeune, on rejetait froidement mes sentiments les plus sincères. Quand je montrais ma peine, mes parents pensaient que je voulais de la sorte faire fléchir leur fermeté. Ils me tournaient alors le dos, comme si je cherchais à les manipuler en exprimant ma peine.

Depuis cette expérience, je suis resté sensible à la peine de mes proches. Pourtant, je me cantonne parfois à un point de vue, me coupant ainsi des autres et rejouant le rôle de mes parents aussi bien que le mien. C'est pour le moins humiliant et dérangeant.

Comme la maladie qui doit suivre son cours, tous les intervenants de nos drames intérieurs doivent avoir droit au chapitre avant de nous laisser en paix. En tâchant inlassablement d'obtenir auprès de ceux qui ne connaissent pas notre drame ce que nous n'avons jamais pu avoir, nous maintenons la blessure vivante puisque nous rejouons ce drame avec eux. Du moins jusqu'à ce que nous comprenions humblement notre côté blessant. C'est le premier pas vers le pardon.

Je me suis surpris à faire aux autres ce que l'on m'avait fait, mais sans être aussi dur et cruel. Cela m'a suffi pour m'apercevoir combien il est facile d'être cruel quand on a peur, combien il est difficile d'accepter que l'on est tous capables de choses terribles, et combien il est édifiant de voir la véritable bienveillance en acceptant cette réalité.

- *Méditez sur une insensibilité qui vous a fait souffrir durant l'enfance, dans le cadre d'une amitié, ou dans une relation.*
- *Tout en respirant lentement, laissez la personne insensible disparaître et concentrez-vous sur la nature de cette insensibilité. On vous a peut-être tourné le dos, rejeté, ignoré, critiqué, il y a peut-être eu de la colère ou usurpation de vos sentiments.*
- *Tout en respirant profondément, rappelez-vous la dernière fois que vous avez traité quelqu'un de la même manière. Souvenez-vous de ce qui vous a amené à agir ainsi.*
- *Respirez à fond et laissez aller toute forme d'insensibilité.*

24 JUILLET

S'extirper de la lourdeur

Finie l'obscurité !
Je sors dans la lumière !
– JOB

Il y a parfois trop à envisager, trop à comprendre et à analyser, trop de conséquences à prévoir, trop à nettoyer, à déballer et à réparer avant de pouvoir aller jouer dehors.

Il est parfois plus simple et plus judicieux de laisser tomber tout ce qui nous pèse et de sortir, ne serait-ce qu'une heure, pour émerger de la toile que l'on a tissée, des tâches que l'on s'impose et des problèmes à résoudre. Ils peuvent attendre. Certains auront peut-être même disparu sans notre intervention.

Ne serait-ce pas merveilleux ?

- *Assis dans le calme, essayez d'arrêter de résoudre vos problèmes.*
- *À chaque respiration, mettez un problème de côté et sentez que vous êtes encore entier sans lui.*
- *Tout en respirant librement, sentez comment vous êtes entier, que le problème soit résolu ou non.*

Le filet de lumière dans les fentes

L'âme humaine est à Dieu
ce que la fleur est au soleil.
Elle s'ouvre à son approche,
et se referme dès son départ.
– BENJAMIN WHICHCOTE

Dieu, à l'instar du soleil, brille sur tout : les collines exposées aux quatre vents, la plante au bord de la fenêtre, et même les herbes sous la véranda, grâce aux fentes qui laissent passer la lumière. La même source spirituelle rayonne sur nos vies, quelles qu'elles soient. Bien que notre expérience et notre perception de Dieu soient limitées et variées, voire changeantes, elles ne limitent ni ne changent en rien la Source.

Et bien que le soleil semble se lever et se coucher chaque jour, c'est la Terre qui, en tournant, introduit le jour et la nuit. Ainsi, quand Dieu ne semble nulle part, nous seuls lui tournons le dos dans le tourbillon de nos vies, en tournant sans cesse sur nous-mêmes.

Contrairement aux herbes sous la véranda, nous pouvons, quant à nous, avancer vers la lumière.

- *Méditez pendant le jour, tranquillement assis dans votre chambre. Regardez dehors et voyez la lumière du jour bouger à travers les arbres.*
- *Après un certain temps, tout en respirant profondément, levez-vous lentement et sortez dans la lumière.*
- *Avancez directement verss un endroit ensoleillé.*
- *Inspirez cette lumière et ressentez sa chaleur en vous.*
- *Restez là.*

La maison d'argile

La seule raison de ne pas ouvrir notre cœur
et notre esprit aux autres, c'est que ces derniers
déclenchent en nous une confusion
qui exige plus de courage ou d'équilibre
que nous n'en avons.

– ANE PEMA CHÖDRÖN

Il y avait une maison d'argile près de Puhaditjhaba à Qwa Qwa, en Afrique du Sud. Son toit plat était recouvert de feuilles de tôle ondulée retenues par un fil tendu de part en part du toit. Chaque bout du fil était attaché à un énorme sac de sable qui pendait lourdement de chaque côté de la maison. Ces sacs étaient comme de lourdes selles empêchant le toit de s'envoler.

De prime abord, j'ai pensé que sans clous ni vis, cette maison devait être précaire. Or, pour une raison quelconque, son image m'a hanté jusqu'à ce que je comprenne que les gens qui y vivaient pouvaient l'ouvrir sur le ciel durant les jours radieux. Cette simple maison d'argile devenait soudain un modèle d'adaptabilité et d'équilibre, un moyen de se protéger contre les orages ou de s'ouvrir au ciel. Les sacs de sable servaient à stabiliser la maison de manière honnête et amovible.

Je me suis demandé combien prématurément je posais les clous. Et quand j'avais besoin de soleil, combien d'efforts je mettais à rouvrir ce que j'avais trop bien fermé.

- *Assis confortablement à la maison, imaginez la pièce où vous êtes sans toit, laissant ainsi entrer la lumière.*
- *Respirez lentement et pensez au toit que vous portez sur le cœur alors que vous vivez en ce monde.*
- *Imaginez ce que seraient les jours ensoleillés sans ce toit sur vos émotions.*
- *En inspirant, essayez de sentir où ce toit protecteur est attaché.*

Permettre à la douleur d'entrer

Je deviens eau.
Je laisse tous les malheurs me laver et
je réfléchis toute la lumière possible.

Un autre paradoxe me hante constamment : comment laisser les autres entrer sans devenir ces autres ? Comment ouvrir la porte de la compassion sans se laisser écraser sous le poids de ceux que l'on aime ?

Le miracle des grands esprits comme Jésus ou Bouddha est de nous avoir montré qu'un élément limpide comme l'eau existe en chacun de nous, un élément qui rayonne sans nom, qui accepte les souffrances et les malheurs des autres sans pour autant nous transformer en douleur et en chagrin.

Plusieurs traditions réfèrent à cet élément. On le qualifie d'amour quand il se rapporte aux autres, et de compassion quand il se rapporte à l'univers entier. La tradition bouddhiste tibétaine pratique une méditation appelée *tong-len.* Elle consiste à inspirer la souffrance du monde, à la retenir dans cet espace indestructible de compassion et à expirer la lumière en retour.

La beauté d'une telle méditation est qu'elle suppose et affirme l'existence de quelque chose d'éternel et d'indestructible en chacun de nous qui peut nous guérir et guérir le monde quand on s'y ouvre.

- *Tenez-vous tranquillement assis jusqu'à ce que vous vous sentiez centré.*
- *Tout en respirant calmement, ayez à l'esprit et dans le cœur la souffrance d'un être cher.*
- *Tout en inspirant profondément, laissez entrer sa douleur dans votre centre de compassion.*
- *En ressentant cette douleur, vous la transformez partiellement.*
- *Expirez maintenant la lumière.*

La grâce rejoint la vague

Pour la vague, l'illumination se produit à l'instant
où elle réalise qu'elle est eau.
Dès cet instant, la peur de la mort disparaît.

– THICH NHAT HANH

Comme la vie des vagues, nous les humains sommes issus d'une plus vaste demeure et nous nous rejoignons dans nos passions, cet océan infini d'émotions. Intérieurement, la grâce vient à la vague quand elle réalise de quoi elle est faite. Puisqu'elle s'élève dans l'eau même où elle s'écrasera, elle a moins peur de sa propre fin, car elle fait partie de sa destination. Est-il possible que vous et moi, à l'exemple de ces simples vagues, accédions à une telle illumination en prenant conscience d'être tous formés de la même eau ? Le fait de reconnaître cela au même titre que les vagues reconnaissent le vent, peut-il atténuer notre peur de la mort ?

Voilà, je crois, ce que j'ai vécu en convalescence après ma chirurgie. Je ne percevais plus les différences ; j'avais perdu la capacité de me voir distinctement des autres. Dans la fatigue et l'étourdissement, nous étions à mes yeux tous fait de la même matière et la vie avant moi et après moi n'était sans doute pas différente de la lumière et de l'ombre émanant des cellules de mon corps à ce moment. Comme la vague consciente d'être de l'eau, j'ai brièvement pris conscience que ma peau était une bien mince frontière et que là où j'allais et là où j'étais représentaient un seul et même lieu. En tant qu'être humain dorénavant conscient de cet immense océan d'émotions, ma peur de la mort s'est estompée, même si, au moment où j'écris ces lignes, je ne veux pas mourir.

Je pense maintenant qu'il est possible de comprendre cela autrement, à savoir que l'illumination se produit dès l'instant où on réalise qu'on est amour, car la peur de vivre disparaît alors. La grâce vient au cœur quand celui-ci réalise de quoi il est fait et d'où il provient. À cet instant, la grâce nous réconforte, peu importe la joie, ou la souffrance, vécue. Nous sommes partie intégrante de notre destination. L'illumination du cœur est possible quand nous acceptons que seul l'amour fait de nous tous des vagues, encore et encore.

- *Respirez lentement et méditez en regardant la fenêtre la plus proche de vous. Observez comment le même air est présent du côté extérieur et du côté intérieur de cette fenêtre.*
- *Respirez lentement et méditez sur la similitude entre votre bouche et la fenêtre. Observez comment le même air est présent à l'extérieur et à l'intérieur de vous.*
- *Tout en respirant profondément, sentez l'essence de tout ce qui se meut à l'intérieur et à l'extérieur de la fenêtre que vous êtes.*

29 JUILLET

Vivre avec l'humilité d'un chien

Vivez avec l'humilité d'un chien
et le monde prendra vie dans votre bouche.

Le jour où j'ai ramené une jeune golden retriever de sept semaines à la maison, je ne soupçonnais pas qu'elle allait devenir mon maître. Durant tout le trajet du retour à la maison, elle a dormi sous ma chemise. Je sentais son souffle léger, un doux vent animal, me réchauffer le cœur. Puis, jour après jour, j'en suis venu à comprendre sa présence vive, totale et constante. Je n'imaginais pas qu'un être vivant puisse vivre si totalement l'instant présent et s'absorber si innocemment dans tout. Quand elle se roulait dans l'herbe, le monde devenait herbe et roulade. Quand elle s'enroulait sur le tapis pour dormir, la vie s'enroulait en bâillant. J'en suis même venu à envier sa capacité à vivre la totalité de l'instant.

J'ai aussi compris comment elle découvrait le monde par le toucher, surtout par sa gueule. Sans l'hésitation qui mine les humains, elle fourrait son museau partout et tirait une grande joie de cette rencontre immédiate avec la vie.

Cette petite chienne m'a enseigné, sans paroles, un sentiment qui dépasse les mots : le sentiment d'enracinement qui découle du contact direct avec le sol, l'humilité à toucher directement ce que l'on explore. Ce contact est vivifiant, il rend le monde vivant. Ainsi, l'énergie du monde coule dans tout moment où l'on ose plonger totalement.

- *Durant une promenade à l'extérieur, centrez-vous et marchez au rythme de votre respiration.*
- *À mesure que des détails vous frappent – l'éclat de lumière sur une branche, le calme d'une flaque d'eau ou la mousse sur un rocher –, essayez de toucher les choses simples qui vous attirent.*
- *Respirez profondément et reniflez le jour avec votre cœur.*

30 JUILLET

Quand le sentier est bloqué

Quand le sentier est bloqué,
reculez pour le voir au complet.

Chacun de nous est pour l'autre une montagne à escalader. Souvent, le sentier qui nous mène à l'amour est obstrué par un problème, par quelque chose d'inattendu. On qualifie généralement ces choses d'obstacles.

Ces « obstacles » sur notre chemin viennent souvent des autres : l'entêtement de l'un tombe comme un arbre sur le sentier de nos objectifs, la tristesse de l'autre tombe comme l'averse et rend boueux et glissant le chemin entre nous, et, au moment où nous nous étendons enfin dans un champ, un insecte caché dans l'herbe vient nous piquer. Ainsi, il nous faut quotidiennement choisir entre voir l'autre comme une entrave sur notre chemin, un terrain boueux ou une piqûre dans l'herbe, ou bien reculer jusqu'à ce que l'on voie l'autre entièrement, telle une vaste montagne qui nous étourdit par sa majesté.

Quand nous nous sentons bloqués dans nos rapports avec les autres, nous disposons toujours d'une chance, celle de lever les yeux et de se voir l'un l'autre entièrement, puis de ramasser ensemble l'arbre entravant le chemin, de traverser ensemble le sentier boueux et d'enlever ensemble l'insecte. Nous avons la chance de pouvoir escalader la montagne pour aller capter l'eau qui s'écoule des autres et d'étancher notre soif comme le ferait un ruisseau, en sachant que l'amour, comme l'eau, coule doucement, même des endroits les plus difficiles.

- *Centrez-vous et pensez à une personne aimée. Il peut s'agir d'un ami, d'un conjoint ou d'un parent. Portez votre attention sur un aspect entêté qui émane de cette personne.*
- *Sans renier cette difficulté, inspirez et élargissez le champ de vision de votre cœur. Reculez et tentez de voir la personne dans sa totalité, entêtement y compris.*
- *Respirez profondément et sentez à la fois sa difficulté et la totalité de son esprit qui fait que vous l'aimez.*

31 JUILLET

L'œil est la lampe

L'œil est la lampe du corps.
Si ton œil est en bon état,
tout ton corps sera plein de lumière.

– JÉSUS

Par ces paroles, Jésus suggère que l'œil sain laisse entrer la lumière. Pour comprendre l'essence de cette parabole, il faut considérer l'œil comme ce qui laisse entrer la lumière et non seulement comme ce qui perçoit la lumière extérieure. Ainsi, au quotidien, il faut voir notre cœur comme ce qui laisse entrer la réalité de l'autre, pas seulement comme ce qui se fraie un chemin parmi les désirs et les peurs de l'autre. Pour rester authentique, il est donc aussi essentiel de laisser l'autre entrer que de se permettre d'entrer dans l'autre.

Le paradoxe libérateur peut devenir paralysant si l'on se borne à l'une ou l'autre de ses facettes. Il remet en question le dilemme entre l'aventure et la sécurité. On a souvent l'impression qu'en osant s'ouvrir, on risque dangereusement de perdre toute sécurité. Inversement, en restant fermé, on a l'impression d'être toujours en sécurité. On met donc en opposition deux manières de vivre dans le monde : celle où l'on est « emmuré dans sa sécurité », ou celle où l'on est « exposé à tous les dangers ». Cette croyance ne tient jamais compte du risque qu'il y a d'étouffer dans la sécurité des murs. Le masque couvrant le visage qui a grandi devient une façade étouffante.

Le paradoxe, c'est que de l'intérieur, le seul sentier qui mène à la sécurité profonde, à la paix intérieure, est celui qui nous force à traverser les sables mouvants.

Le risque ouvre à la sécurité ; il ne nous y ferme pas. Ce n'est qu'en prenant le risque de nous ouvrir que nous recevons la force et la plénitude de ce qui est entier, et lui permettons de nous habiter.

Ceci nous ramène à la question fondamentale : Comment se protéger ? En dissimulant, ou en assumant ce que l'on est ? En se protégeant de tout ce que l'on voit, ou en se clarifiant pour laisser entrer la lumière ? En se préparant à affronter ce qui peut nous blesser, ou en s'ouvrant à tout ce qui peut nous guérir ?

- *Fermez les yeux et effacez le tableau de votre mémoire avec la brosse de votre souffle.*
- *Regardez maintenant à l'extérieur et notez le premier rayon de lumière et ce qu'il éclaire.*
- *Gardez cet objet en vue et voyez comment la lumière qu'il a absorbée traverse maintenant l'écran du risque et de la sécurité en vous.*
- *Sentez-la entrer. Acceptez cette lumière.*

1er AOÛT

La souffrance du devenir

La fleur est pleinement et totalement ouverte
à chaque étape de sa floraison.

Nous nous rendons un très mauvais service en jugeant l'endroit où nous sommes rendus par rapport à une destination finale. Cette souffrance découle, entre autres, de notre aspiration à devenir quelque chose. C'est pourquoi l'endroit où nous nous situons n'est jamais assez près de l'endroit visé, même si nous nous en rapprochons tout le temps.

La rose est aussi ouverte qu'elle le peut à chaque instant de sa floraison. C'est la même chose en ce qui concerne notre vie. À chaque étape de son épanouissement, chacun de nous est ouvert au maximum de sa possibilité. Car il faut bien le dire, le cœur prend du temps à fleurir et fait pâle figure devant l'amant, le père ou la mère imaginaire que nous voudrions devenir.

Se comparer aux fleurs facilite les choses. Si les fleurs devaient se pousser pour s'ouvrir plus vite, elles se déchireraient. La nature prend son temps. Pourtant, nous, les humains, nous nous poussons souvent et nous nous déchirons à des endroits que personne ne peut voir. Lorsque nous nous poussons pour nous ouvrir plus vite et plus profondément que ce qui est naturel, nous nous mettons des bâtons dans les roues, car la plupart de nos problèmes naissent de l'impatience.

Avant mon cancer, la fibre artistique me faisait avancer et je me poussais beaucoup. La pulsion créative était profonde et irrépressible chez moi, mais également très saine. Toutefois, j'entretenais l'idée secrète d'arriver à une sorte de grandeur, ce qui me faisait pousser vraiment, et ce, jusqu'au jour où quelque chose a craqué. Ce fut la poussée incessante à me mesurer par rapport à une forme imaginaire de moi-même qui fit craquer la fleur de mon mental.

Je ne crois pas que les gens soient naturellement porteurs du cancer. Je crois plutôt que c'est la partie de nous que nous affaiblissons qui tombera malade en premier. Ce n'est pas un hasard si le cancer a d'abord atteint l'hémisphère gauche (créatif) de mon cerveau.

L'un des remèdes les plus difficiles à accepter pour apaiser un tant soit peu notre souffrance du devenir, c'est que peu importe où nous sommes rendus, peu importe que notre cheminement soit incomplet ou imparfait, il est en lui-même un épanouissement. Peu importe ce que nous avons accompli à la fin de la journée, c'est plus que suffisant. C'est le rêve devenu réalité.

- *Fermez les yeux et méditez sur une simple rose jaune en train de s'ouvrir.*
- *Respirez à fond et n'attendez pas que la rose soit complètement ouverte pour voir sa beauté.*
- *Concentrez-vous plutôt sur les pétales jaunes sur le point de s'ouvrir. Voyez leur beauté dès maintenant.*
- *Respirez à fond et voyez-vous vous-même comme cette rose. N'attendez pas une fin imaginaire pour voir votre propre beauté.*
- *Concentrez-vous plutôt sur la beauté en vous qui émerge en ce moment.*

2 AOÛT

La sirène

Une sirène rencontra un nageur
qu'elle choisit pour compagnon.
Elle pressa son corps contre le sien, en riant.
En plongeant dans les profondeurs avec lui,
elle oublia, dans ce bonheur cruel,
que même les amoureux se noient.

– WILLIAM BUTLER YEATS

Nous voulons tellement partager nos plus intimes expériences avec ceux que nous aimons que nous oublions souvent, comme la sirène, que tout le monde ne peut aller là où nous allons. Et nous avons tous mystérieusement en commun le fait que personne ne peut connaître vraiment notre profondeur. Chacun doit voyager seul, car c'est ainsi qu'il peut entrer en communion avec Dieu.

Le nageur peut faire un tour dans les profondeurs de la sirène, mais il ne peut y rester, au risque de se noyer. Et la sirène peut faire une incursion dans la vie du nageur sur la terre ferme, sans pouvoir cependant y rester, au risque de suffoquer. Chacun de nous doit revenir à son élément de base pour survivre. Nous nous reprochons souvent les uns les autres de ne pas suivre. Nous prenons même cette incapacité à suivre pour un rejet, alors que c'est simplement une question de suffocation ou de noyade si nous restons trop longtemps en dehors de notre élément.

Mais il existe un terrain d'entente là où se chevauchent les natures opposées. La sirène et le nageur reviennent s'étreindre là où la profondeur et l'air se rencontrent. Il revient à la sirène d'amener avec amour ses trésors à la surface et de les partager, et au nageur de faire baigner ses trésors dans leurs vagues communes. Ainsi, toute relation vraie devient un lieu où nous pouvons revenir après nos rencontres solitaires avec Dieu.

Jamais cela n'a été aussi clair que le jour où j'ai accompagné Anne, ma conjointe depuis vingt ans alors atteinte d'un cancer, vers le bloc opératoire pour y subir une opération. Je suis allé aussi loin que j'ai pu et j'ai regardé sa silhouette s'amenuiser à travers les carreaux vitrés de la porte. J'ai alors réalisé que nous devons tous aller seuls au-delà des vitres de notre expérience, qu'il s'agisse de notre mésentente avec Dieu, de nos parents morts ou de nos limites. Et le geste de compassion consiste alors à accompagner les êtres chers aussi loin que nous le pouvons et à être là quand ils reviennent. Mais personne ne peut aller au-delà des carreaux vitrés pour nous ou avec nous.

Sur terre comme en mer, impliqués dans la collectivité ou isolés, nous avons tous en commun cette solitude. Et dans le périple nous faisant voyager entre les profondeurs et les hauteurs qui sustentent notre âme, et parmi ceux qui permettent à chacun de rester sain d'esprit, nous connaissons avec humilité le miracle de l'amour.

- *Dialoguez avec une personne en qui vous avez confiance pour déterminer une chose que vous souhaiteriez partager plus complètement.*

- *Discutez pour voir si c'est possible, en cernant les efforts à faire pour partager plus complètement les aspects de vous qui sont simplement hors de portée parce que telle est votre nature.*
- *En méditant, plongez maintenant dans ce lieu où personne d'autre ne peut aller. Puis remontez à la surface en rapportant un petit trésor que vous essayerez de partager.*
- *Inversez les rôles et répétez l'exercice.*

3 AOÛT

Éliminer la volonté

Ces corps sont périssables,
mais celui qui les habite est éternel.

– BHAGAVAD-GITA

La plupart des fruits et des légumes possèdent une peau qui l'on doit enlever afin de déguster la chair mûre et sucrée. Cette image s'applique à bien des aspects du périple humain. Toutefois, l'aspect le plus important concerne à mon avis notre croissance sous la peau de la volonté.

Nous protégeons souvent les germes de nos efforts, de nos passions, de nos désirs et de notre curiosité en les enveloppant de grandes idées et de projets ambitieux qui ont finalement et rarement à voir avec la chair mûre et sucrée de ce qui pousse en nous. Il est néanmoins important de se rappeler que, tout comme le maïs ne peut arriver à maturité à moins d'être recouvert pendant des mois par son enveloppe verte, nous avons aussi besoin d'incuber qui nous sommes sous les couches de ce que nous pourrions devenir.

Il n'y a aucun mal à cela. La plupart des choses dans la vie nécessitent une enveloppe protectrice afin de croître. Par contre, nous pouvons nous blesser si nous gardons trop longtemps le fruit que nous sommes couvert de son enveloppe. Nous pouvons nous mettre à pourrir de l'intérieur si nous restons pris dans nos vieux projets une fois que notre intérieur a mûri. Quand nous déménageons ou changeons de carrière, peut-être cherchons-nous à nous libérer de tout ce qui nous enveloppait, même si cela nous a aidés à grandir. Ou bien, peut-être réalisons-nous que c'est notre façon d'aimer qui a besoin de changer et non les personnes et les choses qui ont de l'importance à nos yeux.

Chose certaine, il y a une grande leçon d'humilité à tirer de tout cela. Bien que nous ayons besoin de faire des projets, de nous acheminer vers des objectifs et d'envisager de possibles futurs, rien de tout cela ne peut nous préparer au moment de la maturation. Une fois que l'âme est pleine comme le fruit mûr, tous nos fantasmes, toutes nos ambitions et récriminations deviennent une peau inutile. Une fois la maturité atteinte, quand nous voilà capables de compassion et de joie, toutes les formes de sacrifice et de report se mettent à nous faire pourrir de l'intérieur. À l'instar de la barbe soyeuse de l'épi de maïs, tous nos rêves intéressants du lendemain ont joué leur rôle quand le corps saute comme les grains de maïs soufflé.

Étant donné que personne ne peut contrôler sa maturation, il est à tout le moins possible à chacun de nous d'essayer de ne pas se définir par ce qui le recouvre, même si cela l'a aidé à mûrir. Ainsi, tout en laissant mûrir et fleurir en nous notre petit morceau de soleil exactement là où nous en sommes, tous les efforts nous sont permis pour être le soleil lui-même. Alors, rêvons à volonté, échafaudons notre version des pyramides, manigançons pour bâtir et dépenser une fortune. Rien n'importe, sinon la douceur couvant dans nos rêves et nos souffrances, une douceur qui remonte enfin à la surface.

- *Choisissez un fruit, une orange ou une pomme.*
- *Tout en respirant lentement, sentez la pelure du fruit qui vous tient à l'écart de sa pulpe.*
- *Remerciez-la d'avoir permis d'amener le fruit jusqu'à vous.*
- *Maintenant, pelez une partie du fruit et mangez-en un peu.*
- *Refaites la même chose en méditant sur un plan, un rêve ou un désir qui vous a permis de devenir qui vous êtes.*
- *Maintenant, fermez les yeux et enlevez cette « pelure », tout en la remerciant de vous avoir conduit jusqu'à ce moment présent.*

Les remous de l'ombre

Quand l'ombre est quiète,
la lumière commence à poindre.

– *LE SECRET DE LA FLEUR D'OR*

Comment composer avec les remous de l'obscurité ? Comment trouver notre chemin vers un lendemain dans la confusion, la tristesse ou l'incompréhension ? Il semble tout naturel de traiter nos problèmes comme un sentier envahi d'herbes. On se fraie un chemin à coups de serpe en se faisant quelque peu violence. Pourtant, un vieux texte chinois laisse clairement entendre quelque chose de plus simple et de plus radical à la fois, à savoir que l'agitation elle-même est obscurité et que la lumière ne peut poindre que si l'on ne touche à rien.

Combien de fois n'ai-je examiné et réexaminé les paroles de quelqu'un, faisant ainsi pousser une sombre vigne vierge dans mon esprit ? Quelle en était la signification ? Et comment interpréter ce qui n'a pas été dit ? Que dois-je faire pour réagir ou ne pas réagir ? Et toutes ces mauvaises herbes de la pensée poussent, obstruant la lumière.

Je ris encore en pensant à toutes ces heures passées à m'imaginer des entretiens qui ne s'avéraient jamais, mais obstruaient mon cœur à la manière d'une vigne vierge qui bouche une fenêtre. Comme si la lumière, dans sa patience infinie, était incapable d'entrer de force dans notre cœur et attendait patiemment une ouverture de notre part, satisfaite de pouvoir éclairer le moindre petit espace ménagé en nous.

Il semble que les remous de l'obscurité viennent toujours recouvrir quelque chose. En ce qui me concerne, j'ai passé des années à recouvrir d'accomplissements agités les blessures reliées à l'estime de soi. Puis, un jour, mon cœur a fini par être recouvert d'une épaisse couche. Ce n'est qu'une fois que j'ai mis de côté les accomplissements que la lumière a pu pénétrer. Ce n'est qu'après avoir laissé les remous de l'obscurité se calmer que je me suis mis à guérir.

- *Pensez à quelque chose sur quoi vous ruminez.*
- *Respirez profondément et arrêtez d'y penser, si vous le pouvez.*

- *Laissez votre respiration ouvrir une brèche dans ces sombres pensées afin que la lumière de l'être puisse parvenir au centre blessé qui veut être étreint.*

5 AOÛT

Le poussin brise sa coquille

Chaque fente est également une ouverture.

Quand on est en plein changement, il est bon de penser aux poussins qui naissent. Du point de vue du poussin, c'est un dur combat. Enroulé sur lui-même dans un espace sombre, à moitié formé, le poussin consomme toutes ses réserves et grandit pour être finalement coincé contre les parois de la coquille. À un moment, il commence à avoir faim et à se sentir incommodé par le manque d'espace qui le suffoque.

En définitive, c'est sa propre croissance qui fait craquer sa coquille, et le monde tel qu'il l'a connu prend fin. Son ciel s'effondre. Tout en se contorsionnant dans les fentes, il se met à manger sa coquille. À cet instant, grandissant mais fragile, affamé et à l'étroit, son monde s'écroulant, le poussin doit avoir l'impression d'être en train de mourir. Pourtant, une fois que tout ce sur quoi il s'est appuyé s'efface, il vient au monde. Il ne meurt pas.

La leçon à tirer est grande. En effet, la transformation suppose toujours la disparition des choses sur lesquelles on s'est jusque-là appuyé. Et quand nous avons l'impression que le monde tel que nous le connaissons arrive à sa fin, c'est précisément le cas.

Le poussin semble nous offrir la sagesse de se nourrir de notre propre coquille pour pouvoir naître à nouveau. Quand de grands changements surviennent dans notre vie – changements intérieurs, changements dans nos relations, changements de vocation –, nous devons en quelque sorte ingérer tout ce qui nous a enveloppé, sustenté, réconforté. Ainsi, quand cette nouvelle vie est sur le point de naître, le passé est déjà en nous.

- *À la prochaine occasion, observez quelque chose en train de naître.*

- *Si cette idée vous plaît, allez dans un jardin zoologique, une ferme, une garderie, un aquarium, ou à la pouponnière de l'hôpital le plus proche.*
- *Pendant que vous assistez à une naissance, notez les détails qui vous frappent particulièrement.*
- *Servez-vous de cette situation pour comprendre si elle correspond à quelque chose qui cherche à naître en vous.*

6 AOÛT

Le plaisir du cœur

Nous sommes nés avec le besoin de crier
notre cri viscéral les uns aux autres.

Nous sommes tous si coincés dans notre sexualité que nous passons souvent à côté des enseignements silencieux qui nous dépassent dans ces moments de véritable intimité. La profonde intensité de notre sensibilité pendant l'orgasme, par exemple, est un paradoxe de la façon dont nous chérissons ce moment d'extase auquel nous voulons toujours revenir mais qu'aucun d'entre nous ne peut toutefois supporter très longtemps.

Ce moment d'élévation nous révèle beaucoup sur nos limites humaines et nos plus profonds moments de vitalité. Ce n'est pas un hasard si nous nous sentons tous attirés par le dénuement et la vulnérabilité en présence d'un autre et si, malgré nos peurs et nos mécanismes de défense, nous voulons être étreints et touchés totalement à l'instant même où nous sommes sensibles au plus haut point.

Telle est, pour le cœur, la définition du plaisir. Bien que nous ayons besoin de ce moment de révélations et de relâchement pour nous sentir complets, nous devons également accepter de ne pouvoir le supporter bien longtemps. Voilà pourquoi les cris d'extase et d'agonie se ressemblent tant. Et ce besoin de fusion avec l'autre est la preuve que personne ne peut vivre cette existence en demeurant seul. À cet égard, la véritable intimité ne peut être possible sans confiance. Quand nous laissons notre corps devenir si sensible, mais que nous retenons le cœur, nous renonçons à l'extase pour nous limiter à l'orgasme, sa dimension inférieure.

En réalité, ce moment d'extase où nous ne retenons rien peut être vécu non seulement dans l'acte sexuel, mais aussi au moment extatique où nous nous permettons chacun d'être totalement révélé et étreint en même temps. Dans ce moment à la fois audacieux et fragile, le cœur peut nous amener à retrouver tous ses cadeaux, qui consistent à ne rien retenir, à être vraiment qui l'on est, à faire confiance à l'autre, à être complet et le témoin de la complétude de l'autre.

- *Assoyez-vous en face d'une personne aimée et respirez tous les deux lentement jusqu'à ce que vous trouviez un rythme commun.*
- *Maintenez un contact visuel tout en tenant délicatement le visage l'un de l'autre.*
- *Du bout des doigts, effleurez le contour des traits du visage de l'autre, faisant ainsi disparaître tout mur entre vous.*

7 AOÛT

Ce que nous emmenons

Une rivière ne retient pas toute l'eau qu'elle charrie.

Au cours de notre périple, nous nous débattons sans arrêt pour savoir quoi apporter avec soi et quoi laisser. Il est difficile de se délester. Mais à défaut de le faire, nous nous noierons sous le poids.

La rivière est un bon exemple. En effet, elle ne possède pas l'eau qu'elle charrie. Malgré cela, elle ne pourrait entretenir de relation plus intime avec elle, puisque c'est sa force qui lui donne sa forme. Il en va de même pour tout ce que nous aimons. En réalité, il ne sert à rien de nous accrocher aux choses les plus importantes, car elles nous ont déjà façonnés.

La raison d'être des sentiments est donc de laisser parler les puissantes émotions qui sommeillent en nous. Parfois, les livres, les cartes, les coquillages et les fleurs peuvent y contribuer. Mais, le plus souvent, nous transportons plus que nous n'avons besoin, nous rendant rarement compte que ces petits trésors représentent quelque chose qui est déjà en nous. Souvent, le plus utile des cadeaux à nous faire, c'est de laisser couler notre vie telle une rivière.

- *Tenez en main un souvenir concret qui a de la signification pour vous et méditez sur les émotions qu'il évoque.*
- *Prenez conscience de l'espace en vous d'où proviennent ces émotions.*
- *Tentez de voir à quel point ce souvenir est vivant ou pas.*
- *Essayez de voir pour quelle raison vous le gardez.*

8 AOÛT

Abandonnez-vous comme un canard

Derrière tout ce que j'essaie de voir,
il y a tout ce dont j'ai besoin.

C'était il y a des années, mais je m'en souviens clairement. Je me baladais sur la rive d'un lac au beau milieu de la journée quand, soudain, à dix pas de moi, j'aperçus un canard qui dormait sur l'eau, la tête sous l'aile et le corps tranquillement ballotté par le ressac.

Cette scène bucolique me dénoua, car j'avais sous les yeux la leçon ultime de la confiance. Sans connaissance ni intention propres, ce petit canard lové dans la matrice du monde fut un grand maître muet pour moi. Si je pouvais, si nous pouvions, seulement lâcher prise devant le mystère de la vie, celle-ci nous porterait et nous régénérerait.

À l'évidence, ce canard allait se mettre à nager à un moment ou l'autre. Néanmoins, la capacité de cette petite créature à s'abandonner si totalement lui a permis de se remplir à satiété, ne serait-ce que quelques minutes, d'une profondeur de paix qui ne vient qu'avec le lâcher-prise total.

Au cours de mon existence, je n'ai lâché prise aussi totalement qu'à de rares moments. Pourtant, ces moments ont profondément modifié ma vie. Quand le cancer m'est tombé dessus, je suis un peu tombé de ma peur pour entrer au bloc opératoire comme ce petit canard. C'était en quelque sorte le seuil vers l'autre côté. Seul et ayant peur de m'ouvrir aux autres, je me suis maintes fois effondré dans l'océan d'amour d'une autre personne, ce qui a nettoyé mon cœur las. Et dans ma quête actuelle de sagesse, je trébuche et je renonce si totalement à ce que je sais, que je me retrouve à dériver d'une manière qui n'est ni sage ni dépourvue de sagesse, mais simplement un gage de vie.

- *Quand vous êtes fatigué, restez tranquillement assis et expirez la lourdeur de la journée.*
- *À chaque expiration, laissez aller quelque chose de non accompli, un heurt, une inquiétude ou une peur que vous avez nourrie.*
- *N'analysez et ne résolvez aucune de ces choses. Expirez-les seulement.*
- *Une fois allégé, voyez-vous comme ce petit canard et sentez le ressac du mystère tout autour de vous.*
- *Pendant dix secondes seulement, abandonnez-vous. Relâchez toute résistance et laissez l'eau vous porter.*

9 AOÛT

Préparer la voie

Aussi longtemps que vous n'aurez pas connu
la mort et la renaissance, vous ne serez qu'un
invité inquiet sur cette sombre terre.

– GOETHE

Mourir n'est pas une mauvaise chose. Les cellules ne meurent-elle pas chaque jour ? Le grand paradoxe, c'est que nos corps vivent justement parce que ces cellules meurent. Nous perdons des peaux, nous muons. Et nous repoussons. C'est ainsi que nous conservons notre vitalité. Il en va de même pour nos pensées. Elles meurent comme les cellules. Mais nous souffrons beaucoup quand nous refusons aux nouvelles cellules de nous faire une nouvelle peau. C'est précisément cet entêtement qui nous fait souffrir. C'est la peur que rien ne pousse en dessous, qui alimente notre désespoir. Dès que nous cessons de grandir, peu importe dans quelle direction, nous sommes déjà en train de mourir.

Quand nous résistons à ce processus, nous devenons un invité inquiet et croassons comme un corbeau. Et quand nous essayons d'arrêter l'émergence de tout ce à travers quoi la vie nous fait passer, nous doublons la souffrance. Imaginez un peu si les arbres ne perdaient jamais leurs feuilles, si les vagues ne formaient jamais de rouleaux, si les nuages ne se vidaient jamais de leur eau et ne disparaissaient jamais !

Je dis cela autant pour moi que pour vous. Les petites morts empêchent les grandes morts. Ce qui importe le plus, c'est d'attendre l'émergence de tout ce qui prépare le chemin.

- *Assis dans le calme, pensez aux nombreux « moi » que vous avez été. Tout en respirant normalement, voyez comment le nouveau « moi » a toujours grandi en dessous de l'ancien.*
- *Maintenant, fermez les yeux et méditez sur la nouveauté qui grandit en vous en ce moment.*
- *Tout en respirant normalement, défaites-vous de votre emprise sur les habitudes mentales susceptibles d'empêcher votre croissance.*

10 AOÛT

Au hasard

Le hasard est l'instant où le cheval lancé au grand
galop a les quatre sabots en l'air.

Tel est le sens original du mot « hasard ». Il réfère au mystère qui entoure la passion débridée, à l'élévation qui résulte d'une immersion totale, d'un lâcher-prise total. À notre époque cependant, le terme « hasard » veut dire sans dessein, sans méthode, sans raison d'être. Il renvoie à l'aspect aléatoire et nous permet d'écarter tout ce qui semble hors du contrôle de notre volonté.

Pourtant, notre vie est remplie de moments de bienveillance qui semblent venus de nulle part. Au moment où l'on a soif, quelqu'un fait circuler l'eau. Au moment où l'on se sent seul au point de briser à l'intérieur ce que l'on ne montre jamais à personne, quelqu'un offre de nous raccompagner ou retient le sac d'épicerie en train de nous glisser des mains. Au moment où l'on sent que rien ne nous incite à lever la tête de la route de la solitude, un cerf bondit sur cette route.

Alors, que peut-on apprendre de ce cheval du hasard ? Voyez comment toute son énergie et son désir s'intensifient pour arriver au moment où il s'habite totalement et se met à voler. Puis, il touche terre de nouveau. Et se remet à voler. Et il touche terre une nouvelle fois. Pour nous, ce moment correspond à celui où nous ne retenons rien, où nous accordons toute notre attention à la situation présente. Dans cet intense moment, nous volons presque. Nous planons avec une passion vitale qui ramène tout en nous pour entrer dans le quotidien.

C'est là une expérience que j'ai connue à de multiples reprises au cours de mes séjours dans les hôpitaux en raison du cancer. Quand il n'y avait plus rien à retenir – ni larmes, ni souffrance, ni frustration, ni colère –, je me retrouvais en suspens, même s'il m'était impossible de sortir du lit. Et, étonnamment, c'est ce qui m'a relancé dans le courant de la vie autour de moi.

Tout comme la souffrance corporelle signale aux cellules d'accourir vers la zone blessée, l'expérience d'être en suspens attire les autres à nous. Tout comme le sang part des parties saines pour aller alimenter la zone blessée sans savoir que les deux parties vont se rencontrer, il en va de même pour le corps universel. Nous allons au secours les uns des autres sans souvent savoir où nous allons. Mystérieusement, c'est ainsi que la force de vie se régénère. Et ce que nous qualifions de « chance », de « hasard » ou de « coïncidence » n'est que la circulation de la vie se guérissant à travers nous et en nous.

- *Faites une chose au hasard aujourd'hui.*
- *Si un rayon de soleil croise votre regard, ne retenez rien. Allez vous mettre au soleil en levant le visage vers lui.*
- *Si vous êtes surpris par la pluie, ouvrez-vous à celle-ci, ne serait-ce que brièvement.*
- *Si vous entendez de la musique dans la rue, allez vers le musicien et écoutez en silence pendant quelques instants.*
- *Si vous voyez quelque chose de beau, souriez lentement. Si cette chose est toujours belle, alors permettez-vous de rire pour avoir eu le privilège de l'avoir vue deux fois.*
- *Ne retenez rien. Laissez ce qui vous marque modifier le cours de votre existence.*

Pendant que je courais

Voir prend du temps.

– GEORGIA O'KEEFFE

En faisant de la course à pied un jour de mai, j'ai aperçu une haie soigneusement et symétriquement taillée d'où fusait en désordre de maigrichonnes fleurs ne semblant obéir à aucune forme. Cela m'a fait sourire, car j'ai cherché des années durant à ne pas être taillé ni façonné. J'ai adoré la façon dont ces petites fleurs bleues coiffaient la haie de leur hauteur.

En repassant au même endroit en juin pendant ma course à pied, j'ai vu un homme âgé tailler cette haie. Il était totalement pris par son activité. Il taillait un coup puis reculait pour voir, tout transpirant, comme si le monde entier dépendait de son zèle. Sa sollicitude me toucha beaucoup. Nous nous sommes salués d'un mouvement de tête, sans prononcer un mot. Il était clair que ce n'était pas la haie l'important, mais uniquement son besoin de prendre soin de quelque chose. Cela m'a fait réaliser que c'est ainsi que je vis depuis que j'ai survécu au cancer.

En coursant au mois d'août, je suis tombé sur une petite fontaine dont le jet fusait aussi haut que possible d'un centre invisible, comme pour aller toucher le ciel. L'eau redescendait sur elle-même, venant remplacer celle qui jaillissait vers le ciel. Transpirant et haletant, j'ai compris que c'était là le sens de la liberté.

- *Assis dans le calme, appelez la partie de vous qui ne veut pas être examinée. Reconnaissez-la.*
- *Respirez profondément et appelez cette partie de vous qui a besoin d'accorder de l'attention. Accueillez-la.*
- *Respirez librement et appelez la partie de vous qui revient sur elle-même après avoir dispensé de l'attention. Bénissez-la.*

Vivre en s'exprimant librement

Nous sommes ici-bas pour vivre
et nous exprimer librement.

– BALZAC

Très tôt dans la vie, nous savons pleurer et faire du bruit pour indiquer ce que nous voulons. Tout ce qui sort devient un lien vital avec l'extérieur, une veine d'expression par laquelle nous exprimons sans cesse que nous sommes en vie, que nous faisons partie de cette grande et majestueuse vie.

Mais en peu de temps – à l'école ou à la maison, ou à la recherche d'un sentiment d'amour qui est, pensons-nous, à l'extérieur de nous –, trop tôt, nous commençons à croire que si nous pleurons et faisons du bruit, c'est dans le but d'être entendu. Et à partir de là, tout change.

Nous avons alors le besoin pressant d'être accepté, accueilli et approuvé. Mais imaginez un peu si les oiseaux chantaient seulement quand ils sont entendus ! Si les poètes parlaient seulement quand ils sont compris !

Bien des fois, j'ai dû me défendre de mes attentes et de mon besoin d'approbation pour retrouver enfin ma voix et me réjouir de faire partie de quelque chose. Il y a certes une joie et un réconfort particuliers à être entendu. Mais j'en suis venu à réaliser que je dois avant tout exprimer haut et fort qui je suis. Le désir que l'on pense du bien de moi n'étant jamais très loin, je dois toujours tenir à distance les réactions des gens assez longtemps pour que ma voix se fasse entendre.

Je dois en ce sens vous parler d'un homme âgé, originaire d'Italie, que je connais. Il a travaillé toute sa vie comme plombier. C'est un homme bon et doux qui, lorsqu'il rit – et c'est fréquent –, se met à pleurer peu importe qui est à côté de lui, que les gens comprennent ou non. Il sait garder sa plomberie propre. Il s'exprime librement. À son insu, il m'a appris à aimer le monde entier.

- *Allez dehors, si vous le pouvez, et écoutez les oiseaux chanter. Entendez leurs chants clairs.*

- *Remarquez comme il ne semble pas y avoir quoi que ce soit entre leur pulsion à chanter et leur chant.*
- *Tout en respirant, remarquez ce que vous ressentez et observez l'hésitation qui vous empêche de vous exprimer à voix haute. Cette hésitation est une maladie.*
- *Efforcez-vous de mettre cette hésitation de côté. En inspirant, sentez ce qui monte en vous. Une fois au bout de votre inspiration, fermez votre mental comme vous fermeriez un œil. En expirant, laissez cette émotion s'exprimer vocalement, même si c'est tout bas.*

13 AOÛT

Le rocher aux oiseaux

C'est peut-être pour cette raison
que je veux toucher les gens si souvent.
C'est uniquement une autre façon de parler.
– GEORGIA O'KEEFFE

J'étais loin de chez moi, me sentant vulnérable et tout endolori, lorsque j'aperçus dans le vent sauvage côtier un gros rocher isolé au milieu de la mer démontée. Il était couvert de toutes sortes d'animaux : des chevaliers, des goélands, des cormorans, des otaries, des phoques, des pélicans, des loutres. En se traînant, en battant des ailes, en escaladant, tous avaient trouvé refuge sur ce rocher pour échapper à la furie des eaux. Vivant ensemble, les uns serrés contre les autres, ils avaient trouvé une oasis rocheuse de vent et de soleil. Trop fatigués pour se battre après avoir réussi à s'installer là, ils ne bougeaient plus, tous trempés jusqu'aux os.

J'ai réalisé alors que c'est ainsi que les blessés trouvent leur chemin, que nous nous sommes trouvés par ce livre. Chaque survivant, peu importe à quoi il survit, sait que la furie des eaux et le rocher qui lui sert de refuge est un lieu exposé où il accepte enfin les autres, où il est trop fatigué d'avoir nagé pour seulement penser aller à la recherche d'un autre territoire ou même parler, sauf en touchant les autres.

Le groupe de soutien que je rencontrais chaque semaine était en quelque sorte un rocher pour moi, au même titre que les salles de réunion pour convalescents et les centaines de salles tranquilles de thérapie. Pour ceux qui ont souffert, la tolérance n'est pas une position politique ni même un principe. Pour ceux qui se sont traînés jusqu'au soleil, tout ce qui est épuisé à côté d'eux est leur famille.

- *Centrez-vous et imaginez que ce moment est un rocher sur lequel vous vous êtes hissé dans votre souffrance.*
- *Respirez profondément et sentez la paix du moment, sans la furie de vos journées habituelles.*
- *Ouvrez votre cœur pour voir si d'autres que vous connaissez sont là aussi.*
- *Si une personne particulière vous vient à l'esprit, soyez ouvert et parlez-lui de tout cela.*

14 AOÛT

Les falaises de Puye

La compréhension des choses est hors de ma portée.
Elle est profonde, beaucoup trop profonde pour
qu'on puisse l'atteindre.

– L'ECCLÉSIASTE, 7, 24-25

Le mot humilité, qui vient du latin *humus*, « sol », renvoie à bien plus qu'à une tête qui s'incline. L'humilité représente un lien avec tout ce qui est plus vieux que nous. De ce point de vue, elle nous donne une perspective rassurante en dehors de nos soucis quotidiens, perspective qui se situe souvent au-delà de notre entendement.

C'est ce que j'ai ressenti un jour, alors que j'étais en visite chez une amie au Nouveau-Mexique. Nous étions partis en voiture au nord de Santa Fe, où nous avons découvert la fameuse falaise de Puye, constellée d'ouvertures ayant servi d'habitations à 1 500 Indiens Pueblos pendant douze générations. Nous sommes montés sur le dessus de la falaise. Là-haut, époustouflée par un paysage qui semblait être les confins du monde, Carol dit : « Nous sommes merveilleusement insignifiants... » Nous avons alors imaginé les anciens de la tribu choisissant ce site 800 ans plus tôt parce que cette vastitude leur permettait de rester conscients du Créateur.

Le vent s'est mis à souffler plus fort, s'insinuant dans les petits trous où des esprits autochtones avaient autrefois vécu. Sous l'effet de ce vent, les trous se mirent aussi à chanter. J'ai alors pensé à Carl Jung, qui avait confessé un jour que sa vie n'avait de sens que dans une perspective de siècles. Et j'ai pris conscience que quiconque ayant jamais cherché la vérité de l'esprit a toujours vécu ainsi, c'est-à-dire en observant la majesté de tout ce qui est, à partir d'une grotte sombre.

Nous escaladons tous les épreuves de notre vie pour arriver au précipice de l'humilité et nous terrer au bord du mystère. Nous escaladons tous notre souffrance pour arriver là où il nous est possible d'aménager un petit lieu de résidence à partir duquel nous pouvons nous donner le vertige tout en sachant que nous sommes tout petits et que l'Univers est immense.

Bien sûr, l'escalade qui permet de vivre au sommet et d'attendre m'a fait souffrir, comme tous ceux qui ont grimpé avant moi. Nous étions là, debout, ensemble et seuls, rendus à la plus simple expression de nous-mêmes. Et là, sur les falaises où d'humbles créatures se rencontrent pour voir ce qui ne peut se voir et savoir ce qui ne peut être su, nous avons ouvert nos bras à l'instar des faucons qui ouvrent leurs ailes pour goûter à cet air ancien. Nous avons ouvert nos esprits comme les arbres enracinés au bord de la falaise afin d'accepter la fin de la connaissance, grâce au soleil venu non pas pour nous réchauffer mais pour nous aider à grandir.

Nous nous sommes penchés vers la vastitude et nous avons ouvert nos cœurs battant dans nos poitrines à dix centimètres de sa chanson.

- *Dès que vous en avez l'occasion, allez dans un grand espace de nature. Au sommet d'une montagne, sur un littoral, au bord d'un grand lac ou au centre d'un grand champ.*
- *Méditez en silence tout en laissant le vent envelopper votre léger souffle de la sensation que tout est plus vieux que vous.*

L'étreinte

La prière la plus courte et la plus puissante
du langage humain
est probablement une demande d'aide.

– PÈRE THOMAS KEATING

Si nos besoins restent longtemps muets, une dureté impossible à voir, froide et rigide, s'érige peu à peu entre nous et le monde. Il ne s'agit pas tant d'obtenir ce dont nous avons besoin que d'admettre tout bas que nous avons des besoins.

Demander de l'aide, que nous obtiendrons ou pas, rompt la dureté du monde. Paradoxalement, même en demandant ce que personne ne peut nous donner, tous nous sommes soulagés et gratifiés par le seul fait de l'avoir demandé. Car reconnaître notre part d'humanité permet à l'âme de remonter à la surface, tel le dauphin qui saute hors de l'eau pour foncer vers le soleil.

L'une des barrières les plus douloureuses auxquelles nous pouvons nous heurter est l'isolement entretenu par le monde moderne. Ce sentiment ne peut être rompu que par notre disposition à être étreints, par le courage tranquille à laisser voir nos vulnérabilités. Tout comme l'eau remplit un trou et la lumière emplit l'obscurité, la bienveillance nous emplit d'une douceur enveloppante.

En admettant ce dont nous avons besoin, en demandant de l'aide, en laissant voir notre douceur, nous prions sans le dire pour que nos amis, les étrangers, le vent et le temps nous enveloppent de leurs bras. Nous allouer le droit d'être étreints, c'est en quelque sorte retourner dans la matrice.

- *Tout en respirant, essayez de vous détendre et de laisser tomber vos défenses pendant quelques brefs instants.*
- *Respirez lentement et sentez tous vos pores s'ouvrir au monde.*
- *Inspirez profondément et laissez le silence et l'air s'approcher davantage de vous.*
- *Inspirez nettement tout en vous permettant d'être étreint par ce qui est.*

Vider ses poches

Rappelez-vous ! C'est ce que vous êtes qui guérit,
non pas ce que vous savez.

– CARL JUNG

C'est là quelque chose dont je me rappelle difficilement et qui me donne du fil à retordre tous les jours. Même quand je le comprends suffisamment pour ouvrir mon cœur comme une éponge et boire ma journée, dès qu'une personne que j'aime m'arrive souffrante, je commence à vider mes poches, à la recherche de la chose susceptible de l'aider selon moi. Mais, comme l'expérience me l'a appris à de multiples reprises, la seule chose que cette personne veut, c'est que j'ouvre mon cœur comme une éponge. Que je l'écoute et que je la prenne dans mes bras.

On voit d'ailleurs cela partout dans la nature. Les étoiles font exister le ciel en étant lumière. Les rivières maintiennent le sol en vie en étant mouillées. Le vent chasse les nuages de notre esprit.

Tels sont les maîtres qui peuvent nous apprendre à ouvrir notre cœur, telles sont les choses qui sont dans notre nature pour que nous les amenions à vivre. Telles sont les choses qui nous guérissent, nous et les uns les autres.

Quand j'ai vidé mes poches et balancé tout ce que je sais, je finis souvent par hausser les épaules et reconnaître que je ne sais pas quoi faire. Et c'est alors, en toute humilité, que le véritable travail de l'amour commence.

- *Une fois par jour, pensez à ce que vous êtes en tant qu'énergie actualisée et non pas en tant que but à atteindre ou obstacle à surmonter. Sentez-vous sans faire d'inventaire.*

Une flûte vivante

La souffrance fait de nous des instruments de musique.
Alors que chacun est debout, tout nu, avec ses failles,
la vitalité invisible peut jouer
dans la flûte de ses vies simplifiées.

Parfois, il nous est impossible d'obtenir ce que nous voulons. Cela peut être décevant et souffrant, mais si nous en faisons une fixation, cela s'avère alors dévastateur. Le monde regorge d'une infinité de possibilités. C'est ce qui fait de la nature un réservoir de merveilles. Pourtant, si le cœur et le mental se referment sur la souffrance, nous réduisons toutes les merveilles du monde à une seule. Au lieu de voir le nombre infini d'œufs qui donnent naissance aux poissons et le nombre infini de cellules qui s'activent pour guérir une blessure, nous sommes obsédés par une seule et unique chose. Et de là à la crise et au désespoir, il n'y a qu'un pas.

L'exercice devient aussi stupide que de se fustiger parce que cette graine en particulier n'a pas poussé. Plus nous refusons le mystère, plus nous nous sentons responsables de tout ce qui nous arrive. Certes, plus nous détournons notre attention en analysant les stratégies qui ont échoué, plus nous évitons les véritables sentiments de perte qui font inéluctablement partie d'une vie pleine et dynamique.

Même en acceptant cela, aucun de nous n'échappe aux tourments et aux souffrances qui surviennent lorsque ce qu'il veut, c'est l'amour. Une fois que nous nous engageons à aimer une autre personne, nous pouvons avoir l'impression qu'elle part avec une partie de qui nous sommes quand elle nous quitte. En vérité, elle emmène avec elle une grande partie de nous. Mais ce qui nourrit le cœur de l'intérieur est illimité, et tout ce qui vit a un pouvoir guérisseur.

Ceci est aussi évident que la beauté des arbres. Leurs différences infinies d'écorce et de nœuds donnent à chacun une allure de sage. Et pourtant, l'écorce d'un vieil arbre n'est que la carte vivante de toutes ses cicatrices. Se pourrait-il que les entailles deviennent des cicatrices et ces dernières, de beaux nœuds paisibles dans lesquels les insectes peuvent nicher ?

Dans tout espace intérieur où ce que nous voulons nous échappe, un espace plus profond se crée au creux duquel le mystère peut chanter. Si seulement on peut dépasser la souffrance d'être vide, il nous est une fois de plus possible de connaître la joie d'être joué comme une flûte. De façon étrange et belle, chaque âme est une flûte vivante taillée par la vie sur terre pour jouer de plus en plus profondément.

- *Assis dans le calme, méditez sur une relation qui vous donne l'impression d'avoir perdu une partie de vous-même. Une relation amoureuse, amicale ou familiale.*
- *Respirez normalement tout en observant de quelle manière cela s'est produit. Par le rejet ? Par la soumission ? En renonçant à votre capacité à choisir ce dont votre âme a besoin ? Ou bien l'être aimé a-t-il déménagé ou est-il décédé ?*
- *Respirez profondément derrière tout mal ou bien, et dans la blessure qui se trouve derrière cette perte, voyez si vous pouvez sentir ce qui s'est ouvert et exposé dans cette déchirure.*
- *Même si vous êtes incapable de nommer ce qui est là, emmenez cette nouvelle présence avec vous et passez votre journée à apprendre à connaître le chant profond qui attend d'être joué.*

18 AOÛT

S'installer dans l'attente

Soyez serein dans l'unicité des choses
et tous les points de vue erronés disparaîtront
d'eux-mêmes.

– SENG-TS'AN

J'écris ces lignes alors que je suis assis sur un banc de Bryant Park, à New York. C'est l'été, et les immenses chênes penchent tous vers le sud pour une raison ou une autre. C'est l'heure du midi, et tout le monde ploie sous la chaleur. Des employés mangent, des touristes allemands se promènent, des hommes âgés somnolent et des clochards parlent tout seuls, alors que des moineaux volettent en émettant des messages que personne ne peut décoder.

Parfois, la vie ressemble à une gigantesque salle d'attente sans savoir dans laquelle certaines personnes font nerveusement les cent pas en attendant que la douleur s'estompe. D'autres attendent que quelque chose de bien arrive. D'autres encore craignent que quelque chose de mal ne se produise. Celles qui sont motivées élaborent des projets pendant qu'elles attendent. Je suis chacune d'elles.

Nous avons toujours eu un mal énorme à nous installer suffisamment dans l'attente pour nous rendre compte qu'il n'y a nulle part où aller.

Le grand défi, une fois qu'on est éveillé, est peut-être de renoncer à toute démarche et de simplement s'ouvrir comme une coquille Saint-Jacques qui attend dans les profondeurs que la vie sous tous ses atours fuse par le centre à moitié fermé que l'on est.

À cet instant, Dieu nous pénètre comme la pierre qui tombe dans un lac. Le passé fait des vagues derrière nous, l'avenir en fait devant nous et nous restons au centre à respirer dans l'éternité.

- *Il se peut que cette méditation prenne un certain temps. Tranquillement assis, essayez de méditer jusqu'à ce que votre notion du temps commence à s'estomper.*
- *Pendant que vous respirez, laissez les images du passé et les espoirs de l'avenir monter et s'en aller.*
- *Pendant que vous ralentissez au point de dépasser l'attente, laissez le passé, l'avenir et votre notion du temps fusionner.*
- *En entamant votre journée, n'essayez pas d'aller au-devant de la vie. Ni d'arriver ou de partir. Essayez de laisser la vie vous pénétrer.*

19 AOÛT

Un privilège nécessaire

Ne pas sentir, c'est empêcher le cœur de respirer.

Souvent, nous combattons la tristesse comme s'il s'agissait d'un virus importun et nous languissons après le bonheur comme si c'était un jardin d'Éden dont le portail fermé recèle le défaut secret que nous avons besoin de rectifier pour être dignes. Même notre Constitution essaie de nous sauver du difficile périple de l'individuation, en assurant ce qu'aucun gouvernement ne peut assurer, c'est-à-dire le contentement de l'âme. Ainsi, elle laisse entendre que le bonheur est notre droit inaliénable, tout en impliquant que la tristesse nous laisse quelque peu démunis.

Mais que l'on ne s'y méprenne pas : souffrir permet de sentir. Et sentir profondément et précisément en toute conscience nous ouvre aussi bien à la joie qu'au chagrin. C'est cette capacité à sentir avec précision qui nous révèle le sens de nos expériences.

Si vous avez soif, vous ne pouvez tremper votre visage dans le cours d'eau et dire : « Je ne boirai que l'oxygène, pas l'hydrogène. » Si vous séparez ces éléments, l'eau n'est plus de l'eau. Il en va de même pour le cours de nos émotions. Nous ne pouvons pas seulement nous abreuver de bonheur ou de chagrin et faire en sorte que la vie reste la vie.

En fait, tout comme les poumons se servent de l'air que nous respirons, le cœur se sert de nos expériences. Il faut donc sentir pour être vivant. C'est notre droit inné, un privilège nécessaire.

- *Remémorez-vous votre plus récent moment de bonheur et ce qui vous y a ouvert.*
- *Remémorez-vous votre plus récent moment de tristesse et ce qui vous y a ouvert.*
- *Laissez chacune de vos respirations rassembler ces deux moments, à l'exemple de deux rivières qui se rencontrent pour former une mer.*
- *Sans essayer de les maintenir séparés, sentez votre bonheur et votre chagrin se rencontrer dans les profondeurs de votre être.*

Retenir dans le ventre

La bataille intérieure – celle contre le mental,
les blessures, le passé –
est bien plus terrible qu'une véritable bataille.
– SWAMI SIVANANDA

Ce jour-là, je vis une loutre de mer rouler sur son dos. Elle tenait un crabe ou une petite tortue contre son ventre. Tout en étant sur le dos, elle mangeait un morceau de sa prise puis, en la serrant de nouveau contre elle, se remettait à nager après avoir roulé sur le ventre.

Cette image m'est restée à l'esprit pendant des jours jusqu'à ce que je prenne conscience d'avoir vécu comme cette loutre. J'avais toujours tenu la partie non consommée de ma coquille contre mon ventre quand je roulais pour plonger dans les profondeurs. Il va sans dire qu'il est impossible de nager librement quand on serre si fort contre soi des choses mortes « encoquillées ».

Et le fait d'essayer de bouger et de manger en même temps cause bien des ulcères. Quand j'ai réalisé cela, j'ai cessé ce comportement pour faire face à la tristesse des vieilles blessures que je tenais serrées contre moi.

J'ai compris, une fois de plus, que pendant que je tente d'harmoniser expériences intérieures et expériences extérieures, pendant que j'aspire à une telle unité, le travail consiste à faire les choses une à la fois, soit à se faire face sans aller nulle part ni grignoter l'âme souffrante au passage.

- *Apaisez-vous et voyez s'il y a en vous une tension entre l'être et le faire provenant du fait que, dans votre vie, vous vous occupez de quelque chose tout en continuant d'avancer.*
- *Si tel est le cas, arrêtez-vous et faites face à ce qui se trouve dans votre ventre. Faites le nécessaire pour vous occuper de la direction dans laquelle vous allez.*
- *Respirez profondément et laissez l'attention intérieure et l'attention extérieure aller dans la même direction.*

Les maîtres sont partout

Les maîtres apparaissent en moi
d'un espace qui est au-delà de moi,
tout comme la terre noire qui n'est pas la racine
tient cette racine et nourrit la fleur.

Nous pensons souvent être autonomes et tenir la situation bien en main simplement parce que nous avons la faculté de pouvoir nous déplacer où bon nous semble. Ne nous leurrons pas ! Nous sommes aussi enracinés que les buissons, les arbres et les fleurs, mais dans un sol invisible qui est omniprésent. La seule différence, c'est que nos racines se déplacent.

Certes, nous prenons des douzaines de décisions chaque jour. Toutefois, ce qui alimente ces décisions, c'est le sol même que nous foulons, les maîtres silencieux que nous rencontrons partout. Pourtant, dans notre orgueil et notre confusion, dans notre égocentrisme et notre peur, nous passons souvent à côté de ces maîtres, nous sentant seuls responsables d'un lourd fardeau.

Quand j'essaie d'entendre ces maîtres silencieux, le grand poète Stanley Kunitz me revient à l'esprit. Jeune homme, alors qu'il luttait péniblement pour composer avec sa vie, il entendit des oies passer dans le ciel nocturne et sut à ce moment-là ce qu'il devait faire. Me revient aussi à l'esprit cet homme que je connais et qui était en train de s'étioler, lourdement déprimé. Las de ses sempiternelles récriminations, il entendit soudainement le chant inattendu de petits oiseaux folâtrant dans la neige et réalisa alors qu'il était tout simplement un musicien ayant besoin de trouver l'instrument dont il était censé jouer.

Du point de vue de la logique de l'autonomie et du contrôle, des expériences de ce genre semblent démentes et peu dignes de confiance. Mais le sol de la vie dans lequel nous poussons parle un langage différent de celui qu'on nous enseigne à l'école. En réalité, la vérité, l'amour et l'esprit de l'éternité sont rarement prévisibles et la clarté d'être se manifeste rarement par les paroles.

Au cours de ce bref passage sur terre, j'ai senti la lumière de l'éternel esprit m'emplir de manière inattendue alors que je pensais que j'allais mourir. Et tout comme l'eau fait son chemin le long d'une petite racine pour que les feuilles puissent s'épanouir en direction du soleil, je me suis vu, malgré toutes mes peurs et ma volonté, suivre la direction de multiples rêves que je n'aurais pu imaginer possibles.

Que ce soit les oiseaux qui piaillent dans la neige, les oies qui cacardent dans le ciel ou le feuillage lumineux et humide qui balaie votre visage dès que vous remettez en question votre valeur personnelle, les maîtres silencieux sont partout. Quand nous pensons tout contrôler, les leçons de ces maîtres silencieux se manifestent sous la forme d'accidents ou de coïncidences. Et quand nous avons le courage de les écouter, la vitre qui se brise de l'autre côté de la pièce nous indique la direction qui peut seulement être entendue dans les racines du senti et de la pensée.

- *Respirez normalement et acceptez que vous ne pouvez vous préparer aux enseignements inattendus qu'en gardant le cœur et l'esprit quiets et réceptifs.*
- *Respirez profondément et lentement en sachant que tout comme le corps doit faire de l'exercice et s'étirer, le cœur et l'esprit doivent aussi s'étirer pour rester ouverts à l'esprit vital.*
- *Respirez pleinement et normalement tout en étirant les passages vers votre cœur et votre esprit et en acceptant d'être une fleur qui doit s'ouvrir.*

22 AOÛT

Juste derrière le besoin d'arriver

Ce n'est que lorsque je vais vers un endroit précis
que je me perds.

– MEGAN SCRIBNER

Une amie à moi voyageait en train de ville en ville, partout en Europe. Malgré tous les plans qu'elle avait faits, ses intérêts la poussaient dans d'autres directions. Un chemin se dégagea de tout cela, qu'elle n'aurait pu prévoir. Chaque point de découverte devenait le point de départ vers un autre, comme si une logique cachée orchestrait ses déplacements. Pendant ces moments-là de son voyage, elle ne s'est jamais sentie perdue, même s'il lui arrivait souvent de ne pas savoir où elle se trouvait. Au contraire, c'est quand elle devait être à une certaine gare, à une heure précise, qu'elle avait l'impression de s'être égarée et de ne pas se trouver à l'endroit où elle aurait dû être.

Tout cela l'amena à prendre conscience que plus ses intentions étaient pointues, plus elle se sentait en retard, égarée, perdue. Par contre, plus vastes étaient ses plans pour la journée, plus elle éprouvait un sentiment de découverte. Peu importe le lieu, plus elle était ouverte aux possibilités et au changement, plus il lui semblait que chaque instant recélait un trésor qu'elle était censée découvrir.

Il va sans dire qu'il y aura toujours des moments où nous aurons besoin de précisément connaître notre destination. Mais plus souvent qu'autrement, l'idée que nous nous faisons d'une destination n'est qu'un point de départ auquel nous nous accrochons inutilement. Quand nous pouvons nous libérer du sentiment d'avoir à arriver quelque part, notre sentiment d'être perdu diminue. Et quand nous avons dépassé notre besoin d'arriver et notre peur de ne pas arriver, le véritable périple commence.

- *Choisissez un endroit pas trop loin où vous aimeriez vous rendre : un parc où il y a un banc, un bistro en ville, une cour d'école.*
- *Déterminez un itinéraire facile et marchez.*
- *Pendant ce temps, restez ouvert à ce qui attire votre attention : le chant d'un oiseau, un reflet de lumière, les cris des enfants qui jouent. Laissez-vous absorber par les éléments qui vous intéressent.*
- *Apprenez à mettre vos plans de côté et à découvrir les intérêts qui se cachent derrière.*

23 août

Le goût du ciel

Ce qui pose problème avec les portes magiques,
c'est que vous ne les voyez pas,
même quand vous les passez.

– Anonyme

Souvent, durant nos moments de transformation, nous sommes incapables de dire ce qui se passe. Pourquoi ? Parce qu'en tentant de rester à flot, il est presque impossible de voir l'océan qui nous porte. Pendant que nous combattons la souffrance qui accompagne tout changement, il est souvent impossible de voir le nouveau « moi » en train d'émerger. Pendant que nous sentons notre main démunie et contractée par l'expérience, nous pouvons rarement imaginer ce qui pourra l'emplir une fois qu'elle sera ouverte. À mesure que les jours nettoient notre cœur, nous parvenons à sentir quelque chose d'invisible nous parcourir même si nous ne pouvons encore imaginer tout le lait frais, tout le ciel et tout le rire que nous goûterons une fois la fraîcheur retrouvée.

- *Assis dans le calme, amenez à votre esprit un combat qui fait rage en vous à ce moment de votre vie.*
- *Respirez dedans et bénissez la partie enfouie de vous qui attend de naître à son tour dans ce monde.*

24 août

L'enthousiasme

Nous sommes des êtres humains :
nos êtres infinis sont comme le vent
et nos maisons humaines, pleines de trous.

Bien qu'il soit difficile d'accepter qu'il n'y a aucune réponse dans la vie, il est encore plus difficile parfois d'accepter que personne ne détient ce que nous pensons être les réponses. Personne. Les seules choses qui semblent exister, c'est l'aperçu récurrent de la totalité dans laquelle tout est vu et senti, ainsi que sa contrepartie fréquemment embrouillée lorsque la clarté s'est dissipée et que tous les discours échouent.

Essentiellement, tout comme nous devons cligner des yeux des milliers de fois par jour, ce qu'il y a d'humain en nous ferme continuellement les yeux sur l'essence des choses. Ainsi, nos limites nous amoindrissent et étouffent sans fin nos talents. On ne peut échapper à ce phénomène. On ne peut qu'essayer de garder en vue le mystère de la vérité, même dans le noir. Un peu comme lorsque nous sentons la chaleur du soleil quand nos paupières sont fermées.

Alors, que nous reste-t-il ? L'infinie découverte, notre enthousiasme, ce qui signifie être fondamentalement un avec Dieu. Le mot enthousiasme vient du grec *entheos*, en voulant dire « faire un avec » et *theos*, Dieu.

Malgré toutes nos limites, les qualités d'attention, de risque et de compassion nous permettent semble-t-il de ne faire qu'un avec l'énergie du Grand Tout. Ce qui en résulte, c'est l'enthousiasme, cette profonde sensation d'unité.

L'enthousiasme n'est pas une humeur que l'on peut décider ou forcer. C'est plutôt l'onde qui suit la pierre et ne peut être ressentie qu'une fois que nous plongeons dans la vie.

À l'instar de l'oiseau qui plane sur un courant d'air qu'il ne voit pas, du poisson qui suit la marée qu'il ne voit pas, ou de la note qui est chantée dans un chant qu'elle ne voit pas, il nous reste simplement à prendre le risque nécessaire d'affamer l'ego, cette partie de nous qui croit pouvoir contrôler le monde. Ainsi, la musique invisible de l'être pourra monter et nous porter. Notre enthousiasme, notre unité momentanée avec l'énergie de l'univers, est le son émis par Dieu quand il passe par la harpe de notre âme.

Cette pratique est mystérieuse, difficile et simple. Il suffit de marcher quand nous le pouvons et de rester tranquille dans le cas contraire. D'arrêter l'hémorragie de l'obscurité qui croît en nous et de l'échanger contre la lumière qui est toujours là. Malgré toutes les limites de l'être humain, son plus grand défi consiste à adopter l'apparence d'une rose.

- *Durant la journée, prenez le temps d'aller tranquillement vous asseoir dehors. Gardez les yeux ouverts.*
- *Pendant que vous respirez, soyez conscient du nombre de fois où vous devez cligner des yeux.*

- *Soyez réconforté par le fait que, même quand vous clignez des yeux, le soleil ne cesse de briller, les oiseaux ne cessent de chanter, ni les fleurs de s'ouvrir.*
- *Tout en respirant et en clignant des yeux, soyez réconforté par le fait que, même quand vous ne pouvez voir, votre esprit ne cesse de briller, votre cœur ne cesse de chanter, ni votre vie de s'ouvrir.*

25 AOÛT

L'amour est dans l'être

Le centre que j'ai aperçu une fois est tout autour de moi,
un paysage dans lequel je vis dorénavant.
Je ne ferai plus semblant.
Si ceux que j'aime ne savent pas me reconnaître
avec mon âme complètement ouverte,
je ne battrai plus en retraite
pour seulement montrer ce qui leur est familier.

Vous n'avez rien à faire pour être aimé. Vous n'avez pas besoin de vous activer, de réussir, de remporter la médaille du mérite ou de faire le bien au su des autres. Il m'a fallu presque cinquante ans pour l'apprendre et le comprendre. Et je dois y voir encore. Car les messages intégrés qui disent le contraire sont profondément ancrés en moi.

En grandissant, j'ai entendu mon père me répéter des milliers de fois : « Ne me dis pas que tu as vraiment essayé. Fais-moi voir ce que tu peux faire. » Mais la vie m'a appris que c'était le contraire qui était vrai. Dans mon cœur, là où l'esprit du monde devient vraiment vivant, ce que je fais et accomplis importe peu. La seule chose qui importe est que j'essaie vraiment. De là naissent la sincérité et l'amour.

Cela m'a amené à comprendre une autre chose du cœur : Être ce que l'on est ne veut pas dire laisser tomber les autres. Durant la plus grande partie de ma vie adulte, j'ai entendu le message suivant : « Tu dois tenir compte des autres. » Ce conseil m'était donné parce que le fait de suivre mon cœur était susceptible de déranger les autres. Certes, la véritable compassion commence par la considération des autres. Néanmoins, leur mécontentement n'est pas une raison pour étouffer notre amour.

Vous n'avez rien à faire pour être aimé, et être ce que vous êtes ne signifie nullement laisser tomber les autres. Répétez-vous cela très souvent. Il suffit simplement d'être qui vous êtes et d'aimer ce qui est là.

- *Centrez-vous et, à chaque respiration, mettez de côté tous vos accomplissements.*
- *Respirez profondément et, à chaque respiration, mettez de côté tout ce que vous n'avez pas accompli.*
- *Restez assis au centre de votre être sans tous ces uniformes de bonté et sachez que vous êtes aussi beau qu'une montagne ou une rivière.*

26 AOÛT

Le lapin et le jardin

Le véritable voyage de la découverte
consiste non pas à chercher de nouveaux paysages,
mais à avoir de nouveaux yeux.

– MARCEL PROUST

Dans le film *Phénomène*, le personnage incarné par John Travolta a fait tout ce qu'il pouvait pour éloigner ce maudit lapin de son jardin. Il a même installé un grillage qui descend jusqu'à un mètre dans le sol. Malgré cela, tout ce qu'il plante est grignoté par le rongeur.

Soudain, une nuit, il se réveille en réalisant qu'il s'y est vraiment mal pris. Au clair de lune, il se rend donc dans son jardin, il ouvre le portail, s'assoit sur la terrasse et attend.

À sa grande surprise, alors qu'il est sur le point de tomber endormi, il voit le lapin détaler par le portail ouvert. Alors qu'il essayait d'éloigner le lapin de son jardin, ce dernier était pris dedans.

Combien de fois nous arrive-t-il de nous barricader pour éviter les blessures et les pertes, en pensant tenir ces choses souffrantes loin de nous, sans nous rendre compte qu'elles sont déjà piégées en nous et qu'elles nous mangent de l'intérieur ? Il suffit d'ouvrir la porte et de les laisser sortir !

- *Centrez-vous et pensez à ce que vous essayez de maintenir hors de votre cœur. Par exemple, la peur de ce qui est, un souvenir de ce qui a été, ou la vérité sur une situation actuelle.*
- *Fermez les yeux, ouvrez la porte de votre cœur et attendez. Respirez et attendez.*
- *Respirez lentement et donnez une chance au lapin de sortir de votre jardin.*

27 AOÛT

Garder les couleurs vives

Je ne peux dire si le jour est en train de finir,
ou le monde, ou si le secret des secrets
est de nouveau en moi.

– ANNA AKHMATOVA

Plus j'avance dans la vie, plus je trouve difficile de voir une démarcation entre les grandes émotions. Elles se mêlent toutes les unes aux autres là où elles commencent. Par contre, plus je peux aussi établir une distinction entre sentir et ne pas sentir. En fait, c'est ce qui semble avoir le plus d'importance. Quand je ne sens pas, je suis sur la touche, le monde est noir et blanc, et moi je suis d'un gris asséché. Quand je ressens, je reste alors en scène et les couleurs sont vives, comme sous la pluie.

L'autre jour, tout était très mouillé. Je suis allé faire des achats à l'épicerie et le vieil homme qui mettait les provisions dans des sacs avait le regard perdu dans le vide. Je savais, à son regard lourd et gris, qu'il était veuf et qu'en prenant mon fromage cottage, il la voyait flotter quelque part devant lui. Pendant ce temps-là, le soda, l'espadon et les muffins anglais se bousculaient sur le convoyeur de caoutchouc noir. Je lui pris délicatement le cottage des mains. Il se retourna et me regarda, un peu surpris d'être encore là.

J'ai travaillé très dur et très longtemps pour être capable de sentir les autres, et ce, pour finalement réaliser que nous sommes tous ainsi. Ce n'est pas simplement triste, c'est plus que triste. C'est le fondement du cœur où nous nous rencontrons tous. Parfois, la peau du mental se déchire et nous ne sommes plus des êtres dissociés les uns des autres. Quand tout a été dit, nous devenons des preuves d'amour. Ce jour-là, j'ai donc quitté le supermarché en ressentant plus que ce qu'un cœur aurait dû ressentir, incapable de dire si j'étais troublé ou dans un espace sacré.

- *Assis dans le calme, respirez doucement, puis allez dans cet espace qui se trouve au-delà des noms que vous donnez à vos émotions.*
- *Respirez lentement et essayez de sentir les remous qui montent en vous sans les qualifier de joyeux ou de tristes.*
- *Respirez normalement et essayez de sentir le lieu spirituel d'où elles naissent toutes.*

28 AOÛT

Dans l'océan d'esprit

Bien que le vent anime l'arbre,
l'arbre n'est pas le vent.
Bien que la vie nous anime,
nous ne sommes pas la source.

Partout, autour de nous, il y a des exemples nous démontrant comment les éléments en provenance de la Terre nous influencent et nous donnent la vie. Pensez aux poissons qui dépendent de la mer et à la mer qui, bien qu'elle se trouve dans chaque poisson, ne peut être contenue dans aucun poisson. Pensez à l'arbre qui n'a aucun contrôle sur le mouvement du vent, pas plus que le poisson n'a de contrôle sur le mouvement de la mer.

En toute humilité, cela nous permet d'appréhender la vastitude de l'esprit. Car, à l'instar des arbres et des poissons, les êtres humains que nous sommes n'ont pas plus de contrôle sur ce mouvement intérieur qu'on appelle la grâce. Comme les poissons, les âmes forment ensemble un océan reflétant la grâce de tous les esprits la composant et dépendent de cet élément. Néanmoins, même si l'océan de la grâce ne peut être contenu dans chaque âme, elle s'y trouve inévitablement.

Une fois que nous comprenons cela, notre façon de vivre change. Peu importe notre approche spirituelle ou les qualificatifs que nous employons pour nommer le mystère, nous, les humains, formons le monde de Dieu et dépendons de celui-ci. Et pourtant, le monde de Dieu, même s'il se trouve en chacun de nous, ne peut être contenu dans une seule vie.

Quand nous nions cette vérité, nous nous autodétruisons. Pourquoi ? Parce que notre orgueil nous pousse à vouloir contenir et contrôler plus que ce dont tout être humain est capable. C'est seulement en reconnaissant la relation entre l'âme et l'esprit, entre le vide individuel et le grand courant de vie que nous sommes gratifiés de l'énergie de vie.

Si je regarde avec honnêteté toutes mes tentatives en vue d'aimer et d'être aimé, je dois admettre que c'est également vrai dans les affaires de cœur. En effet, toutes nos passions et aspirations ne constituent-elles pas une grande mer d'amour ? Ne dépendons-nous pas chacun de l'amour qui nous enveloppe pour rester vivant intérieurement ? Pourtant, l'océan d'amour trouvé dans chaque cœur ne peut être contenu dans un seul cœur. En vérité, comme Jésus l'a dit, l'essence d'amour est bien plus vaste que tous les cœurs qui prétendent le posséder.

Mais comment le fait de savoir tout cela peut-il nous aider à vivre ? En ce qui me concerne, je peux seulement affirmer que je me sens souvent comme l'arbre, debout, faisant face au vent. Et comme nous ne pouvons entendre que le grand vent qui souffle dans un arbre, nous ne pouvons connaître Dieu qu'en offrant notre âme au vent de notre expérience.

- *Observez le vent souffler dans un arbre qui vous est familier.*
- *Observez jusqu'à ce que le vent cesse et remarquez que les branches continuent alors de bouger légèrement, même si tout est calme.*
- *Remarquez que même ce qui semble tranquille comme l'air demeure tout de même un petit vent léger.*
- *Méditez sur la similarité entre le vent et l'esprit qui passe en vous.*
- *Sentez la force de vie comme un vent léger qui passe en vous pendant que vous respirez.*

Dépasser ses inquiétudes

Dépassez vos inquiétudes,
et votre esprit sortira de sa fébrilité.

Vu mon cancer, les procédures médicales, les tests et les attentes, j'ai eu largement le temps d'apprendre à composer avec l'inquiétude.

J'ai rapidement compris que la peur entrait en scène dès que je sortais du moment présent et que je m'imaginais des choses négatives tels la souffrance, la perte et le chagrin. Quand j'en ai pris conscience, je me suis fait violence pour y mettre un terme et j'ai découvert que l'inquiétude était l'écho mental de la peur, le mécanisme rejouant en détail toutes les mauvaises choses susceptibles de survenir ou pas.

Finalement, épuisé, j'ai lâché la peur et l'inquiétude pendant quelques instants et je me suis rendu compte alors que je revenais ainsi à ma vie telle qu'elle était vraiment, avec ses difficultés et ses joies. J'ai découvert que l'instant que je vis, peu importe ma situation, est le seul lieu sécuritaire. Que c'est à partir de cet espace que je peux aller vers ceux qui me sustentent de leur amour et de leur aide. Dans une large mesure, c'est après la peur et l'inquiétude, après m'être ouvert aux autres, que je me suis senti bien.

- *Choisissez quelque chose qui vous inquiète et servez-vous de votre respiration pour ventiler.*
- *À chaque expiration, secouez vos mains en les ouvrant et en laissant le souffle de l'inquiétude vous traverser.*
- *Sentez le moment où l'inquiétude quitte vos mains, même si ce n'est qu'un bref instant.*
- *Si vous ressentez de l'inquiétude ou de la peur durant votre journée, expirez lentement tout en ouvrant vos mains.*

Sortir de la peur

J'aurai toujours peur,
mais je n'ai pas besoin d'être ma peur.
Je dispose d'autres ressources en moi
à partir desquelles je peux m'exprimer et agir.

– PARKER J. PALMER

Aucune émotion ne peut s'emparer aussi soudainement ou totalement de notre vie que la peur. Elle semble venir de nulle part, mais en un clin d'œil ou une déglutition, voilà qu'elle est partout.

Selon Jacques Lusseyran, cet homme aveugle de nationalité française, la peur est la seule chose qui l'a empêché de voir. « Il y a des fois où la lumière s'est estompée au point de disparaître presque complètement. Et cela s'est produit chaque fois que j'avais peur. Si, au lieu de me laisser mener par la confiance, j'hésitais, je calculais, je pensais au mur, à la porte entrouverte, à la clé dans la serrure, si je me disais que toutes ces choses étaient hostiles, qu'elles allaient m'égratigner ou me frapper, c'est ce qui survenait, sans exception. La seule façon de me déplacer dans la maison, le jardin ou sur la plage, c'était sans y penser, ou le moins possible. Dès lors, je trouvais sans problème mon chemin parmi les obstacles, comme les chauves-souris. Dans le cas contraire, c'est la peur qui me rendait aveugle. »

Plus que tout, la peur rend aveugle. C'est seulement en effectuant sans hésitation le pas suivant dans l'inconnu que nous pouvons bâtir la confiance que nous allons vivre.

- *Restez assis sur une chaise après avoir placé trois petits objets devant vous. Fermez les yeux et centrez-vous.*
- *Exercez-vous à rester dans l'inconnu en tendant sans hésitation la main vers chacun de ces objets.*
- *À chaque respiration, prenez-en un et déposez-le ailleurs près de vous.*
- *Continuez ainsi jusqu'à ce que votre mouvement soit aussi souple que votre respiration.*

31 AOÛT

Dans vos veines

Oubliez l'illumination.
Assoyez-vous où que vous soyez
et écoutez le vent murmurer dans vos veines.

– JOHN WELWOOD

Au début, je voulais tellement devenir poète que je faisais de cette aspiration une montagne à gravir au sommet de laquelle je pourrais voir. Mais en me rendant au sommet, quelque chose manquait. Alors, il m'a fallu gravir une autre montagne. Finalement, je me suis rendu compte que je n'avais nullement besoin d'en gravir une pour devenir poète, car je l'étais déjà.

La même chose est survenue avec l'amour. Je voulais tellement devenir quelqu'un qui aime, que j'ai gravi toutes mes relations comme des montagnes, jusqu'à ce que je découvre que j'avais toujours été quelqu'un qui aime.

Puis, j'ai voulu devenir sage. Mais après bien des voyages et bien des études, c'est le jour où je me suis retrouvé alité de force à cause du cancer que j'ai découvert que je l'étais déjà. Je ne connaissais tout simplement pas le langage de ma sagesse.

Maintenant, je comprends que toutes ces choses s'animent en nous quand nous osons vivre nos jours, quand nous osons écouter le vent murmurer dans nos veines. Nous portons l'amour et la sagesse comme des graines qui se mettent à germer au fil des journées qui passent.

- *Asseyez-vous n'importe où et contentez-vous de respirer.*
- *À chaque respiration, nommez tout ce à quoi vous aspirez. Déposez tout cela.*
- *Respirez normalement et nommez aussi vos relations : père, mère, amoureux, fille, fils. Déposez-les toutes.*
- *Restez assis là où vous êtes, sans nom pour vous recouvrir, et écoutez le vent murmurer dans vos veines.*

1er SEPTEMBRE

Kikakou et Basho

Nous ne devrions pas abuser
des créatures de Dieu.
Il faut inverser le haïku : non pas
à une libellule
enlevez des ailes –
un poivron rouge,
mais
à un poivron
ajoutez des ailes –
une libellule rouge !

– LE MAÎTRE JAPONAIS BASHO,
EN RÉPONSE AU POÈME DE KIKAKOU

La destruction ou la guérison du monde dépend de la manière de fonctionner. Il y a toute une différence entre défaire les choses et les assembler. Le petit enseignement de Basho nous révèle comment l'histoire de l'humanité s'est déroulée, une personne défaisant les choses pendant qu'une autre les assemblait.

Prenons l'exemple de deux explorateurs très différents ayant façonné le monde tel que nous le connaissons, nommément Christophe Colomb et Carl Jung. Alors que Christophe Colomb a traversé l'océan dans l'intention de défaire des choses pour en retirer tous les trésors possibles, Carl Jung a traversé une mer intérieure avec l'intention de rassembler tout ce qu'il pourrait trouver afin de faire de ce qu'il possédait déjà des trésors. La question à se poser est la suivante : Qu'est-ce qui a fait qu'un explorateur n'ayant jamais vu le continent sur lequel il a mis les pieds ait proclamé que celui-ci lui appartenait, et que l'autre se soit incliné en toute humilité en murmurant qu'il appartenait à tout cela ?

La différence, c'est peut-être que le premier cherchait à l'extérieur, avec un sens prédéterminé de conquête, quand il atteignit le Nouveau Monde et que le deuxième cherchait intérieurement, avec un sens indéterminé d'amour, quand il trouva l'inconscient.

Même si ces deux explorateurs étaient totalement voués à leur quête, l'intention du premier était de diviser et de posséder, alors que celle du second, comme Basho, visait à unifier et à appartenir à quelque chose.

Nous devons tous être vigilants, car nous souffrons autant de l'impulsion de diviser et de posséder que d'unifier et d'appartenir à quelque chose. Quand nos yeux se ferment, nous divisons et quand ils s'ouvrent, nous unifions. Mais au même titre que l'éveil dépend de la vigilance, la guérison dépend souvent de l'unification.

En amour, en amitié, quand on cherche à apprendre et à évoluer, quand on essaie de se comprendre, il nous arrive trop souvent, comme Kikakou, d'enlever les ailes aux choses avant qu'elles n'aient une chance de nous libérer.

- *Assis dans le calme, méditez sur une quête dans laquelle vous êtes actuellement engagé. Une quête pour se comprendre, pour avoir une relation d'amour plus profonde, une maison ou un meilleur emploi.*
- *Observez de près comment vous vous y prenez pour mener cette quête.*
- *Divisez-vous les choses ou les assemblez-vous ?*
- *Tentez-vous de diviser et de posséder, ou bien d'unifier et d'appartenir à quelque chose ?*
- *Enlevez-vous des ailes, ou les ajoutez-vous ?*

2 SEPTEMBRE

Là où l'amour est profond

Là où l'amour est profond,
beaucoup peut être accompli.

– SHINICHI SUZUKI

Malgré l'importance démesurée accordée au faire dans notre culture, il y a toujours le moment et l'endroit justes pour le faire. En vérité, il y a très peu de choses que nous ne pouvons faire. La plupart du temps, nous manquons de capacité à voir le rêve réalisé ou de confiance en nous pour le manifester.

Je me rappelle, bambin, quand ma grand-mère m'encourageait à imaginer le moindre petit rêve dans mes mains. En pointant mon front du doigt, elle me disait : « Vois ton rêve ici ! » Puis, elle prenait mes petites mains, les plaçait devant moi et me disait : « Maintenant, vois ton rêve ici. » Ensuite, elle se mettait à rire en me disant : « Tu verras, bientôt il sera là. » Et elle se mettait à regarder tout autour de la pièce où nous étions.

La faculté de l'humain à sentir quelque chose en lui et à le manifester par la suite dans le monde est étonnante. Apparemment, nous avons le besoin inné d'aimer et de créer. À leur niveau le plus profond, ces pulsions d'esprit semblent être une seule et même pulsion. N'est-ce pas par son amour que ma grand-mère me créait ? N'aidons-nous pas quelqu'un à venir au monde dès l'instant où nous l'encourageons à voir avec son cœur ? N'aidons-nous pas le monde à naître chaque fois que nous conférons de la confiance à quelqu'un pour qu'il puisse manifester ce qu'il voit avec son cœur ?

Nous sommes en quelque sorte destinés à être aux prises avec la terre – le bois, l'argile, le marbre – pour en faire des formes. Nous sommes aux prises avec l'air – les notes, les mots, les couleurs – pour en faire des signes. Nous sommes destinés à tenir d'autres personnes dans nos bras et à frissonner quand nous nous séparons. Je parle, encore et encore, comme si je déclarais que la vie vaut la peine d'être vécue. C'est d'ailleurs ce qui m'amène à me demander avec une grande joie : De quoi allons-nous tomber amoureux ce soir ? À quelle couleur allons-nous consacrer notre être ? Quel instrument allons-nous être ?

- *Fermez les yeux et imaginez que ce dont vous rêvez se réalise. Une relation solide, une maison ou quelque chose de durable que vous construisez de vos mains.*
- *Respirez profondément et imaginez le rêve complètement réalisé et manifesté dans le monde.*
- *Respirez lentement et passez du temps avec ce rêve. Entrez dedans, encerclez-le.*
- *Ouvrez vos yeux et regardez vos mains.*
- *Sentez le rêve manifesté se déplacer vers celles-ci.*
- *Sentez-les pulser de l'énergie du rêve qui n'attend que d'être bâti.*

L'endroit non vu

J'essaie tellement de plaire
que je n'ai jamais conscience
que personne ne me regarde.

À l'instar de tous mes camarades de classe, je m'imaginais que mes parents étaient assis en retrait pour m'observer et me réprimander sans cesse. En grandissant, cette pensée m'est restée. J'ai avancé dans la vie en me préoccupant constamment de ce que les autres pensaient quand je faisais ou non quelque chose. C'est là le début de l'embarras, d'un mal-être. Et c'est à partir de là que nous entravons notre spontanéité et notre joie, car nous nous regardons nerveusement en nous demandant, mal assurés, si ce que nous faisons est une erreur.

C'est par le regard et le jugement des autres que naît en soi, afin d'être reconnu, un besoin exagéré d'accomplissement. Je me rappelle avoir imaginé à diverses reprises une foule venue s'émerveiller de tout ce que j'avais accompli avec si peu. Dans mon esprit, l'objet de cette attention importait peu. Si seulement des observateurs pouvaient m'approuver, je serais soulagé !

Ce n'est qu'en revenant à moi après une opération chirurgicale que j'ai réalisé que cet auditoire avait disparu. J'ai pleuré à l'intérieur, mais pas parce qu'on venait juste de m'enlever une côte et que je combattais un cancer. J'ai pleuré parce que j'avais été ouvert non seulement physiquement, mais aussi psychiquement. On avait été plus profond que ce sentiment d'être vu. Comme si l'endroit non vu venait d'être aéré. Je ne pouvais l'expliquer à personne, mais mes sanglots exprimaient du soulagement. L'eau d'un esprit libéré de son carcan détrempait le sol.

Les années ont passé et j'attends de longues heures au soleil pour voir le bouleau tomber de tout son poids dans le lac. Il n'y a rien de triste à cela. Maintenant, l'auditoire est parti et je peux sentir une vie tranquille et vibrante se dérouler sans interférence. Parfois, quand le chien dort et que la chouette commence à observer ce que personne ne voit jamais, je reste un moment sur la terrasse pour sentir le miel de la nuit tomber des étoiles et envelopper la Terre, les arbres et les esprits des enfants à moitié endormis. Je sens la quiétude disperser toute notion de célébrité dans cet espace non observé en attente de lumière. Dans ce silence parfait, la présence de Dieu est un baiser. Et dans cet espace non observé, la paix en est à son commencement.

- *Assis dans le calme, expirez les nombreux yeux qui semblent vous surveiller.*
- *Centrez-vous et expirez les opinions de vos collègues de travail et de vos amis.*
- *Concentrez-vous sur cet espace intérieur non observé et expirez l'œil jugeant de vos parents ou grands-parents que vous gardez si présent en vous.*
- *Inspirez dans l'espace non observé et expirez vos rêves de reconnaissance et de célébrité.*
- *Inspirez dans l'espace non observé et sentez que l'attention de la vie vous branche à tout.*

4 SEPTEMBRE

Grandir à l'intérieur du chant

> Ce qui est derrière nous ou devant nous
> n'est rien comparé à ce qui est en nous.
>
> – RALPH WALDO EMERSON

En voyant une femme enceinte chanter, j'ai imaginé comment les rythmes de son chant pouvaient toucher la vie se formant en elle. J'ai aussi imaginé que son chant rapprochait l'âme de son enfant de son arrivée dans le monde, comme la lumière permet à une racine de se renforcer dans la terre.

Je l'ai observée chanter et j'ai réalisé que la vie en elle grandissait à l'intérieur du chant. J'ai observé tous les gens qui chantaient dans le cercle que nous formions, et le chant de chaque personne la rapprochait de sa présence dans le monde. L'homme nerveux était moins nerveux pendant qu'il chantait et la femme manquant d'assurance à mes côtés calmait sa dévalorisation pendant qu'elle chantait. Quant à moi, j'ai finalement cesser de rejouer mes vieilles blessures pendant que je chantais.

C'est alors que j'ai compris que, peu importe les paroles ou la mélodie, l'effort de chanter est un moyen d'ouvrir un passage entre ce qui pousse à l'intérieur et ce qui pousse à l'extérieur.

Désormais, je crois qu'il est important de chanter quand on est enceinte, avec tous nos rêves, nos problèmes, notre désir d'amour et de vérité. Il est important de s'occuper du germe d'esprit, de lui accorder les mêmes soins qu'à une vie en gestation. Il est essentiel de s'occuper de notre corps unique porteur de la vie qui se forme magiquement en nous au fil des jours.

- *Centrez-vous et méditez les mains posées sur le ventre. Imaginez que vous êtes enceinte d'une forme de vous qui pousse en vous.*
- *Respirez profondément, et quand vous vous sentirez à l'aise, laissez parler votre respiration avec le son qu'elle choisit.*
- *Respirez lentement et pleinement tout en sachant que ce son est un chant.*
- *Continuez ce chant pendant que vos mains tiennent l'esprit en train de se former en vous.*

5 SEPTEMBRE

Le sol que nous foulons

Marcheurs, il n'y a pas de sentier,
car vous le créez en marchant.
– ANTONIO MACHADO

Je l'écoutais attentivement pendant qu'il me décrivait les premiers pas de sa petite fille. Il l'encourageait à garder les yeux fixés sur lui. Elle ne vacillait que si son regard le quittait. Et lorsque son regard n'était plus focalisé et qu'elle devenait trop consciente de ses pas, elle tombait.

Je craignais qu'il ne se vante d'une influence parentale quelconque, qu'il me dise que sans sa tendre présence, sa petite fille aurait été incapable de réussir. À ma grande surprise, il avait compris les premiers pas de sa fille avec une profondeur plus grande et une sagesse qui nous touche tous.

Doucement, il m'a dit : « Elle m'a fait réaliser que lorsque j'arrête de chercher un sentiment de vérité, je trébuche. Quand je perds de vue ce qui importe vraiment, je tombe. »

Cette petite anecdote m'a marqué. N'en sommes-nous pas toujours à nos premiers pas ? Ne découvrons-nous pas le mystère de la force intérieure en regardant droit devant nous et en nous concentrant sur un sens profond de la vérité ? L'équilibre n'est-il pas en réalité la capacité à marcher tout naturellement, comme cette petite fille, sans trop penser à tout ce qui est plus grand que nos peurs ?

- *Assis dans le calme, imaginez un aspect de vous tel que vous voudriez qu'il soit : plus aimant, moins peureux, plus assuré, moins défiant, plus compréhensif, moins critique.*
- *Respirez normalement et, sans vous préoccuper du comment, faites un pas avec votre cœur dans cet aspect.*

6 SEPTEMBRE

Dans notre propre élément

Un poisson ne peut se noyer dans l'eau
et un oiseau ne peut tomber dans l'air.
Chaque créature de Dieu
doit vivre selon sa propre nature.

– MECHTHILD VON MAGDEBURG

Au Moyen Âge, dans un coin reculé de l'Allemagne, cette visionnaire comprit une grande sagesse : vivre dans son propre élément naturel est la façon la plus sûre de connaître la prospérité sur le plan de la santé, de la paix et de la joie.

Les exemples qu'elle donne sont frappants : il n'y a qu'à mettre le poisson dans l'air et l'oiseau dans l'eau pour comprendre les risques encourus à être ce que l'on n'est pas. Pour le poisson et l'oiseau, le milieu d'appartenance est bien entendu très clair et évident, contrairement aux humains.

Le défi et le privilège d'être humain consiste à découvrir notre véritable nature divine. Il ne s'agit pas d'une noble quête abstraite, mais d'une nécessité intérieure. Car c'est seulement en vivant dans notre propre élément que nous pouvons prospérer sans anxiété. Et puisque les êtres humains représentent la seule forme de vie capable de se noyer et d'aller encore au boulot, la seule espèce qui peut tomber du ciel et encore plier du linge, il est impératif pour eux de trouver l'élément vital qui les rend vivants.

Je me rappelle avec précision mes disputes avec ma mère et mon père au cours de mon adolescence. Elle voulait que je devienne avocat ; lui désirait que je sois architecte. D'une manière ou d'une autre, j'ai su que j'avais besoin d'être poète, que la poésie m'amenait à me sentir vivant. La seule personne à m'avoir vraiment compris en ce sens fut mon ami d'enfance, Vic. De son côté, il a pris conscience au milieu de ses études de médecine qu'il avait besoin de devenir fleuriste. Travailler avec les fleurs faisait en sorte qu'il se sentait vivant.

La question n'est pas de devenir poète, fleuriste, médecin, avocat ou architecte. Il s'agit plutôt ici de la vitalité que nous trouvons dans notre profession, pour peu que nous découvrions ce que nous aimons. Si vous sentez de l'enthousiasme et de l'énergie, si vous avez l'impression que la vie existe pour la première fois, vous êtes sans doute tout près de votre nature divine. La joie d'accomplir ce que l'on fait n'est pas un facteur additionnel, mais un signe de santé profonde.

- *Assis tranquillement, inspirez votre nature divine. Elle est aussi près de vous que l'air est près de l'oiseau.*
- *Inspirez et méditez sur ce dans quoi vous devez vous engager pour sentir votre véritable nature.*
- *Peu importe le travail qui est le vôtre, comment pouvez-vous être plus complètement qui vous êtes dans votre quotidien ?*
- *Au cours de la journée, posez un geste vital qui vous met en contact avec votre véritable nature.*

L'expérience quotidienne

Vous êtes le laboratoire, et chaque jour est une expérience.
Allez chercher ce qui est nouveau et inattendu.

– JOEL ELKES

Chaque fois que nous parlons à quelqu'un, une certaine expectative s'installe en nous sur la façon dont nous devrions répondre. Quand nous partageons une confusion, nous nous retrouvons avec une orientation. Quand nous partageons une douleur, nous nous retrouvons avec une instruction. Quand nous partageons un désir, nous nous retrouvons souvent avec un plan. Il ne faut pas sous-estimer le pouvoir de ces plans d'attente silencieux. En effet, ils déstabilisent notre pensée et notre énergie, puisque nous luttons pour les nier ou nous y conformer.

En réalité, malgré tous les plans, toutes les pressions et les attentes, malgré toute l'aide subtile et tous les encouragements que presque tout le monde nous prodigue, le pas suivant à faire est vraiment inconnu et n'a jamais été fait par quiconque. Par conséquent, la responsabilité spirituelle de chacun de nous consiste à maintenir l'émerveillement de l'explorateur qu'il est.

Bien que je chérisse cet émerveillement, j'ai été obéissant ma vie entière, ou presque, et j'ai fait ce que l'on attendait de moi, sinon plus, dans l'espoir d'être aimé. Mais j'ai également été rebelle en faisant l'opposé de ce que l'on se hasardait à me suggérer, prêt à briser toute emprise de quelqu'un sur moi. Mais le pas le plus rafraîchissant que j'ai pu faire a été d'avoir eu assez de courage pour aller au bout du peu que je savais en respirant un air nouveau, en ressentant d'autres sentiments, et ce, sans réagir à quiconque et en m'émerveillant de ce qui est toujours possible.

- *Tenez-vous debout, centrez-vous, et réalisez ceci : bien que tout être humain ayant vécu ait marché, personne n'a jamais fait le pas que vous vous apprêtez à faire.*
- *Inspirez lentement et respirez ce paradoxe.*
- *Expirez toutes vos pensées concernant ce pas à faire.*
- *Respirez simplement et exercez-vous à ce qui est nouveau en effectuant le pas suivant.*

Au-delà du brouillard

Être près de quelque chose de beau ou de précieux
sans pouvoir en faire l'expérience
est la forme de torture la plus subtile.
– ROBERT JOHNSON

Nous connaissons tous ce moment où la rose perd de son éclat, où la musique ne nous fait plus vibrer, où la douce et gentille âme devant nous ne fait plus fondre notre cœur.

Perdre et retrouver le sens des choses est aussi naturel que passer de l'ombre à la lumière, tout comme les nuages se forment et se dissipent. Mais la torture, c'est de croire que la rose n'a plus d'éclat, que la musique ne nous émeut plus ou, pire encore, que la personne en face de nous n'est plus douce ni gentille.

En vérité, il est pire de voir sans être touché que de ne pas voir. Cela va de soi, les gens et les choses changent. Toutefois, nous n'aurons aucune chance de reconnaître le véritable changement si nous ne pouvons reconnaître et accepter notre incapacité à sentir ce que nous voyons.

Maintes fois, les drames émotionnels s'amorcent quand nous changeons de vie – nouveau conjoint, nouvelle religion, nouvel emploi, dans le but de redonner vie à ce qui dort en nous.

Ceci me rappelle un homme ayant construit une maison sur une falaise au bord de la mer et qui s'est finalement retrouvé dans un brouillard pendant un mois. Maudissant le lieu, il déménagea. Néanmoins, une semaine seulement après son départ, le brouillard se dissipa. En tant qu'êtres humains, nous avons tous du brouillard qui va et vient autour de notre cœur et, souvent, nos vies sont tributaires de notre courage à attendre tranquillement que celui-ci disparaisse.

- *Assis dans le calme, pensez à une chose qui semble avoir perdu tout son sens dans votre vie.*
- *À l'inspiration, laissez l'air rafraîchir votre cœur.*
- *À l'expiration, laissez l'air rafraîchir votre regard.*
- *Commencez votre journée en gardant cette chose à l'esprit et en la voyant de temps à autre d'un regard frais.*

Vous en savez trop

> Deux scientifiques s'étaient rendus de l'autre côté du globe pour demander à un sage hindou ce qu'il pensait de leurs théories. Quand ils arrivèrent chez le sage, ce dernier les invita à prendre un thé dans son jardin. Même si les tasses étaient pleines, le sage continuait de verser le thé et les tasses débordaient. Mal à l'aise, les scientifiques lui dirent poliment : « Votre Sainteté, les tasses sont pleines à ras bord et plus rien n'y entre. » Le sage s'arrêta de verser et leur répondit : « Vos esprits sont comme ces tasses. Vous en savez trop. Videz-les et revenez me voir. Après, nous parlerons. »
>
> – LEROY LITTLE BEAR

Connaître la date de naissance de chacun, ce n'est pas sentir la beauté de la naissance. Connaître et pratiquer toutes les positions du kama-sutra est bien autre chose que faire passionnément l'amour. Le grand érudit canadien Northrup Frye fit un jour remarquer que la compréhension des principes de l'aérodynamique n'avait rien à voir avec l'expérience du vol.

Si vous vous sentez parfois coupé de l'essence de ce que vous savez, c'est peut-être, ainsi que le sage l'a dit, que votre tête est trop pleine. Comme un bocal trop rempli de poissons, vos pensées les plus profondes n'ont probablement plus de place pour bouger. Tout ce dont nous avons besoin de temps en temps, c'est sans doute de balancer tout ce qui ne tient pas et de laisser le grand souffle de Dieu vider notre tête.

Information n'est pas synonyme de sagesse. Bien que le mental soit un outil irremplaçable et superbe, il peut emmagasiner au lieu de sentir, trier au lieu de comprendre et, à l'exemple du castor, construire des barrages avec tout ce qui est précieux. Si vous ne pouvez parler quand votre bouche est remplie de nourriture non mâchée, comment pouvez-vous penser clairement quand votre esprit est rempli d'informations non digérées ?

Mais alors, comment se vider l'esprit ? En ne pensant pas trop. En n'emmagasinant pas, en ne triant pas. En ne faisant pas rejouer les cassettes de la peur, des rêves, des doutes ou des louanges. En choisissant la chose la plus importante sur notre interminable liste de choses à faire et en la faisant totalement après avoir déchiré cette liste.

Selon toutes les traditions qui abordent la question de la sagesse, il faut rester calme et la quiétude percera des trous dans notre savoir inutile. Mais par où commencer ? Chaque fois que vous vous surprenez à trier la vie dans votre tête, arrêtez et observez ce que le rayon de lumière le plus vif éclaire près de vous. Après avoir répété cet exercice pendant une semaine, faites un pacte avec vous-même : échangez cinq faits sur la façon de vivre contre une heure de vie non planifiée. Puis prenez le thé.

- *Si votre esprit était une valise pouvant contenir seulement cinq choses, qu'y mettriez-vous ?*
- *Quand quelque chose vous dérange, à combien de reprises y revenez-vous mentalement ? Pour quelle raison ? Que se passerait-il si vous n'y reveniez qu'une seule fois ?*
- *Quand vous allez vous coucher, est-ce que votre esprit fait le tri, catalogue et répète l'information ?*
- *Quand vous vous réveillez, votre esprit fait-il l'expérience des choses immédiates plus facilement ?*
- *Si c'est le cas, essayez de redonner vie une seconde fois à la sensation de vous éveiller ainsi.*
- *N'emmenez qu'une seule chose de votre valise pour la journée, et laissez cette valise à la maison.*

10 SEPTEMBRE

Ce que nous sommes et ce que nous savons

Arriver à la compréhension en étant véritablement soi, cela s'appelle la nature. Arriver à être véritablement soi à partir de la compréhension, cela s'appelle la culture.

– CONFUCIUS

Dans la vie, nous apprenons apparemment de deux manières : en étant ce que nous sommes, nous apprenons plus sur cette vie, et ce que nous apprenons nous aide à être ce que nous sommes. Si nous observons comment nous avançons dans nos journées, nous voyons que nous sommes tous faits de divers mélanges de nature et de culture. Petit garçon, je me brûle la main sur la cuisinière et je comprends le danger du feu. Lorsque l'expérience est le maître, je suis un enfant de la nature. Adolescent, j'écoute les autres me raconter leurs échecs amoureux et ce savoir façonne mes tentatives dans ce domaine. Dans ce cas, l'enseignant est la compréhension et je suis l'enfant de la culture.

Je dois avouer que ces définitions ont changé la façon dont je me vois. En effet, j'ai pris conscience d'une chose : même si je m'enorgueillissais d'être profondément naturel et expérimental, j'étais en fait très culturel et, surtout, observateur. Depuis, il est devenu très clair que le danger, pour ceux qui apprennent par la nature, c'est d'éviter de transformer l'expérience en compréhension. Dans ces moments-là, ils deviennent ces frivoles qui, des joies et des peines, ne font jamais un apprentissage et répètent sans cesse les mêmes choses. Pour ceux qui apprennent par la culture, le danger, c'est d'éviter de transformer la compréhension en expérience. Dans ces moments-là, ils deviennent ces lourdauds qui envisagent tout, mais ne passent jamais à l'action et ne s'engagent jamais. D'une façon ou d'une autre, quand nous hésitons à appliquer ce que nous sommes à ce que nous savons, nous connaissons un décalage. C'est d'ailleurs une affection chronique dont j'ai souffert à maintes reprises.

À l'instar des oiseaux qui volent et perdent leurs plumes, des araignées qui tissent leur toile et piègent les insectes, des serpents qui rampent et muent, les humains aiment et savent. Et tout comme l'oiseau ne sait trop quoi faire de ses plumes perdues, tout comme l'araignée se prend dans sa propre toile et le serpent ignore sa mue déjà oubliée, nous restons pris avec notre connaissance, dans l'intention qu'elle nous soit utile. Mais son utilité réside, semble-t-il, dans l'amour.

- *Centrez-vous et, tout en respirant, jetez un regard sur votre vie. Essayez de découvrir si vous apprenez par la nature ou par la culture.*
- *Respirez normalement et demandez-vous qui est votre principal enseignant : l'expérience ou la compréhension ?*
- *Observez quel est votre point fort et invitez votre point faible à faire plus pleinement partie de votre vie.*

Le malaise de la nouveauté

L'anxiété est le vertige de la liberté.
– KIERKEGAARD

La première fois que nous connaissons une telle désorientation, c'est probablement lorsque nous apprenons à marcher, lorsque nous laissons aller la chaise ou le mur, lorsque nous délaissons les bras rassurants de papa ou maman. Il va sans dire que la capacité à marcher vaut l'inconfort de cette transition.

Et ce malaise se reproduit lorsque nous tombons amoureux une première fois, lorsque nous portons notre attention au-delà des murs auxquels nous sommes si habitués. La capacité à aimer au-delà de nos murs vaut bien le vertige qu'il y a à faire de nouveaux pas.

En vérité, toute expérience nouvelle comporte ce vertige de liberté par lequel nous devons passer. Chaque fois que l'on va au-delà du familier, il faut nécessairement s'habituer à ce qui est nouveau. C'est le pendant de tout apprentissage. Mais il ne faut pas y attribuer trop d'importance, ni en avoir peur. Il faut simplement continuer à aller dans le sens de ce que l'on apprend.

- *Quand vous le pourrez, observez les petits oiseaux en train de voler. Remarquez comment les bourrasques soudaines les font plonger et virevolter. Remarquez aussi comment ils s'adaptent tout en continuant de voler.*
- *Respirez profondément tout en sachant que votre cœur est comme ces oiseaux, que ses plongeons et virevoltes lui causent aussi certains désagréments dus à la nouveauté que vous n'avez pas le choix d'expérimenter si vous voulez continuer à voler.*

Dans l'œil du faucon

L'immensité de ce ciel infini est reflétée dans le
coin de l'œil du faucon, tout comme le cœur
est reflété dans l'univers entier quand il est léger.

Comme la lune amène le soleil à ceux qui tournent le dos à la lumière, un cœur ouvert amène l'amour à ceux qui se débattent dans l'obscurité. Il est important de se rappeler que la lune n'est pas la source de lumière, mais seulement une réflexion de celle-ci. Et le cœur n'est pas la source de l'amour, mais un transmetteur des forces qui sont hors de notre vue quand nous nous débattons.

J'en suis venu à comprendre que les gens que j'ai admirés dans ma vie, sur lesquels j'ai essayé de me modeler, étaient tous comme la lune qui apparaît dans la nuit. Et même si je voulais secrètement être comme eux, ce fut en réalité leur ouverture qui leur permit de briller au milieu de mon obscurité, une ouverture que je n'avais ni à copier ni à envier, mais seulement à découvrir chez moi.

Je pense ici à ma grand-mère, dont l'immense cordialité d'immigrante m'a permis de me voir, comme la pleine lune vous permet de voir vos mains dans le noir. Je pense également à cet enseignant à l'œil d'or qui exhibait la vérité dans l'air sous les yeux de nos jeunes ego confus et qui m'a appris à relaxer tout en trouvant ce qui importe vraiment dans la vie. Et je pense aussi à ce prêtre de soixante-quinze ans qui animait mon groupe de convalescence et dont l'amour était si authentique que son cœur se réfléchissait sur tout – notre douleur et notre bonheur, nos peurs et nos espoirs, notre confusion et notre certitude – avec un égal détail, une égale compassion.

Tout ceci pour dire qu'aimer, c'est être au-dessus des choses sans s'en démarquer. Quand nous aimons, nous recevons la vérité derrière les mots et ce qui est de trop pour être dit se reflète alors dans notre cœur et apaise les autres.

- *Assoyez-vous en compagnie d'une personne en qui vous avez confiance et décrivez-lui le cœur d'une personne que vous admirez.*
- *Avez-vous bénéficié des grâces de cette personne ?*

- *Où cette grâce vit-elle en vous ? Pouvez-vous en faire bénéficier les autres ?*
- *Méditez ensemble sur la qualité de cœur que vous admirez et invitez celle-ci à se montrer par vous.*

13 SEPTEMBRE

Des créatures de sagesse

Montrez-vous et je nagerai vers vous.

En tant qu'esprits qui vivent dans des corps, nous ressemblons aux baleines et aux dauphins qui nagent toujours près de la surface. Nous sommes éternellement attirés par une lumière venant d'en haut et qu'il nous est impossible de vraiment cerner. Et tout comme l'eau balaie les yeux des poissons qui se fraient un chemin pour aller dans les profondeurs ou en sortir, les jours façonnent notre manière de voir les choses. Il se passe tellement de choses en même temps derrière ce que nous montrons aux autres que toutes nos émotions, nos pensées et nos expressions viennent éclabousser ceux près de qui nous faisons surface. Quand on la regarde carrément dans les yeux, chaque personne est une créature de sagesse pleine de choses qui ne peuvent être dites. Chacun de nous est un esprit-poisson qui fait surface pour saisir amour et air.

Nous ne prenons pas souvent le risque ni le temps de rester suffisamment longtemps devant autrui pour que sa vérité fasse surface. Ce dont j'ai besoin, c'est que vous restiez là jusqu'à ce que je puisse me rendre, fraîchement arrivé des profondeurs. Après tout le mal que nous nous donnons pour nous trouver les uns les autres, nous devons encore attendre que les êtres aimés fassent surface dans leur sagesse.

- *Restez tranquillement assis près d'un être cher et, l'un face à l'autre, centrez-vous respectivement en gardant les yeux fermés.*
- *Une fois prêts, ouvrez les yeux et regardez-vous dans les yeux en silence.*
- *Inspirez la sagesse de l'autre, puis inclinez-vous l'un devant l'autre.*

Simple comme un poisson

J'ai déjà été poisson : en quête des profondeurs
alors que je faisais surface, en quête de surface
alors que j'étais au fond; le ruban des eaux
divines passant dans mes branchies
étant ce que j'ai senti, pensé et exprimé.

Un simple poisson se frayant un chemin vers le fond est un grand maître et, comme tous les grands maîtres, il ne sait même pas ce qu'il enseigne. Pourtant, dans ses minuscules mais efficaces branchies se trouve le mystère expliquant comment vivre sur terre en tant qu'esprit. Nous le savons tous, en nageant, le plus petit des poissons absorbe de l'eau par des branchies qui transforment celle-ci en oxygène et lui permettent ainsi de vivre. Bien des détails biologiques expliquent la mécanique de ce phénomène, mais, dans son essence même, un mystère demeure.

La question est la suivante : « Qu'est-ce qui joue le rôle de branchies chez nous ? Notre cœur, notre mental, notre esprit, ou un mélange de tout cela ? Quoi que ce soit, à l'instar du petit poisson nous devons transformer l'eau en oxygène pour vivre, c'est-à-dire transformer nos expériences en quelque chose qui nous sustente, transmuer la souffrance en émerveillement, et les maux de cœur en joie.

Rien d'autre ne compte. Et à l'exemple du petit poisson, nous devons continuer de nager tout au long de nos jours pour rester en vie. Nous ne pouvons bloquer le courant de l'expérience ni le besoin de gober ce qui est. Il faut plutôt concentrer tous nos efforts sur le décodage du secret des branchies, de la transformation de nos expériences en oxygène.

Quel est donc l'équivalent de ces branchies pour vous ? En ce qui me concerne, c'est mon cœur. Et l'amour devient la piste invisible que je laisse derrière moi. Mais quoi que ce soit pour vous, il est plus important de nager dans le courant de vos jours et de faire honneur à vos branchies que d'essayer de comprendre comment cela fonctionne.

- *Assis dans le calme, respirez lentement.*
- *Tout en respirant, remarquez comment la transformation de l'air respiré est ce qui vous permet de rester en vie.*

- *Tout en continuant de respirer lentement, ouvrez votre cœur au mystère de la transformation de l'expérience en senti et de la souffrance en émerveillement.*
- *Inspirez profondément et laissez vos branchies faire leur œuvre.*

15 SEPTEMBRE

Question posée au malade, III

Quand avez-vous raconté votre histoire
pour la dernière fois ?

– QUESTION POSÉE AU MALADE PAR UN CHAMAN AMÉRINDIEN

Les histoires sont de petites capsules de temps qui transportent des morceaux de vérité et de sens dans le temps. Qu'il s'agisse d'un mythe datant de 4 000 ans ou d'une anecdote durant votre enfance que vous n'avez jamais racontée, sa signification attend, telle une ration bien sèche. Ce n'est que lorsqu'on raconte cette histoire qu'elle gonfle et devient plus facile à avaler. C'est la peine que l'on prend à en faire le récit qui tire le sens de son sommeil, comme si aucun temps ne s'était écoulé depuis. Raconter guérit.

Il nous arrive souvent de rabâcher nos histoires, non pas par oubli ni indulgence, mais parce que leur signification est trop lourde à digérer en une seule expression. Nous continuons donc de les relater, et ce, tant et aussi longtemps que nous n'en avons pas complètement saisi le sens. Je me rappelle mon premier échec en amour, puis le grand plongeon et la grande souffrance. Quand cette femme m'a quitté pour aller ailleurs, je me suis senti dévasté. Tout au long de mes années d'université, ma tristesse a été une blessure qui avait besoin d'air. Ainsi, chaque fois que je narrais mon histoire, que même les étrangers en avaient assez d'entendre, chaque fois que je racontais le changement soudain de son regard à elle et son départ tout aussi soudain, c'était comme un point qui venait recoudre et guérir la blessure de mon cœur.

Quand ma belle-mère a perdu son mari, avec qui elle vivait depuis cinquante-cinq ans, et que, deux semaines après les couronnes de fleurs et les discours, je me suis assis près d'elle, elle fixait le moment de son départ pour l'au-delà et revenait sans arrêt sur son dernier souffle et son corps affaissé dans le fauteuil. J'ai d'abord cru qu'elle avait quelque peu perdu la boule, mais j'ai vite compris que c'était sa façon à elle de donner un sens à son chagrin. Comme un chaman ou un moine, elle récitait le mantra de son expérience jusqu'à ce que la vérité en émerge.

Imaginez le nombre de fois que Paul a raconté comment Dieu l'avait fait tomber de son cheval. Il répétait son histoire, car, chaque fois, la révélation était de plus en plus profonde pour lui. Et imaginez combien de fois Moïse a relaté sa rencontre avec Dieu. Je suppose que chaque fois il voyait Dieu plus clairement. Et combien de fois Lazare a expliqué comment Jésus l'avait ramené à la vie. Il l'a sans doute fait parce que, chaque fois, il revivait plus profondément son retour à la vie.

La vérité, c'est que même si nous pensons savoir ce que nous allons dire, l'histoire livre une partie de nous et nous sauve, un peu comme la respiration qui est à la fois toujours la même et toujours différente.

- *Assoyez-vous avec une personne en qui vous avez confiance et, chacun à votre tour, faites ce qui suit :*
- *méditez sur les marques que porte votre cœur ;*
- *sélectionnez une marque et observez comment elle change pendant que vous respirez ;*
- *après un certain temps, racontez l'histoire de cette marque sur votre cœur et précisez de quelle façon elle vous affecte à ce jour.*

16 SEPTEMBRE

Là où nous avons été

Je suis né une multitude de fois
et, chaque fois, j'ai trouvé quelque chose à aimer.
– GORDON PARKS

Notre capacité à trouver quelque chose à aimer, et à aimer de nouveau pour la première fois, dépend beaucoup de la façon dont nous intégrons ce que nous avons vécu auparavant. En ce sens-là, le nautile, ce mollusque à multiples compartiments internes, peut parfaitement nous servir de modèle. Au fond des mers, ce céphalopode est une forme de vie molle qui avance lentement sur le fond qui le nourrit pour l'aider à se construire une coquille dure. Avec le temps, il se bâtit une coquille spiralée tout en vivant cependant dans le compartiment le plus récent.

On dit que les autres cloisons contiennent un gaz ou un liquide qui aide le nautile à contrôler sa flottabilité. Même ce mollusque réussit à nous donner une leçon quant à l'utilisation du passé : il faut toujours vivre dans le compartiment le plus récent pour rester à flot.

À l'instar de cet animal, pouvons-nous construire des compartiments solides pour abriter nos traumatismes, non pas pour les perpétuer, mais pour les digérer et les réduire jusqu'à ce qu'ils perdent un maximum de leur poids ? Pouvons-nous suffisamment intégré ce que nous avons vécu pour savoir que nous ne le vivons plus ? Quand nous réussissons à le faire, la vie semble bien plus légère.

Ce n'est pas par accident que le nautile transforme sa lente digestion des fonds en un corps qui peut flotter. Il nous apprend que seul le temps peut mettre le passé en perspective et que c'est seulement quand le passé est derrière nous que nous sommes assez ouverts et vides pour vraiment ressentir ce qui se produit. C'est seulement en vivant dans le compartiment le plus récent du cœur que nous pouvons aimer de nouveau, pour la première fois.

- *Centrez-vous et fermez les yeux. Imaginez les passages qui vous ont amené à être qui vous êtes.*
- *Inspirez normalement et voyez quel passage comporte le plus d'émotions.*
- *Respirez également et demandez-vous si le passé vit en vous ou si vous vivez dans ce passage du passé ?*
- *Ne faites rien aujourd'hui. Soyez simplement à l'écoute de ce que votre cœur vous dit.*
- *Demain, partagez ce que vous avez senti avec un ami.*

Le plateau tournant

Le dieu en nous n'est une demi-présence
Il n'y a pas de division de notre identité

Pendant des années, j'ai vécu comme le plateau tournant sur les tables des restaurants chinois. J'ai tourné vers des gens le côté de moi qu'ils pouvaient comprendre, vers d'autres le côté qu'ils voulaient voir et vers d'autres encore le côté qu'ils avaient besoin de voir ou avec lequel ils étaient le plus à l'aise.

Je suis devenu l'expert du plateau tournant, surtout dans une assemblée d'êtres chers où je pouvais combler de nombreux besoins en même temps. J'en suis venu à croire que j'étais dépourvu d'ego, très à l'écoute des autres, quelqu'un de fiable et de généreux. Que j'avais trouvé une façon d'être en même temps moi-même et prévenant.

Mais je n'avais pas compris que, de plus en plus, mon être véritable était caché et que montrer seulement la partie de moi acceptable aux yeux des autres revenait à m'être infidèle. Avec le temps, je suis devenu l'espion de mes plus grandes émotions et croyances. Le prix à payer fut une sensation de suffocation spirituelle subtile, mais permanente.

Personne ne m'a pourtant jamais demandé une telle chose. Certes, mes vieilles blessures m'ont appris à me cacher parfois, mais dans ce cas, c'est ma propre fausse interprétation quant à la manière d'entrer en relation qui a instauré chez moi cet art du mimétisme, même si chaque personnage semblait vrai.

La peur du conflit, du rejet, de ne pas être aimé. La peur de montrer ce que personne ne pouvait comprendre selon moi. Le manque de confiance et de foi devant le fait que la fleur en moi pouvait survivre aux intempéries. Autant de problématiques non abordées pendant que je tournais comme un plateau tournant.

Je dois reconnaître que la démarcation entre la vie privée et le secret est bien mince. J'ai appris, douloureusement, que chacun de nous est une symphonie, que même si tous, nous ne sommes parfois que partiellement compris, c'est quand nous nous jouons partiellement que la maladie s'installe.

- *Tranquillement assis, méditez sur un de vos aspects que vous cachez aux autres. Ce pourrait être votre douceur, votre sottise, votre doute ou votre rêverie.*
- *Tout en respirant lentement, demandez-vous ce que vous craignez qu'il se produise en laissant voir cette partie de vous.*
- *Tout en respirant profondément, descendez au centre de votre cœur, là où réside ce précieux aspect de vous.*
- *Respirez librement dans la sécurité de ce moment.*
- *Restez quiet et essayez d'expirer cette précieuse partie de vous dans la pièce.*
- *Observez l'effet ressenti quand une telle partie précieuse de vous émerge de votre cœur pour se retrouver à l'air libre.*

18 SEPTEMBRE

L'aide divine

Nous ne nous abandonnons pas à la confiance
tant et aussi longtemps
que nos ego ne sont pas épuisés.

– Rob Lehman

C'est la vieille histoire d'un homme pendant une inondation. Les secouristes lui crièrent d'évacuer sa maison. Il refusa calmement en disant que Dieu le sauverait. Les eaux se précipitèrent dans les rues de la ville, montant au-dessus des fondations des maisons. Une fois les rues inondées, une équipe de secours l'interpella depuis une embarcation de caoutchouc. Il refusa de nouveau leur aide, prétendant que Dieu le sauverait. Les eaux montèrent encore, passant à grand fracas par les fenêtres de sa maison. Il s'était réfugié sur le toit. Un hélicoptère vint finalement à sa rescousse, mais une fois de plus il répéta que Dieu le sauverait.

L'inondation continua de plus belle, et il se noya. Parvenu dans l'au-delà et plein de colère, il demanda à Dieu : « Pourquoi ne m'as-tu pas sauvé ? J'ai pourtant gardé la foi jusqu'au bout ! » Ce à quoi Dieu lui répondit d'un ton perplexe : « J'ai pourtant essayé. J'ai même envoyé une embarcation et un hélicoptère. Mais tu n'as pas voulu quitter ta maison. »

Comme une pensée d'amour, Dieu est tout d'abord invisible. Puis, il vient vers nous très concrètement.

- *Fermez les yeux et priez pour obtenir quelque chose dont vous avez besoin.*
- *Respirez profondément jusqu'à ce que les mots disparaissent et que seule la prière reste.*
- *Ouvrez les yeux et entamez votre journée en écoutant les choses autour de vous, car elles vous apporteront ce dont vous avez besoin.*

19 SEPTEMBRE

Au-delà de toute demande

Si vous essayez de comprendre l'amour
avant d'avoir été étreint,
vous ne sentirez jamais la compassion.

Il était une fois un garçon qui savait détendre les autres par ses paroles amicales. Quand ces derniers étaient relaxés, il posait alors toutes les questions voulues. Mais il rentrait toujours seul chez lui. Le jour suivant, il parlait encore et, tôt ou tard, il finissait par aboutir aux questions sur l'amour, des questions colorées qui s'étiraient et s'étalaient, pour finalement tomber comme des feuilles.

Il vécut ainsi pendant de nombreuses années, et ces questions profondes ouvrirent grand son cœur. Ainsi, les gens allaient et venaient comme des oiseaux dans son verger de questions. Cependant, une fois tout le monde parti, il se retrouvait seul avec ce qu'il savait.

Un jour se présenta un être féminin tout vibrant qui ne voulut pas entrer dans son verger de questions. Malgré la cordialité du garçon, elle ne répondit pas à son invitation. Toutefois, elle s'approcha furtivement de lui et vint l'étreindre en silence, puis repartit l'attendre dans le monde. Il fallut longtemps au garçon pour partir. Il avait dès lors acquis l'écorce d'un homme. Mais comme il voulait être de nouveau étreint, il dut se déraciner et partir encore.

Ainsi, il laissa derrière lui l'ombre de son cœur et commença à vivre.

- *Tout en respirant profondément, pensez à comment vous vous préparez à être aimé.*
- *À chaque inspiration, laissez venir toutes les raisons pour lesquelles vous voulez être étreint.*
- *À chaque expiration, laissez aller tout ce qui est inutile.*
- *Respirez lentement et permettez-vous d'être étreint par l'air lui-même.*

20 SEPTEMBRE

L'amour inconditionnel

L'amour inconditionnel, ce n'est pas tant
accepter et endurer l'autre.
C'est plutôt faire le serment, peu importe la situation,
de ne jamais cesser d'exprimer notre vérité à l'autre.

On dit beaucoup de choses sur l'amour inconditionnel de nos jours et j'ai bien peur qu'il ait été faussement interprété sous la forme extrême de « tendre l'autre joue ». Ce genre de comportement est mauvais pour toute personne ayant subi des abus. Cette forme exagérée de passivité n'a rien à voir avec l'endiguement de la rivière d'amour qui nous porte.

En vérité, l'amour inconditionnel n'exige pas, au nom de l'amour, l'acceptation inconditionnelle de tout ce qui se passe. Au contraire, dans la réalité de nos relations quotidiennes, l'amour inconditionnel est le maintien de l'engagement qu'aucune situation ne nous empêchera de nous donner les uns aux autres honnêtement.

Par exemple, il se peut qu'un jour je sois si préoccupé par mes propres besoins que je passe sous silence les vôtres et que, ce faisant, je vous heurte. Mais vous me dites et me montrez alors votre blessure, je me sens mal, et vous acceptez alors que je sois parfois aveugle aux besoins d'autrui. Nous regardons profondément l'un dans l'autre et vous acceptez mes erreurs, mais pas mon comportement. J'ai ainsi l'occasion de travailler sur moi. Tout cela nous rapproche.

L'amour inconditionnel n'est pas le trou dans lequel s'accumule toute la poussière, mais le soleil intérieur qui ne cesse jamais de briller.

- *Centrez-vous et pensez à une relation dans laquelle vous avez subi une souffrance au nom de l'amour.*
- *Tout en inspirant à fond, pensez aux conditions qui font que votre souffrance reste inexprimée.*
- *En expirant à fond, imaginez qu'« être inconditionnel » est un mouvement qui part de l'intérieur pour aller vers l'extérieur et non un mouvement qui fait qu'on endure ce qui vient de l'extérieur.*
- *Commencez votre journée en ayant l'intention d'amener qui vous êtes dans le monde, au nom de l'amour.*

21 SEPTEMBRE

Un maître silencieux

C'est seulement quand j'arrête d'accumuler
les preuves que les pierres se mettent à parler.

Je veux ici m'entretenir de quelque chose qui m'est cher et évident, mais qui m'a pris toute une vie à apprendre. J'ai déjà abordé cela précédemment. C'est plus que la connaissance, en laquelle je crois, c'est le savoir intuitif.

J'ai toujours beaucoup lu. Les honnêtes écrits de toute époque m'ont constamment tiré de la confusion et de la solitude. *Grosso modo*, j'ai passé quarante ans sur quarante-neuf à l'école, soit comme étudiant, soit comme enseignant. Heureusement, et ce n'est pas un hasard, la classe a pris de l'envergure pour devenir au fil du temps la vie elle-même, et l'enseignement est devenu de moins en moins de l'instruction et de plus en plus une demande aux choses simples de me livrer le secret de leur simplicité.

Cependant, ce que je veux vraiment dire ici, c'est qu'il est étonnant que la récompense découlant de la vérité ne soit pas la justice, la connaissance ou l'expertise – bien que cela puisse être le cas – mais plutôt la joie. Et que la récompense offerte pour la bienveillance ne soit pas la bonté, la gratitude ou la générosité des autres – bien que ces qualités morales puissent également s'exprimer –, mais bien aussi la joie.

Après mes dures années d'études de doctorat et après avoir étudié de mon propre chef des centaines de textes sacrés issus de très nombreuses voies spirituelles, j'ai appris que la récompense pour avoir connu l'unité n'est pas la force ni la clarté qui en résultent mais, à un niveau plus profond, la paix née de la fin de la division.

Que je me repose dans un lit d'hôpital quand la douleur a cessé, que je me réveille dans les bras de ma bien-aimée pendant que ses doigts effacent l'inquiétude de mon esprit, ou que je tombe endormi en ayant à l'esprit les paroles d'une personne décédée depuis longtemps, le dénuement de la vérité et de la compassion est le même. Il me renvoie à un simple et rare moment où penser, sentir, savoir et être ne sont plus qu'une seule et même chose. C'est ce moment vivant, si difficile à trouver et si éphémère, qui est mon maître silencieux.

- *Fermez les yeux et remémorez-vous une chose qui vous a aidé et que vous savez pour l'avoir lue ou étudiée. Observez où elle apparaît dans votre corps : la tête, le cœur ou le ventre.*
- *Remémorez-vous une chose apprise dans la vie. Observez où elle apparaît dans votre corps et où elle s'anime.*
- *Sans juger ni l'une ni l'autre de ces choses, notez la similitude ou la différence dans la manière dont ces savoirs vivent en vous.*

22 SEPTEMBRE

Face aux moments sacrés

L'objectif supérieur de la vie spirituelle n'est pas d'amasser de l'information, mais de faire face aux moments sacrés.

– Abraham Heschel

Après tout, c'est peut-être un trait de caractère américain que de vouloir construire à partir de choses au lieu d'y faire face. Nos ancêtres n'ont-ils pas cru que leur destinée consistait à avancer jusqu'aux confins des terres ? Mais maintenant, alors qu'il n'y a plus d'autres endroits où aller, une autre forme d'exploration nous appelle, qui attend depuis des siècles.

Au lieu de construire une route vers un endroit autre que celui où nous sommes, la vie de l'esprit nous demande désormais d'ouvrir des portes devant nous et en nous, des portes qui attendent. C'est ce que sous-entend Abraham Heschel en disant qu'il faut faire « face aux moments sacrés ». Il s'avère nécessaire d'ouvrir les portes de la vie présentes en nous.

Nos efforts à bâtir ailleurs sont certes louables et admirables, parfois même héroïques, mais ils nous empêchent souvent d'habiter la vie qui nous est donnée.

Il n'y a rien de mal à vouloir améliorer notre condition de vie. Mais cette condition ne signifiera rien si nous évitons constamment de faire face à la pulsion même de vie qui attend comme une mère bienveillante, au bord de notre épuisement.

- *Assis dans le calme, remémorez-vous un moment sacré de votre vie.*
- *Revenez-y en respirant. Faites-y face en inspirant et laissez sa lumière vous réchauffer de l'intérieur.*
- *En expirant, faites face à votre vie actuelle et laissez le sacré vous trouver.*

23 SEPTEMBRE

Répéter n'est pas échouer

Répéter n'est pas échouer.
Demandez aux vagues, aux feuilles, au vent.

Ce que nous avons besoin d'apprendre vient au moment où nous en avons besoin, peu importe notre âge, peu importe le nombre de fois où nous avons dû recommencer, où la leçon a été la même. Nous tombons le nombre de fois requis pour apprendre justement comment tomber et nous relever ensuite. Nous tombons amoureux autant de fois que nécessaire pour apprendre à étreindre et à être étreint. Nous interprétons mal les nombreuses voix de la vérité, qui sont essentielles pour entendre la diversité. Nous subissons nos souffrances aussi souvent qu'il le faut pour apprendre comment tomber en morceaux et comment guérir ensuite. Personne n'aime vraiment ça, bien sûr, mais nous composons tous avec cette résistance tant et aussi longtemps que nous ne réussirons pas à apprendre ce que nous avons besoin de savoir sur l'humilité de l'acceptation.

- *Assis dans le calme, remémorez-vous un apprentissage qui revient sans arrêt : le fait de trop vous donner aux autres, d'avoir de la difficulté à faire confiance ou de blesser autrui d'une façon particulière.*
- *Tout en respirant, n'essayez pas de résister à ce que cet élément récurrent tente de vous apprendre.*
- *Tout en respirant toujours, imaginez-vous comme un rivage sur lequel la vague de cet élément récurrent revient sans cesse pour vous polir.*

24 SEPTEMBRE

L'individuation

> Au large, un chalutier encercla un groupe de dauphins qui nageaient au-dessus d'un banc de thons et les prit dans les mailles de son chalut géant. Des hors-bord puissants encerclèrent alors les dauphins, créant ainsi un mur de bruit qui les désorienta et les terrifia au point qu'ils se mirent à couler silencieusement vers le fond du filet. Seuls les mouvements de leurs yeux indiquaient qu'ils étaient encore en vie. Quand un dauphin réussit à sauter par-dessus la ligne de flottaison, il sut qu'il était libre. Il se propulsa aussitôt vers l'avant par de grands coups de queue. Puis il plongea, nageant à toute vitesse vers le grand bleu, et ressortit un peu plus loin à la surface en une série de hauts bonds.
>
> – JEFFREY MOUSSAIEFF MASSON

Ce dauphin est une belle illustration d'un comportement récurrent chez nous, les humains. Pris au piège contre notre gré, ou même parfois avec notre consentement, nous nous laissons couler, amorphes, tout en ressentant un besoin d'espace. Confinés, apeurés, énervés, nous ne savons pas où se trouve la ligne de flottaison du filet. Tel est le combat intérieur de dépression et de confusion qui précède toujours la libération.

À l'instar de ces magnifiques animaux, nous savons à quel moment nous sommes libérés et une force intérieure explose en nous, qui nous pousse avec joie à explorer les profondeurs et nous donne la grâce de faire surface. Nous bondissons brièvement dans une unité difficile à imaginer.

Il s'agit ici d'un processus naturel que Carl Jung a appelé « l'individuation ». C'est le phénomène qui incite un individu à sortir des murs de sa prison pour aller vers la totalité de son être.

Si quelque chose nous interpelle, c'est bien pour sortir du filet, plonger vers les profondeurs, et fendre la surface en bondissant.

- *Centrez-vous et imaginez que votre esprit est un puissant dauphin.*
- *Respirez à fond et essayez de sentir le filet qui vous emprisonne.*
- *Voyez la ligne de flottaison.*
- *Que devez-vous faire pour la dépasser ?*

25 SEPTEMBRE

Chasser ou se cacher

Si chasser ou se cacher est une folie à double tranchant,
alors la foi est le courage de risquer et de recevoir.
Je ferme les yeux et je suis empalé dans la lumière.

– ROBERT MASON

Sur terre, nous passons une grande partie de notre temps à courir après quelque chose ou à fuir quelque chose. Dans notre désir d'amour, nous partons à la chasse ou nous nous posons en appâts. Dans nos rêves de succès, nous pourchassons des objectifs et nous nous cachons derrière ce que nous, ou les autres, tenons pour des échecs. Mais rien de tout cela, ni aucune stratégie pour dénicher un emploi ou se cacher afin de ne pas souffrir, ne peut nous conférer la paix ou nous prémunir contre la vie.

J'ai gaspillé beaucoup de temps non seulement à essayer de me faire publier, mais aussi à trouver la bonne maison d'édition, celle qui ferait en sorte que je me sente digne de valeur aux yeux des autres. Tous ces efforts, même fructueux, ne m'ont pas rapproché de la pulsion de vie découverte au début dans l'écriture.

Nous fantasmons souvent en secret, nous figurant alors que la vie serait meilleure ailleurs si nous pouvions seulement y être. Nous accordons souvent plus d'énergie à nos rêves qu'à notre vie. Et nous avons aussi tendance à le faire pour que nos relations soient plus satisfaisantes. Nous imaginons que quelque part, en dehors de la vie que nous menons, un homme ou une femme nous attend et viendra alléger notre souffrance et nous tirer de notre endormissement. Dès lors, nous cachons notre insatisfaction par rapport à la vie que nous avons créée et nous partons secrètement en quête d'une cure imaginaire pour devenir ce que nous pensons être.

Ainsi que Robert Mason le suggère si judicieusement, recourir à la complaisance et au malheur ne veut pas dire pourchasser un plus gros gibier ou cacher nos plus grandes blessures. Cela ne veut pas dire non plus que nous devons déplacer nos « meubles intérieurs » vers une autre ville ou une autre chambre. Notre plus grande chance de pouvoir changer notre vie, c'est de mettre un point final à nos attitudes mentales et d'ouvrir nos cœurs toujours vierges.

- *Fermez les yeux et respirez lentement.*
- *Imaginez que ce qui veille en vous a toujours été là, dans un boîtier doux et résistant, et vous conduira là où vous voudrez aller. Ce délicat instrument vous permet de sentir le vent, de voir la lumière et de percevoir l'esprit présent en tout depuis toujours.*
- *Imaginez qu'une fois réveillé, vous marchez dans un monde où de petites créatures volettent et chantent autour de vous, où des fruits colorés et juteux poussent dans les arbres, à partir de la terre poussiéreuse. Imaginez qu'il y a toujours un cours d'eau pas loin, dans lequel vous pouvez laver la fatigue de votre visage aussi souvent que vous le désirez.*
- *Imaginez qu'une fois réveillé, vous vivez à une époque où il y a des gens à qui vous pouvez parler du miracle de la vie, avec qui il est possible de rire et de pleurer, des gens que vous pouvez aimer.*
- *Imaginez que vous pouvez ouvrir les yeux et danser dans un monde où l'eau peut tomber du ciel, où vous ouvrez la bouche*

pour en tirer un chant, où vous trouvez le soleil et le laissez réchauffer la fleur de votre être.

- *Maintenant, ouvrez les yeux et sachez que tout cela est vrai, que tout cela existe en ce moment.*

26 SEPTEMBRE

Laisser tomber les souffrances

Le moment est venu de laisser tomber nos pierres,
car les mains qui agrippent des pierres
ne peuvent battre librement du tambour.
Et les cœurs qui s'agrippent au passé
ne peuvent chanter librement.

Il m'a seulement fallu la vie entière pour apprendre cette leçon aussi simple que profonde : tant et aussi longtemps que nous nous agrippons à une chose – une pierre, une rampe ou une arme –, nos mains ne peuvent s'ouvrir pour tendre vers autre chose.

L'éternel et essentiel drame qui fait que nous devons vivre dans l'inconnu réside dans cette simple séquence. Il nous faut risquer de laisser tomber la pierre, le bâton ou l'arme que nous tenons pour construire, toucher ou jouer de la musique.

Cela me rappelle un ami qui s'accrochait à tout prix à son passé. Il craignait, s'il le lâchait, de s'effondrer. Mais aussi longtemps qu'il a maintenu son passé prisonnier de son poing, il n'a pu étreindre l'amour qui était devant lui. Et il n'a jamais pu guérir.

Il faut donc vider nos mains avant de les remplir de quelque chose de nouveau. Il en va de même pour le cœur. Voilà pourquoi le courage est nécessaire, jour après jour.

- *Assis dans le calme, remémorez-vous une chose que vous gardez prisonnière dans votre cœur.*
- *En expirant, ouvrez vos mains et essayez de laisser l'émotion se détendre dans votre cœur.*
- *Entraînez-vous à vous servir de vos mains pour ouvrir votre cœur.*

Pousser au lieu de tirer

Il est difficile d'améliorer des situations
quand on perd la boule.

– MELODY BEATTIE

C'est le philosophe Michael Zimmerman qui raconta un jour une histoire remontant à l'époque où il était écolier. Quelqu'un lui avait mis entre les mains des menottes chinoises, un dispositif apparemment inoffensif comportant une ouverture à chaque extrémité. On ne lui avait donné aucune explication. Par curiosité, il passa l'index gauche dans une extrémité et le droit, dans l'autre.

Mystérieusement, ce qui faisait de cet instrument des menottes, c'était que plus on forçait pour retirer ses doigts, plus celles-ci se resserraient dessus. Se sentant pris, le jeune garçon paniqua et tira de plus belle. Bien sûr, les petites menottes se resserrèrent davantage. Tout d'un coup, il lui vint à l'esprit de faire le contraire, soit de pousser au lieu de tirer. Ainsi, il réussit à détendre le dispositif et à sortir peu à peu ses doigts du piège.

Trop souvent, pris de panique, on tire sur les choses, se retrouvant dès lors encore plus piégé qu'avant. Ce philosophe, alors petit garçon, soulève un paradoxe qui exige du courage : en allant dans le sens de ce qui nous tient prisonnier, nous pouvons nous libérer.

- *Assis tranquillement, remémorez-vous une situation où vous vous êtes senti coincé, ou une position que vous maintenez avec entêtement.*
- *Tout en respirant, essayez d'abaisser vos défenses afin d'aller dans le sens de la situation.*
- *Observez comment vous vous sentez. Notez si l'énergie propre à la situation se dénoue.*

Le pardon

Il fallait souffrir pour connaître la vérité,
mais il ne faut pas entretenir la souffrance
pour garder la vérité en vie.

Voici ce qui m'a empêché de pardonner : le sentiment que tout ce que j'ai traversé s'évaporera si je ne le revis pas; le sentiment que si ceux qui m'ont blessé ne voient pas ce qu'ils ont fait, ma souffrance aura été vaine. Ainsi, la pierre que je jette dans le lac en sait plus que moi. Les ondulations qu'elle provoque finissent par disparaître.

En d'autres mots, je dois avoir la clarté du cœur pour cesser de définir ce que je suis en fonction des gens qui m'ont blessé ; je dois courir le risque de m'aimer, de valoriser ma propre existence, souffrance y compris, à partir du centre.

Comme tous ceux qui ont subi des torts peuvent l'attester, pour que le feu de la justice continue de brûler, nos blessures doivent aussi continuer de brûler. Mais, dès lors, il est impossible de guérir. Ainsi, nous devenons des Prométhée dont les entrailles sont quotidiennement dévorées par le grand oiseau de la blessure.

La gratification du pardon est plus grande que le fait d'excuser une personne pour la façon dont elle nous a blessé. La guérison profonde découle du fait que nous échangeons le ressentiment pour la liberté intérieure. De cette manière, la blessure peut guérir et notre vie peut continuer, même si personne ne reconnaît en être l'auteur. Quand nous pardonnons, la gratification provient de l'échange entre nous qui donnons et l'univers qui nous donne.

Même si son fonctionnement est difficile à comprendre, le véritable pardon comporte un mystère : c'est en mettant de côté nos comptes d'injustice et de rétribution que nous retrouvons le senti du cœur. Tout ce que nous pouvons espérer, c'est commencer dès aujourd'hui en pardonnant ce qui est brisé chez nous et en imaginant avec amour que tous ces morceaux sacrés peuvent s'assembler.

- *En respirant, ressentez la souffrance d'une blessure en vous. Sentez la souffrance que vous éprouvez à garder cette blessure ouverte comme preuve de cette souffrance.*

- *Pendant que vous respirez, laissez tomber l'indignation, l'injustice, la blessure.*
- *En inspirant, amenez en vous la douceur et la fraîcheur de l'air.*
- *Pendant que vous respirez, pardonnez à la blessure et échangez la partie de vous qui se définit par cette blessure pour la partie de vous qui, à votre insu, continue de guérir.*

29 SEPTEMBRE

Réfléchir ou agir

Si vous essayez de comprendre l'air
avant de le respirer, vous mourrez.

La réflexion ne peut pas durer éternellement. Après un certain temps, toute l'information – toutes les possibilités et les opinions – nous pèse. Une fois que nous avons vu la situation en profondeur, toutes les voix bien intentionnées nous disant ce que nous devrions faire ou pas commencent à avoir l'allure de barreaux de prison.

Ce fut le destin d'Hamlet, qui pensa trop sa vie et la gaspilla. Il réfléchit trop sur la direction à prendre, au point de se sentir embourbé et oppressé par le seul fait de vivre. Il est certes naturel d'être prudent et réfléchi, surtout quand on doit faire face à d'importantes décisions à prendre. Toutefois, la seule façon de savoir ce qui nous attend, c'est de le vivre.

Cela me rappelle la révélation venue à un sage hindou, il y a des siècles. Un jour, alors qu'il faisait ses prières matinales, il se leva soudainement et mit tous ses disciples à la porte du monastère. Il les secoua et les ramena ainsi à la vie en disant haut et fort : « La journée doit être vécue, pas comprise. »

- *Centrez-vous en tenant un verre plein d'eau et un verre vide.*
- *Pensez aux choix qui vous attendent pendant que vous transvidez l'eau d'un verre à l'autre.*
- *Quand vous serez fatigué de transvaser l'eau, respirez profondément et buvez cette eau.*
- *Maintenant, entrez dans votre vie.*

Nous sommes une denrée rare.

Nous sommes rares, pas parfaits.

Avec les mains pleines de denrées d'épicerie, la tête pleine de choses à faire, le cœur plein de souvenirs et les rêves pleins de projets, nous avons tendance à penser que si nous pouvions nous libérer, cocher tous les éléments de notre liste, défaire ce qui a été fait ou faire ce qui doit être fait, nous pourrions vivre plus complètement, plus parfaitement. Mais nous ne sommes que des humains, que des êtres colorés et imparfaits qui se nourrissent de projets et de souvenirs.

Un profond paradoxe nous habite donc. Bien que nous aspirions à la maîtrise personnelle et à la paix de l'esprit, nous ne sommes que momentanément entiers. En tant qu'êtres conscients vivant dans des corps, nous sommes usés par nos jours, jusqu'au moment où nous nous ouvrons enfin à tout. Il s'agit de moments d'illumination durant lesquels la clarté et la compassion des siècles montent en nous et où nous sommes soudainement plus que ce que nous sommes. Mais le jour d'après, nous trébuchons sur des ordures, ou nous lançons des paroles blessantes à la personne que nous aimons le plus.

J'avais l'habitude de considérer ces rechutes comme des échecs ou la preuve que je ne fournissais pas assez d'efforts, et cette insuffisance me dardait telles des flèches. Le découragement s'emparait souvent de moi, comme si je ne réussissais pas à apprendre quelque chose d'essentiel. Pendant un bon bout de temps, je me suis senti vraiment imparfait.

Mais j'en suis venu à comprendre qu'il s'agit seulement de l'aspect terrestre de notre condition humaine. Qu'il ne faut pas la corriger, l'éliminer ni la transcender, mais seulement l'accepter.

À certains moments, on est pure et éternelle lumière. Mais, l'instant d'après, on fait tomber des objets ou on malmène les trésors d'une vie entière. Nous avons tous besoin de nous apaiser, pas de nous blâmer. Nous sommes rares, pas parfaits, et semblons voués à tout connaître dans la brièveté.

- *Assis dans le calme, remémorez-vous un moment éclairé où la vie vous est apparue particulièrement claire.*
- *Maintenant, remémorez-vous un moment où vous vous êtes blessé ou avez blessé un être cher. Sentez le résultat de cette maladresse.*
- *Sans vous juger, placez ce pense-bête terrestre de votre humanité dans cette clarté et laissez les s'adoucir l'un l'autre.*
- *Entamez votre journée avec de la clarté et de la compassion pour votre humanité.*

1er OCTOBRE

La mouche à la fenêtre

Avoir la foi, c'est se laisser émouvoir.

– Paul Tillich

Cela ne peut être évité. On se pose différentes questions à divers moments de notre vie mais on revient toujours à LA même grande question : Comment vivre pleinement ? Comment s'y prendre pour que l'émerveillement du senti dépasse la douleur de la rupture ?

Je ne sais trop, étant moi-même en apprentissage. Chacun de nous est une petite volonté à la recherche du courant universel, afin de le suivre sans périr. Et la foi semble jouer un rôle crucial dans cette quête, ainsi que la capacité à vivre pleinement la compassion, pour savoir, même au cœur de la sombre douleur, que quelque part au loin la joie et l'émerveillement existent, que même lorsque nous tombons, nous faisons partie d'un courant qui dépasse nos propres desseins. C'est difficile à concevoir mais, même imparfaite, la foi, la vie avec compassion, est possible.

En réalité, l'infinie cohérence de la vie suit son cours en une immense résurgence sans fond. Et à l'instar des poissons, nous n'avons d'autre choix que de trouver le courant et d'y plonger. Cette source, c'est Dieu ou le Tao du grand sage chinois Lao-tseu. La force qui nous élève quand nos petites volontés fusionnent avec cette source d'existence, c'est la lumière sacrée que nous appelons la grâce.

Une fois dans la source, toute prévoyance, défense ou individualité calculatrice cesse. La peur laisse place à la confiance et le contrôle, à l'abandon. L'espace d'un moment, le poisson et le ruisseau ne font qu'un. Cet instant sacré est en fait Dieu. Rien d'autre n'a de raison d'être. Même notre point de vue change : on ne vit plus pour devenir, mais pour vivre. L'intérieur reste visible et ouvert au Tout.

Ainsi, la foi n'est rien d'autre que la volonté et le courage de plonger dans la source et de s'y abandonner. Le mystère, c'est qu'en osant plonger totalement dans l'instant, on communie avec l'immensité de l'univers. Et qu'est-ce que la compassion, sinon le plongeon dans la source d'un autre sans s'y noyer !

Je me souviens d'un été où j'ai aperçu sur le rebord d'une fenêtre une mouche renversée sur le dos qui se débattait furieusement, en vain. Sur le coup, j'ai pensé l'écraser. Mais sa lutte acharnée me rappelant la mienne, je me suis abstenu. La mouche s'épuisait à se démener de la sorte. Sans m'approcher, je me suis mis à souffler dans sa direction. Eh bien, grâce à ce vent léger elle a pu se remettre sur ses pattes, puis elle s'est frotté la tête et s'est envolée. Je suis resté là, à fixer le rebord de la fenêtre, espérant qu'un jour un souffle insondable m'aiderait aussi à me redresser et à m'envoler.

- *Au bord d'un ruisseau, jetez des feuilles une après l'autre dans le courant.*
- *Regardez le courant emporter chacune d'elles. Voyez ces feuilles tournoyer.*
- *Observez la facilité avec laquelle chacune se laisse emporter.*
- *Notez comme les feuilles ne savent où elles vont.*
- *Fermez les yeux, écoutez le ruisseau et voyez votre vie comme une feuille dans la source éternelle de Dieu.*
- *Considérez vos jours comme l'eau qui vous entoure. Savourez-en le cours.*

2 OCTOBRE

Le royaume rouge

Je n'ai jamais ressenti de douleur
qui ne soit porteuse d'un bienfait.

– Gene Knudson Hoffman

Entre les divorces, la perte d'une côte à cause du cancer et ma mise à pied après dix-huit ans d'enseignement, un cadeau m'attendait, une fois la peur et la douleur apaisées.

En fait, le bienfait ne réside pas dans la maladie ni l'injustice. Même si le cancer a changé ma vie à tout jamais et que j'en suis reconnaissant, je ne le souhaite à personne.

Cependant, comme la peine est absorbée par le silence, comme le jour se lève quand la nuit semble interminable, comme le ciel contient tout ce qui vole et qui tombe, quelque chose d'indestructible vit en chacun de nous, même si la douleur du changement et de la transformation peut sembler insupportable.

Enfant, après m'être coupé avec un Exacto (j'en porte encore la cicatrice) et avoir pleuré de rage, j'ai été émerveillé de découvrir le royaume rouge qui se cachait en moi.

- *Centrez-vous et rappelez-vous un moment où vous avec guéri d'une blessure émotionnelle ou physique.*
- *Tout en respirant profondément, demandez-vous si, une fois la douleur dissipée, vous avez été en mesure de voir le monde d'un œil nouveau.*
- *Lorsque ce sera possible, décrivez cette blessure à un être aimé en lui expliquant ce qu'elle vous a apporté et à quoi elle vous a ouvert.*

3 OCTOBRE

Étranger aux émotions

On est si peu habitué aux émotions
qu'on prend la profondeur de sentiment
pour de la tristesse, l'inconnu pour de la peur,
et la paix pour de l'ennui.

Nous sommes si conditionnés à fuir la profondeur que tout ce qui n'est pas en surface nous effraie. Or, le besoin de regarder sous la surface nous hante, ce qui explique en partie la violence dont les films sont truffés. Le besoin d'introspection réprimé revient alors en force sous forme d'histoires de corps déchirés, de chasses à l'homme finissant en bains de sang. Et nous payons pour nous asseoir dans le noir ; incapables de regarder en nous, nous tournons notre regard vers le spectacle de gens comme nous, physiquement et psychologiquement éventrés.

Nous le faisons aussi sur le plan personnel. Dans la trentaine, j'étais réticent à chercher en moi la cause profonde de mon manque d'estime personnelle, mais je pouvais creuser la terre de mon jardin avec un acharnement insoupçonné pour trouver une racine dont je ne connaissais pas le nom. Depuis, je me suis surpris à gratter mes peaux mortes et mes bobos jusqu'au sang et j'ai réalisé que ces manies étaient en fait les manifestations d'un profond besoin d'introspection totalement réprimé.

Ma propre lutte pour ouvrir mon cœur fut très longue. Je me suis marié deux fois, j'ai survécu à un cancer et à une mère insensible, j'ai passé vingt-cinq ans à m'accrocher à mes amis comme à une bouée de sauvetage, pour finalement tout perdre. Aujourd'hui, la solitude éclaire des recoins de moi-même que je ne connais pas. Même si, après tous ces efforts, j'ai peur de me retrouver vide, je suis persuadé qu'entrer en moi-même pour ramener ce que j'y découvre fait toute la différence.

Ce qu'on trouve à l'intérieur de soi est à la fois sacré et angoissant. C'est un peu comme aller à tâtons dans un nid d'oisillons où tout est douceur extrême et sacrilège, où les mains d'hommes n'ont pas droit d'accès. Je vous invite tout de même à y aller, à laisser les autres vous toucher honnêtement. Vous pourrez ainsi dire : « Voici qui je suis quand personne ne regarde. » Car nous sommes tous des oisillons qui, une fois nourris, apprennent à voler.

- *Assis dans le calme devant un miroir, fermez les yeux et méditez sur une partie peu confiante de vous-même.*
- *Respirez profondément et essayez de ramener la source de cette insécurité jusqu'à votre conscience.*
- *Maintenant, ouvrez les yeux et regardez-vous dans le miroir. Examinez votre visage avec douceur. Observez votre insécurité et la conscience qui la renferme...*
- *Acceptez qui vous êtes.*

L'universalité de notre nature

Nul n'existe par sa propre nature,
indépendamment du reste de la vie.
Chacun porte en son essence la totalité de l'Univers.
Tous les êtres ont donc l'univers en commun.
Et cette universalité devient consciente
avec l'illumination, alors que l'être s'éveille
à sa véritable nature universelle.

– LAMA GOVINDA

Imaginez que l'univers entier est le fondement de notre être. Ce que la baleine voit en jaillissant à la surface dépasse notre champ de vision et ce que l'aigle sent lui frôler l'aile dépasse notre entendement humain. Ce que la feuille à la cime de l'arbre connaît de la lumière en se déployant pour la première fois supplante nos tentatives d'aimer. L'essence de tout être, puissante mais latente, est scellée dans l'énergie du cœur. Ainsi que Lama Govinda l'exprime de manière si touchante, l'illumination est une expérience où tous ces liens essentiels deviennent non seulement conscients, mais aussi palpables. Un contact si intime, d'essence à essence, ranime en nous l'unité originelle à laquelle nous appartenons.

Imaginez qu'au-delà de la méfiance coule une source permanente d'unité et que la seule façon d'y plonger consiste à vous départir de la méfiance et des mauvais souvenirs. Imaginez qu'en entrant nu dans cette source, vous touchiez toutes les mains qui ont jamais été tendues.

J'avoue avoir connu des moments au-delà de l'espace-temps, des moments où la lumière était plus que lumière et pourtant seulement lumière, des moments où le vent léger soufflant sur les feuilles jaunes tombant dans l'étang était à la fois d'aujourd'hui et d'un autre siècle. Je vis habituellement ces moments seul. C'est ainsi que je m'élève vers Dieu.

Mais j'ai aussi vécu ces moments de silence avec d'autres, en osant aimer, sans rien retenir. Dans ces moments de communion universelle avec la vie et avec l'autre, on se voit à la fois en dedans et en dehors, et tout devient lumineux. On prend conscience que c'est ici que se rencontrent les vrais amants, qu'ils émergent de leur vie pour atteindre un moment auquel eux seuls peuvent accéder. Ensemble, ils sont seuls et accèdent, au contact de la peau, à ce Dieu intérieur qui vit pour être touché.

L'illumination, c'est vivre et ressentir la communion avec tout être vivant plutôt qu'accumuler de la sagesse.

- *Respirez et méditez tout simplement, bras et mains ouverts.*
- *En inspirant au maximum de votre capacité, imaginez que vous êtes en communion avec tout.*
- *En expirant, imaginez que l'univers entier vous ramène au quotidien.*
- *Permettez-vous d'étreindre l'univers et d'être étreint par lui.*

5 OCTOBRE

L'éveil à fleur d'os

J'ai trouvé dans le brûlement de mes poumons
la vie que je cherchais partout.

Je me suis ouvert et refermé pendant près d'un demi-siècle, fuyant et m'arrêtant, partant en quête et m'arrêtant, grimpant et m'arrêtant, m'élevant et m'arrêtant. Je pose des questions sans réponses et je vis comme une réponse tout ce qui n'est jamais demandé. À l'exemple d'une fourmi construisant des fourmilières temporaires, je déplace ce que je devrais laisser tranquille, laissant échapper ce qui ne peut être transporté. Dans cet espace surpeuplé entre le voile du monde et celui de mon âme, les expériences se bousculent.

À ce jour, ne serait-ce qu'en me réveillant, des vagues de sentiments déferlent en moi, à fleur d'os, en une pulsion continuelle si profonde qu'elle fait mal. C'est la douleur de vivre. J'ai longtemps cru que c'était de la tristesse, mais c'est bien plus profond que de ne pas avoir ou de perdre ce dont j'ai besoin. Cet éveil à fleur d'os est la pulsion d'où naissent la joie et la tristesse, où la douleur et l'émerveillement se côtoient. Aujourd'hui, par ces journées entêtées d'automne qui résistent au froid, où le jour est encore empreint d'impatience, je me lève avant le soleil avec cette douleur, comme la Terre dont l'écorce grince contre le magma que nul ne peut voir. C'est la légère brûlure d'exister.

- *Levez-vous le plus tôt possible et méditez sur l'humeur qui vous habite.*
- *Respirez profondément et méditez sur le sentiment caché derrière cette humeur.*
- *Respirez normalement et méditez sur la pulsion présente derrière ce sentiment.*
- *Méditez, si vous le pouvez, sur la vie qui bat dans votre être.*

6 OCTOBRE

Deux façons de sentir le vent

Il y a deux façons de sentir le vent :
en s'immobilisant ou en continuant de bouger.

Tout être incarne le faire et l'être. Le vent généré par notre course renvoie à l'énergie du devenir ; celui qui est généré par notre silence renvoie à l'énergie de l'être.

Nous, les humains, avons besoin d'innombrables moments de silence et d'action. Notre confusion actuelle découle en grande partie de notre habitude à satisfaire le plus aisé de ces deux besoins, au détriment de l'autre.

Ceux parmi nous qui éprouvent de la difficulté à rester tranquilles trouvent rarement leur vent d'origine ; ceux qui éprouvent de la difficulté à vivre dans le monde se réfugient dans une immobilité ouverte, mais souvent dénuée de vitalité.

Or, la nuance entre les deux est subtile. Mon filleul Eli a saisi à l'âge de six ans l'essence de l'être et du devenir lors d'une promenade automnale. Avec son père, il se tenait debout dans un champ entouré d'érables et de saules quand le vent s'est levé. Il était tellement excité qu'il s'est mis à tournoyer, pirouetter et courir, les bras tendus entre les arbres lumineux. Puis, essoufflé et étourdi, il a tiré son père par la manche en lui disant : « Papa ! Papa ! Quand tu cours trop vite, tu sais même plus ce qui est réel ! »

C'est incroyable à quel point les enfants ont de l'intuition. Et beaucoup d'innocence. Une grande sagesse les habite souvent, dont ils ont rarement conscience. Ironiquement, nous passons notre vie à essayer de retrouver cet état de grâce où l'être et le faire ne font qu'un.

- *Qu'est-ce qui est le plus facile pour vous, être ou faire ? Pourquoi est-ce ainsi ?*
- *Qu'aimeriez-vous changer à votre énergie de faire ?*
- *Qu'aimeriez-vous changer à votre énergie d'être ?*
- *Dès que vous en aurez l'occasion, allez au milieu d'un champ, mettez tout votre cœur à tourner sur place, les bras ouverts.*
- *À quoi d'autre cette sensation de tourner ressemble-t-elle ? Dans quelle circonstance ressentez-vous l'être et le faire en même temps ?*
- *Engagez-vous ainsi de tout votre cœur au moins deux fois au cours des deux prochaines semaines.*

7 OCTOBRE

Jusqu'au moment où on le vit

Nous naissons avec toutes ces parties,
mais sans instructions pour faire en sorte qu'elles
fonctionnent ensemble.

Il est très tentant de chercher les réponses avant d'entreprendre l'aventure. Nous aimons savoir où nous allons. Nous aimons les cartes géographiques et les guides. Cependant, nous sommes plutôt nous-mêmes des casse-tête qui respirent, faits de pièces détachées vivantes. Chaque jour, nous comprenons l'utilité d'une ou deux pièces, leur place ou leur fonction. À la longue, nous nous forgeons une image pour comprendre notre place dans le monde.

Malheureusement, nous perdons un temps fou à chercher quelqu'un qui pourra nous dire comment sera la vie une fois vécue. Nous perdons notre force vitale à demander aux autres de tracer notre chemin. Enfin, après toutes ces distractions, nous devons quand même nous aventurer pour voir ce qui arrivera.

Les instructions appartiennent au vivre. Je dois avouer que chaque fois que j'ai cru aimer ou non quelque chose, ce n'était ni mon choix ni le vôtre. Comme la Terre, née dans un fracas semblable à une assiette qui se brise, l'éternité rejoue lentement ce scénario à l'envers : nous – et ce qui nous attire – ne sommes que des parties de Dieu qui se recollent ensemble.

- *Centrez-vous et songez à la nouveauté de cette journée.*
- *À chaque respiration, abandonnez vos idées préconçues sur quoi faire et où aller.*
- *Respirez simplement en sachant que tout est possible et que tout, y compris cette journée, est inconnu avant d'être vécu.*

8 OCTOBRE

Casser la jarre

Un homme éleva un bébé cygne dans une jarre de verre.
En grandissant, l'oiseau en devint prisonnier.
La seule façon de libérer le cygne
était de casser la jarre, le tuant du même coup.
Un grand dilemme !

– PROVERBE ZEN

Cette parabole exprime avec clarté les contraintes qu'on impose à ceux qu'on aime, sans imaginer qu'ils grandiront un jour. Les murs qu'on érige par peur, arrogance ou protection peuvent étouffer l'objet même de notre amour.

Nos façons de nous enfermer nous-mêmes sont encore plus subtiles et dévastatrices. Si l'homme qui élevait l'oisillon représente notre esprit, le cygne représente notre cœur. Trop souvent, pour éviter la douleur, nous enfermons notre cœur, encore tendre et jeune, dans une jarre de méfiance, oubliant dès lors que le cœur, comme le cygne, continue de grandir. Trop souvent, notre instinct de survie délimite notre manière d'être.

Avec le temps, le cœur s'emmure. Même le plus modeste et prudent des êtres humains peut devoir briser son cœur, sa façon de sentir la vie, pour se libérer de sa propre résignation.

Nous sommes nombreux à vivre dans la dureté, s'il est possible d'appeler « vivre » une telle résignation. Dans cet esprit, Rachel Naomi Remen soulève une interrogation : « Peut-on vivre sur la défensive à un point tel qu'on s'empêche de vivre ? » Au fond, sa question et la petite histoire zen soulignent la différence entre survivre et s'épanouir, exister et vivre, se résigner et être joyeux.

Notre méfiance emmure notre innocence dans la résignation, tout comme l'air ternit l'argent. Seul le courage d'être, dans le calme et au quotidien, peut permettre à l'air d'adoucir notre cœur.

- *Pensez à la dernière fois que vous vous êtes senti vulnérable ou blessé sans le montrer.*
- *Que s'est-il passé en vous qui vous a poussé à cacher votre douleur ?*
- *Revoyez encore ce moment de vulnérabilité dans la sécurité de votre solitude.*
- *Lâchez prise et laissez-vous pénétrer du sentiment d'origine.*
- *Accueillez-vous comme vous auriez aimé l'être par les autres.*

9 OCTOBRE

Brûler notre chemin vers la sortie

L'âme flotte comme un soleil intérieur
rayonnant jusqu'à l'extérieur
sans jamais quitter le centre.
On appelle ce rayonnement, passion.

D'où la passion nous vient-elle ? Elle ne nous est pas enseignée et ne fait que nous traverser. Ou non. Quand on y résiste, le cœur est quotidiennement rongé. Quand on l'entretient, elle gonfle et jaillit, nous noyant presque au passage. Or, l'équilibre entre y résister et s'y noyer, cette humilité à laisser nos lèvres ouvertes à la source de lumière intérieure pour laisser passer l'intensité de tous les sentiments, c'est le rythme de la grâce, la source de toute chanson.

Malgré la gravité, et en contrepoids à la lourdeur du monde, une chaleur radieuse pouvant être bloquée mais non contenue, fuse de tous les êtres sous forme d'amour, de pensée, d'aspiration et de paix. Quand on laisse cette intensité passer, on ouvre le cœur universel présent au-delà des aspirations humaines et le feu intérieur peut alors jaillir.

Ce jaillissement est ma raison d'être. C'est ce qui me garde en vie. Si j'étais danseur, je graverais ce jaillissement infini dans le ciel, l'offrant au monde. À l'instar de la baleine, le cœur n'a d'autre choix que d'émerger, sinon il meurt. Une fois à la surface, il nous faut replonger, sinon nous mourons. Et plus qu'un livre, un bouquet de fleurs ou un cadeau prouvant que je te connais, ce que je peux t'offrir de plus précieux est d'émerger sous tes yeux, dans toute la lumière de mon esprit. Je cherche les amitiés les plus pures et sonde les profondeurs pour voir les esprits émerger, trempés d'âme.

- *Assis en silence et tout en respirant, sentez la lumière intense vibrer en vous-même.*
- *Respirez normalement et laissez cette passion monter en vous sans but ni intention.*
- *Respirez lentement, et tout en sentant monter cette chaleur, observez les choses simples autour de vous.*

10 OCTOBRE

Le talent

C'est le monde qui est illuminé
et nous qui sommes intermittents.

Comme des radios, nous cherchons à capter, entre les parasites, des ondes qui sont toujours présentes. En tant qu'humains, nous sommes incapables de maintenir la clarté nécessaire nous permettant d'appréhender la magie présente dans tout. Dès lors, nous alternons entre l'extraordinaire et l'ordinaire, jour après jour, et blâmons le reste du monde.

Mais ces dons sont toujours là, même si nous nous sentons doués par intermittence seulement. Si l'illumination puise sa source dans la lumière de l'être, le talent n'est autre que la lumière du faire, un moment de communion où l'esprit et la main ne font qu'un. Le plus grand obstacle au talent est un manque d'être. Non pas que le talent manque, mais le manque de clarté intérieure nous voile sa nature et son fonctionnement.

Le talent, c'est l'énergie qui attend de s'investir honnêtement dans la vie. On vérifie constamment si le courant passe, alors que l'interrupteur – la témérité, la curiosité, la passion ou l'amour – est fermé.

Le bonheur serait-il la simple satisfaction de sentir l'être et le faire en total accord, même brièvement ? Dans ces moments, notre raison d'être c'est la vie, et notre talent consiste à la vivre au présent, que ce soit en faisant la vaisselle, en ramassant les feuilles mortes ou en lavant les cheveux du bébé.

Quand je ne trouve plus ma raison d'être, je vais m'asseoir au soleil dans un champ et je regarde les fourmis en espérant retrouver la clarté. Quand j'ai l'impression de n'avoir aucun don, je vais dans ma lumière intérieure et découvre quelque chose de totalement inattendu, je mise sur ce qui m'interpelle, même vaguement.

- *Centrez-vous et souvenez-vous de la dernière fois que vous avez senti votre être et votre faire en parfait accord. C'était peut-être en pelletant, en jardinant ou en écoutant de la musique.*
- *Respirez lentement et voyez cette capacité à vivre cette communion, même brièvement, comme l'un de vos talents.*
- *Pendant la journée, essayez d'utiliser ce talent au moins une fois.*

La mise à pied

Notre vécu retentira
jusqu'au plus profond de notre être,
pour qu'enfin nous sentions
le ravissement d'être en vie.

– JOSEPH CAMPBELL

Voici ce qu'un ami m'a récemment confié : « Tous ceux que je connais travaillent comme des fous parce qu'ils ont peur de perdre leur emploi, d'être mis à pied. » J'avoue qu'il m'arrive aussi d'avoir cette crainte. Or, si ces épreuves sont difficiles, surtout pour ceux qui ont des personnes à charge, j'ai aussi entendu parler de gens dont la vie a pris tout son sens quand ils ont laissé une carrière dans laquelle ils s'étaient investis.

Ceci n'est pas nouveau. Même le mythique Ulysse, après avoir navigué toute sa vie et retrouvé le chemin du bercail, après dix années de guerre et dix autres d'errance, a été remercié de ses services et contraint de « prendre sa retraite ».

Ulysse s'apprêtait à retourner en mer quand un devin lui apparut en songe et lui dit : « Prends ton aviron préféré, va sur la terre ferme et marche jusqu'où personne ne connaît ton nom. Puis, continue jusqu'où personne ne connaît ni avirons ni océans. Là, enfonce ton aviron dans le sol et plante un jardin. »

La vie peut rendre désuètes les choses sur lesquelles nous comptons et notre image personnelle, mais notre esprit attend patiemment. Peu importe le décor, quelque chose en chacun de nous attend que soit levé le voile pour chanter librement.

- *Pensez à un changement de vocation auquel vous faites face.*
- *Songez comment votre travail vous a aidé à vous définir.*
- *Fermez les yeux. Voyez votre travail comme un verre et vous, comme l'eau.*
- *Méditez sur les autres types de travail dans lesquels vous pourriez vous plonger.*

On tend à s'accrocher

J'envie l'arbre qui s'élance vers le ciel
sans jamais s'agripper.

Les choses importantes vont et viennent. Mais quand on est touché et que la vie avance, on a tendance à s'accrocher pour que rien ne change. Bien sûr, c'est inutile et la vie continue. On s'entête à suivre ce qu'on pense perdre, à manipuler et à contrôler le cours de notre existence, ce qui s'avère aussi inutile.

On en vient à comparer ce qu'on avait avec ce qu'il nous reste, vivant la différence comme une perte. Mais s'accrocher et retenir ne fait qu'empirer la situation. La vie nous amène de nouvelles choses, mais certains d'entre nous en anticipent la perte, les laissant alors passer sans même les ressentir.

J'ai agi ainsi, mais quand je me sens assez libre et ouvert, je me laisse pénétrer et toucher. Je me laisse traverser par les choses sans les brusquer ni les forcer. Cela n'élimine pas la perte, mais quand j'ai assez confiance pour me laisser pénétrer par tout cela, je deviens telle une harpe en plein vent.

- *Assis en silence, songez à un sentiment auquel vous vous êtes accroché.*
- *Respirez normalement et songez à un sentiment que vous avez bloqué.*
- *Respirez lentement en songeant à un sentiment que vous ressentez profondément en ce moment. Laissez-le vous pénétrer, sans interférer.*

La sagesse du cœur déchiré

Le drapeau est sans charpente
et prend la forme du vent qui le fouette.
C'est ainsi que j'aime.

Le drapeau met au défi notre confiance en la vie ; il ne faut pas offrir de résistance au vent spirituel qui souffle. La vie nous envoie son énergie vitale par rafales d'expériences, et pour découvrir notre véritable nature, il nous faut abandonner toute résistance et comprendre que notre raison d'être, avec toute la souffrance, est aussi simple et belle que celle du drapeau.

Le grand poète Rilke disait : « Je voudrais me déployer, ne rester plié nulle part, car là où je suis plié, je ne suis que mensonge. » Ici encore, il faut s'ouvrir au grand air, nous déployer au-delà de nos peurs, jusqu'à ce que l'existence, dans toute son immensité et son éternité, nous pousse à vivre totalement.

Évidemment, c'est facile à dire. Les mauvaises expériences et l'éducation peuvent nous rendre méfiants devant ce qui est soudain ou puissant. Pourtant, même quand on perd l'équilibre et qu'on tombe, on apprend vite que le bras qui raidit et résiste est celui qui casse. La résistance empire souvent les choses. Comme le disait le sage chinois Lao-tseu il y a 2 500 ans : « Le dur et le raide briseront. Le doux et le souple l'emporteront. Le raide et l'inflexible sont les disciples de la mort. Le doux et le complaisant sont les disciples de la vie. »

Pour vivre parmi les vivants, il faut donc souvent avoir le courage de ne pas résister. Il ne s'agit pas de tendre l'autre joue ni d'être soumis aux forces qui dominent notre vie, mais bien plutôt d'accueillir le monde avec ses souffrances, les pieds écartés et les bras ouverts, sans tout accepter ni tout rejeter, mais en choisissant ce qui est nourrissant et en laissant passer le reste.

Ainsi, le cœur devient un drapeau déchiré sans patrie. Avec le temps, on ressent de la gratitude envers les petites déchirures résultant du fait que l'on a vécu dans l'ouverture, car ce sont ces déchirures qui laissent également passer les coups lorsqu'ils sont trop lourds à porter.

C'est peut-être ça, la sagesse : l'humilité gagnée par la souffrance, qui n'essaie pas de s'attacher à tout prix. C'est peut-être la sagesse du cœur déchiré qui nous tient en vie.

- *Centrez-vous et laissez votre respiration devenir le vent d'émotions qui déploie votre cœur.*
- *Laissez-vous simplement ressentir une douleur et une joie récentes. Laissez-les passer en vous comme le vent à travers le drapeau. L'une après l'autre, sans arrêt.*
- *À chaque respiration, exercez-vous à ne pas résister en prenant conscience de chaque sentiment et, sans les retenir, laissez-les vous traverser.*

14 OCTOBRE

Au rythme de la création

Le premier souffle
donne toujours la vie.

La centration dépend directement du rythme auquel on pense, on sent et on perçoit le monde. Les traditions de sagesse comptent toutes des formes de méditation ou de prière pour nous faire ralentir et nous ramener à ce centre qui respire au rythme de la création. À sa façon, chaque pratique spirituelle nous aide à retrouver le centre en nous plongeant toujours dans la source invisible où la vie se renouvelle constamment.

Au rythme de la création, toutes les choses respirent d'un même souffle. Ainsi, en ralentissant, en s'ouvrant et en se centrant, on respire à l'unisson avec toute la vie, on tire sa force à même la vie. En ralentissant et en respirant, on se déploie comme un arbre. Et tous les ciels parsemés de nuages flottent à l'unisson, emportant les rêves des humains. En ralentissant au rythme de la création, la vérité, telle une volée d'oiseaux, sortira des montagnes sous nos pieds. Au rythme de la création, le commencement, qui nous pénètre, nous renouvellera.

Quand on a le courage d'ouvrir son âme, le rythme des pensées ralentit et se syntonise sur les sentiments du cœur. Ensemble, ils mettent en branle le rythme des yeux pour que l'on puisse enfin contempler le miracle de l'ordinaire.

- *Fermez les yeux et ralentissez votre respiration jusqu'à ce que vous vous sentiez centré.*
- *Puis ouvrez les yeux et respirez à l'unisson avec la vie autour de vous.*
- *À mesure que votre rythme s'accélère au fil de la journée, ralentissez votre respiration au rythme de quelque chose de petit autour de vous.*

15 OCTOBRE

S'affirmer

La sagesse me dit que je ne suis rien.
L'amour me dit que je suis tout.
Et ma vie suit son cours entre les deux.

– NISARGADATTA MAHARAJ

Miriam Elkes, cette vénérable aînée du ghetto de Kovno en Lituanie, survivante de l'Holocauste et veuve du Dr Elkhanan Elkes, parla un jour à son fils de deux choses qui l'avaient aidée à survivre : un morceau de pain qu'elle gardait toujours sur elle et un peigne cassé. Elle conservait le pain au cas où quelqu'un en aurait plus besoin qu'elle et peignait ses cheveux une fois par jour, beau temps, mauvais temps, en guise d'affirmation.

Ces choses que Miriam Elkes conservait sur elle et la façon dont elle s'en servait illustrent bien comment l'esprit peut faire d'objets ordinaires des symboles vivants nous aidant à survivre.

Ce qu'elle gardait et la raison pour laquelle elle le faisait constituent pour moi une preuve de la sagesse de l'amour. Aussi, je me demande ce que chacun garde sur soi pour donner à ceux qui en ont plus besoin, et quels gestes chacun pose constamment en vue de s'affirmer ?

Le simple fait de se poser ces questions nous sustente, car en gardant sur nous le plus petit bout de pain ou la plus petite parcelle de vérité, à offrir au besoin, deux choses essentielles nous restent à l'esprit : nous ne vivons jamais seuls et, peu importe les épreuves, nous avons toujours quelque chose à offrir aux autres. Même dans l'épreuve, nous valons quelque chose.

Nous vivons tous quelque part entre le « tout-être » et le « rien-être », et si, chemin faisant, nous posons le moindre petit geste affirmant notre propre valeur, nous accomplissons l'œuvre de Dieu. Ce n'est qu'en s'affirmant qu'on permet à l'esprit de l'humanité de prendre son essor et de s'affranchir.

- *Centrez-vous et respirez jusqu'au silence de l'esprit, qui veille malgré les épreuves que vous traversez.*
- *Tout en respirant lentement, laissez votre cœur vous parler des petites choses que vous avez à offrir à ceux qui en ont plus besoin que vous.*
- *Tout en respirant librement, laissez votre esprit insuffler à votre corps un geste qui permettra de vous affirmer.*
- *En inspirant, affirmez-vous, et, en expirant, donnez au monde ce que vous avez à offrir.*

16 OCTOBRE

Le cœur et la voie

Considérez chaque voie attentivement et délibérément.
Adoptez-la aussi souvent que nécessaire
et demandez-vous si cette voie a un cœur.
Dans l'affirmative, elle est valable. Sinon, elle ne vaut rien.

– CARLOS CASTANEDA

Six millions de grains de pollen sont nécessaires pour fertiliser une seule pivoine. Il faut toute une vie au saumon pour frayer. Il est donc inutile de s'inquiéter et de se décourager si l'on met des années à trouver l'amour ou sa véritable voie.

Toute chose dans la nature est dotée d'une résilience lui permettant de s'exercer à découvrir cette voie. Ainsi, lorsqu'elle la trouve, elle est prête à la vivre. C'est également le cas pour nous.

Quand ça va mal, quand notre vie amoureuse ou professionnelle bat de l'aile, on s'empêche de trouver notre résilience en refusant de voir la vie dans son ensemble. Alors, la tristesse cède le pas au découragement, et la douleur, au désespoir.

Au même titre que les innombrables grains de pollen créent une seule fleur et que les innombrables œufs donnent vie à un seul poisson, chaque personne aimée et chaque rêve bâti nous rapproche du mystère de la vie. Il faut sans cesse se reprendre de nouveau, jusqu'à ce que nos amours deviennent l'amour, jusqu'à ce que la voie et le cœur ne fassent qu'un.

- *Assis en silence, pensez aux amours et aux rêves qui vous ont déçu.*
- *Respirez doucement en tentant de ne pas sombrer complètement dans la tristesse.*
- *En respirant profondément, essayez de les voir comme les perles multicolores du collier de votre vie et non comme des échecs.*
- *Respirez librement et laissez chaque perle vous mener à la suivante.*

17 OCTOBRE

Réflexes ou réactions

Je n'ai pas survécu pour rester insensible !

Nos scénarios émotifs sont très puissants. Nous les créons parce qu'ils nous aident à survivre. Mais ce qui nous a sauvé un jour finit éventuellement par nous empêcher de vivre réellement. Quand on se protège de la douleur en s'effaçant, on peut finir par disparaître. Si on a déjà sauvé une relation par l'écoute, on peut aussi finir par se noyer dans le silence de nos pleurs refoulés. Si on a évité les conflits pour ne pas attirer l'attention, on peut finir par avoir soif de vrais contacts.

Très jeune, j'ai appris à me protéger. C'est pourquoi j'attrapais tout au vol. Peu importe ce qu'on m'envoyait, je l'interceptais. Si cette aptitude m'a protégé des humeurs imprévisibles de ma famille et m'a même aidé dans ma lutte contre le cancer, elle est devenue un réflexe inconscient. J'interceptais tout – oiseaux, femmes, amis et vérité – au point de ne plus rien laisser passer. Ce qui m'avait jusque-là aidé à survivre m'empêchait dorénavant de me laisser toucher. La douceur et les merveilles du monde étaient en train de disparaître de ma vie.

Si j'avais survécu, ce n'était pas pour m'isoler de tout. J'ai donc amorcé le long et douloureux processus de me défaire de cette habitude afin de choisir quand et comment je me protégerais. J'ai ainsi compris qu'en m'ouvrant à la vie, j'allais au-delà de la simple survie.

Par ce processus j'ai pris conscience du mince souffle présent en chacun de nous. Derrière ce souffle, il y a les pulsions du cœur, nos réactions authentiques aux choses de la vie. Au-dessus du lui, il y a les comportements et les habitudes inconscientes qui garantissent notre survie.

Pour retrouver l'authenticité et la liberté, il faut parvenir à respirer en deçà des comportements émotifs. Pour y arriver, il faut résister au réflexe de vouloir tout intercepter, tout arranger, et laisser la réaction authentique provenir de l'être, du centre.

Un grande différence existe entre l'aide que l'on offre pour se faire aimer ou être bien vu et l'aide qui émane d'une pulsion de générosité.

Chacun de nous vit un combat où s'affrontent sans arrêt ses anciennes blessures et l'ouverture innocente aux déroulements inattendus de la vie.

- *Assis dans le calme, prenez le temps de trouver le chemin qui mène à ce souffle mince entourant votre cœur.*
- *Prenez conscience de la pression qu'un être cher met actuellement sur vous.*
- *Tout en inspirant et en expirant à même ce souffle mince, essayez différentes réactions.*
- *Quelle réaction vous a aidé à survivre par le passé ?*
- *Laquelle vous donnera la possibilité de vivre plus pleinement maintenant ?*
- *Parmi toutes ces réactions, laquelle est la plus vivante ?*

Le nectar de mes échecs

La nuit dernière, en dormant, j'ai rêvé – erreur magnifique ! – que j'avais une ruche d'abeilles là, dans mon cœur, et que ces abeilles dorées fabriquaient des rayons blancs et un nectar sucré avec mes échecs passés.

– ANTONIO MACHADO

Cela peut sembler impossible, mais les humbles l'ont affirmé : la joie de vivre vient quand notre humanité, celle qu'on voudrait cacher – les regrets, les tares, la honte – se transforme en nectar, sous l'effet du temps et de la nature. En fin de compte, c'est dans nos imperfections et nos failles que réside l'essence de la transformation.

Comme pour bien des gens, tout ce que j'ai voulu devenir s'est éventuellement éteint dans les cendres, d'où surgissait le rêve suivant. Et les méchancetés que j'ai tues ont éventuellement adouci mes paroles pour devenir une bienveillance que je n'aurais jamais imaginée. Et chaque fois que je n'ai pas su être ce que les autres auraient voulu ou espéré, chaque fois que je n'ai pas su être ce que j'aurais voulu ou espéré, chaque fois que j'ai vécu l'échec amoureux, tout s'est transformé en apprentissage inattendu. Les souffrances d'un amour sont devenues le nectar de l'amour suivant.

On dit que les flèches de Cupidon n'atteignant pas le cœur ciblé n'étaient que des flèches ordinaires qui blessaient les innocents. Tout comme Cupidon, quand nous ratons la cible, nos flèches blessent ceux qui nous entourent avant de les atteindre en plein cœur. Nous souffrons alors autant que ceux que nous blessons.

Sans minimiser la souffrance, je me réconforte à l'idée que nos échecs – ces cafouillages inattendus – sont la substance même de notre affabilité.

Sachez-le, quand tout semble s'écrouler, vous préparez le terrain de la maturité qui, bien qu'invisible, vous délectera éventuellement.

- *Assis en silence avec un ami de confiance, méditez sur une relation qui vous semble un échec.*
- *Après un moment de silence, discutez de la façon dont vous croyez avoir échoué.*

- *Comment portez-vous cet échec, comment affecte-t-il vos relations actuelles ?*
- *Si possible, identifiez une façon dont cet échec a adouci votre cœur et vous a fait grandir.*
- *Bien que la relation n'ait pas duré, observez le sentiment de douceur qui en découle.*

19 OCTOBRE

L'appel

Chaque année, sur la planète,
les caribous effectuent la même migration
autour du cercle polaire. Un sens inné
leur dicte ce trajet. Chaque année,
des meutes de coyotes attendent leur passage
pour se nourrir. Et chaque année, malgré le danger,
les caribous répondent au même appel.

La nature illustre souvent avec clarté les choses pourtant difficiles à saisir. Maintes fois, la confusion n'est en fait que le refus bien humain de voir les choses telles qu'elles sont. Quelles leçons tirer du tremblement de la terre polaire sous les sabots des caribous ? Ils sont la preuve vivante que, en chacun de nous, les pulsions intérieures l'emportent sur la peur des conséquences. Le caribou le comprend clairement.

Pour l'esprit vivant en l'homme, ne pas toujours sentir l'appel est à la fois un bienfait et une malédiction. Le découvrir fait partie du parcours. Quelle est notre véritable vocation, au-delà des ambitions officielles ? L'histoire du caribou le démontre bien ; malgré les dangers de ce monde, nous n'avons d'autre choix que de vivre avec ce qui nous a été donné, que de découvrir notre voie et la suivre.

Ces élégants animaux sont mus par une force qui dépasse le courage, et même si certains les qualifient de stupides, le mystère de leur migration témoigne de l'urgence silencieuse et irrépressible qu'il y a à vivre avant de se cacher, à être avant d'analyser, à participer avant d'observer, à accomplir avant de chercher à survivre.

Dans certaines régions polaires, les caribous ne sont pas seulement perçus comme des animaux instinctifs. On croit que c'est leur perpétuelle course, sans égard aux obstacles, qui fait tourner la Terre. Et derrière le désespoir et l'hésitation, c'est l'appel infini de l'être en chacun de nous et de nous tous ensemble qui permet au feu de brûler au centre de la Terre.

- *Assis dans le calme, demandez-vous ce qui vous interpelle. Si vous ne sentez aucun appel intérieur, continuez tout de même de lire en vous.*
- *Décrivez ce qui remonte à la surface, sans tirer de conclusions. Si vous sentez l'appel du chant, n'en concluez pas que vous devez être chanteur. Si vous sentez l'appel de la peinture, n'en concluez pas que vous devez être peintre. Si vous sentez l'appel de la terre, n'en concluez pas que vous devez être jardinier.*
- *Restez avec l'essence de ce qui fait surface. Prenez-le comme une énergie présente en vous et non comme un but à atteindre.*

20 OCTOBRE

La voie du milieu

Rester debout face à l'usure
de quelque chose de plus profond
est l'engagement que la vie
nous force à tenir.

J'ai roulé plus de mille kilomètres en longeant la côte californienne, entre les montagnes à ma gauche et l'océan à ma droite. Pendant des jours, ils me laissaient entendre de me tenir debout jusqu'à l'épuisement. Au quatrième jour, la route est devenue un étroit ruban, et c'est alors qu'elle fut le plus magnifique.

J'ai découvert que ce monde était en moi. Aujourd'hui, je comprends que la vie nous force toujours à nous tenir debout : quand nous sommes usés, nous ne sommes pas défaits, mais seulement plus profondément exposés. Et nous sommes censés trouver l'équilibre entre les deux.

Ainsi, la vie devient de plus en plus précieuse. C'est une loi de la nature, comme la gravité ou l'osmose ; il faut se tenir debout jusqu'à l'usure. La vie use tout pour que nous sentions à quel point nous sommes vivants.

- *Assis en silence, remémorez-vous un moment où vous vous êtes tenu debout devant l'adversité.*
- *Tout en respirant profondément, réfléchissez à comment cette expérience vous a usé.*
- *Centrez-vous et nommez, si possible, ce que cette situation a changé en vous.*

21 OCTOBRE

Des amis honnêtes

Si vous dites comprendre déjà,
je me sens un peu pessimiste.
Si vous avouez ne pas comprendre,
je suis déjà plus optimiste.

– THICH NHAT HANH

Ce moine vietnamien, connu pour son intuition, rappelle ici qu'on ne peut être à la hauteur de l'image qu'on a de soi, qu'on ne peut que vivre pleinement nos questionnements.

Étant celui qui détenait toutes les réponses, puis celui qui posait toutes les questions, j'ai appris qu'il est impossible d'établir de lien véritable avec les autres sans avoir d'abord partagé qui l'on est réellement. Ce fut long, mais j'ai enfin compris. Tant que mon « moi » profond ne parlera pas, tant que je mettrai mes souffrances sur le compte du « toi », tant que je refuserai de m'approprier mes propres erreurs et que je projetterai mes malheurs sur les autres, je ne pourrai connaître à la fois la vérité et l'amour.

J'ai un ami du nom d'Alan. Nous nous connaissons depuis vingt-neuf ans et nous avons traversé ensemble dix-huit États et des tempêtes que nous croyions sans issue. Nous nous sommes soutenus dans les divorces, les accidents et les cancers. Nous nous sommes également soutenus quand nos grands-mères sont décédées.

Je l'ai vu sous la pluie, quand les mots ne pouvaient l'atteindre. J'ai même vu la pluie qui était sienne. Et aujourd'hui, après avoir osé ouvrir nos petites fenêtres, après s'être écroulés l'un devant l'autre avec des fragments de ce que nous pensions être la vérité, nous avons le privilège de nous demander chacun, comme si c'était la première fois : « Qui es-tu ? »

Après toutes ces années, je le regarde, sans défense, et lui dis : « Je veux te connaître. Peu importent tes réticences, peu importe ce que je n'ai pas su entendre, asseyons-nous dans la clairière pour nous comprendre comme de vieux oiseaux dont les ailes servent davantage à se blottir qu'à voler. »

Un ami honnête, devant qui on peut encore sentir qu'on vaut quelque chose après avoir vidé son cœur, est une richesse qui n'achète rien, mais donne tout. Mystérieusement, et avec raison, pour avoir un tel ami, il faut d'abord être un tel ami.

- *Cette méditation porte sur le risque. Centrez-vous et respirez librement en pensant à une personne dont vous aimeriez vous rapprocher.*
- *Tout en respirant profondément, rappelez-vous une croyance que vous avez exprimée à cette personne.*
- *Méditez maintenant sur l'expérience personnelle qui vous a mené à cette croyance.*
- *Tout en respirant librement et en sécurité, engagez-vous à partager une partie de cette expérience la prochaine fois que vous serez avec cette personne.*

22 octobre

Rester présent

Comme tout mortel,
je suis incapable d'être patient.

– Pablo Neruda

L'attente est difficile, mais seule la patience mène à l'essence de la plénitude. Il en est ainsi parce que le mystère de la vie dans sa totalité est incompréhensible et que ce qui est compréhensible passe par un langage si lent que l'on prend rarement le temps de l'écouter. Comme l'affirme le grand poète chilien Pablo Neruda, la patience est le cadeau latent derrière l'agitation humaine. Ce n'est qu'à ceux qui fournissent l'effort de rester présents que les forces de la vie révèlent leur unicité.

Récemment, je suis allé à la mer et j'ai passé une bonne partie de la nuit à écouter les vagues. Au matin, j'ai été surpris de voir que la marée avait baissé, révélant une falaise qui était submergée. Je pouvais maintenant marcher dans l'océan, sur ce qui venait d'être révélé. En regardant la marée monter autour de moi, éclaboussant ce qui est habituellement invisible, j'ai réalisé que la douleur était pareille : ce n'est qu'en laissant passer la noirceur que l'on peut observer ce que l'expérience révèle en se retirant. Si on attend assez longtemps, le côté tragique d'une expérience peut révéler une transformation plus globale.

Un jour, je suis arrivé à la clairière d'une forêt dont la densité était déprimante. Cette clairière semblait impénétrable, aussi impénétrable qu'une facette de ma personnalité. J'y suis retourné plusieurs fois. C'est finalement en hiver, une fois les feuilles disparues, qu'elle est apparue comme un somptueux lit de lumière au pied d'une magnifique colline. J'ai pris conscience que l'hiver pouvait être libérateur et que, à ma manière aussi, je suis dense de souvenirs et de raisonnements qui me coupent de la lumière.

Dans l'agitation et l'impatience, on se presse, on se trouble et on s'irrite. On cherche l'amour ou la paix, sans imaginer que là où l'on a regardé sans voir, apparaissent calmement lumière et vérité. La joie met beaucoup de temps à se débarrasser de son écorce humaine.

- *Respirez profondément et concentrez-vous sur la dense forêt de votre cœur.*
- *Avancez vers la clairière de votre conception de vous-même.*
- *Asseyez-vous à l'ombre des nombreux souvenirs et raisonnements qui ont poussé comme des feuilles sur votre cœur.*
- *Sentez comment le souvenir de votre vécu empêche la lumière de passer.*
- *Sans analyser ni tomber dans la nostalgie, sans même penser du tout, respirez profondément et laissez votre souffle emporter une feuille bloquant la lumière de votre cœur.*
- *D'une respiration profonde et centrée, laissez la douce brise de votre souffle commencer à dégager votre cœur.*

La sagesse de la survie

Ma mère m'a raconté comment elle a appris à nager.
On l'a emmenée au lac puis on l'a jetée à l'eau.
Je lui ai dit : « Maman, ils n'essayaient pas de
t'apprendre à nager. »

– PAULA POUNDSTONE

En changeant notre perspective devant les épreuves qu'on traverse, on peut arriver à y survivre plus sainement. Mais cette perspective peut aussi devenir un voile de refus qui nous empêche d'avancer. Souvent, il faut simplement avoir confiance d'être capable de voir la vérité quand on sera prêt.

Pourtant, en refusant de voir les choses telles qu'elles sont, on risque de se convaincre que pour apprendre, on doit être jeté à l'eau ou rejeté par quelqu'un. Si l'on ne parvient pas à distinguer les épreuves qu'on doit traverser des réflexes de survie qu'elles nous incitent à créer, on finit par attendre les crises et la douleur pour apprendre.

S'il faut généralement souffrir pour apprendre, la souffrance n'est pas toujours nécessaire.

- *Assis dans le calme, songez à un changement que vous avez peur d'apporter dans votre vie.*
- *Respirez profondément et demandez-vous si vous attendez que quelqu'un vous jette à l'eau.*
- *Respirez doucement et ne vous préoccupez pas du quoi ni du comment pour tout de suite. Expirez simplement et sentez la sagesse de la survie et le potentiel de croissance présents en vous.*

L'état des choses

Contentez-vous de ce que vous avez
et réjouissez-vous de l'état des choses.
Quand vous réalisez que rien ne manque,
le monde entier vous appartient.

– LAO-TSEU

Aujourd'hui, au-delà du strict nécessaire, on cherche à améliorer notre situation matérielle en accumulant autant que possible, jusqu'à la dépendance. Ce désir d'accumuler provient de la peur du manque, d'une angoisse que l'acte d'acheter semble apaiser.

Cependant, s'améliorer intérieurement est plus difficile. Plus on essaie, plus on cherche ce qui est pourtant là depuis le commencement. Ce désir vient d'une impression d'abondance, d'une aspiration à percer le mystère de ce qui existe déjà.

J'ai saisi la différence entre les deux en luttant contre le cancer. J'ai prié pour que ma situation s'améliore, et mes prières ont été exaucées le jour où je me suis réveillé heureux d'être qui j'étais, nonobstant la situation. Même si les choses n'étaient pas comme je l'aurais voulu, il ne me manquait absolument rien. Pendant que les infirmières effectuaient leur ronde, je n'aurais voulu changer de place avec personne.

- *Centrez-vous et sentez la réalité de votre vie ce matin.*
- *Pour l'instant, laissez votre souffle vous porter au-delà de vos rêves d'une meilleure vie.*
- *En expirant, sentez la douleur entourant tout ce que vous désirez.*
- *En inspirant, sentez le mystère au centre, où vous ne manquez de rien.*

Jusqu'au centre

Personne n'atterrit là où il croyait.
Pas même Dieu.

On est prompt à condamner, à écarter ou à exclure quiconque ne tient pas ses promesses. En réalité, dans la nature, les choses se passent rarement comme il était prévu. Dans les faits, l'énorme différence entre ce que l'on veut faire et ce que l'on fait nous force à toujours recommencer. Le gouffre énorme entre ce que l'on ressent et ce que l'on dit nous force à réessayer constamment. Aussi, le champ énorme entre ce que l'on vit et ce que l'on comprend nous contraint sans cesse à grandir.

Je ne parle pas ici de vivre sciemment le contraire de ce que l'on croit et dit. Ce serait de l'hypocrisie. Non, le plus souvent, c'est que l'on est incapable de viser juste. On vise en toute bonne foi, mais sans atteindre la cible ; on n'arrive pas assez loin ou on aboutit trop loin ou trop à gauche.

Ce conflit provient, j'en suis convaincu, du moment de passage où la vie intérieure devient extérieure. Comme on l'apprend à l'école, dans le principe de réfraction selon lequel un bâton placé dans l'eau ne reste pas en place, ce qui est ressenti, pensé et visé ne prend jamais la forme que l'on croit.

Malgré les frustrations, c'est ce qui rend la vie intéressante et l'amour difficile. On peut tous affirmer que la Terre est plate et le répéter avec toute la certitude du monde, mais la vérité finit toujours par nous ramener à l'humilité.

Quand je repense aux convictions que j'ai affirmées dans ma vie mais qui m'ont été arrachées comme des arbres en pleine tempête, quand je pense aux engagements que j'ai juré de respecter mais que je n'ai pas tenus, comme Judas, quand je pense à l'orgueil qui m'empêchait de fléchir, sauf devant la douleur, mes erreurs me paraissent moins grossières si j'admets la fragilité de la vie humaine, puisque c'est la nature qui s'exprime ainsi.

La vérité nous éclaire, un ego à la fois : on se questionne, on déclare, on vise et on rate. Et on se remet en question. Comme les fruits qui mûrissent dans leur enveloppe, la lumière mûrit dans la noirceur et la vérité, dans le cœur. L'unique moyen de connaître la vérité, c'est de la vivre par couches successives.

- *Centrez-vous et méditez sur l'esprit intérieur qui a survécu à vos différentes manières d'être.*
- *Tout en respirant profondément, pensez à une vérité à laquelle vous croyiez et qui s'est révélée fausse.*
- *Tout en respirant lentement, prenez le temps de rejeter toute honte, humiliation ou tout sentiment d'échec que vous pouvez ressentir en y pensant.*
- *Avec humilité, aimez le fruit que vous êtes, qui a mûri sous ses différentes couches.*

26 OCTOBRE

L'effort d'écouter

Qu'est-ce qui est si important pour
qu'on prenne le temps de lire tous les livres
sur l'amour et les relations,
alors qu'on ne prend pas le temps d'écouter
le cœur d'un amoureux ?

– MOLLY VASS

Nous avons tous fait la pénible expérience d'avoir à étudier une chose au lieu de la vivre ou d'avoir à réparer et à conseiller au lieu d'écouter et de chérir. Mais comme l'affirme le théologien Paul Tillich, « l'amour doit avant tout savoir écouter ».

Quand je repense à ce que j'ai véritablement écouté – le clapotis incessant de la mer, les soupirs de ma grand-mère qui se croyait seule, la douleur que j'ai causée aux autres –, je comprends comment ces vérités toutes simples ont fait de moi un homme meilleur.

Souvent, quand on refuse d'écouter, on s'entête à refaire le monde à son image au lieu de s'ouvrir à ce qui est, directement d'esprit à esprit.

Au plus profond niveau, il ne s'agit pas de se faire entendre mais d'être assez calme pour entendre. Le vieux sage amérindien

Sa'k'ej Henderson disait ceci : « Écouter vraiment, c'est risquer d'être transformé à tout jamais. »

- *Au cours de la journée, prenez cinq minutes pour cesser de faire, de bouger et de penser… et écoutez…*

27 OCTOBRE

Le corps de la Terre

Terre mère, toi qu'on appelle de mille noms.
Que tous se souviennent
qu'ils sont les cellules de ton corps
et qu'ils dansent ensemble !

– STARHAWK

Si vous avez déjà pris l'avion, vous savez que vues du ciel les routes ressemblent à des artères et les voitures, à des cellules. De ce point de vue, il est clair que même si on va tous quelque part, on ne fait que circuler sur les routes. On court, on s'arrête et on repart, sans jamais savoir si la voie qu'on emprunte sera embouteillée ou libre.

De temps à autre, je décide de tourner dans l'avenue Washington. Parfois, la voie est libre et les feux sont verts. D'autres fois, je dois attendre et cela m'irrite. Pressé ou pas, je n'ai aucun contrôle sur la fluidité ou la congestion des événements.

En vérité, à l'instar des minuscules cellules, nous courons sur les chemins, nous amassant en foule ou nous dispersant dans la solitude. Et c'est ce qui garde le corps de la Terre en santé. Comme le sang dans les veines, nous sommes la vie qui circule dans les rues. Même à un feu rouge, nous contribuons à la vie.

- *La prochaine fois que vous vous retrouverez dans une foule, ralentissez et sentez la vie circuler autour de vous.*
- *Pour l'instant, oubliez où vous allez et ne faites que respirer.*
- *Expirez vos inquiétudes et imaginez-vous être une cellule saine dont les simples mouvements nettoient le corps de la Terre.*

Bouddha et Angulimala

J'ai arrêté.
Toi, pas.
– BOUDDHA

Une histoire raconte comment le meurtrier Angulimala, si aliéné de sa propre vie qu'il prenait celle des autres, serait devenu un « Arahant » – un valeureux – en rencontrant Bouddha juste avant sa pendaison. On ne saura jamais ce qui l'a touché ; ce fut peut-être le bon moment, l'idée d'affronter la mort, ou la présence inébranlable d'un authentique esprit. On relate que Bouddha et lui passèrent un long moment face à face et qu'à l'instant où le silence fit lever le voile des yeux d'Angulimala, Bouddha lui dit : « J'ai arrêté. Toi, pas. » Puis un autre silence s'ensuivit, tout aussi révélateur que le premier, qui fit fondre le mur de cruauté emprisonnant le cœur du meurtrier. On raconte aussi que même s'il fut pendu avec une corde constituée des os de ses victimes, entre les derniers mots de Bouddha et son dernier souffle, Angulimala a véritablement vécu.

Cette histoire est une grande énigme. En effet, qu'est-ce que l'homme n'avait *pas arrêté*, qui le poussait à tuer ? Et qu'avait donc arrêté Bouddha, qui lui avait permis d'être illuminé ? On ne le saura jamais, mais il pourrait bien s'agir de la peur du risque et du mal de vivre – de la négation, de la dissimulation, de la projection. Car, en fuyant sa propre vérité, on peut finir par être insensible au point d'avoir besoin de violence pour ressentir quelque chose. Tant qu'on fuit, on peut se tuer sans cesse en tuant les autres physiquement, par la violence ou le viol, émotionnellement, par la force ou le contrôle, ou professionnellement, par l'abus de pouvoir.

En définitive, chacun de nous est à la fois Bouddha et Angulimala et ce constant dialogue intérieur lui permet d'avoir de la compassion et d'être authentique.

- *Centrez-vous et, en inspirant, laissez le Bouddha en vous déclarer : « J'ai arrêté. »*
- *Respirez profondément et, en expirant, laissez l'Angulimala en vous déclarer : « Je n'ai pas arrêté. »*

- *Inspirez lentement et, même si vous ne savez pas comment, amorcez la journée en vous engageant à cesser de fuir votre propre vérité.*

29 OCTOBRE

La capacité d'essayer
En tentant d'enseigner avant d'apprendre,
ou de partir avant d'être resté,
vous perdez toute capacité d'essayer.

Il existe plusieurs façons de renier ses propres expériences. Quand j'étais jeune, j'avais peur des chagrins d'amour et je passais un temps fou à conseiller les autres sur leur vie amoureuse. Par peur d'être blessé ou attristé par ceux que j'aimais, je leur laissais des notes au lieu de les confronter ; contournant ainsi la nécessité de regarder les vraies choses en face. Plus tard, en pensant à l'horrible séance de chimiothérapie qui approchait, j'essayais d'anticiper chaque douleur et chaque peur, pour m'apercevoir ensuite qu'aucune préparation ne m'éviterait l'expérience.

Chaque tentative de fuite – enseigner avant d'apprendre, partir avant d'être resté, prévoir au lieu de vivre – m'a vidé de ma plus précieuse substance, de l'énergie de ma force vitale. Chaque négation, même celle de la douleur, me laissait pâle et sans force.

Quand l'aiguille, la main, la pluie ou le soleil entrent en contact avec la peau, la seule chose à faire est de les rencontrer de l'intérieur. À l'instant où l'intérieur rencontre l'extérieur, une décharge spirituelle se produit, qui nous confère la tendresse nécessaire pour rester ouvert.

- *Assis avec une personne qui vous inspire confiance, centrez-vous et laissez cette personne mettre doucement la paume de sa main sur votre cœur.*
- *Quand sa main entre en contact avec votre cœur, essayez d'aller à sa rencontre avec votre énergie intérieure.*
- *Inversez ensuite les rôles.*

L'art de faire face

Ce que les gens ont oublié,
tous les saumons le savent.

– Robert Clark

On peut apprendre beaucoup sur la façon d'affronter l'adversité en observant les saumons. Quand ils remontent les cours d'eau, ces êtres remarquables semblent défier la gravité. Ils sont incroyables à voir. En les observant attentivement, celui qui désire s'épanouir peut y trouver une leçon de sagesse.

Dans leur sagesse, les saumons savent comment tourner la queue à partir du centre, contre le puissant courant qui les frappe de plein fouet. Ils s'en servent pour remonter le cours d'eau plus loin. Sans répit, ils tournent la queue vers ce courant qui les projette encore plus loin, ce qui leur permet éventuellement de remonter les rapides. Ils utilisent un courant adverse pour avancer dans leur surprenant périple.

Vu de l'extérieur, ce périple semble magique. On dirait que ces saumons volent, qu'ils maîtrisent l'élément. En réalité, ils ne font qu'un avec l'élément. Totalement absorbés dans une danse de coups et de contrecoups, ils remontent l'eau et l'air jusqu'à la source même de leur essence.

D'une perspective spirituelle, on pourrait dire que les saumons s'exposent en toute foi aux courants adverses. Mystérieusement, c'est la physique de ce courage qui leur donne la possibilité d'avancer. On peut beaucoup apprendre de ce paradoxe très concret. En nous ouvrant dans la vie de tous jours, nous restons authentiques. Pour éviter d'être emportés par notre lot quotidien, nous devons tous, à l'exemple des saumons, trouver le moyen de nous servir des forces de l'adversité.

Les saumons nous montrent comment faire face à la vérité sans se fermer, comment tirer parti de l'adversité pour avancer, et ce, malgré un impact désagréable. Même quand nous voudrions tourner le dos, c'est le fait d'être révélé à soi ainsi que notre disposition à être vulnérable qui nous permettent de vivre le mystère et la grâce.

- *Assis en silence, méditez en pensant à la dernière fois que vous vous êtes ouvert à la vie.*
- *En y repensant, concentrez-vous sur trois points : la façon dont cette ouverture vous a permis de vous épanouir, la façon dont la force de l'adversité a changé votre position et l'endroit où vous avez abouti après avoir sauté comme un saumon.*
- *Tout en respirant normalement, laissez les leçons d'ouverture, de changement et d'aboutissement pénétrer votre cœur.*
- *Détendez-vous et tournez la queue de votre cœur vers votre journée.*

31 OCTOBRE

Seulement en aimant

Vous avez eu une enfance malheureuse, et alors ?
Vous pouvez danser d'une seule jambe
et voir la neige tomber d'un seul œil.

– ROBERT BLY

Je me suis envolé vers l'Afrique du Sud, emportant avec moi tous mes problèmes, cet énorme bagage que personne ne vérifierait. Arrivé sous le soleil de Cape Town [Le Cap], j'ai vu un garçon danser en béquilles dans la rue Green.

J'ai déposé mon fardeau de problèmes pour le regarder. Quand il dansait, ses béquilles, légères comme des baguettes de tambour, battaient la chaussée. Quand il s'arrêtait, elles redevenaient de simples béquilles. La scène n'avait de sens que dans la danse ou dans le fait de l'observer.

Depuis mon retour je vois les choses différemment : ce n'est qu'en disant la vérité que cette vérité nous allège. Quand on la tait, elle devient opaque. J'ai abandonné une partie de mon bagage au coin de la rue Green, quelque part sous l'Équateur. Maintenant, j'en transporte moins et je tente de danser avec mes béquilles, car seul l'amour peut alléger la douleur.

- *Concentrez-vous sur une de vos cicatrices.*
- *Sentez la légitimité de son poids.*

- *Essayez maintenant de voir si une béquille vous aide à supporter le poids de cette cicatrice. Le cas échéant, relâchez votre prise.*
- *Respirez profondément et jouez avec cette béquille.*
- *Respirez totalement et, pendant un instant, déposez-la.*

1er NOVEMBRE

Le prochain instant d'amour

En se laissant entraîner par une multitude
de problèmes contradictoires, en cédant
à toutes les demandes, en s'engageant
dans trop de projets, en tentant d'aider
tout le monde dans tout, on succombe
à la violence. La frénésie du militant
neutralise son travail pour la paix.

– THOMAS MERTON

Thomas Merton nous met non seulement au défi de ralentir le pas mais aussi et surtout d'accepter nos limites. Bien que nous soyons remplis du divin, nous n'avons que deux mains et un cœur. Au fond, cette volonté de tout faire correspond au désir de tout être, et même si elle découle du désir de faire le bien, elle devient souvent effrénée, car l'ego se sert de notre bonté pour être vénéré.

C'est ce que j'ai souvent fait. Je n'ai pas voulu refuser ni rater une occasion, pour éviter d'être perçu comme un homme totalement dépourvu de compassion. Or, si je ne puis m'investir totalement, je ne puis être présent. C'est comme si je transporte de trop nombreuses tasses de café dans une foule. En chemin, je finis toujours par renverser du liquide bouillant sur un innocent.

C'est ce à quoi Helen Luke fait référence lorsqu'elle parle du piège du travail caritatif. Elle parle de « ceux qui fuient leurs propres problèmes en trouvant refuge dans la poursuite irréfléchie du bien, investissant toute leur énergie à sauver la société et les autres, alors qu'ils ferment les yeux sur leur propre noirceur ».

On pourrait commencer par ce vieil adage « faire moins, mais faire mieux ». J'ajouterais même : Ne faites qu'une chose, mais faites-la totalement et elle vous mènera au prochain instant d'amour.

- *Centrez-vous et pensez à tous les gestes de bonté que vous aspirez à poser.*

- *Tout en respirant, laissez votre cœur s'illuminer sur un geste en particulier.*
- *Consacrez-vous à ce dernier aujourd'hui et sans y penser, priez pour les autres.*

2 NOVEMBRE

La quête de la vérité

Je prends la côte d'un loup
et l'aiguise aux deux extrémités,
puis je la congèle dans la graisse de baleine
et la dépose sur la piste d'ours.
Lorsqu'elle a disparu, je suis la trace d'ours
et je tourne en rond pendant des jours.

– GALWAY KINNELL

Dans son poème « L'ours », Galway Kinnell capte bien la façon dont les Inuits chassent l'ours pour se nourrir. Tout comme ces derniers chassent pour manger, nous chassons souvent nous-mêmes cette nourriture de l'esprit appelée « vérité ». Vivre avec authenticité n'est pas qu'un concept intéressant ou un sentiment édifiant. Vivre ainsi, dans la vérité, représente notre nourriture la plus riche. Sans elle, nous mourrions de froid.

On peut tirer deux leçons difficiles à accepter des Inuits de Galway Kinnell. À la tombée du troisième jour, le chasseur, aussi affamé que le chassé, se penche comme il savait qu'il aurait à le faire pour écraser et mâchouiller des excréments d'ours trempés de sang.

Cette première leçon signifie une chose : peu importe ce que l'on prétend faire ou ne pas faire, peu importe les critères selon lesquels on juge, soi-même et les autres, nul ne peut savoir jusqu'où il ira lorsqu'il sera affamé. Et avec raison, puisque cette vie sur terre nous force souvent à fléchir pour permettre à quelque chose de grandir en nous. Lorsque j'allais mourir du cancer, moi, le Juif orgueilleux qui s'était juré de ne jamais fléchir, je me suis retrouvé à genoux devant un guérisseur catholique afin qu'il impose ses mains sur ma tête, où s'était formée une tumeur. Si la recherche de la vérité peut déranger notre manière de nous percevoir, elle peut également confirmer le fait que, en tant qu'êtres humains, nous sommes beaucoup plus coriaces que nous le pensons.

La deuxième leçon est la suivante : au bout de sept jours, lorsque l'ours meurt, l'Inuit à moitié gelé se blottit dans la bête éventrée pour survivre au froid. Pour ceux d'entre nous qui cherchent la vérité dans la froideur des rues modernes, il n'est pas suffisant d'atteindre la vérité. Il faut la revêtir et l'habiter, entrer dedans et la porter vraiment.

Par où commencer ? L'Inuit nous enseigne aussi la quête de la vérité par sa façon d'aiguiser son appât, c'est-à-dire non pas en faisant un débat intellectuel ou des études ésotériques, mais en nous exposant, en révélant un aspect troublant et vulnérable de soi. En offrant une partie essentielle de notre faim et en la revêtant de notre vulnérabilité, nous invitons la grande vérité à jaillir dans ce que nous avons de petit. Humblement, mais inévitablement, le besoin de vérité nous amènera à vivre de manière inattendue et au-delà de nos propres notions de perfection.

- *Avez-vous déjà effectué une chose que vous aviez juré de ne jamais faire ?*
- *Considérez-vous cela comme une réussite, ou comme un échec ?*
- *Qu'est-ce qui vous a incité à agir ainsi ? Le courage, la nécessité, ou l'erreur ?*
- *Comment cette expérience inattendue a-t-elle changé votre vie ?*

3 NOVEMBRE

Entre les mains de l'invisible

Le génie est une crise qui, à certains moments,
met notre moi profond en contact
avec notre esprit quotidien.

– WILLIAM BUTLER YEATS

On apprend à définir le génie comme un éclat de l'intelligence, comme l'aptitude à retenir, à calculer ou à conceptualiser d'étranges quantités d'information. Or, le mot *génie* signifiait à l'origine « âme gardienne », l'être invisible veillant tout près. Il s'agit en fait d'un autre mot visant à décrire la totalité ou Dieu, d'un autre moyen de reconnaître la force du Tao, cette source invisible dans laquelle nous baignons.

Ce que dépeint Yeats est un aperçu de la vie sur terre. Le grand poète irlandais laisse entendre qu'une crise est un conflit imprévu qui surgit dans notre façon d'être et nous met en contact avec notre âme gardienne.

Je pense à l'idéogramme chinois qui signifie tantôt un « danger », tantôt une « belle occasion ». Cet idéogramme ne veut pas dire que nous sommes à l'affût du danger, mais qu'une fois brisés par l'expérience nous cherchons les ouvertures qui nous permettront de retrouver la communion avec la source invisible qu'il nous arrive d'oublier, mais dont nous faisons partie.

La fonction des crises est peut-être non pas de nous briser, mais de nous ouvrir à autre chose.

- *Assis en silence, ressentez la source invisible dont vous faites partie.*
- *Tout en respirant lentement, méditez sur votre propre génie, sur votre âme gardienne.*
- *Puis, en respirant doucement, soumettez à votre âme gardienne une crise que vous traversez.*
- *Si vous le pouvez, durant la journée ressentez à la fois votre crise et la profondeur de votre génie. Laissez-les communiquer entre elles.*

Considérer les autres

Une fois pour chaque chose. Une seule fois; sans plus.
Nous aussi, une seule fois. Et jamais plus.
Or, avoir été, cette fois, complètement,
même si c'était la seule fois, avoir fait un
avec la Terre, semble impossible à défaire.

– RAINER MARIA RILKE

J'étais allé visiter un ami, et celui-ci m'a demandé : « Comment te prépares-tu à rencontrer des gens que tu respectes ? Comment sais-tu ce qu'il faut leur demander ou dire ? »

Je n'y avais jamais pensé, mais cette question m'a fait réaliser que depuis mon expérience du cancer, j'aborde chaque rencontre avec une autre personne en me disant : « S'il ne me restait que cet instant avec cette personne ici-bas, si je n'allais jamais la revoir, qu'est-ce que je voudrais savoir ou lui demander ? »

J'aborde désormais les autres comme si je venais de traverser le désert, c'est-à-dire comme si chacun était une oasis. En vérité, chaque esprit vivant que nous croisons est une profondeur dans laquelle plonger, un miracle capable d'étancher notre soif. En honorant ainsi les autres, je me suis ouvert à une sagesse qui, autrement, serait demeurée dans le silence pendant mon séjour sur terre.

- *Assis avec une personne de confiance ou un ami, fermez les yeux et méditez sur cette chance inouïe que vous avez d'être en vie tous les deux en même temps.*
- *Lorsque vous en êtes pleinement conscients, ouvrez les yeux et regardez-vous l'un l'autre.*
- *Respirez lentement et laissez monter en vous la seule question que vous poseriez à cette personne si vous étiez ensemble pour la dernière fois.*
- *Regardez-la et posez-lui cette question.*

Plans et planification

Si les plans sont inutiles,
planifier s'avère précieux.
– WINSTON CHURCHILL

On confond facilement plans et planifier, rêves et rêver, amour et aimer. La sagesse cachée dans les propos de Churchill est la suivante : nous vivons comme des pêcheurs affamés, rapiéçant et tendant nos filets sans jamais vraiment savoir ce que nous attraperons, ce que nous mangerons, tant que les filets ne seront pas remontés à bord. Ainsi, comme l'a dit Bouddha, pour être un bon pêcheur, il faut d'abord se détacher de l'image du poisson. De la sorte, on apprécie les trésors pêchés.

En regardant les livres que j'ai écrits, j'admets que je les ai tous trouvés en cherchant autre chose. Ce que j'entrevois au départ ne ressemble jamais à ce que je finis par rédiger. J'appliquerais cela à ma carrière également. Mes expériences de travail les plus significatives ont toujours été totalement imprévues, des occasions saisies avec sincérité alors que je poursuivais d'autres rêves. J'admets en outre que si j'ai souvent imaginé l'amour et les personnes aimées, chaque personne qu'il m'a été donné d'aimer dépassait tout ce que j'avais imaginé.

Bien sûr, il y a des circonstances où il faut prévoir et d'autres où il faut être spontané. Or, on accorde trop d'importance à choisir entre les deux. Les plans sont le petit bois de chaque feu et il n'y a jamais deux feux pareils. Au fond, ce dont nous avons besoin, c'est de la chaleur et de la lumière du feu.

- *Centrez-vous et pensez à vos plans actuels en vue d'accéder au bonheur.*
- *Tout en respirant, étalez ces plans devant votre cœur, comme du bois d'allumage.*
- *Sans savoir quel feu il allumera en vous, commencez la journée en cherchant l'étincelle.*

En plissant les yeux

En plissant les yeux, on a l'impression
de voir comme un tigre.
Mais la vérité, comme le soleil,
se répand partout, sauf par la fente de nos yeux.

Nous avons tous entendu le conseil courageux selon lequel, lorsque les temps sont durs, il faut creuser en profondeur. Ce conseil évoque souvent une attitude déterminée et alerte. On s'aiguise, on se concentre et on se prépare à toute éventualité. Malheureusement, en se durcissant pour affronter la bataille, notre perspective rétrécit et exclut autant une partie de nos besoins qu'une partie de nos peurs.

Je ne dis pas qu'il faille traverser la vie sans but ni planification. J'affirme plutôt qu'il est nécessaire de s'attacher au sens profond de la vigilance. Il y a une différence fondamentale entre le fil mince d'un rayon laser et l'éclat du soleil sur un champ, entre l'acuité d'un esprit en crise et l'éclat et la chaleur d'un cœur ouvert. Quand on en aurait le plus besoin, il est quasi impossible de se voir avec compassion par la fente étroite de l'œil paré pour la bataille.

Peu après que ma tumeur du cerveau eut disparu, j'ai croisé par hasard, dans un restaurant, une amie brillante qui voulait absolument savoir comment je m'étais débarrassé de cette tumeur. Je lui répétai plusieurs fois qu'une immense force d'abandon m'avait envahi et que je ne savais comment expliquer ce miracle. Elle plissa les yeux, comme pour s'empêcher de voir le reflet du mystère, et insista sur le fait que j'étais la preuve tangible de la pensée qui l'emporte sur la matière. À mesure qu'elle plissait les yeux, je sentais son cœur se fermer. C'était bien triste. Depuis ce jour, nous n'avons plus grand-chose à nous dire.

Il m'arrive aussi d'être incapable de rester dans l'instant présent quand je suis dans un état de crise et d'alerte qui, tel un périscope, se déploie et m'éloigne de mon cœur. Et je me vois alors me perdre en analyse et en résolution de problèmes, soupesant avantages et dangers. À l'exemple de mon amie, quand je plisse les yeux et que j'insiste pour que seule ma volonté me donne le pouvoir d'affronter le monde, je me ferme à ses mystères. Et je deviens triste, n'ayant plus grand-chose à me dire.

J'ai ainsi appris qu'il était possible de confondre l'attention accordée aux détails et les soins prodigués aux autres. En vérité, pour rester alerte et voir avec ce que les soufis appellent « les yeux du cœur », on doit souvent élargir notre perspective. Si la surprise et les crises nous amènent à plisser les yeux et à montrer les griffes, l'effort requis pour adopter une vision plus large et rester ouvert nous est davantage bénéfique.

- *Devant un miroir, les yeux fermés, méditez sur votre confusion ou sur un problème qui vous perturbe.*
- *Accordez-vous le droit de penser aux circonstances qui l'entourent et aux solutions possibles.*
- *Puis, regardez-vous dans le miroir et remarquez la tension sur votre visage et son effet dans vos yeux.*
- *Toujours devant le miroir, méditez encore les yeux fermés et tentez de laisser tomber l'analyse. Essayez de comprendre ce problème, cette confusion, avec les yeux du cœur, sans tenter de le résoudre.*
- *Maintenant, regardez-vous dans le miroir et voyez si votre visage et vos yeux ont changé.*
- *Discutez de la différence avec une personne aimée en qui vous avez confiance.*

7 NOVEMBRE

Les eaux que l'on porte en soi

L'esprit, comme l'eau,
est source de vie.
On ne peut vivre sans, à sec.

Plus l'expérience nous façonne, plus on est semblable à une île et plus on est façonné par les eaux de la vie. Voilà pourquoi les larmes viennent plus aisément avec le temps.

La sagesse n'est peut-être rien de plus que les eaux inexprimables qui montent aux yeux et les gonflent, tel l'océan qui adoucit le rivage, preuve de l'inévitable marée qui met une vie à monter en nous.

Nous avons une telle peur de nos eaux que nous nous crispons à la moindre larme, nous demandant ce qui ne va pas au lieu de demander à ceux qui sont en mer ce qu'ils y voient.

- *Assis en silence, remémorez-vous la dernière fois que vous avez pleuré.*
- *Tout en respirant lentement, revivez ce sentiment de délivrance.*
- *Respirez dans cette délivrance et regardez derrière ce qui vous a fait pleurer.*
- *Puis, en respirant profondément, sentez l'inexprimable sagesse monter en vous.*

8 NOVEMBRE

Nous sommes tous de nature délicate

Nous sommes tous de nature délicate, sans
laquelle nous périssons.
N'est-ce pas là le voile tissé par nos souffrances ?

Ce qui est dur casse. Ce qui est souple plie. Les gens entêtés luttent contre ce qui est immobile. Les gens flexibles s'adaptent à la vie. Nous sommes à la fois durs et souples, entêtés et flexibles. Dès lors, nous nous cassons tant que nous n'avons pas appris la souplesse, nous luttons tant que nous n'avons pas accepté les choses de la vie.

Cela me rappelle le conte sumérien de Gilgamesh, ce roi dur et entêté qui partit à la recherche de l'Immortel en vue de lui demander le secret de la vie. On l'avertit que des pierres allaient le guider en chemin. Mais Gilgamesh, pressé et orgueilleux, fut contrarié de voir sa route bloquée et s'employa à casser les pierres mêmes qui devaient lui indiquer la route. En somme, c'est avec un cœur aveugle qu'il cassa tout ce dont il avait pourtant besoin pour trouver sa route.

Avec la même confusion, on casse souvent ce qui nous est nécessaire, on repousse ceux qu'on aime et on s'isole au moment où on a le plus besoin d'être étreint. Maintes fois, j'ai été trop orgueilleux pour solliciter de l'aide ou trop peureux pour réclamer de la tendresse. Et dans la frénésie de mon isolement, comme Gilgamesh j'ai brisé les fenêtres que je tentais d'ouvrir, j'ai fendu le banc que je tentais de clouer et j'ai empiré les choses en blessant ceux pour qui j'avais de la tendresse.

La branche vivante plie. Celle qui est morte casse. À force de souffrance et d'humilité, nous nous assouplissons, sinon nous devenons ceux que l'on regrette et que l'on pleure.

- *Méditez sur une situation à laquelle vous êtes confronté, où vous vous sentez devenir dur, entêté et rebelle.*
- *Observez votre entêtement. Que protégez-vous par cette dureté ? Qu'est-ce qui briserait si vous persistiez à résister ?*
- *Maintenant, regardez derrière cet entêtement. Qu'avez-vous peur qu'il se produise si vous pliez devant la situation ? Qu'auriez-vous à gagner à vous assouplir ?*

9 NOVEMBRE

La demi-cécité

Nous portons en nous les merveilles
que nous recherchons autour de nous.

– THOMAS BROWN

Le cormoran et le pélican sont des oiseaux de mer qui plongent à l'aveuglette pour chasser. Quand ils passent de l'air à l'eau, des bulles d'air se prennent entre leurs plumes, qui se mettent alors à reluire. Voilà l'explication de leur teinte argentée quand ils plongent sous l'eau.

Chez nous aussi, les bulles de nos douleurs sont absorbées dans nos plumes, devenant des joyaux au fur et à mesure que nous approchons du courant sous-jacent de la vie. C'est là le baptême de la sincérité : plus nous allons en profondeur, plus le monde ralentit. Plus le monde ralentit, plus nous nous assouplissons. Nous devons donc continuer à nous attirer les uns les autres dans les profondeurs connues, puisque celles-ci nous font reluire. En plongeant, nous devenons argentés.

Lorsque nous sommes seuls à l'air libre, nos blessures brûlent. Or, quand nous osons aller dans les profondeurs, nos blessures s'adoucissent et luisent. En vérité, plus nous acceptons nos limites et nous nous abandonnons aux profondeurs en deçà des blessures, plus l'immensité nous soutient. La seule façon d'en faire l'expérience est de plonger.

- *Centrez-vous et observez une douleur que vous portez en vous. Tenez-la doucement devant vous.*
- *Tout en respirant lentement, entourez cette douleur d'une douce méditation d'amour, dont les prières englobent tous les êtres vivants.*
- *Permettez à cette prière silencieuse de durer.*
- *Si vous le pouvez, ressentez votre douleur légèrement adoucie par votre amour pour le monde.*

10 NOVEMBRE

Vivre en périphérie

Vous êtes ce que vous recherchez

– Saint François

Lorsque je me sens seul, ma première pensée est que les autres (toi y compris) détiennent la clé de ma solitude. Lorsque je me sens confus, ma première pensée est que les autres (toi ou quelqu'un que ni toi ni moi ne connaissons) ont l'esprit clair, si seulement je pouvais les trouver et les amener à parler. Lorsque je veux me faire respecter, ma première pensée est que ce respect m'attend de l'autre côté d'un quelconque fabuleux exploit que je dois accomplir. Je déploie une énergie énorme pour combler mes désirs et mes besoins à l'extérieur de moi-même, convaincu de les trouver à côté de moi.

En fin de compte, cette quête nous mène seulement à la périphérie de la connaissance de soi. À défaut de chercher en nous, nous devenons des experts à vivre en périphérie et trouvons rarement ce que nous cherchons. Nous pouvons ainsi maîtriser l'art d'escalader les montagnes de l'univers au lieu de découvrir le sentier intérieur de nos blessures. Nous pouvons maîtriser l'art de rouler à vive allure dans la nuit au lieu de découvrir les sombres recoins de notre âme. Nous pouvons maîtriser l'art de séduire les étrangers au nom de l'amour au lieu de chérir notre nature fragile et imparfaite.

Notre quête dans le monde a toujours été le reflet de ce que nous devons travailler intérieurement. Or, la quête du danger extérieur a constamment servi à nous distraire de la requête de l'âme à nous aventurer véritablement à l'intérieur, en soi.

- *Méditez sur quelque chose que vous recherchez. Il peut s'agir d'une quête d'amour, de pouvoir, de richesse, de sensations fortes ou de célébrité.*
- *Imaginez ensuite que cette chose existe déjà en vous. Tout en respirant, ayez cette quête devant votre œil intérieur, comme une porte à franchir afin d'accéder à la plénitude.*
- *Inspirez en profondeur et ressentez cette quête comme étant une partie de votre esprit qui cherche un peu d'attention.*
- *Expirez complètement et, même si vous ne savez comment, accordez-vous cette attention.*

11 NOVEMBRE

Faire durer l'émerveillement

Dans un atome, on trouve tous les éléments de la Terre.
Dans un mouvement de l'esprit, on trouve
tous les mouvements des lois de l'existence.
Dans une goutte d'eau, on trouve
tous les secrets des océans infinis.
Dans un aspect de vous, il y a tous les aspects de l'existence.

– Khalil Gibran

En tant qu'êtres humains, nous vivons en fonction d'un cycle inexorable. En effet, notre mental érige une carapace visant à protéger notre esprit, carapace qui étouffe cependant l'esprit, du moins jusqu'à ce que nous trouvions le moyen de la briser en vue de poursuivre notre croissance. Nous érigeons donc une carapace pour ensuite la détruire. Et nous en érigeons une autre plus mince, puis nous la détruisons. Et ce n'est qu'entre les cycles de construction de carapace que nous sommes réellement sensibles. C'est seulement entre ces carapaces que l'amour peut nous transpercer.

Mais ce n'est pas de notre faute. La nature entière est soumise à ce cycle. Dans un premier temps, la mousse envahit les arbres, l'argent ternit, l'esprit s'émousse sous les concepts. Dans un deuxième temps, l'orage débarrasse l'arbre de sa mousse, l'éraflure révèle l'éclat de l'argent et les conflits montrent le mental dans son état brut.

Le temps construit, puis érode. Il nous transforme sans vraiment nous changer. Le sable entassé par le vent sous forme de dunes est ensuite dispersé par la marée. Voilà comment, dans nos premières années, la vie nous comble pour ensuite se retirer en silence. Nous n'avons d'autre choix que de supporter le film qui sans cesse nous bâtit et d'endurer l'érosion qui s'ensuit inévitablement.

Bien entendu, cette valse entre le film et l'érosion n'est pas uniquement physique. Elle touche aussi notre pensée, nos sentiments, notre vision et notre manière d'être. Nous nous émoussons et nous nous ravivons tour à tour avec une grande facilité. Nous devenons spirituellement des amnésiques chroniques, nous perdant dans les méandres de la pensée lorsque nous cessons de participer et de ressentir. Un jour, au réveil, nous avons oublié ce qu'est ressentir la vie, tout en gardant néanmoins le souvenir précis de sa forme. Nous voyons tout, chaque détail et chaque nuance, avec clarté, mais ne ressentons plus rien. C'est ainsi que le mental se couvre de concepts et de mots comme la planète se couvre d'arbres, au point où il nous est désormais impossible de voir le ciel. Dès lors, nous éprouvons le besoin d'éclaircir nos pensées et nos paroles avec la hache du silence.

En vérité, notre vivacité est tributaire de notre aptitude à faire durer l'émerveillement, ces moments où nous sommes à vif, à demeurer immobiles et en silence jusqu'à ce que tous les éléments de la Terre et tous les secrets des océans viennent éveiller les aspects de l'existence qui dorment en nous.

- *Au cours de votre prochaine promenade à pied, laissez l'air frais vous ouvrir les yeux.*
- *Prenez une grande inspiration et laissez l'air fondre le film des souvenirs et des pensées qui vous assaillent.*
- *Sentez le sang vous monter au visage et ouvrez les yeux avec fraîcheur.*

Briser la coquille

Depuis le début des temps,
la clé du renouveau consiste à se dépouiller,
à se défaire de sa vieille peau.

Selon les Polynésiens, le monde a commencé le jour où Taaora, leur Dieu, s'est réveillé dans une coquille. En s'étirant, celui-ci a brisé cette coquille et la Terre est née. Puis, il a grandi et s'est réveillé un jour dans une autre coquille. S'étirant de nouveau, il a également cassé sa coquille. Cette fois, la Lune a été créée. Il a grandi encore et s'est réveillé dans une autre coquille. Cette fois, en la brisant, les étoiles sont nées.

Par cette fable ancienne, les Polynésiens nous ont transmis la sage notion selon laquelle chacun de nous avance dans la vie en brisant successivement ses coquilles, que le divin en nous s'étire jusqu'à ce qu'il n'y ait plus de place et qu'éclate notre identité en vue de notre renaissance.

Ainsi, dans la vie, nous portons une identité jusqu'à ce qu'elle s'avère trop étriquée. Alors, à l'instar de Taaora dans sa coquille, nous devons briser les structures qui nous contiennent, et ce, dans le but de renaître. Voilà comment nous nous dépouillons de nos identités successives, non pas qu'elles soient fausses mais que chacune d'elles perd toute utilité au fur et à mesure que nous grandissons.

J'ai connu plusieurs identités. Dans la première, je voulais à tout prix être formidable, tout mettre à feu. Je fuyais tout ce qui me semblait ordinaire. J'aspirais à devenir un champion. Je désirais aussi être musicien – célèbre et extraordinaire. Or, en vieillissant, la notion de célébrité a rempli mes nuits de solitude. Les trônes, si jolis soient-ils, ne sont conçus que pour une seule personne.

Dans ma deuxième identité, je voulais être couvert de vagues, respirer les étoiles et bouger au rythme d'une chanson. Je voulais ÊTRE la grande musique. Mais cette splendeur était aussi remplie de solitude.

Dans ma troisième identité, j'ai abandonné l'idée de grandeur. C'est ainsi que j'ai laissé les autres s'approcher. J'ai posé beaucoup de questions, en m'intéressant moins aux réponses qu'aux visages qui me parlaient.

Finalement, pendant le cancer, une quatrième identité a vu le jour, crispée et tordue entre le chrome de mon lit d'hôpital et le soleil couchant inondant mon oreiller. Le chrome me tuait et l'oreiller m'éveillait. J'étais un souffle tranquille entre deux états simultanés. Étrangement, je n'avais pas peur, car je sentais la pulsion de vie dans ce souffle calme. Et c'est là que j'ai senti la révélation.

La mort que j'ai frôlée fut une autre coquille à briser. Elle m'a permis de prendre conscience que chaque identité grandissait en une succession de coquilles concentriques, chacune menant à la prochaine et contenant la précédente. J'ai commencé à croire à la renaissance, mais toute renaissance a toujours été accompagnée d'une cassure.

- *Respirez lentement les yeux fermés et ressentez un aspect de votre monde actuel qui vous semble contraignant.*
- *Au lieu de focaliser sur les gens et les circonstances rattachés à cet aspect, tentez de ressentir cette contrainte comme le seuil de votre prochaine croissance.*
- *Méditez sur comment votre Dieu intérieur s'étirerait pour que vous vous teniez plus fermement, que vous soyez vous-même plus entièrement et que vous brisiez ainsi cette contrainte.*
- *Priez afin de comprendre que tout ceci n'est pas négatif mais simplement nécessaire à la croissance de votre âme.*

13 NOVEMBRE

Épouser son esprit

Pour être fidèle à qui l'on est,
il faut porter notre esprit comme une chandelle
au milieu de notre noirceur.

Pour vivre sans étouffer ni insensibiliser les parties essentielles de votre âme, vous devez faire un serment intérieur et l'honorer ; vous devez prononcer envers elle les vœux du mariage. Aimer et chérir... pour le meilleur et pour le pire... dans la santé et la maladie... dans la joie comme dans la peine... jusqu'à ce que la mort vous sépare.

Cela suppose un engagement par rapport à votre cheminement intérieur, que vous ne vous séparez pas de vous-même lorsque les temps sont durs et que la confusion règne, que vous acceptez et chérissez vos défauts et vos limites. Cela signifie que vous vous aimez, peu importe la façon dont les autres vous perçoivent. Que vous chérissez la radiance inaltérable présente en vous, peu importe les coupures et les blessures. Que vous vous engagez à vivre dans la vérité de votre âme.

Épouser son âme, c'est entrelacer vie spirituelle et psyché, vie du cœur et vie du mental, vie de la foi et de la vérité avec celle du doute et de l'angoisse. Et comme les deux brins entrelacés d'une corde sont doublement solides, votre vie dans ce monde devient doublement renforcée si vous entrelacez votre humanité et votre esprit.

- *Assis calmement, centrez-vous.*
- *Méditez sur le fait que pour être centré, vous devez inclure votre confusion et vos angoisses, à l'exemple du lac qui abrite plusieurs espèces d'oiseaux et de poissons à la fois.*
- *En respirant doucement, laissez votre souffle devenir le lac.*

14 NOVEMBRE

Le coût de la fragmentation

Mettre un enfant au monde et
l'observer en même temps engendre la folie.

– CHÖGYAM TRUNGPA

On a beau essayer, on ne peut être à la fois participant et observateur sans se dissocier intérieurement. Il semblerait que la folie naisse de cette dissociation. Nous attarder sur notre prochain geste ou notre prochaine réponse quand nous écoutons quelqu'un partager un moment de vérité crée une faille dans notre capacité à ressentir les choses à partir du cœur. En nous attardant sur notre corps tout en faisant l'amour, nous coupons le lien qui unit nos cœurs. Si nous nous attardons à la récompense quand nous posons un geste aimable, nous diminuons notre authenticité.

Regarder un être cher dans les yeux en voyant véritablement ses yeux, marcher sur une feuille morte en étant entièrement présent à la sécheresse de cette feuille durcie, regarder le chien d'un inconnu en pleine face en sentant pleinement son souffle au plus profond de notre cœur, voilà pour nous, êtres humains, des choses très difficiles à faire.

- *Centrez-vous et, en méditant, voyez-vous en train de méditer dans la pièce.*
- *À chaque respiration, exercez-vous à vous dépouiller de la pièce d'abord, puis de votre espace mental.*
- *En respirant, tâchez de ne pas observer ni penser quoi que ce soit. Sentez simplement l'air qui entre et qui sort.*

15 NOVEMBRE

Mourir au présent

À la fin, chacun prend conscience du fait que
personne ne garde rien de ce qu'il possède.
À la vie, on emprunte même les os.

– PABLO NERUDA

Trois ans après ma chirurgie, alors que je suis dans la douche, là, sur ma tête, le long de la cicatrice, je sens un bouton. En trente secondes, les « et si ? » fusent de toutes parts. Et si c'était une autre tumeur ? Et si elle se propageait ? Pendant que l'eau déferle sur moi, je prends peur. Je me vois chez le médecin, me préparant en vue d'une chirurgie, longeant les corridors du service de rétablissement, me soumettant à la chimiothérapie, m'affaiblissant et mourant. Un aller-retour complet en trente secondes !

Je suis là, tout nu dans la douche, mon cœur battant la chamade. Je veux tant vivre ! Je suis si éveillé, finalement en paix ! Et si c'était vrai ? Que faire ? Où aller ? Mais, à cet instant, l'eau me coule dessus sans arrêt, me nettoie, et je reviens à moi. Si c'est vrai, si je dois mourir bientôt, je sais ce que je dois faire... Je soupire plus profondément que je ne m'en serais cru capable... Je dois finir de prendre cette douche.

À cet instant-là, j'ai compris que tout est là où nous sommes. Peu importe la souffrance ou la détresse, la vie se trouve dans chaque instant vécu. J'ai pu voir et ressentir avec clarté à quel point la peur de la mort nous fait courir, même s'il n'y a nulle part où aller. Et mystérieusement, j'ai aussi compris qu'au centre de la peur il y a un cercle paisible, pour peu que l'on sache y accéder.

Maintenant, chaque fois que je prends ma douche, j'essaie de me rappeler que l'on ne peut vivre totalement tant que l'on n'a pas accepté l'idée de sa mort éventuelle. Autrement, on court, on fuit sans cesse. Ce n'est qu'une fois que l'on accepte d'être l'hôte fragile de cette Terre que l'on peut se sentir à l'aise où que l'on soit.

- *Dans la douche, laissez l'eau laver votre mental de la peur et de l'indifférence.*
- *Respirez pleinement et sentez les gouttes claires toucher votre peau.*
- *Respirez profondément et remerciez l'univers d'être en vie.*

16 NOVEMBRE

L'aube

Il y a un soleil en chaque personne –
ce *vous* qu'on appelle compagnon.

– RUMI

Il est essentiel de comprendre et d'accepter un paradoxe : même si personne ne peut entreprendre le voyage à notre place, on n'est jamais seul, car on fait tous le même voyage. Nous partageons des souffrances, des confusions et des peurs identiques qui, une fois exprimées ouvertement, perdent de l'importance et deviennent moins blessantes.

Dans le Talmud, une histoire touchante évoque le paradoxe de ce voyage. Un rabbin questionne ses élèves : « Comment savez-vous que l'aube vient de poindre ? » Après un long silence, l'un d'eux répond : « Quand on peut distinguer la chèvre du chien. » Le rabbin fait non de la tête. Un autre propose : « Quand on peut distinguer le figuier de l'olivier. » Le rabbin fait encore non. À défaut d'autre réponse, le rabbin se déplace parmi eux, dans leur silence. « Vous savez que l'aube vient de poindre lorsque vous regardez une personne dans les yeux et que vous vous y voyez. »

- *Assis dans le calme, tentez de respirer jusque dans votre centre.*
- *Respirez simplement le cœur ouvert et tentez de ressentir à la fois votre solitude et ce que vous avez en commun avec tous les êtres humains.*
- *Respirez profondément et lentement. Essayez non pas de comprendre cela, mais uniquement de le ressentir.*

17 NOVEMBRE

Veux-tu partir ?

Les murs s'usent un grain à la fois,
les cœurs s'ouvrent un sentiment à la fois.

Susan et moi étions assis chez un vendeur de glaces quand deux couples près de nous se sont mis à parler très fort. Ils s'amusaient, mais me dérangeaient. Ressentant le besoin de partir, je me suis penché vers Susan pour lui demander si elle le voulait aussi. D'un ton satisfait, elle m'a répondu : « Non, je suis bien ici. » Voyant mon air perplexe, elle a ajouté : « Toi, tu veux partir ? »

Assis chez le glacier, j'ai alors compris que, durant presque quarante-neuf ans, j'avais essayé de répondre à mes besoins en les projetant sur les gens autour de moi pour agir comme si je prenais soin d'eux. Pendant que la crème glacée fondait, j'ai saisi mon mode de fonctionnement puis j'en ai ri, incrédule et embarrassé. Et j'ai soupiré profondément pour enfin prononcer ce qui me paraissait dorénavant une évidence : « Oui, je voudrais partir. »

Cette manière indirecte d'obtenir ce dont j'avais besoin en attribuant mes sentiments à mon entourage, comme étant des besoins chez eux dont je m'occuperais, s'avérait un moyen de dissimuler ma vulnérabilité tout en ayant l'air d'une personne aimable et dévouée. Je réalise que je ne suis pas le seul à souffrir de ce syndrome. Il est si subtil et ressemble tant aux bonnes manières que nous prenons rarement conscience de la manipulation et de la supercherie qu'il cache.

Si cette façon indirecte de faire vit en nous, c'est évidemment parce que, en cours de route, nous nous convainquons, souvent avec raison, que nous nous attirerons des coups si nous exprimons directement nos besoins. Or, je ne connais d'autres manières de nous défaire de cette supercherie qu'en restant à l'affût, qu'en nous surprenant à le faire, qu'en reconnaissant cette attitude et en dévoilant nos sentiments et nos besoins dès que possible.

L'énergie gaspillée à tenter d'obtenir sournoisement des autres qu'ils agissent dans notre intérêt demeure une grande source d'angoisse et d'aliénation. Au lieu de nous empêcher de souffrir, cette attitude malhonnête et indirecte accentue au contraire notre isolement et nous empêche de vivre pleinement.

Sur un plan plus fondamental, la vérité est celle-ci : à l'instar des feuilles des arbres qui s'étiolent et se font manger par les insectes, les sentiments se font aussi user par la vie. Ils sont un droit fondamental et l'expression de nos saisons humaines.

- *Rappelez-vous la dernière fois que vous avez demandé à une personne de faire quelque chose au lieu d'exprimer directement vos besoins.*
- *Qu'est-ce qui vous empêchait d'exprimer réellementt vos besoins ? De quoi aviez-vous peur ?*
- *Imaginez ce que vous auriez dit si vous aviez vécu cette expérience avec plus de franchise.*
- *Exercez-vous ici à vous exprimer franchement, en rejouant la situation à voix haute, même si vous êtes seul.*
- *Commencez la journée avec l'aisance d'une vie vécue honnêtement.*

Le chiot dans la fourrière

Nous pouvons tous aimer l'endroit où nous nous trouvons.
Nous pouvons tous ajouter notre part d'amour
sans quitter la pièce.

– HELEN NEARING

Au repas du soir, une amie qui avait passé une entrevue pour un emploi nous a raconté comment, par intervalles, elle s'estimait trop impatiente d'être acceptée. Elle s'est vue comme un chiot qui aboyait, histoire de dire : « Prenez-moi ! Prenez-moi ! »

Nous avons ri, car c'est ce que nous faisons tous. Dans des moments de confusion intérieure, nous nous percevons comme des êtres totalement dépourvus de dons et de potentiels. Dans ces instants pénibles, nous croyons que notre apport est si minime que nous sommes prêts à nous faire accepter par n'importe qui, à n'importe quel prix.

Pour empirer la situation, nous dissimulons une partie de ce que nous sommes, pensant qu'aucun patron ou partenaire potentiel ne pourrait nous accepter s'il savait tout de nous.

Dans cet état d'esprit, il est difficile de faire marche arrière et le défi consiste à cesser de se vendre à rabais. À quoi bon, si vous n'êtes qu'un reflet de vous-même ? À quoi servirait que seule une partie de votre corps soit acceptée ? Que seules votre soumission et vos bonnes manières le soient, si vous devez cacher votre personnalité et vos passions ?

En vérité, personne ne veut d'un reflet, car même s'il est d'or, il reste impossible à saisir.

- *Centrez-vous et remémorez-vous un moment où vous avez senti le besoin d'être accepté.*
- *Laissez cette sensation entrer et sortir et, tout en respirant, tentez de laisser monter la partie de vous qui veut être aimée.*
- *Respirez à fond et, à chaque respiration, laissez votre esprit le plus ancien étreindre ce désir bien humain.*

Le fil d'Ariane

Dans votre arrivée, il y a votre départ.

Dans la mythologie grecque, un homme du nom de Thésée devait trouver la sortie d'un labyrinthe pour rentrer chez lui. Il aboutit au centre de ce labyrinthe, où il faisait noir et où il devait tuer le Minotaure, une bête féroce. Son unique moyen de revenir à la lumière quotidienne consistait à suivre le fil qu'il avait déroulé sur son chemin, fil offert par Ariane, une femme charitable.

De telles histoires transmettent la notion qu'il faut vivre pour devenir entier. Chacun de nous doit confronter la bête intérieure pour vivre en paix. Or, comme dans le cas de Thésée, le retour à la lumière n'est possible qu'en refaisant le chemin inverse avec bonté et amour.

Après des années de mauvais traitements, je connais l'humilité soudaine en découvrant que je maltraitais les autres. En m'offrant gratuitement et aveuglément à l'amour, j'aboutis des années plus tard au cœur de cette façon de faire, totalement dépourvu d'amour. L'unique moyen de m'en sortir est de suivre le fil ténu de l'acceptation de qui je suis, jusqu'à ce qu'il me ramène à mon point de départ. Mais cette fois, je pleure de connaître ma place dans le monde.

- *Asseyez-vous en silence en gardant les paumes ouvertes.*
- *Respirez à fond et, de votre paume droite, méditez sur la nature de votre propre labyrinthe, sur le chemin intérieur qui mène à votre bête.*
- *Puis respirez encore à fond et, de votre paume gauche, méditez sur la nature de votre fil d'Ariane, sur votre sentier du retour vers la lumière.*
- *Au cours de la journée, ouvrez vos paumes et familiarisez-vous à la fois avec votre labyrinthe (le chemin de la bête) et votre fil d'Ariane (le sentier du retour vers la lumière).*

L'engagement et le risque

Dès le moment où nous nous engageons clairement,
la Providence emboîte le pas. Des événements, qui ne
seraient pas survenus autrement, surgissent pour nous aider.
Un enchaînement d'événements, dont nous n'aurions
jamais rêvé, naît de cette décision.

– W. H. MURRAY

Nous aimerions tous avoir des garanties avant de prendre une décision ou de nous aventurer, mais l'ironie est telle qu'en nous exposant au risque, nous nous ouvrons au destin. C'est comme vouloir connaître le goût d'une pomme avant même de l'avoir croquée. Ce n'est pas ainsi qu'on peut comprendre les choses.

J'ai l'impression de réapprendre constamment que le véritable engagement est celui qui est conclu avant que je ne sache où les choses vont me mener. Voilà ce que signifie « écouter son cœur ». Sans sauter de la branche, l'oiseau n'apprendrait jamais à voler. Tant que vous ne sortez pas votre cœur de son silence, l'amour demeure impossible. Si vous n'aspirez jamais à devenir entier, votre essence divine continuera de sommeiller en vous.

Si je pense à mon histoire de vie, je constate que ma carrière de poète s'est développée quand je me suis engagé à parler, même si je n'avais alors aucune idée de ce que j'allais dire. Je constate que la grâce de me sentir aimé est venue à moi quand j'ai librement affirmé mon désir d'être aimé, même si je ne savais pas encore comment. Si nous consacrons nos efforts à devenir authentiques, l'univers sous toutes ses formes nous trouvera, comme le vent trouve les feuilles et les vagues, le rivage.

- *Centrez-vous et, à chaque respiration, engagez-vous à être où vous êtes.*
- *Après un moment, marchez lentement dans la pièce où vous êtes et, à chaque pas, ressentez l'engagement en posant le pied, et le risque en le levant.*

Le plus loin que l'on puisse aller

L'endroit où nous nous arrêtons
est notre sommet.

Alors que je gravissais en voiture Trail Ridge Road dans les montagnes Rocheuses, déterminé à me rendre jusqu'à la ligne de partage des eaux, deux sentiments m'ont assailli presque simultanément. D'une part, je n'avais jamais souffert du vertige, mais j'ai senti des vagues de panique s'emparer de moi alors que je roulais sur d'étroits passages routiers à plus de 3 500 mètres d'altitude. D'autre part, j'ai senti une vérité irréfutable m'envahir, selon laquelle tout ce qui existe se trouve là où l'on est.

C'est ce qui m'a incité à m'arrêter et à marcher dans la toundra au-dessus de la limite des arbres. À cet endroit, je me suis senti submergé par le fait indéniable de ne pouvoir aller plus loin, de n'en ressentir même aucun besoin. Serait-il possible que ce voyage dans les montagnes reflète notre périple de vie ? Que notre souffrance soit identique au vertige qui m'envahit dans les passages étroits ? Avançons-nous simplement jusqu'à ce que ça ne soit plus possible ? Et en acceptant notre humanité, le sommet vient-il à nous ?

Quelle invraisemblance ! J'ai voyagé aussi loin que j'ai pu et là, sur les sommets pelés de la Terre, j'ai compris que ma destination était l'endroit où je ne pouvais aller plus loin. C'est l'usure du cœur à laquelle nul n'échappe. Malgré tous nos nobles efforts en vue d'atteindre les sommets si recherchés, qu'il s'agisse de rêves ou d'amour, le sommet est en nous. Et c'est toujours dans l'effort et la fatigue, dans l'aventure, que nos yeux s'ouvrent à ce qui est partout. En fait, nous n'atteignons aucun sommet ; seuls nos yeux finissent par le voir à l'usure.

J'ai senti ce qu'était la vérité d'être parvenu aux limites de mes capacités humaines : j'en avais assez et j'ai laissé sortir une traînée de larmes. Nous sommes aussi nus que ces rochers escarpés, usés par d'incessants vents et, peu importe les trajets que nous planifions, nous atteignons notre essence quand nous avons tout épuisé. Voilà comment naît l'humilité.

En acceptant notre fragile humanité, nous commençons à saisir la fragilité entêtée des êtres vivants. Nous saisissons comment une simple goutte d'eau se faufilant dans la crevasse d'une montagne peut raviver une racine, comment un soupçon d'amour se faufilant dans un cœur de pierre peut aider une âme à revivre.

- *Nous avons déjà abordé les questions qu'il semble utile de revoir ici. Alors, respirez profondément et voyez ce qu'elles affectent en vous.*
- *Quel aspect de votre condition humaine chérissez-vous le plus ?*
- *Lequel continue de vous émerveiller ?*

22 NOVEMBRE

Le chagrin

Si on tire dessus, le chagrin est un fil
qui révèle notre nudité chantante.

Un ami m'a emmené dans une forêt de séquoias, là où les arbres communiquent avec Dieu. C'est un vieil arbre de six cents ans et à l'écorce épaisse qui m'a fait penser que ma grand-mère était tout près. Il y a douze ans qu'elle est morte, et sans que je comprenne comment, elle est toujours derrière mon œil gauche, au point où l'esprit peut voir. Je me suis appuyé sur cet ancêtre en effectuant de petits bruits. Les feuilles se sont mises à bruire et les arbres plus jeunes, à craquer avec moi. Elle me manque terriblement. Bien que je résiste encore à ressentir sa perte et le vide qu'elle a laissé, lorsque je m'abandonne à ce chagrin, tout devient plus vibrant et plus réel après coup.

J'ai appris que le chagrin pouvait être un mal sourd qui revient sans cesse. Mais en nous abandonnant au chagrin, ceux que nous aimons font de plus en plus partie de nous. Le chagrin est donc une autre chanson que le cœur doit chanter pour ouvrir la porte à tout ce qui existe.

En vérité, un tout-petit souffre en chacun de nous, un ange essaie de faire pousser ses ailes dans la noirceur. À mesure que cet ange apprend à chanter, notre besoin de nous cacher diminue. En fait, lorsqu'un cœur parle, tous les cœurs volent. C'est ce qu'on appelle la grandeur. C'est exprimer l'impossible et ainsi libérer ce qui sommeille en chacun de nous.

- *Assis en toute tranquillité, si vous éprouvez du chagrin à la suite d'une perte, permettez à ce sentiment de s'exprimer.*
- *Respirez normalement et, à chaque respiration, imaginez l'ange dans votre cœur qui tente de faire pousser ses ailes.*
- *Respirez profondément en sachant que chaque sentiment que vous vous laissez ressentir est une nouvelle plume.*

23 NOVEMBRE

Le risque et la vérité

Donnez-moi le pouvoir d'exercer l'autorité de l'honnêteté
et d'être présent à la difficile vie ordinaire du quotidien.

– TED LODER

Il y avait une fois deux amis. Tout d'abord une femme qui se jetait dans les expériences avec audace, essayant toujours de nouvelles choses, découvrant d'autres sentiers. Puis un homme, plus timide, qui avait la force de faire face à la vérité, peu importe la situation. Ils se sont aidés à grandir.

Un jour, ils tombèrent amoureux et formèrent un couple, la première guidant le couple à travers les expériences, l'autre montrant la vérité de ces expériences. Cette approche fonctionna pendant de nombreuses années, jusqu'au jour où l'audacieuse voulut aller toujours plus loin dans le monde et où l'homme qui voyait la vérité voulut quant à lui poursuivre cette vérité toujours plus en profondeur.

Ils finirent par se séparer, chose bien triste. L'audacieuse devait trouver sa propre aptitude à voir la vérité, alors que celui qui voyait la vérité devait découvrir sa propre capacité à explorer de nouveaux sentiers.

Une vie entière s'écoula, puis ils se retrouvèrent. Ces amis devenus amants et qui avaient trouvé leur voie n'avaient plus autant besoin l'un de l'autre. Par contre, ils se désiraient davantage.

- *Centrez-vous et, en expirant, ouvrez votre cœur à ce qui, en vous, ose s'aventurer.*

- *Respirez profondément et, en inspirant, ouvrez votre œil intérieur à la partie en vous qui voit la vérité.*
- *Respirez normalement jusqu'à ce que votre cœur et votre œil intérieur se mettent à fusionner.*
- *Respirez de manière égale jusqu'à ce que la partie en vous qui ose s'aventurer rejoigne celle qui voit la vérité.*

24 NOVEMBRE

Le besoin de se perpétuer

Avec l'âge, vous voyez le sacré
dans tout ce qui se perpétue.

– NAOMI SHIHAB NYE

À chaque jour où je m'éveille sur cette Terre, les choses silencieuses me parlent de plus en plus fort. Plus j'explore et je survis, plus je trouve la vérité dans les banalités communes à tous. Plus la souffrance m'adoucit, plus grandes sont ma joie et les leçons tirées des choses présentes dans le silence. Avant mon cancer, je me plaignais beaucoup, agacé d'avoir à refaire toujours les mêmes tâches, de voir l'herbe pousser dès que je la tondais. Aujourd'hui, je m'émerveille de voir comment l'herbe pousse, peu importe les soins que je lui prodigue. Que cette connaissance est précieuse !

Douze ans après être sorti de l'hôpital, je me tiens sous une pluie légère, chaque goutte tombant comme le murmure des choses simples que je ne pourrai jamais comprendre. Maintenant, seul l'air dans le ciel du cœur attend de pleuvoir. Maintenant, je suis plus frêle, plus gris, plus lumineux et moins capable de parler. Et mon cœur a appris davantage de ce côté que je ne le saurai jamais. Maintenant, je veux apprendre à embrasser une orange pelée et à en goûter le jus.

Il y a douze ans, l'excroissance indésirable disparaissait. Depuis, j'en remercie la vie, je me dépouille. Maintenant, il ne me reste qu'un cœur inoffensif désireux de vivre.

- *Assis en silence, voyez vos pensées comme des feuilles et votre cœur, comme l'arbre.*

- *Tout en respirant lentement, essayez d'écouter le sol que nous partageons tous.*
- *En respirant profondément, méditez sur ce qu'il y a de plus ancien en vous.*

25 NOVEMBRE

La compassion

Je n'ai que trois choses à enseigner :
la simplicité, la patience et la compassion.
Elles sont vos plus grandes richesses.
En faisant preuve de compassion envers vous-même,
vous réconciliez tous les êtres du monde.

– LAO-TSEU

On pourrait se demander comment il est possible, en faisait preuve de compassion pour soi, de réconcilier tous les êtres du monde ?

Afin de mieux comprendre cela, rappelons-nous l'analogie de la roue et des rayons : chaque vie est un rayon séparé et unique, mais toutes les vies se rejoignent, comme les rayons, au moyeu central. C'est pourquoi, lorsque nous prenons soin de notre être le plus profond, nous prenons également soin de toutes les âmes.

Un autre moyen puissant de prendre conscience des liens qui nous unissent consiste à imaginer la famille humaine comme un bosquet de trembles poussant au bord d'une rivière. Bien que chaque arbre semble pousser indépendamment, sans être lié aux autres, sous le sol, loin des regards, les racines de tous ces trembles ne forment qu'une seule et énorme racine. Ainsi, à l'instar de ces arbres, la croissance de notre âme, qui semble indépendante, est intimement reliée à la santé de l'âme de ceux qui nous entourent. Nos esprits sont enchevêtrés au centre, loin des regards.

Une fois ce principe compris, il devient évident que nous n'avons d'autre choix que de veiller à la santé de nos voisins, qui est partie intégrante de la nôtre. Je l'ai ressenti profondément dans les nombreuses salles d'oncologie par où je suis passé. Je sais que ces choses sont vraies : en se coupant des étrangers, on se coupe de soi ; en s'ouvrant à eux, on s'ouvre à soi.

À ce point, je crois que la troisième leçon de Lao-tseu nous enseigne ceci : si nous prenons conscience de nos propres souffrances en ayant la volonté de les alléger, nous surmontons la méfiance et rétablissons un lien étroit avec toutes les créatures. De façon profonde et durable, en nous guérissant, nous guérissons le monde. Tout comme le corps a la santé de ses cellules, le monde a la santé des âmes qui le constituent.

- *Tout en respirant lentement, sentez votre cœur se resserrer et se dilater comme vos yeux.*
- *Puis prenez soin de votre âme avec chaque respiration. Sentez votre cœur se dilater et votre âme s'ouvrir.*
- *Toujours en respirant lentement, sentez votre impression du monde s'ouvrir à mesure que vous prenez soin de votre âme.*

26 NOVEMBRE

L'affinité par la gratitude

Lorsque deux choses fusionnent,
lorsque vous faites de l'intérieur l'extérieur,
et de l'extérieur, l'intérieur,
vous entrez dans le royaume des cieux.

– JÉSUS

Pour chacun, le but de toute expérience est de se défaire de ce qui l'empêche d'être entier. Ce que l'on apprend dans l'amour et la souffrance amincit nos murs et rapproche nos vies intérieure et extérieure. Pendant ce temps, l'existence finit par aplanir les obstacles qui subsistent.

Mais le moyen le plus simple d'unifier ce que nous sommes et le monde, c'est par une affinité de gratitude. Rien ne rapproche plus rapidement les mondes spirituel et terrestre.

Nous ne devons pas ressentir la gratitude uniquement lorsque nous obtenons les choses dont nous avons besoin, mais aussi lorsque les choses triomphent de notre orgueil et de notre entêtement. Parfois, si j'avais obtenu les choses désirées et pour lesquelles j'avais travaillé, celles-ci m'auraient anéanti.

Le sentiment de gratitude que j'éprouve devant les mystères de la vie rapproche tout ce qui existe, comme la gravité attire l'eau en un même point. Osez exprimer ouvertement votre gratitude, même si vous ne savez trop pourquoi, et sentez la plénitude de tous les êtres vivants frôler votre cœur.

- *Assis en silence, méditez sur ce qui vous empêche de vous connaître réellement.*
- *Respirez profondément et abaissez vos barrières. Ressentez de la gratitude, sans l'associer à une chose en particulier.*
- *Maintenant, inspirez avec gratitude et expirez les obstacles qui subsistent.*
- *Répétez cette méditation plusieurs fois au cours de la journée.*

27 NOVEMBRE

La vérité sur le matin

Il y a une immensité qui calme notre âme. Or, parfois,
nous sommes si carrément ancrés au centre
des forces de la vie que nous ne parvenons pas
à voir ce dont nous faisons partie.

La vérité, c'est que le matin est la petite lueur du commencement qui point toujours et encore. Sa sagesse est si grande et si évidente ! Elle nous aide à traverser le quotidien si doucement et si entièrement que nous parvenons rarement à l'apercevoir.

Jour après jour nous accumulons, et le processus nous alourdit. Puis nous réfléchissons et trouvons des solutions. Et nous nous inquiétons ensuite de savoir si ça fonctionnera vraiment, si nous faisons ce qu'il faut. Finalement, nous nous retrouvons assombris et alourdis.

Malgré notre acharnement à nous inquiéter, la fatigue nous gagne et nous devons remettre les événements à la nuit. Même si nous avons une impression d'incomplétude, l'abandon au sommeil arrive comme un miracle paisible.

Cet abandon est un réflexe, une forme de méditation innée, un peu comme la mouche qui se frotte la tête ou la biche qui lave son faon. Tôt ou tard, malgré nos résolutions et nos erreurs, sans en faire une discipline ni un devoir, nous devons tous dormir. Nous devons tous nous abandonner au silence des intentions et des regrets pour que monte en nous la lueur du commencement, toujours et encore.

Nul ne peut échapper à cette réalité simple et profonde : les événements sont une poussière qui nous recouvre, ainsi que nos cœurs et nos esprits, jusqu'aux rives de l'épuisement. Nous sombrons dans les eaux du sommeil, en un baptême quotidien, pour pouvoir recommencer.

Ainsi, chaque fois que vous vous sentez pressé ou dépassé, chaque fois que vous vous sentez pressé de comprendre les choses ou de repenser l'impensable, reposez-vous... afin que les recommencements perpétuels – que certains appellent la voix de Dieu – puissent percer le mystère des événements. Et vous vous réveillerez avec une âme accueillant un nouveau jour.

- *Tout en respirant lentement, remémorez-vous au coucher une intention que vous aviez pendant la journée.*
- *En respirant normalement, laissez votre souffle pousser l'intention et le regret assez loin pour les percevoir clairement.*
- *Centrez-vous et prenez conscience que si ces pensées et ces sentiments émanent de vous, ils ne sont pas vous.*
- *Laissez-les à l'extérieur de vous et laissez chaque respiration vous rapprocher davantage de l'abandon au sommeil.*

28 NOVEMBRE

La dévotion

La sincérité est ce qui émane de votre moi le plus
authentique et le plus profond. Sans elle, l'honnêteté
est faussée et insuffisante. C'est comme vouloir faire
avancer une chaloupe sans ses rames.

– MOCHIMASA HIKITA

Voir clairement est une chose, mais se permettre de ressentir ce que l'on voit avec sincérité en est une autre. C'est encore autre chose que de permettre à ses gestes de se manifester à partir d'une vision honnête et de sentiments sincères.

Cela me rappelle un grand maître européen du vitrail qui enseignait trois façons essentielles de voir pour créer un vitrail sacré. Tout d'abord, disait-elle, il faut voir quelle image de la vie forme le vitrail. Ensuite, il faut remplir ce vitrail de couleurs. Enfin, et c'est là la clé, il faut le laisser prendre vie en le plaçant devant la lumière.

Nous sommes tous semblables au vitrail ! L'honnêteté nous permet de découvrir les images de la vie qui nous façonnent, nous marquent et nous teintent de par l'expérience. Mais ces choses ne sont rien sans la sincérité du cœur qui nous remplit de couleurs. Dès lors, pour prendre vie, nous devons nous placer devant la lumière.

Nous savons tous qu'un vitrail sale et opaque un moment plus tôt montre soudain tout son éclat dès que le soleil le traverse et que nous le voyons de l'intérieur. Nous sommes semblables à des vitraux sacrés en formation. L'aptitude à se mettre devant la lumière et à voir les autres de l'intérieur est un art essentiel que nous pouvons tous développer.

Ce faisant, nous pratiquons la dévotion. Cela peut paraître difficile, mais c'est aussi simple que de coordonner nos yeux, nos mains et notre bouche dans les gestes quotidiens d'un repas. C'est fondamental et nécessaire. Une fois que nous avons appris à le faire, nous le faisons chaque jour sans même y penser.

- *Placez un bol de céréales ou de fruits devant vous.*
- *Respirez profondément et mangez lentement.*
- *En voyant votre nourriture, pensez honnêteté.*
- *En portant cette nourriture à vos lèvres, pensez sincérité.*
- *En ouvrant la bouche, pensez dévotion.*

L'ange des rapports humains

L'ange qui nous regarde
nous voit à travers les yeux des autres.

– Rickie Lee Jones

Quand nous pouvons voir les uns dans les autres, même brièvement, sans dessein, sans intention, sans désir ni besoin, quelque chose d'indescriptible et d'essentiel nous rend plus grands que ce que nous sommes individuellement. C'est la différence entre nous regarder dans le miroir et regarder ceux que nous aimons dans les yeux.

Il semble que l'ange des rapports humains ne puisse apparaître que lorsque le cœur nous ouvre les yeux. Toutefois, il s'agit d'un sentiment si puissant qu'il peut provoquer de la confusion. Je peux ressentir une grande vitalité et penser qu'elle émane uniquement de toi parce qu'elle apparaît entre nous. Je pourrais donc ne vouloir être qu'avec toi et, ainsi, me laisser tomber. De ton côté, sentant l'émotion brûler au plus profond de toi, tu pourrais prendre peur et, convaincu que c'est moi qui te touche ainsi, fuir loin de ce qu'il y a de plus beau sur ton chemin.

Or, tel le soleil d'été dont mon visage a soif, je ne suis pas ce sentiment et ce dernier n'est pas moi. Pourtant, entre nous s'élève une beauté implacable que nul ne peut posséder mais sans laquelle nul ne peut vivre.

- *Assoyez-vous avec un ami intime en qui vous avez confiance et respirez tous deux en silence en vous regardant dans les yeux avec douceur.*
- *À mesure que vous respirez, remarquez les sentiments qui s'élèvent entre vous et voyez comment l'ange des rapports humains apparaît et disparaît, tel un soleil d'été.*

Ce qui nous est cher

Ce qui nous est cher
peut guérir le monde.

Une histoire ancienne raconte qu'un groupe de pèlerins étaient partis à la recherche de la Terre sainte. Ils errèrent des jours durant et arrivèrent sur les rives d'un fleuve trop profond pour être traversé à gué. Cependant, il n'y avait aucun matériau de construction aux alentours. L'un des pèlerins se mit alors à prier afin de savoir quoi faire, et une voix s'éleva, sommant chacun de se départir d'une chose à laquelle il tenait. De la sorte, ils pourraient construire un radeau, car seules les choses auxquelles ils tenaient vraiment étaient assez solides pour les contenir tous jusqu'à la Terre sainte.

Conflits et défiance s'ensuivirent. Celui qui avait entendu la voix fut accusé de voler à chacun ce qui lui était précieux. Enfin, quatre de ces pèlerins conclurent un accord. Ils offriraient des choses apparemment inutiles aux autres : une pierre, une plume, un morceau d'épave et une page d'un livre que nul ne comprenait. Mystérieusement, durant leur sommeil, l'attachement que chacun avait mis dans ces choses se mobilisa pour former, à leur réveil, un magnifique radeau.

Une fois sur l'autre rive, celui qui s'était départi de sa plume entendit une autre voix. Elle disait que la Terre sainte se trouvait à l'endroit où ils avaient débarqué. Les quatre pèlerins s'installèrent de leur côté du fleuve, à la vue de ceux qui n'avaient pas traversé. Cette nuit-là, ils brûlèrent le radeau pour faire cuire leur repas et les voix leur dirent que la Terre sainte se trouvait là où ce à quoi ils tenaient le plus les soutiendrait et se changerait en nourriture.

La sagesse enseignée par cette fable ancienne est la suivante : ce qu'on croit très privé appartient à tous, et une fois qu'on le partage, un pouvoir guérisseur s'en dégage. Non pas qu'il faille abandonner ce qui nous guérit à mesure qu'il prend de la valeur pour nous, mais que nous devrions plutôt nous détacher de nos fétiches personnels afin qu'ils puissent guérir aussi les autres.

Cette histoire me rappelle la relique qu'une personne m'avait donnée quand j'étais malade. C'était un fragment d'un os d'un saint ayant vécu il y a des siècles et qui avait créé une religion que je ne pratiquais pas. Or, en tenant cette relique dans mes mains, à travers la prière, l'inquiétude, la sueur et la terreur, elle est devenue précieuse à mes yeux.

Une fois guéri, je me suis servi de cette relique comme fétiche sacré, jusqu'au jour où la personne qui me l'avait donnée est tombée gravement malade et en a eu besoin. Je redoutais d'avoir à la lui rendre et de me sentir ainsi nu, mais en m'en détachant, tout devint sacré pour moi.

Depuis, en temps opportun, j'ai donné d'autres objets qui m'entouraient et auxquels je tenais : des cristaux, des livres, des trésors personnels que je conservais pieusement depuis longtemps. Car ce n'est que lorsqu'ils servent qu'ils retrouvent leur pouvoir guérisseur. C'est le partage des trésors personnels qui nous aide à traverser le fleuve.

- *Centrez-vous et méditez sur un objet auquel vous accordez un pouvoir personnel ou sur une chose à laquelle vous tenez. Il peut s'agir d'un coquillage, d'une pierre sur laquelle vous avez prié, d'une chandelle que vous allumez spécialement quand vous êtes troublé.*
- *Tout en respirant profondément, ressentez de la gratitude envers l'aspect pour lequel cet objet vous est précieux.*
- *En même temps, priez pour avoir la clarté de cœur de savoir s'il sera opportun de donner ce trésor à quelqu'un d'autre, et à quel moment.*
- *N'agissez pas aujourd'hui. N'abandonnez pas cet objet si vous en avez encore besoin. Ne vous y attachez pas davantage si l'abandonner vous fait peur.*
- *Maintenant, respirez simplement en ayant la volonté de savoir quand le moment sera venu de l'offrir.*

1er DÉCEMBRE

Chandelles et cocons

Les rêves sont des chandelles
qui nous aident à avancer dans la noirceur.
Une fois mis de l'avant,
il est impossible de les faire fondre.

Souvent, on se définit par ses rêves. Je voudrais être un acteur, un musicien, un président, une grand-mère. Je rêve d'être reconnu, de passer à l'histoire, de devenir un héros, une héroïne. Et quand la vie prend un cours différent, on pense avoir échoué, se contenter de peu, ne pas être à la hauteur de ses rêves.

Devant ses propres limites, on peut certainement avoir l'impression que c'est vrai. Mais même par ces limites, on *évolue* plus qu'on échoue, comme la chenille qui devient cocon pour se transformer en papillon. La kyrielle d'épreuves que nous amène la vie est précisément ce qui nous conduit au bonheur, à notre place dans l'ordre des choses.

En vérité, nos rêves ne durent pas toujours. Ils jouent leur rôle dans notre développement, puis s'estompent et perdent leur pertinence. On peut se faire un mal énorme à entretenir un rêve désuet.

À l'adolescence, je voulais absolument devenir un joueur de basket-ball professionnel. J'étais assez doué pour pouvoir ignorer mes limites un certain temps, puis j'ai joué au collège et à l'université. Quand j'ai arrêté de jouer en deuxième année universitaire, je me suis découvert une âme de poète. Ce rêve m'a porté pendant dix-huit années, jusqu'à ce que le cancer m'éveille à la spiritualité.

Je n'ai raté ni une carrière en basket-ball ni une autre en poésie. En fait, mon esprit a évolué au fil des expériences, de sorte que j'ai successivement foncé dans les airs et dansé avec la poésie des sentiments, pour enfin connaître la grâce de la vie spirituelle. Je n'ai pas échoué comme joueur de basket-ball, pas plus que le cocon ne rate sa vocation de papillon, bien qu'il ait été difficile d'abandonner l'idée du rêve.

L'important n'est pas de réaliser ses rêves mais de les poursuivre pour comprendre ce qu'ils ont à nous enseigner.

- *Souvenez-vous du premier rêve qui vous a vraiment passionné.*
- *Qu'allait-il vous apporter ?*
- *Que vous a-t-il finalement apporté, et où vous a-t-il conduit ?*
- *Portez-vous encore l'essence de ce rêve en vous ?*
- *Avez-vous un autre rêve aujourd'hui ?*
- *Que vous apprend-il ?*

2 DÉCEMBRE

Une invitation

Vous devez vivre votre vie, non la poétiser.

– HELEN LUKE

Helen Luke fut une grande sage profondément ancrée dans la vie spirituelle. Je l'ai côtoyée durant les deux dernières années de sa vie, alors qu'elle était mon mentor. Les mots mentionnés ci-dessus proviennent de notre dernière conversation. Ils m'ont troublé, car j'ai passé mon existence à devenir écrivain, croyant que ma vocation consistait à révéler l'essentiel et le caché.

Depuis qu'elle est morte, j'ai compris que ses dernières instructions m'invitaient à me défaire de mes grands objectifs, peu importe l'intensité avec laquelle je m'y consacrais. Elle me conseillait non pas de cesser d'écrire, mais de cesser de vouloir devenir important. Elle m'incitait à cesser de noter la poésie de la vie et à commencer à la vivre.

Cette leçon s'applique à nous tous. Si l'on se consacre à l'immédiat, le reste s'ensuivra, car la vie, semble-t-il, se révèle en ceux qui ont la volonté de vivre. Tout le reste, peut importe son attrait, n'est que publicité.

J'ai mis des années à le comprendre et à l'accepter. J'ai commencé très innocemment et vécu des séparations. Aujourd'hui, je sais que pour conserver la santé, il faut retrouver l'expérience directe. En luttant pour accomplir ce qui n'avait jamais été fait, j'ai découvert que l'art ultime était de vivre.

- *Centrez-vous et voyez votre vie comme une histoire qui reste à écrire.*
- *En respirant lentement, abandonnez la responsabilité de faire l'inventaire de votre propre histoire.*
- *En respirant profondément, imaginez votre chemin comme un carré de ciel traversé par un oiseau.*
- *Maintenant, respirez et volez. Saisissez le jour, respirez et vivez.*

3 DÉCEMBRE

L'hospitalité

Au fond, l'hospitalité est l'aide
qui permet de franchir un seuil.

– IVAN ILLICH

Dans la *Divine Comédie*, de Dante, Virgile accompagne affectueusement Dante dans l'enfer du déni et le purgatoire de l'illusion, jusqu'à l'épreuve du feu que ce dernier doit traverser seul pour devenir authentique. Dans une histoire plus ancienne, Aaron accompagne son frère Moïse du mont Sinaï jusqu'au monde en bas, où le prophète doit vivre selon les révélations divines. Même au jardin d'Éden, outre l'aspect punitif de l'histoire, Dieu amène Adam et Ève aux confins du monde, leur offrant de vivre les abîmes et les splendeurs de l'expérience réelle propre aux humains.

Ces exemples illustrent l'hospitalité que l'on peut offrir à ses semblables sur le plan spirituel en vue de les aider à vivre plus à fond. En vérité, la plus grande chose que l'on puisse demander aux autres, c'est de nous guider et de nous réconforter dans l'adversité, en toute gratuité. Dans les rapports humains, dans la famille, l'hospitalité nous permet de nous montrer tous tels que nous sommes. Elle permet aussi à nos amis de nous pousser aux limites de notre vérité et à ceux que nous aimons de nous aider à dépasser nos propres limites, jusqu'à la pleine conscience. L'hospitalité nous permet également d'être tous invités à manger, peu importe ce qui est sur la table.

Souvent, l'amour n'a pour dessein que de se laisser guider par les autres afin de renaître, sans attente ni interférence, aussi loin qu'ils veulent aller.

Un jour, alors que j'étais malade, j'ai fait un rêve : j'arrivais à l'orée d'une forêt dont les éclaircies étroites et lumineuses m'interpellaient. Immobile devant les multiples possibilités s'offrant à moi, je fus surpris par une femme sans âge et d'une grande détermination qui me dit : « Tu es incapable d'entrer, je sais, et si j'étais aimable, je t'attendrais à mi-chemin. Mais je ferai mieux encore. Tu entreras seul et je t'attendrai au bout du chemin. »

Je ne sais trop si cette femme représentait Dieu, un ange ou ma paix intérieure, mais ses conseils, à la fois fermes et aimables, m'ont suffi. J'ai traversé la forêt et ne l'ai jamais revue. Aujourd'hui, quand j'aime à l'orée des sentiers qu'on peut ou non franchir, je sens sa présence dans mes mains.

Ce rêve évoque notre aspiration à l'amour le plus profond, cette hospitalité envers les blessés, cette grande compassion qui rend la guérison possible. Cet appel mystérieux nous incite à dissiper la confusion et à trouver le réconfort dans les choses réelles. C'est ce qui permet à ceux qui ont souffert de relever à leur tour ceux qui sont tombés, de leur soulever la tête et d'étancher leur soif sans attendre d'aide en retour.

- *Respirez profondément en méditant sur une situation où l'on vous a guidé et réconforté sans attente en retour.*
- *En expirant, ressentez de la gratitude pour ce geste d'hospitalité.*
- *En inspirant, ressentez votre propre aptitude à guider sans interférer, à réconforter sans rien attendre en retour.*
- *En commençant la journée, exercez-vous à être un guide anonyme en posant un geste de bienveillance ou de vérité sur le chemin des autres. Laissez la moitié de votre sandwich là où se rassemblent les sans-abri, laissez un livre ouvert sur un mot de sagesse, laissez une fleur sur une banquette d'autobus.*
- *Aidez le monde en laissant votre véritable trace.*

Le travail et la passion

Ne demandez pas de quoi le monde a besoin.
Demandez-vous plutôt ce qui vous rend vivant et faites-le.
Car le monde a besoin de gens qui sont en vie.
– Howard Thurman

Je me souviens qu'au collège plusieurs d'entre nous avaient choisi l'enseignement parce que la demande de professeurs était forte. Mais au moment où nous avons obtenu nos diplômes, les postes d'enseignant étaient devenus rares. Et quinze années plus tard, le même phénomène se produisait pour mes étudiants. Nombre d'entre eux choisirent les affaires pour répondre à la demande, mais quelques années après l'obtention de leur diplôme, très peu d'emplois étaient offerts dans ce domaine.

Voilà comment on laisse la demande diriger nos vies. Maintes fois, lorsqu'on règle ses intérêts sur les besoins des autres, on sacrifie la chance de trouver le bonheur sur l'autel des certitudes. Or, si l'offre et la demande sont réelles sur papier, elles peuvent créer un monde sans amour.

C'est pourquoi, en cherchant ce qu'on aime, même durant des années, on met de la passion dans sa vie. Et ce qui vous donne le goût de vivre vous maintient en vie, que ce soit rentable ou pas. Au-delà des fluctuations du marché de l'emploi, la passion fait de vous une cellule vivante dans le corps du monde.

- *Centrez-vous en permettant à ce qui vous émeut d'atteindre votre cœur. Ça peut être aussi simple que de regarder une bougie scintiller ou de courir dans le vent.*
- *En respirant librement, ressentez comment ces choses affectent votre corps et votre être entiers.*
- *Quand vous le pourrez, discutez avec un être cher de ce qui vous rend vivant.*

Laissez l'obstacle vous guider

Laissez l'obstacle vous guider.
Il vous libérera.

Quand j'ai escaladé la montagne, j'étais pressé. Persuadé que ça prendrait trop de temps, j'ai décidé d'emprunter un raccourci. Chaque branche, chaque pierre semblait représenter une perte de temps. Si seulement la montagne n'était pas là ! Dans ma course, je me suis écorché les jambes et les bras. Respirer est devenu plus difficile et j'ai perdu le sens de l'orientation. Il fallait donc que je monte plus haut afin de voir.

Une fois au-dessus des arbres, j'étais certain que me retrouverais. Je me suis donc dépêché et, étrangement, même si je grimpais, à chaque pas j'avais l'impression d'aller nulle part. J'ai enfin dépassé les nuages. Je n'avais jamais vu le soleil à partir de cette perspective. Je me suis alors assis dans une clairière à flanc de montagne, le soleil au-dessus de ma tête, tel un nuage. Soudainement, l'idée d'atteindre le sommet ou l'autre versant n'avait plus d'importance. J'aimais l'endroit où j'étais et j'aurais pu y vivre. Mais il fallait que je rentre. J'avais besoin de manger. J'avais besoin d'aimer. Aujourd'hui, quand on me parle de surmonter les obstacles ou de me presser, je réponds : « Laissez l'obstacle vous guider, il vous libérera. »

Cette histoire nous invite à faire honneur à tous les obstacles et à les considérer comme partie intégrante du courant naturel de la source universelle. Cette source nous pousse à voir les obstacles et nous-mêmes comme deux branches d'un même arbre à la dérive sur une même rivière, s'entrechoquant et s'entravant par moments.

En percevant ainsi les obstacles, on ne leur offre aucune résistance, on ne les considère pas comme une volonté s'opposant à la nôtre, sinon ils nous renverraient simplement à notre propre résistance. On ne doit pas leur donner de l'emprise ni de la force, mais bien plutôt les laisser passer en restant ouvert, comme dans l'art de l'aïkido où, au lieu de résister au coup, on l'aide à passer en s'effaçant.

Aussi faut-il se questionner sur ce qui, en chacun de nous, s'entête à percevoir la réalité comme pleine d'obstacles. Il y a parfois des obstacles, c'est vrai, mais il peut s'agir d'un détail de notre existence qui a pris l'ampleur d'une tragédie ou d'une malchance.

Autant que possible, il est donc nécessaire de porter son attention sur son rapport à la source sans se laisser distraire par ce qui dérive de part et d'autre. Si un obstacle semble entraver notre route, il faut tenter de comprendre quelle force l'anime et nous anime. Quand notre liberté de mouvement semble encore bloquée, peut-être faut-il s'immobiliser. On doit éviter de se faire du tort inutilement en forçant les choses à arriver avant leur temps.

- *Identifiez le plus grand obstacle actuel dans votre vie. Que vous empêche-t-il de faire ?*
- *Imaginez cet obstacle comme une partie de la nature, avec sa propre histoire. Se compare-t-il à une coquille brisée par la vague, à une pierre déboulant dans une avalanche ou à un petit faon terrorisé au milieu d'une autoroute ?*
- *Comment vos besoins se heurtent-ils à ceux de l'obstacle ?*

6 DÉCEMBRE

La couleur de la vérité

Les choses les meilleures et les plus belles
sont imperceptibles à l'œil et au toucher...
mais se ressentent avec le cœur.

–HELEN KELLER

L'art antique de la peinture sur porcelaine exige confiance et patience, bien plus que talent et précision. Le procédé consiste à appliquer sur la porcelaine des pigments par fines couches, une à une, laissant chaque couche sécher et imbiber cette porcelaine. Même une fois séché, le pigment ne révèle pas encore toute sa couleur. On ne peut donc connaître la couleur de la porcelaine avant qu'elle n'ait été cuite au four et que les pigments ne soient brûlés dans la porcelaine.

Cet art ressemble étrangement au monde de questions soulevé par la vie. Avec le pinceau des sentiments, on pare son cœur de questions. Et ce n'est qu'après être passées au four de l'expérience que les couleurs de la vérité deviennent visibles dans le cœur.

Il n'y a donc pas de réponse aux grandes questions de la vie. Il y a seulement les couleurs de la vérité, qui se révèlent quand on a la confiance et la patience de la vivre.

- *Assis dans le calme, pensez à la couleur d'une vérité que vous avez vécue personnellement.*
- *Avec votre respiration, remontez depuis cette vérité, jusqu'aux questionnements qui l'ont précédée.*
- *Remarquez la différence et partagez cette histoire de votre vérité avec un ami.*

7 DÉCEMBRE

Nous avons ce choix

Le cœur accueille avec force l'océan
des humeurs changeantes.

Chaque jour, on a le choix d'ériger des murs, d'empêcher la lumière d'entrer, de souffrir de l'humidité de l'âme, ou bien de vivre simplement, de laisser la lumière entrer et de subir l'érosion en s'exposant aux éléments de la vie.

La plupart d'entre nous, moi y compris, vivons derrière des murs que d'autres ont amorcés et que nous finissons d'ériger. Très souvent, et sans raison, nous avons peur les uns des autres – ceux qui bâtissent des murs et ceux qui laissent entrer la lumière. Mais au fond, la vraie question est de savoir comment vivre notre existence, que ce soit en toute sécurité ou à fond. Je l'avoue, celui qui pose cette question lutte pour laisser passer la lumière. En définitive, il n'est pas sécuritaire non plus de ne pas se laisser toucher par la vie. Ce que j'ai appris, c'est que plus j'ose être qui je suis, comme un soleil osant briller, plus les murs qui m'entourent peuvent être minces.

J'en ai fait la douloureuse expérience pour la première fois quand j'étais enfant. Ce jour-là, ma mère m'avait ordonné de faire quelque chose. Nous étions seuls dans ma chambre et j'ai refusé. Je ne me souviens plus de sa demande, mais c'était dégradant et inutile. Ma réponse n'était pas belliqueuse, mais calme et ferme. Je me revois en train d'ériger un mur en toute vitesse, dans la peur de sa colère. J'étais à peine préparé, quand son bras m'a frappé avec vengeance. Le mur ne m'a aucunement protégé, et elle m'a atteint jusque dans l'âme.

Elle allait me frapper de nouveau quand j'ai senti en mon âme une force d'abandon qu'elle ne pourrait plus atteindre. Je brillais. Elle s'est arrêtée au milieu de son geste pour appeler mon père à la rescousse. Il m'a vu briller, mais il s'est efforcé de me frapper à son tour. Au moment où son coup m'atteignait, j'étais lumineux. J'avais eu mal, mais j'étais protégé.

Parfois, les murs sont nécessaires, mais le plus souvent on se protège mieux en étant soi-même. Toutefois, on ne peut éviter la douleur, que ce soit en se cachant ou en se révélant. En étant soi-même, on devient partie prenante de la source universelle au lieu de s'enfermer dans une coquille prête à tomber.

- *Centrez-vous et méditez tour à tour sur le mur qui vous entoure et sur la personne en vous qui observe derrière le mur.*
- *Respirez normalement. En inspirant, fermez le poing et sentez votre mur.*
- *Respirez lentement. En expirant, ouvrez la main et sentez qui vous êtes.*
- *Après un moment, exercez-vous à sortir la personne que vous êtes de derrière son mur en inspirant et en expirant, la main ouverte.*
- *Puis levez-vous et avancez dans la pièce, à l'extérieur de votre mur. Remarquez comment vous vous sentez.*

L'endroit à la source

Prenez un pichet rempli d'eau et déposez-le dans l'eau.
Il a maintenant de l'eau en dedans et en dehors.
Nous ne lui donnerons pas de nom, à moins que les idiots
ne recommencent à parler du corps et de l'esprit

– KABIR

C'est plus fort que tout. On accorde trop d'attention aux frontières, cet espace où l'on finit et où les autres commencent. Ce n'est qu'en établissant des frontières saines que l'on peut découvrir et ressentir la véritable eau universelle de l'esprit dont parle Kabir. Sans doute, est-ce difficile à comprendre, et bien qu'on ne puisse toujours énoncer clairement ce qui en découle, on est tous limpides à la source, là où le cœur et l'esprit ne font qu'un.

Comme le disait Teilhard de Chardin, « nous ne sommes pas des humains vivant leur spiritualité, mais des esprits vivant leur humanité ». Commencer la journée en ayant cette perspective en tête peut faire toute la différence. Celle-ci met tout l'océan à la disposition du petit pichet de notre quotidien.

Il est bon de se rappeler que malgré sa lutte identitaire et le poids de son existence, chacun de nous porte en lui une once d'esprit irrépressible, une source qui peut être retenue mais non contenue. Elle émane de tous les êtres vivant sous la forme du profond désir d'aimer et de vivre en paix.

Quand on s'ouvre à ce désir profond, à cette volonté sincère d'aimer, on ouvre l'abreuvoir de l'esprit et, à l'instar du pichet de Kabir, on devient une eau entourée d'eau, de l'amour vivant d'amour, un petit être vivant dans un grand tout vivant, un souffle dans le vent.

- *Calmement assis et en respirant, imaginez que vous êtes le pichet d'eau de Kabir.*
- *Tout en respirant profondément et librement, imaginez le monde invisible de l'esprit autour de vous comme un océan dans lequel vous baignez.*
- *Tout en respirant lentement et de manière dégagée, tentez de ressentir comment vous et la vie autour de vous êtes constitués de la même substance.*

L'effet de l'amour

L'amour est dans tout.
– Fakhruddin Iraqi

J'ai récemment appris que le premier crayon était en réalité une boule de plomb. En découvrant que le plomb laissait des marques s'il était frotté, les gens se sont mis à en utiliser des morceaux pour essayer d'écrire. Par le fruit d'un travail collectif, les morceaux de plomb ont fini par adopter une forme pouvant tenir dans la main. Le plomb devenait un outil.

Après de nombreuses relations, je le confesse humblement : l'amour n'est pas différent à mes yeux. Qu'il s'agisse d'un amoureux, d'un ami ou d'un parent, l'intimité est semblable à une boule de plomb. Si on s'y frotte, elle laissera des marques qui nous aideront à nous comprendre mutuellement.

Mais ce n'est pas tout. L'amour a pour effet de donner à la matière dont sont faites les relations une forme pouvant tenir dans nos mains. Chaque difficulté, chaque illusion perdue, chaque intrusion façonne un peu plus l'amour pour en faire un outil sacré.

Quand les mains de la compassion tiennent la vérité, le côté tranchant de l'amour devient clarté et douceur.

- *Pensez à une relation importante mais difficile à vivre.*
- *En vous centrant, priez que l'amour que vous partagez continue à trouver sa forme.*
- *Commencez votre journée en restant malléable et prêt à devenir un outil.*

Question posée au malade, IV

Quand avez-vous écouté l'histoire d'un autre
pour la dernière fois ?
– QUESTION POSÉE AU MALADE PAR UN CHAMAN AMÉRINDIEN

Une fois par semaine sur une période de deux ans, j'ai participé à un psychodrame de groupe. Je n'avais aucune idée de quoi il en retournait et je n'aurais même jamais participé à ces rencontres si je n'avais considéré comme un sage l'homme qui animait ce type de thérapie. Pressentant qu'il avait quelque chose de plus à m'enseigner, je m'étais juré de participer à ce qu'il proposerait.

Le psychodrame est une thérapie où, à tour de rôle, chacun vient jouer une partie de son histoire dans l'espoir qu'en partageant ses rêves, ses conflits ou les incertitudes de son passé, il pourra en compagnie des autres découvrir la sagesse qui lui permettra de mieux vivre.

Ne désirant pas passer le premier, j'ai mis plusieurs semaines à trouver le courage d'y aller à mon tour. Au début, je pensais rester en retrait et voir comment cela se déroulerait. Mais soudain, très sérieusement, j'ai compris que l'histoire de chaque personne, même si elle différait de la mienne, portait sur une partie de moi qui ne s'était jamais exprimée.

J'ai découvert que participer aux rêves, aux conflits ou aux situations irrésolues d'un autre représentait une façon d'écouter plus profondément, d'être plus totalement présent. Cela étant, j'ai eu l'incroyable honneur de voir de mes propres yeux un exemple vivant de courage humain et je me suis senti réconforté, voire guéri, en constatant à ma grande surprise que nos histoires sont toutes les mêmes.

Les anciens guérisseurs avaient peut-être compris que l'art d'écouter l'histoire d'un autre donne à chacun, par l'exemple, la force de poursuivre sa route tout en lui montrant des aspects de lui-même difficiles à voir. Le fait d'écouter le vécu des autres – non leurs recommandations ni leurs mises en garde – est en soi une eau fraîche qui diminue la fièvre de notre isolement. Si nous écoutons très attentivement, nous y retrouvons le souvenir apaisant de notre nom universel.

- *Tout en respirant lentement, méditez sur votre ouverture et votre réceptivité d'aujourd'hui.*
- *Au fil de la journée, concentrez votre énergie sur l'écoute.*
- *En écoutant l'histoire des autres, prenez conscience des détails qui concordent avec votre propre histoire.*
- *Si possible, offrez un peu de votre histoire en remerciement.*

11 DÉCEMBRE

Gravité intérieure

Dans la gravité intérieure, les mêmes choses
surviennent, mais avec plus de lenteur.

Si une assiette est cassée, c'est un accident. Si un cœur est brisé, c'est triste. S'il s'agit du nôtre, ça devient tragique, et s'il s'agit d'un rêve, on peut trouver ça injuste. Or, même si les fourmis laissent tomber des grains de sable, elles en ramassent d'autres. Si les oiseaux laissent tomber de la nourriture, ils continuent de picorer. Si les humains laissent tomber ce qu'ils cherchent, ils se plaignent et philosophent.

Ce n'est pas tant que l'on geigne, mais que l'on cesse de vivre pour s'écouter geindre. Et tout ce temps, les étoiles explosent et la vie recommence. Dans notre monde, il y a toujours quelque chose qui lâche prise et quelque chose qui frappe le sol. Souvent, ce qui lâche prise survit justement en lâchant prise, non en s'agrippant jusqu'au déchirement. Maintes fois, ce qui est frappé survit en demeurant souple, pour prendre temporairement la forme de ce qui le frappe, comme la boue autour des cailloux.

Chez les humains, on laisse aller et on frappe à tour de rôle. L'amour adoucit ce processus et la paix le ralentit jusqu'à ce qu'on ait l'impression précieuse de jouer à cache-cache avec ses propres besoins.

- *Tout en inspirant, pensez à ce qui vous frappe actuellement et à la façon de vous assouplir pour en atténuer l'impact.*
- *Tout en expirant, pensez à ce qui doit lâcher prise en vous actuellement et à un moyen de vous ouvrir pour le laisser aller plus librement.*

Des trésors à nos pieds

S'il est difficile de trouver le bonheur en soi,
il est impossible de le trouver ailleurs.

– AGNES REPPLIER

Il faut bien le dire, les plus grands obstacles à la paix sont chacun de nous et le monde. Souvent, dans la recherche de ma propre vérité, je m'enlise dans mon ego ou je me perds dans le monde. Ou l'inverse.

Nous portons en nous une essence précieuse, toujours présente mais parfois invisible. Et nous ne pouvons découvrir ce trésor ailleurs que derrière notre propre agitation. Il attend, comme l'or sous la surface de l'eau peu profonde où nous nous tenons. Mais l'agitation de notre reflet nous empêche de voir ce trésor à nos pieds. Plus souvent qu'autrement, il suffit, pour y accéder, de cesser de bouger et de penser, et d'entrer tout bonnement en soi.

Vous pouvez fuir si tel est votre choix, mais ce trésor vous suivra partout. Vous pouvez penser et raisonner tant que vous voulez, votre cœur survivra aux ondes de votre pensée. Vous pouvez blâmer le monde entier si vous le désirez, mais ce que vous blâmez disparaîtra à un moment donné.

Dès lors, vous et moi nous retrouverons devant le monde, un trésor à nos pieds.

- *Centrez-vous et inspirez en vous laissant rattraper par l'objet de votre fuite.*
- *Assis dans le calme, expirez en vous laissant toucher par ce que vous tentez de raisonner.*
- *Restez immobile et, tout en respirant, laissez les forces du monde vous toucher et passer outre.*
- *Maintenant, avec votre souffle, tentez d'accéder au trésor enfoui en vous.*

13 DÉCEMBRE

Quand on s'exprime

Je viens juste de réaliser que quelque chose
d'infini se déploie en moi.
Je n'ai d'autre choix que de vivre et d'aimer
afin qu'il grandisse tel un arbre.

J'ai rencontré un homme âgé lors d'un rassemblement. Quand tout le monde est parti, il s'est approché de moi et m'a parlé comme si nous étions des arbres. Se frottant le menton, il m'a dit : « On naît petit et vert, puis chaque fois que le ciel s'obscurcit, on pense casser. Mais l'averse nous fait grandir, quoique jamais en ligne droite, toujours tordu et tendu vers la lumière. Étrangement, plus on s'élève de terre, plus quelque chose en nous s'enfonce dans le sol. Et c'est cette racine invisible, en provenance du cœur, qui nous empêche d'être emporté par le vent. On ne court plus et on oscille à peine. Jusqu'à aujourd'hui, il y a eu bien des langues, mais aucune qui ne soit audible, seulement un craquement à l'aube et une plainte au crépuscule. Et tôt ou tard, on tombe. Peu importe comment. On est défait. Mais une fois écroulé, on brûle. Alors, la poésie s'élève dans les flammes, laissant notre sagesse dans les cendres. »

Puis il est parti. Je ne savais trop ce qui lui était arrivé, mais je crois que sa vie parlait d'humilité et d'expériences dans lesquelles on grandit grâce à ce qui semble obscur. Et comment, d'une saison à l'autre, nos racines se renforcent, s'approfondissent et se ramifient pour mieux supporter le poids de notre vie dans le monde.

Mais que voulait dire cet inconnu par « tôt ou tard, on tombe [...], on est défait » ? Peut-être référait-il à la déception, à la perte, au changement inattendu qui nous rapprochent humblement du sol. Peut-être faisait-il allusion au bouleversement de nos plans, lequel nous amène à sentir plus pleinement nos liens avec les autres êtres vivants.

Et qu'entendait-il par « une fois écroulé, on brûle » ? Peut-être renvoyait-il à la réduction à son plus simple, afin que ce qui a grandi en nous puisse s'élever avec la passion d'être en vie. Peut-être qu'après deux mariages et la perte de nombreux amis m'est-il possible, ainsi libéré de mon écorce, de crier haut et fort le sens du mot aimer. Peut-être qu'après avoir perdu une côte et retrouvé la vie m'est-il possible de m'embraser momentanément et de cracher mes cendres pour enfin vivre dans la vérité.

L'expérience semblerait vouloir nous embraser. Et peu importe que ce qui en jaillisse soit intelligent ou joli, la raison d'être d'un feu est d'éclairer et de réchauffer. Peut-être qu'à l'instar du fermier qui ramasse son bois au seuil de l'hiver pour survivre jusqu'au printemps, devons-nous rassembler nos expériences pour en faire un feu qui gardera notre vitalité en santé et au chaud.

- *Assis calmement, si possible devant un feu, méditez sur une expérience importante qui a contribué de manière inattendue à vous former.*
- *Respirez longuement et lentement en laissant cette expérience s'élever comme une petite flamme.*
- *Tout en respirant normalement, rattachez un ou deux mots simples à cette petite flamme.*
- *Les yeux fermés, répétez les mots qui émergent plusieurs fois et réchauffez-vous à la flamme de votre expérience.*

14 DÉCEMBRE

Se libérer

La vérité est difficile à dire, mais une fois dite,
elle devient difficile à taire.

– SHARON GREEN

Tenter de retenir la vérité, peu importe combien elle est difficile à révéler, serait comparable à retenir spirituellement son souffle. Ce n'est possible qu'un certain temps. Et plus longtemps on tait la vérité, plus elle paraît ardue à exprimer. À mesure que la pression monte, on étouffe. En fait, on n'est jamais qu'à un battement de cœur de se libérer de cet affreux isolement et de se retrouver au grand air.

Quand on se tait, le pouvoir du secret nous empêche de vivre en toute vitalité. Ainsi, la vérité révélée a le pouvoir libérateur de nous remettre en contact avec le pouls du sacré. Le pouvoir de se libérer de la terrible pression du secret et de l'isolement est aussi important que le respect et la confiance gagnés en disant la vérité. Et c'est précisément le cadeau inhérent à la vérité qui, tel le souffle, nous redonne vie.

- *Centrez-vous et, tout en respirant, imaginez que c'est votre vérité que vous inspirez et expirez.*
- *Au cours de la journée, prenez le temps d'inspirer cette vérité et de la rendre au monde.*

15 DÉCEMBRE

Goya et Melville

Le soleil n'arrête pas de briller
parce que les gens sont aveugles.

L'un des grands défis est de rester intègre vis-à-vis de l'indifférence. Le rejet et la confrontation sont douloureux, mais se faire traiter comme si l'on n'existait pas est sournoisement dévastateur. Ce coup bas est typiquement humain. L'aigle plane des heures durant au-dessus du canyon et le fait que personne ne le voit ne réduit en rien sa capacité à planer. De notre côté, un constant besoin d'héroïsme nous incite tous à nous affirmer, surtout quand nous nous sentons incompris, jugés ou ignorés. Par besoin d'amour, nous accordons un pouvoir énorme à l'opinion d'autrui. Voilà pourquoi nous devons éviter de consacrer notre vie aux attentes des autres.

Le peintre espagnol Goya est un très bon exemple d'écoute de soi. Malraux disait de lui qu'après être devenu sourd, vers 1792, celui-ci avait compris que « pour permettre à son génie de devenir visible à ses propres yeux, il devait absolument oser arrêter de vouloir plaire ». N'est-ce pas à la fois émouvant et éducatif de penser que l'immense talent de Goya ne s'est révélé que lorsqu'il est devenu sourd aux demandes des autres ?

L'écrivain Herman Melville est quant à lui un triste exemple de l'ignorance dont on peut souffrir. Après avoir survécu en mer durant de nombreuses années contre son gré, Melville écrivit plusieurs romans à succès se déroulant en mer. Or, le jour où il ouvrit son cœur en écrivant *Moby Dick*, deux choses se passèrent : l'un des plus grands romans américains vit alors le jour, et le public américain rit de la grande baleine blanche et de son auteur. Melville fut dès lors ridiculisé et rejeté.

Cet homme profondément sensible fut tellement blessé qu'il se retira, à trente-deux ans, soit dans la force de l'âge, pour pratiquement cesser d'écrire pendant quarante années. Tragiquement, il fit taire sa voix intérieure parce que le public était dur d'oreille.

Je traîne Goya et Melville avec moi pour me rappeler à quel point est précieux et unique chacun de nos talents. Nul autre que vous ne peut réellement connaître votre aspiration ou savoir ce dont vous êtes capable. Même si personne ne vous voit ni ne vous comprend, vous êtes irremplaçable.

- *Assis avec une personne en qui vous avez confiance, relatez un moment où vous vous êtes senti lié intérieurement à une personne ou à une situation que nul autre ne semblait comprendre.*
- *Qu'est-ce qui vous a incité à rester fidèle à vos sentiments ?*
- *À quel point connaissez-vous cette partie de vous-même ?*
- *Inversez les rôles.*

16 DÉCEMBRE

Connaître la route à fond

Si une fourche se présente sur votre route,
empruntez-la.

– YOGI BERRA

Comme dans le cas des koans des moines zen et du génie des bouffons de Shakespeare, on ne saura jamais avec certitude si les paroles prononcées par cette légende du baseball sont pure folie ou pur génie. Mais plus on y pense, plus elles se révèlent.

Ce qu'elles me disent, c'est de ne pas hésiter trop longtemps à la croisée des chemins de la vie, de ne pas vivre dans l'hésitation. Il est impossible de tout explorer, et tout chemin conduit à un autre.

Mais en hésitant indéfiniment parmi plusieurs, on peut à un certain moment s'empêcher d'avancer.

Et même en choisissant une route, si l'on garde l'autre à l'esprit trop longtemps, on peut se mettre à vivre dans le regret, ce qui représente une façon de résister à ses limites, de prendre quand même l'autre route. C'est ainsi que s'entête le cœur. À la limite, si on garde l'autre chemin trop présent à l'esprit, on finit par ne jamais vraiment découvrir celui qu'on a pourtant choisi de suivre.

Nous sommes des êtres délicieusement limités, capables de vivre intensément par moments, mais incapables de vivre totalement tout à la fois et à chaque instant. Paradoxalement, on ne peut vivre l'expérience totale qu'en se consacrant entièrement et humblement au petit sentier choisi.

- *Centrez-vous et pensez à une décision à prendre.*
- *Tout en respirant lentement, voyez chacune des possibilités, une seule fois.*
- *Retournez à vos occupations sans tenter de revoir ces possibilités. Laissez simplement votre moi profond faire ces choix pour vous.*

17 DÉCEMBRE

Se guérir

Dans ce monde,
la haine n'a jamais dissipé la haine.
Seul l'amour dissipe la haine.
C'est la Loi, ancienne et éternelle.

– BOUDDHA

L'une des choses les plus difficiles lorsqu'on a été blessé, c'est de panser ses plaies tant que les autres ne nous accordent pas de répit et n'admettent pas leurs torts. Cela m'a donné du fil à retordre et j'ai sans arrêt confondu mon désir de justice avec le besoin de trouver un témoin de ma blessure.

Les blessures physiques sont évidentes, mais les blessures émotives le sont rarement. Il est donc nécessaire de les regarder bien en face et de les reconnaître pour qu'elles puissent guérir. Or, trop souvent, la douleur empire, car on ne tombe jamais d'accord avec l'autre quant à la nature des événements. Dans le cas contraire, il arrive qu'on ne l'admette pas ou que le prix du rachat soit si grand que l'autre l'emporte dans sa tombe.

Il faut absolument honorer ce qui vit en nous. Il faut être son propre témoin, car aucune force n'a autant le pouvoir de réconforter et de pardonner que la parcelle de Dieu présente en nous.

- *Restez assis calmement jusqu'à ce que vous vous sentiez en sécurité et remémorez-vous une blessure qui n'a pas guéri.*
- *En respirant normalement, regardez cette blessure bien en face et soyez le témoin de tout ce que vous avez subi.*
- *En respirant pleinement, laissez la compassion remplir vos poumons et laver votre blessure.*

18 DÉCEMBRE

Éclairer sa propre voie

On ne parvient pas à l'illumination
en imaginant la lumière,
mais en prenant conscience de la noirceur.

– CARL JUNG

Si Jung a raison, le paradis ne serait rien de plus que le fait de voir la lumière naître de la noirceur. L'éveil consiste peut-être à porter attention à l'instant présent, souvent tenu pour acquis – comme la conception ou la graine qui éclot –, et qui se déroule au moment où vous lisez ces lignes.

Aussi, comme les phares se salissent durant les intempéries, la perception se trouble au cours des expériences. L'aptitude à percevoir diminue jusqu'à ce qu'on pose un regard neuf. C'est là le processus d'une vie entière, un perpétuel recommencement.

Prendre soin de son être est donc impératif et une nécessité constante. C'est aussi simple et difficile à faire que de laver son cœur et son esprit du voile laissé par le vécu, pour permettre à ses yeux originels d'éclairer la voie. Toutefois, comme pour se gratter le dos, on a souvent besoin les uns des autres afin de retrouver l'harmonie.

Je pense à l'histoire soufie d'un homme assoiffé qui suit un ruisseau vaseux jusqu'à une grotte. Tenant devant lui une lanterne, il remonte à la source pure, où il peut enfin s'abreuver. Quand on s'enlise et qu'on est troublé, il ne faut pas s'abreuver sur place mais remonter soigneusement à la source. En s'éclairant de la lanterne de l'esprit, il faut pénétrer dans l'obscurité de nos troubles pour goûter l'eau claire. Ainsi, l'obscurité devient consciente. Et, par compassion, nous projetons un petit rayon vers ceux qui sont trop troublés ou enlisés pour trouver leur voie.

- *Assis dans le calme, les yeux fermés, sentez la lumière de votre esprit dans chaque cellule de votre corps.*
- *En inspirant, sentez chaque cellule s'illuminer.*
- *En expirant, sentez la lumière s'intensifier autour de vous.*
- *Au cours de la journée, lorsque vous vous sentirez troublé, arrêtez-vous, respirez lentement et éclairez votre voie.*

19 DÉCEMBRE

Le sucre dans l'arbre

Si celui qui s'assoit sous l'arbre
peut imaginer la terre vue des arbres,
le cœur congestionné par la réalité
peut aussi connaître l'éternité.

Enfant, j'ai passé des heures en mer sur un voilier construit par mon père. Quand la mer devenait houleuse, je descendais dans la cale, où le son et le mouvement des profondeurs me parvenaient à travers la coque. Chaque tangage et chaque roulis paraissaient soudain amplifiés.

Me trouvant là, mon père me racontait comment les marins, pour contrer le mal de mer, montaient regarder l'horizon sur le pont. Cela n'éliminait pas le ballottement des vagues, mais le fait d'avoir une perspective plus vaste atténuait le mal.

Ce sage conseil m'a toujours servi dans la tempête. En fait, quand j'ai été confronté au cancer, à l'insécurité des nombreux rejets ou à l'isolement le plus profond, mon mal et ma peine ont toujours été amoindris quand je regardais la vie dans toute son ampleur, comme un horizon devant moi.

C'est la différence entre le désespoir et la foi, entre le regard concentré sur le doute et celui qui embrasse la vie et toutes ses possibilités. La souffrance est pire quand on se blottit dans la cale. Et même si la perspective infinie et l'horizon éternel ne calment pas la tempête, ils la rendent à tout le moins supportable.

Dans les pires moments, le maintien du regard sur l'horizon m'a aidé à endurer les épreuves telle la perte d'une côte, d'une conjointe ou d'un emploi. En gardant Dieu dans notre champ de vision, les hauts et les bas deviennent prévisibles et la souffrance semble même obéir à un cycle. Le regard sur l'horizon nous amène à comprendre la différence entre penser que la vie est cruelle et savoir que l'expérience est un océan puissant. Dans les moments importants, Dieu est toujours à l'horizon et la foi nous conduit sur le pont malgré la douleur.

- *Peu importe où vous êtes – dans votre chambre, au bureau ou dans l'autobus –, restez calmement assis et regardez-vous d'au-dessus, assis dans votre chambre, au bureau ou dans l'autobus.*
- *Respirez lentement en étant à la fois là où vous êtes et au-dessus.*
- *Puis ressentez le stress ou la douleur en vous à cet instant.*
- *Tout en respirant lentement, tentez de vous percevoir dans la vie et au-dessus de votre vie. Ressentez votre douleur en même temps que l'univers qui l'entoure.*
- *Quand vous vous retrouvez blotti dans la douleur, laissez votre respiration vous guider jusqu'à l'horizon.*

20 DÉCEMBRE

Croire

Les enfants passent leur vie à croire.
– KURTIS LAMKIN

Picasso l'a dit un jour, les artistes sont ceux qui savent encore voir avec des yeux d'enfant. Notre chemin s'encombre au fil du vécu, et on cesse de remettre en question les choses afin de plutôt s'y investir davantage. Dès lors, la remise en question devient une habitude pour mettre au défi ce qu'on a peur de trouver faux.

Enfant, je parlais aux choses qui m'entouraient – les oiseaux dans le ciel, les arbres se balançant dans la nuit et même les pierres séchant au soleil. Puis, pendant des années, j'ai cessé de le faire par crainte de l'opinion des autres. Et finalement, j'ai arrêté complètement. Aujourd'hui, j'apprends que les Amérindiens le faisaient constamment. En outre, beaucoup de peuples croient que leurs yeux d'enfant s'avèrent un moyen de voir au cœur des choses.

À l'approche de la cinquantaine, je redécouvre humblement la sagesse de la foi, qui n'est pas une fin en soi mais un chemin menant à la vitalité de chaque chose.

- *Quand vous le pourrez, parlez avec un enfant. Abordez sa façon de voir le monde.*

21 DÉCEMBRE

Nulle part où aller

Il n'y a rien à faire,
nulle part où aller.
En acceptant cela,
nous pouvons tout faire
et aller partout.

L'une des notions fondamentales du taoïsme est la suivante : le monde, dans tous ses mystères et toutes ses difficultés, ne peut être amélioré, il peut seulement être vécu. Selon le tao, la vie, aussi complexe et merveilleuse soit-elle, est complète en soi – éternellement changeante et vitale, mais imperfectible.

J'en suis venu à comprendre que cela ne nous empêche pas d'y participer. Au contraire. En acceptant que le monde se porte très bien sans nous, nous pouvons chacun nous libérer du rôle accablant de héros justicier et simplement nous concentrer sur l'aventure d'être en vie.

Notre rôle n'est pas de changer ni de réinventer quoi que ce soit, mais plutôt de ressentir, à l'instar des poissons, le sens de la vie qui s'infiltre par les ouïes du cœur. Au fond, nous sommes des petits êtres vivants qui s'éveillent dans le cours d'eau, et non des dieux en train de creuser le lit des rivières. On ne peut éliminer la faim, mais on peut se nourrir mutuellement. On ne peut éliminer la solitude, mais on peut se soutenir les uns les autres. On ne peut éliminer la douleur, mais on peut vivre avec compassion.

Ce n'est qu'en vivant que j'ai compris ces principes. Une fois que j'ai été confronté à la mort, l'idée de changer le monde s'est envolée. Pour survivre, la seule chose à faire consistait à laisser le monde me changer. J'en ai fait une dépression, jusqu'à ce que je découvre ce qu'il me restait de libérateur. Dépouillé de toute cause, de tout plan et de toute ambition, j'ai découvert que la totalité de mes besoins et de mes désirs pouvaient être comblés ici, maintenant, et en abondance.

Depuis, au lieu de tenter de surpasser ma douleur, je m'efforce de l'exprimer. Au lieu de vouloir accéder à la joie, je cherche à la découvrir. Au lieu d'essayer d'améliorer la vie autour de moi, j'essaie d'accepter l'amour là où je le trouve.

- *Assis calmement, laissez simplement votre cœur respirer sans objet précis.*
- *Essayez de ne pas penser et n'essayez pas de ne pas penser.*
- *Expirez la pression et arrivez là où vous êtes.*
- *Tout en respirant profondément, acceptez la beauté et l'imperfection du moment.*

La leçon

Dieu brise sans cesse le cœur
jusqu'à ce qu'il reste ouvert.
– HAZRAT INAYAT KHAN

Dans ma jeunesse, j'ai vécu ma première peine d'amour. Elle m'a ouvert d'un bout à l'autre, comme la foudre fend un arbre. Beaucoup plus tard, le cancer m'a ouvert encore plus, comme l'inondation sape les rives d'un ruisseau quand elle le fait sortir de son lit. Ensuite, a suivi l'éclatement au grand vent de vingt ans de mariage. Puis, en Afrique, un jeune élève débutant dans la vie m'a fait fondre, comme l'eau chaude fait fondre le savon.

Chaque fois, j'ai eu le réflexe, assez naturel, d'essayer de refermer le trou béant. Mais la leçon était ailleurs, bien sûr. Je devais apprendre à ne jamais me refermer.

- *Centrez-vous en vous concentrant sur une partie de votre cœur qui est en train de se briser en s'ouvrant.*
- *Adoucissez cette douleur en respirant profondément par cette ouverture.*
- *Si possible, essayez juste un instant de laisser votre cœur ouvert, puis regardez la brisure à l'intérieur.*

La sécurité des racines

Vous n'êtes pas venu ici
pour que je vous arrache une partie de votre vie.
Mais quand vous partirez,
peut-être emporterez-vous une partie de la mienne :
des châtaignes, une rose, ou la sécurité des racines.

– PABLO NERUDA

La chose qui s'entête le plus à nous empêcher de connaître l'amour est sans doute la méfiance. On a certes amplement raison d'être prudent et alerte pour ne pas se faire heurter ni exploiter. Or, en dépit des terribles histoires entendues partout, le seul moyen d'accéder à la bienveillance consiste à ouvrir son cœur, même un petit peu. Chaque jour, je me pose la question suivante : Qu'est-ce qui s'avère le plus déprimant, se faire rejeter ou craindre d'avoir mal ?

Ce qui fait de Neruda un si grand poète, c'est la largesse de son cœur. Dans sa grandeur, il affirme qu'on guérit en donnant et que tant et aussi longtemps qu'on ne s'aventure pas dans l'espace qui nous divise, on n'arrive à rien. Or, quand on s'y risque, donner et recevoir deviennent une seule et même chose dont on sort grandi, car on a alors partagé ces gestes avec l'autre.

- *Centrez-vous et pensez à trois petits cadeaux que vous seriez prêt à faire. Ils peuvent avoir une forme matérielle ou être un gage symbolique de bienveillance.*
- *Emballez délicatement chacun de votre souffle.*
- *Gardez-les sur vous durant la journée.*
- *Avant de rentrer chez vous, offrez-les à quelqu'un.*

Une éclatante communion

Là où la cire et la mèche sont réunies,
on ne voit que lumière et chaleur.

À l'instar de la bougie dont la mèche est prise dans la cire, la mèche de l'esprit est prise dans notre humanité. Quand l'esprit est touché, la mèche s'allume et nous brillons jusqu'à ce que tout notre savoir fonde et se modèle au feu de l'expérience. Souvent, la sueur et la lutte consument notre conception du soi et du monde, laissant éternellement briller notre étincelle divine. Ces moments où l'esprit s'enflamme non seulement remodèlent notre vie, mais éclairent et réchauffent les gens tout près de nous.

Dans ces moments, nous ne faisons qu'un avec ce qui nous entoure, et cette communion soudaine est ce que tous les croyants ont appelé « amour ». En outre, dans cette éclatante communion appelée amour restent la volonté de naître et le vif désir d'être chacun touché par quelque chose d'éternel et de frais, de toucher profondément un inconnu, de s'éveiller au lieu de veiller, de brûler au lieu d'être brûlé, d'aimer au lieu d'être aimé.

Quand on peut se sentir uni, ne serait-ce qu'un instant, à tout ce qu'on partage avec la vie, on récolte bien plus que l'attachement et la possession. Voilà toute la différence entre chanter et être chanson. La plus grande des ambitions n'est-elle pas que le danseur se fonde dans la danse, que l'amoureux se fonde dans l'amour, que le bâtisseur se fonde dans la bâtisse ?

Il peut arriver momentanément qu'en nageant dans le courant nous devenions ce courant, qu'en bougeant au son d'une musique nous devenions cette musique, qu'en berçant le blessé nous devenions sa blessure. Il peut arriver momentanément qu'en pensant, le visage à nu, nous devenions pensée pure, qu'en croyant sans douter, nous devenions Dieu. L'amour est peut-être un instrument dont nous jouons de tout notre être dans un orchestre qu'il nous reste à réunir. Voilà sans doute pourquoi, dans les plus intenses moments d'amour, de connaissance ou d'existence, il n'y a plus ni nom, ni temps, ni souffle. À l'exemple d'une bougie, tout en nous a brûlé pour tout éclairer autour de nous.

- *Observez quelqu'un s'adonner à une tâche qu'il aime. Ce peut être aussi simple que jardiner, nettoyer une chose précieuse, brosser un animal, corder du bois, ou laver le bébé.*
- *Observez attentivement les soins consacrés par cette personne.*
- *En quoi devinez-vous qu'elle aime cette tâche ?*
- *Y a-t-il un moment où elle semble en communion avec ce qu'elle aime ?*
- *Que pouvez-vous apprendre de cet acte d'amour ?*

25 DÉCEMBRE

Le recommencement

La grâce qui vous entoure
renaît chaque jour.
– NOËL CHEZ LES MUPPETS

La création est un processus continu. Chaque jour, le monde renaît. Ce miracle s'effectue sans bruit mais transforme tout, pour peu que l'on reste assez silencieux pour le sentir arriver. Quand on y prend part, on renaît quotidiennement.

Pensez au soleil qui lave la Terre de sa chaleur et dissipe les nuages, à l'herbe qui pousse et aux rochers qui s'effritent pendant que personne ne regarde, révélant ainsi leur façade lisse et profonde. Il en est ainsi pour nous. Dans un instant de profonde réalité, les nuages voilant notre esprit se dissipent, notre passion renaît et nos murs s'écroulent alors que personne ne regarde. Ce mouvement est subtil et perpétuel : tout renaît si on le laisse faire.

On s'imagine que la nuit obscurcit le monde, mais ce qui vit est recréé dans ce mystérieux instant de repos dans lequel tout est drapé. Chaque fois que vous clignez des yeux, si vous vous arrêtez pour laisser votre cœur vibrer à l'air libre, vous renaissez dès que vous les ouvrez. C'est la vérité. Cet instant où vous ouvrez les yeux est un moment de résurrection.

- *Assis dans le calme, regardez les choses qui vous entourent, aussi ordinaires puissent-elles paraître.*

- *Tout en respirant profondément, fermez les yeux et priez pour revoir le monde comme pour la première fois.*
- *En respirant lentement, ouvrez les yeux et entrez en pèlerinage dans votre vie.*

26 DÉCEMBRE

Dans le vent

Parfois j'éprouve de la pitié pour moi-même,
alors que les Grands Vents me portent dans le ciel.

– DICTON OJIBWÉ

Dans la douleur ou le désespoir, le plus fondamental des devoirs se résume à ne pas laisser cet esprit se répandre et entacher notre vision du monde. Il faut aussi prendre garde de ne pas enfermer nos sentiments au point qu'ils aigrissent et infectent la perception que l'on a de soi. Entre ces deux extrêmes existe un équilibre où la vie s'exprime sainement, sans qu'on ramène tout à soi, sans qu'on peigne le monde avec les couleurs de ses problèmes.

Le travail intérieur est souvent plus ardu quand on est triste et qu'on a peur, car on peut alors facilement se laisser dépasser par le pouvoir des émotions, au point de ne plus croire ni en ce monde ni en soi. Et quand on ne croit plus, qu'on se sent amoindri, on cesse de sentir la vérité de ce qui est vrai et on commence à perdre de vue le Grand Vent de la vie.

Mais la vie a une façon de nous porter, qu'on en soit conscient ou non. Tout comme le cours d'eau charrie à la fois le poisson affamé et le poisson qui dort, le Grand Vent de la vie porte vers un même avenir le cœur agité et le cœur paisible.

Ainsi, l'effet de la prière, quand on est le moins disposé à prier, n'est pas de gonfler ni de dégonfler sa vision du monde ou de soi-même, mais de rétablir le contact avec les puissants courants de la vie.

- *Assis dans le calme, prenez le temps de vous ouvrir en silence au recueillement de la prière.*

- *Tout en respirant lentement, priez pour ressentir le Grand Vent de la vie qui vous entoure.*
- *Tout en respirant normalement, sentez votre souffle se mêler aux courants de la vie.*

27 DÉCEMBRE

Le beau côté des choses

Si tout ce qui me reste, c'est maintenant,
où donc chercherai-je la joie ?

Sans espoir pour l'avenir, sans espoir de changement, sans espoir de retrouver ce qui est perdu et de rétablir le passé, avec le seul risque de casser tout ce qui s'est endurci en moi, que faire de ce qui me reste ?

Au départ, cela peut paraître angoissant ou triste, mais tel un nageur épuisé qui atteint la rive et trouve à sa grande surprise des perles à ses pieds, j'ai souvent relevé ma tête épuisée pour m'apercevoir que tout ce dont j'avais besoin était là.

Parce que je suis humain, je m'égare en rêvant à des vies qui ne sont pas miennes. Et je me retrouve vite à désirer d'autres choses, d'autres lieux, d'autres personnes, à imaginer une chose hors d'atteinte. Voilà pourquoi je dis que si vous êtes malheureux ou blessé, rien ne peut adoucir ces choses superficielles. Seules la volonté de les accepter et la force du cœur pour y arriver les casseront comme une coquille, révélant ainsi la douceur éternelle, exposant une petite chose qui attend de prendre forme. Et dès lors, cet esprit universel que nous partageons tous brillera.

- *Les yeux fermés, centrez-vous et imaginez ce que vous désirez.*
- *Puis, les yeux ouverts, prenez conscience de ce que vous avez, tout en respirant lentement.*
- *Inversez maintenant le processus. Fermez les yeux et prenez conscience de ce que vous avez. Respirez lentement et, les yeux ouverts, imaginez ce que vous désirez.*
- *Répétez ce processus jusqu'au point où ce que vous désirez et ce que vous avez ne forment qu'une seule et même chose.*

L'intégrité

L'intégrité est la capacité à écouter
cette chose immuable en soi,
même si la vie qui la porte vient à changer.
– RABBI JONATHAN OMER-MAN

L'aventure de ce livre visait surtout à vous faire découvrir un lieu en vous et à cultiver votre capacité à l'écouter, tout en ayant de la compassion pour la vie qui le porte.

Je suis ému de partager ici l'histoire d'un homme troublé qui, épuisé par la souffrance et la confusion, demanda l'aide d'un sage. Ce dernier regarda au fond de l'homme troublé et lui offrit un choix avec compassion : « Tu peux choisir la carte géographique ou le bateau. »

Après avoir observé les nombreux pèlerins autour de lui qui, tous, semblaient aussi confus, l'homme répondit : « Je prends le bateau. »

Le sage l'embrassa sur le front et dit : « Tu peux partir. Tu es le bateau. La vie est l'océan. »

Comme vous l'avez découvert tant de fois, vous portez en vous tout ce dont vous avez besoin. Et la capacité à écouter ce qui est à l'intérieur est votre plus ancienne rame. Vous êtes le bateau.

- *Assis tranquillement, déposez toutes vos cartes pour un instant.*
- *Laissez votre souffle vous guider sur l'océan.*
- *Tout en respirant doucement, laissez-vous ballotter... et écoutez tout simplement...*

Alors, chantez !

Tant qu'on chante,
la douleur du monde
ne peut nous atteindre.

Par le cancer, mon enfance en Amérique, l'apprentissage des innombrables luttes pour la liberté dans le monde – toutes à la fois différentes et identiques –, par ma vie parmi les Sud-Africains, j'ai compris qu'exprimer ce qui vit en soi est essentiel à la survie du corps. Peu importe où l'on vit ou qui l'on aime, peu importe ce que l'on veut et ce qu'on ne peut posséder, ce conseil est crucial et je ne le répéterai jamais assez.

Quand tout vous bouscule de l'extérieur, vous n'avez d'autre choix que de chanter, à l'exemple des petits enfants craintifs qui chantent jusqu'à ce que leur chant atténue leur souffrance, comme le feu qui repousse le froid. Voilà le secret de tout esprit : celui-ci ne peut rester confiné à l'intérieur et doit pouvoir s'exprimer dans le monde. C'est le chant intérieur qui repousse la douleur de vivre, qui s'embrase tout le temps pour que le monde perdure. Quand on chante pour soi, on chante pour les enfants à naître.

Pendant que le jour et la nuit se succèdent en alternance sur cette immense Terre en orbite dans le vide, notre chant intérieur et universel alterne avec les drames de la vie. Lorsqu'on se tait, l'obscurité s'installe. Alors, chantons !

Chantez donc dans les langues que votre souffrance vous a apprises. Chantez, vous qui n'êtes jamais allé à l'école. Chantez, car tous les pleurs que vous portez en silence repousseront le froid et atténueront le danger. Ils rendront ce monde possible encore un jour…

- *En toute simplicité et profondeur, fermez les yeux et laissez monter ce qu'il y a en vous.*
- *Expirez tout ce qui semble dans le chemin et laissez s'exprimer librement la portion d'infini qui sommeille en vous.*
- *Laissez sortir une lamentation, un soupir, une bouffée d'air et sentez le monde perdurer.*

Nous devenons la Terre

À chercher l'essentiel,
on devient essentiel.

Je suis toujours surpris de constater que les choses les plus profondes sont intangibles : l'amour, le doute, la foi, la confusion, la paix, la sagesse, la passion. Où sont-elles ? On ne peut les tenir dans la main comme un fruit ni les parcourir comme les pages d'un texte sacré. Pourtant, elles façonnent notre vie. Cette intangibilité a toujours été le socle des sagesses sacrées. Les seules choses qui vaillent la peine d'être dites sont celles qui sont indicibles.

L'humilité vient à qui prend conscience de passer sa vie à acquérir cette sagesse, une once à la fois, s'acharnant à la comprendre et luttant pour l'exprimer et la partager. C'est ainsi qu'on fait partie de cette sagesse, qu'on devient soi-même indicible. Avec le temps, nous mûrissons la quiétude comme la pierre respire l'immobilité bien au-delà de sa propre résistance.

La nature ne révèle jamais tout à fait ce mystère. C'est là un paradoxe des plus émouvants. On met des années à découvrir quelques bribes précieuses à propos de tout ce qui provient du silence. Et petit à petit, nos souffrances et nos joies nous façonnent et nous polissent jusqu'à ce qu'on devienne la Terre, sachant davantage et disant moins. Ironiquement, après une existence entière, alors qu'on aurait enfin des choses importantes à dire, on perd la capacité à les dire, ce qui ne diminue en rien ce qu'on voudrait dire, car si le son se termine toujours par le silence, la musique n'en reste pas moins précieuse à l'âme.

Apparemment, plus on vit en profondeur, moins on est capable de superficialité. Cela me rappelle une visite à ma grand-mère Minnie, alors âgée de 94 ans. J'avais retrouvé le billet d'embarquement du bateau sur lequel, encore jeune fille, elle avait immigré au pays en 1912. Un nom étrange et beau figurait sur le billet : Maiyessca. C'était son nom de baptême, jamais prononcé ici. J'ai mis le billet jauni dans sa main. Elle a écarquillé les yeux et j'ai pu sentir le gros poisson de son cœur nager à la surface, fouettant l'eau qui dormait depuis quatre-vingts ans. Des vies entières ont silencieusement passé entre nous. Elle a tremblé et toussoté en disant : « J'avais complètement oublié ce voyage. »

Cette histoire n'a rien de triste. Il est inévitable et sacré de devenir ce que l'on cherche. On vient au monde en voulant connaître l'amour. Ainsi, à force de vivre, on devient amour. On veut connaître Dieu. Ainsi, à force de souffrir, on devient Dieu. Avec le temps, le cœur grandit de l'intérieur et nos peaux successives s'amenuisent jusqu'à révéler notre être fondamental, en quête de la prochaine once de sagesse.

- *Asseyez-vous dans le calme avec un ami en qui vous avez confiance.*
- *Respirez profondément en méditant chacun sur l'histoire de l'amour dans votre vie, en vous laissant traverser de sentiments sans mots.*
- *Après un certain temps, honorez cette source sans mots en laissant un seul mot, ou une seule phrase, monter en vous.*
- *Écrivez ce mot, ou cette phrase, et, en silence, tenez-le sur votre cœur.*
- *Sans regarder, échangez ce mot avec votre ami et méditez en silence avec le mot de ce dernier, en le gardant près du cœur.*
- *Après un certain temps, lisez chacun le mot de l'autre à voix haute.*

31 DÉCEMBRE

Je te vois

Je te vois !
Je suis là !

Voilà comment les Bochimans d'Afrique se sont salués pendant des siècles. En voyant un frère ou une sœur sortir de la brousse, ils s'exclamaient : « Je te vois », et celui qui approchait répondait : « Je suis là ! »

Cette manière à la fois simple et profonde de témoigner de la présence d'un autre humain s'est perdue avec la vie moderne. De la sorte, on ne dit pas à l'autre qu'on l'a vu ni où on l'a vu. Par cette affirmation simple et directe, on revendique simplement sa présence et on affirme : « Je suis là ! »

Les gens qui, dans nos vies, ont validé l'être que nous étions en le voyant pour qui il est et en l'exprimant ont été le fondement de notre estime personnelle. Pensez à qui ils sont. Pour moi, la première à s'être réjouie de me voir me débrouiller avec l'inconnu fut ma grand-mère. Si ce n'était de son amour sans équivoque, je n'aurais peut-être jamais eu le courage de m'exprimer. Au fond, l'art sous toutes ses formes n'est-il pas pour chacun une façon très humaine d'affirmer, encore et encore, « qu'il est là » ?

Il est important de noter que le fait d'être vu permet à chacun de s'affirmer. Il devient alors possible pour lui d'en faire autant pour les autres. Chez les Bochimans, la joie de voir l'autre compte autant que l'affirmation de sa présence. C'est la joie de voir et de reconnaître en premier. C'est aussi le don de l'amour.

Dans une société qui tente d'effacer toute trace de son humanité et qui n'exprime pas visiblement son innocence, nous avons désespérément besoin d'être accueillis avec joie pour proclamer tout aussi innocemment notre étonnement « d'être là ».

D'aussi loin que l'on remonte, les membres des tribus qui ne s'encombraient pas de « civilisation » se réjouissaient d'être ensemble sur terre. Non seulement pouvons-nous agir de la sorte les uns pour les autres, mais il est essentiel de le faire. À l'instar des étoiles qui dépendent de l'immensité du firmament pour être vues, des vagues qui dépendent du rivage pour se former, de la rosée qui dépend de l'herbe pour être absorbée, notre vitalité dépend de notre manière de nous affirmer et de nous réjouir les uns les autres : « Je te vois ! », « Je suis là ! ».

- *Assis avec un ami en qui vous avez confiance, fermez les yeux et méditez sur son essence intérieure, telle que vous la connaissez.*
- *Une fois rempli de la présence de l'autre, ouvrez les yeux et déclarez avec joie et sincérité : « Je te vois ! ».*
- *Laissez à cette personne l'espace qui lui permet d'affirmer en retour : « Je suis là ! ».*
- *Inversez les rôles et répétez cette scène où vous voyez et reconnaissez en premier. Si cela vous émeut, tentez de vivre ainsi.*

Remerciements

Je veux ici honorer et remercier tous ceux qui m'ont aidé, par leur grande présence, à faire de moi le réceptacle qui allait accueillir et donner naissance à cet ouvrage. Je tiens à remercier l'institut Fetzer, une terre d'esprit et d'amour où j'ai pris racine et grandit, ainsi que son conseil d'administration, car ils croient en la nature humaine. Je veux aussi remercier les responsables du *Fetzer Roundtable Program* qui ont bien voulu entendre et commenter un grand nombre des journées de ce livre. Merci également aux employés de cet institut pour leur accueil indéfectible.

Je remercie Rob Lehman pour son infinie vision et son amitié spirituelle, Molly Vass pour son courage et son amour, Carol Hegedus pour sa capacité à entendre à partir de son centre, Joel Elkes pour la délicate sagesse dont il gratifie tout un chacun à travers ses yeux, Parker Palmer pour son très grand cœur, Wayne Muller pour sa compagnie joyeuse et sa belle compassion, Maggi Alexander pour l'intégrité de son attention bienveillante, Megan Scribner pour sa disposition à vouloir aller de l'avant dans son périple, et Mary Williams pour sa présence indéfectible.

Mes remerciements à David Blustein et Pearl Mindell pour m'avoir guidé plus profondément vers la vérité, à Robert Mason, mon frère, à qui les mots ne suffisent pas pour dire merci, à Susan McHenry pour l'accueil tendre et constant offert à mon cœur.

Toute ma reconnaissance à Tom Callanan pour avoir suffisamment cru en moi et montré mon travail aux autres, à mes assistantes de recherche Elizabeth Roche et Samantha Berman pour leur patience, leur attention et leur amitié. Un grand merci à mon éditeur, Mary Jane Ryan, qui m'a encouragé à écrire ce livre alors que je n'avais que cinq journées d'écrites et dont la précision et la confiance ont permis de donner naissance à cet ouvrage. Et un grand merci aussi aux 260 âmes autour du monde qui ont pris le temps de lire et de commenter hebdomadairement les textes par courriels interposés. Merci aussi à Melody Beattie, la première qui a rédigé un ouvrage sous forme de livre-calendrier, car elle a ainsi ouvert une voie permettant d'amener l'esprit davantage dans notre quotidien ordinaire.

Un grand merci à tous les maîtres silencieux cités et qui ont porté leur souffrance et leur émerveillement à travers les âges, jusqu'à aujourd'hui.

MARK NEPO

Poète et philosophe, l'auteur de cet ouvrage, Mark Nepo, enseigne dans le domaine de la poésie et de la spiritualité depuis plus de vingt-cinq ans. Récipiendaire du prix de poésie Lenore Marshall, il a écrit trois livre, *Acre of Light*, *Fire Without Witness* et *God, the Maker of the Bed and the Painter*, en plus d'avoir contribué à de nombreuses anthologies. Réchappé du cancer, il est depuis totalement engagé dans sa vie intérieure. Grâce à l'écriture et à l'enseignement, cet homme se voue à la transformation intérieure et aux rapports humains. Il explore ainsi le périple de la guérison là où les chemins de l'art et de l'esprit se croisent. Ayant enseigné pendant dix-huit ans à l'université d'État de New York à Albany, il joue actuellement le rôle de conseiller supérieur et de professeur honoraire à l'institut Fetzer, à Kalamazzo, au Michigan, un organisme sans but lucratif voué à la fois au corps, au mental et à l'esprit pris dans leur globalité. Mark Nepo est établi à Albany, dans l'État de New York. Il continue de lire sa poésie en public, de donner des conférences et d'organiser des retraites.

Quelques exemples de livres d'éveil publiés par Ariane Éditions

Aimer ce qui est
Anatomie de l'esprit
Contrats sacrés
Marcher entre les mondes
L'effet Isaïe
L'ancien secret de la Fleur de vie, tomes 1 et 2
Vivre dans le cœur
Les enfants indigo
Le pouvoir de créer
Célébration indigo
Aimer et prendre soin des enfants indigo
Série Conversations avec Dieu, tomes 1, 2 et 3
L'amitié avec Dieu
Communion avec Dieu
Nouvelles Révélations
Le Dieu de demain
Le pouvoir du moment présent
Mettre en pratique le pouvoir du moment présent
Quiétude
Le futur est maintenant
Votre quête sacrée
Sur les ailes de la transformation
Messages du Grand Soleil Central
Révélations d'Arcturus
L'amour sans fin
L'âme de l'argent
Le code de Dieu
Entrer dans le jardin sacré
L'oracle de la nouvelle conscience (jeu de cartes)
Guérir de la détresse émotionnelle
Cercle de grâce
Médecine énergétique
L'envolée humaine
Intelligence intuitive du cœur
Sagesse africaine
L'univers informé
Science et champ akashique
Guérir avec les anges (jeu de cartes)
Accéder à son énergie sacrée
Au-delà du Portail
Les cités de lumière intraterrestres
Nirvana
Nouvelle Terre
Telos, tomes 1,2 et 3

Série Soria :

Les grandes voies du Soleil
Maîtrise du corps ou Unité retrouvée
Voyage
L'Être solaire
Fleurs d'esprit
Cercles de paroles
Réalisation solaire

Série Kryeon :

Graduation des temps
Allez au-delà de l'humain
Alchimie de l'esprit humain
Partenaire avec le divin
Messages de notre famille
Franchir le seuil du millénaire
Un nouveau départ
Un nouveau don de lumière